KB038546

Also sprach
Zarathustra

Also sprach
Zarathustra

차라투스트라는 이렇게 말했다

깨진 틈이 있어야 그 사이로 빛이 들어온다

프리드리히 니체 지음
김신종 옮김

P page2

일러두기

※ 원문에서 니체가 인용부호를 써서 강조한 표현은 고딕체로 구분했다.

※ 문단 나누기는 니체가 원문에서 엄격하게 구분했던 문단 나누기 원칙을 그대로 따랐다.

차례

차라투스트라는 이렇게 말했다

Also sprach Zarathustra

모두를 위한,

그리고

그 누구를 위한 것도 아닌 책

1부

차라투스트라의 머리말

1

차라투스트라는 서른 살이 되었을 때 고향과 고향 근처 호수를 떠나 산으로 들어갔다. 여기서 그는 자신의 정신과 고독을 만끽하는 삶을 십 년간 즐겼다. 그러나 마침내 그의 마음에 변화가 일었다. 어느 날 아침 동이 틀 무렵 그는 자리에서 일어나 태양 쪽으로 걸어가며 태양을 향해 이렇게 외쳤다.

"그대, 찬란한 별이여! 그대가 빛을 비추어줄 대상들이 없다면 그대의 행복은 무엇이겠는가!

그대는 십 년 동안 여기 내 동굴에 떠올랐다. 그러나 나와 내 독수리, 내 뱀이 없었다면 그대는 그대의 빛과 이여정에 싫증이 났을 것이다.

하지만 우리는 아침마다 그대를 기다렸고 그대의 풍족한 빛을 받아들였으며 이에 대해 그대를 축복했다.

보라! 마치 꿀을 너무 많이 모은 꿀벌처럼 나는 차고 넘치는 내 지혜에 싫증이 났다. 나 또한 지혜를 얻으려고 손을 내밀어줄 누군가가 필요하다.

현명한 자들이 자신의 어리석음에 다시 한번 기뻐하고, 가난한 자들이 자신의 풍족함에 기뻐할 때까지 나는 베풀고 나누어 주고 싶다.

그러려면 나는 저 심연으로 내려가야 한다. 그대 풍요로운 별이여, 그대가 저녁마다 바다 깊숙이 내려가 바닷속 어두컴컴한 세계에 빛을 전해주는 것처럼 말이다!

내가 아래로 내려가 만날 사람들이 곧 그렇게 말할 것처럼, 나 역시 그대처럼 몰락해야 한다.

그러니 나를 축복해다오, 크나큰 행복도 질투하지 않고 바라볼 수 있는 그대 고요한 눈빛이여!

넘쳐흐를 이 잔을 축복하라! 황금빛 물이 흘러 그대의 환희를 모든 곳에 다시 비춰줄 이 잔을!

보라, 이 잔은 다시 비워지길 바라고 차라투스트라는 다시 인간이 되길 원한다."

이렇게 차라투스트라의 몰락은 시작되었다.

Friedrich Wilhelm Nietzsche

2

차라투스트라는 홀로 산에서 내려왔고 아무도 만나지 못했다. 그런데 숲에 들어섰을 때 어떤 노인이 갑자기 차라투스트라 앞에 나타났다. 뿌리를 캐려 자신의 신성한 오두막을 떠난 사람이었다. 노인이 차라투스트라에게 말했다.

"이 방랑자는 낯설지 않군. 수년 전에 여기를 지나갔지. 이름이 차라투스트라라고 했던가. 많이 바뀌었어. 당시에 그대는 잿더미를 산으로 옮겼지. 그런데 지금은 불을 계곡으로 옮기고 있군. 방화범에 대한 처벌이 무섭지도 않은가?

그래. 차라투스트라를 알아보겠어. 눈은 순수한 빛을 내뿜고 있고, 입은 어떤 상스러움도 담고 있지 않아. 그래서인지 마치 춤추는 사람처럼 걷고 있지 않은가?

차라투스트라는 변했고, 아이가 되었으며, 깨어난 자가 되었어. 자, 그런데 잠자고 있는 사람들에게 가서 무엇을 바라는 건가?

그대는 바닷속에서 살던 것처럼 고독 속에서 살아왔지. 그리고 바다는 그대를 받아주었어. 아, 그런데 그대는 육지로 나오려고 하는가? 아, 그대는 다시 그대의 몸을 질질 끌고 다니려고 하는가?"

13

차라투스트라가 대답했다. "나는 인간을 사랑합니다."

성자가 말했다. "내가 왜 숲과 황무지로 갔겠는가? 내가 인간을 많이 사랑했기 때문이 아니겠는가?

나는 이제 신을 사랑한다네. 인간을 더는 사랑하지 않는다네. 인간이란 존재는 내게 너무나도 불완전한 족속일 뿐이야. 인간에 대한 사랑은 나를 죽이고 말 것이네."

차라투스트라는 대답했다. "내가 사랑과 관련해 무슨 말을 했다는 것입니까! 나는 인간에게 줄 선물을 가지고 왔습니다."

성자는 말했다. "인간에게 아무것도 주지 말게나. 차라리 인간에게서 무엇이라도 빼앗아서 그들과 함께 그것을 가지도록 하게. 그대만 기쁘다면, 이게 그들에게는 가장 좋은 일일걸세!

그래도 그들에게 주고 싶다면, 자선을 베푸는 것 이상으로는 주지 말게나. 그들이 그것을 구걸하게끔 하게."

차라투스트라는 대답했다. "아닙니다. 나는 자선 따위는 베풀지 않을 것입니다. 내가 그 정도로 가난하진 않습니다."

성자는 차라투스트라를 비웃으며 이렇게 말했다. "그들이 그대의 선물을 받을지 꼭 확인해보시게. 그들은 은둔자를 의심하고, 우리가 선물을 주기 위해 왔다는 것을 믿지 않을 것이네.

골목길을 걷는 우리의 발걸음은 그들에겐 아주 외롭게 들릴 걸세. 아침 해가 뜨기 전 한밤중에 누군가 걷는 소리가 들려오면 그들은 잠자리에서 의아해할 것이라네. '도둑이 어디로 가는 거지?'

인간에게 가지 말고 숲에서 계속 지내시게! 차라리 동물들에게 가시게! 그대는 왜 나처럼 곰들 속에서 한 마리의 곰, 새들 속에서 한 마리의 새가 되려 하지 않는가?"

차라투스트라는 물었다. "성자는 숲에서 무엇을 합니까?"

성자는 대답했다. "나는 노래를 만들어 부른다네. 그리고 나는 노래를 지으면서 웃고 울며 속으로 흥얼거리지. 이렇게 나는 신을 찬미한다오.

노래하고, 울고, 웃고, 흥얼거리면서 내가 믿는 나의 신을 찬미한다네. 그런데 그대는 우리에게 어떤 선물을 가지고 왔는가?"

차라투스트라는 이 말을 듣자 성자에게 인사를 전하며 말했다. "그대에게 내가 무엇을 줄 수 있겠습니까! 하지만 그대에게서 아무것도 빼앗아 가지 않도록 나를 빨리 보내주십시오." 그리고 노인과 차라투스트라는 마치 두 소년처럼 웃으면서 헤어졌다. 차라투스트라는 홀로 남게 되자 마음속으로 말했다. '대체 어떻게 이런 일이 있을 수 있단 말인가! 이 늙은 성자는 자신의 숲에서 아직도 듣지 못했단 말인가, 신은 죽었다는 것을!'

3

차라투스트라가 숲에서 가장 가까운 마을에 도착했을 때, 시장에 수많은 군중이 모여 있는 것을 보았다. 줄타기 광대의 공연을 보기 위해서였다. 차라투스트라가 군중에게 말했다.

"내가 그대들에게 초인에 대해 가르쳐주겠다. 인간은 극복되어야 할 그 어떤 존재다. 그대들은 인간을 극복하기 위해 무엇을 했는가?

지금까지 모든 존재는 자기 자신을 넘어서며 무언가를 창조해왔다. 그런데도 그대들은 이 거대한 밀물에 스스로 썰물이 되려 하고, 인간을 극복하기보다는 오히려 짐승으로 되돌아가려 하는가?

인간에게 원숭이는 어떤 존재인가? 웃음거리 또는 고통스러운 수치심이다. 초인이 보기엔 인간이 딱 그와 같은 존재다. 웃음거리 아니면 고통스러운 수치심 말이다.

그대들은 벌레에서 인간으로 향하는 길을 걸어왔다. 그

16

러나 그대들 마음속에는 수많은 것이 여전히 벌레다. 그대들은 일찍이 원숭이였다. 하지만 지금도 인간은 그 어떤 원숭이보다도 더 원숭이 같은 존재일 뿐이다.

그대들 가운데 가장 현명한 자가 있다 하더라도, 그자 역시 그저 식물과 유령의 불화이자 잡종일 뿐이다. 그러하니 내가 어찌 그대들에게 유령이나 식물이 되라고 명령한단 말인가?

보라, 내가 그대들에게 초인에 대해 가르쳐주겠다!

초인은 대지의 의미다. 그대들의 의지는 이렇게 말할 것이다. 초인이 대지의 의미가 되어야 한다!

내 형제들이여, 그대들에게 부탁하오니, 대지에 **충실하라**! 그리고 그대들에게 천상의 희망을 떠벌리는 자들을 믿지 마라! 스스로 알고 있든 아니든, 그들은 독살자毒殺者들일 뿐이다.

그들은 삶을 경멸하는 자들이고, 쇠멸해가는 자들이며, 스스로 중독된 자들이다. 이자들로 대지는 지친다. 그러니 이런 인간들 따위는 사라져도 상관없다!

한때는 신에 대한 모독이 가장 큰 모독이었다. 하지만 신은 죽었다. 그리고 신을 모독하는 사악한 무리도 함께 죽었다. 이제는 대지를 모독하는 것과 불가해한 존재의 내장을 대지의 의미보다 더 높이 존중하는 것이 가장 무시무시한 일이다!

한때는 영혼이 육체를 경멸적으로 바라보았다. 당시에는 이 경멸심이 최고조에 달했다. 영혼은 육체가 야위고, 끔찍해지고, 굶주림에 허덕이길 바랐다. 이런 식으로 영혼은 육체와 대지에서 벗어날 수 있다고 생각했다.

오, 하지만 이 영혼 자체도 여위고, 끔찍하고, 굶주림에 허덕였고, 잔인함이 곧 이 영혼의 쾌락이었다!

내 형제들이여, 내게 말해주겠는가. 그대들의 육체는 그대들의 영혼에 대해서 무엇을 말하고 있는가? 그대들의 영혼은 빈곤함과 더러움, 비참한 편안함이 아닌가?

진실로, 인간은 더러운 강물이다. 오염되지 않으면서 더러운 강물을 받아들이려면, 인간은 반드시 바다가 되어야 한다.

보라, 내가 그대들에게 초인에 대해 가르쳐주겠다. 초인은 이러한 바다고, 그대들의 크나큰 경멸심은 이 바닷속에 가라앉을 수 있다.

그대들이 체험할 수 있는 것 중 가장 큰 것은 무엇인가? 그것은 경멸심이 크게 들 때다. 마찬가지로 그대들의 행복도, 그대들의 이성도, 그대들의 덕도 역겨워질 때다.

그대들이 이렇게 말하는 때다. '나의 행복이 무슨 소용이 있단 말인가! 그것은 빈곤함과 더러움, 비참한 편안함

18

이다. 하지만 나의 행복은 실존 그 자체를 스스로 정당화하지 않으면 안 된다!'

그대들이 이렇게 말하는 때다. '나의 이성이 무슨 소용이 있단 말인가! 그것은 사자가 먹이를 갈망하는 것처럼 지식을 갈망하고 있는 것 아닌가? 그것은 빈곤함과 더러움, 비참한 편안함일 뿐이다!'

그대들이 이렇게 말하는 때다. '나의 덕이 무슨 소용이 있단 말인가! 그것은 아직 나를 미쳐서 날뛰게 만든 적이 없다. 나는 나의 선과 악에 얼마나 지쳤는가! 이 모든 것은 빈곤함과 더러움, 비참한 편안함이다!'

그대들이 이렇게 말하는 때다. '나의 정의가 무슨 소용이 있단 말인가! 나는 내가 맹렬하게 타는 불과 숯일 거라고 생각하지 않는다. 그러나 정의로운 인간은 맹렬하게 타는 불이자 숯이어야 한다!'

그대들이 이렇게 말하는 때다. '나의 동정심이 무슨 소용이 있단 말인가! 동정심은 인간을 사랑하는 자가 못 박히는 십자가가 아니던가? 그러나 나의 동정심은 십자가 형벌이 아니다.'

그대들은 이렇게 말한 적이 있는가? 그대들은 이렇게 소리쳐 본 적이 있는가? 아, 그대들이 이렇게 소리치는 것을 내가 들었더라면!

하늘을 향해 소리치는 것은 그대들의 자족함이지, 그대들의 죄가 아니다. 그대들이 죄를 지을 때의 탐욕 그 자체가 하늘을 향해 소리치는 것이다!

그대들을 혀로 핥아줄 번갯불은 대체 어디에 있는가? 그대들이 주사 맞아야 할 광기는 대체 어디에 있는가?

보라, 내가 그대들에게 초인에 대해 가르쳐주겠다. 초인은 바로 이런 번갯불이며 광기다!"

차라투스트라가 이렇게 말했을 때 군중에 섞여 있던 한 사람이 소리쳤다. "줄타기 광대에 대해서는 이미 충분히 들었으니 이제 줄타기 공연이나 보여주시오!" 그러자 모든 군중이 차라투스트라를 비웃었다. 줄타기 광대는 그 말을 자신에게 한 줄 착각하고 공연을 하기 시작했다.

20

4

차라투스트라는 군중을 보며 이상하게 여겼다.

"인간은 동물과 초인 사이에 묶여 있는 하나의 밧줄, 그러니까 심연 위에 있는 하나의 밧줄이다.

밧줄 위에선, 건너는 것도 위험하고, 오다가다 하는 것도 위험하고, 뒤를 돌아보는 것도 위험하고 벌벌 떨면서 가만히 서 있는 것도 위험하다.

Friedrich Wilhelm Nietzsche

인간이 위대하다는 것은 그가 다리일 뿐 어떤 목적이 아니라는 점에 있다. 인간이 사랑스러운 점은 그가 건너가는 존재이자 몰락하는 존재이기 때문이다.

나는, 몰락하는 것 말고는 어떻게 살아가야 할지 모르는 자들을 사랑한다. 그들은 건너가는 자들이기 때문이다.

나는, 위대한 경멸자들을 사랑한다. 그들은 위대한 숭배자들이자 저편의 해안을 동경하는 화살이기 때문이다

나는, 몰락하고 희생양이 될 이유를 별들 너머에서 찾는 자들이 아니라, 언젠가는 대지가 초인의 것이 되도록 대지에 희생하는 자들을 사랑한다.

나는, 인식하기 위해 살며, 언젠가는 초인이 살아갈 수 있도록 인식하려는 자들을 사랑한다. 그리고 이들은 자신의 몰락을 바라고 있다.

나는, 초인에게 집을 지어주고, 초인에게 대지와 동물, 식물을 마련해 주고자 일을 하고 발명하는 자들을 사랑한다. 이렇게 하면서 그들은 몰락을 바라고 있기 때문이다.

나는, 자신의 덕을 사랑하는 자들을 사랑한다. 덕은 몰락을 향한 의지이자 동경의 화살이기 때문이다.

나는, 일말의 정신도 자신을 위해 남겨두지 않고 그 자신이 온전히 자신의 덕의 정신이 되길 바라는 자들을 사랑한다. 이렇게 하면서 그들은 덕의 정신으로서 다리를

건널 수 있다.

나는, 자신의 덕으로 자신의 성품과 자신의 운명을 만들어가는 자들을 사랑한다. 이렇게 하면서 그들은 자신의 덕을 위해 살려 하고, 또 그것을 위해 죽을 수 있다.

나는, 너무 많은 덕을 원하지 않는 자들을 사랑한다. 하나의 덕도 두 개보다 더 많은 덕일 수 있다. 왜냐하면 덕은 운명을 묶어주는 매듭이기 때문이다.

나는, 감사받기를 바라지도 않고 보답하지도 않으며 자신의 영혼을 스스로 아낌없이 쓰는 자를 사랑한다. 그는 항상 베풀려고만 할 뿐 자기 자신을 지키려 하지 않기 때문이다.

나는, 주사위를 굴렸을 때 자신에게 행운의 수가 나오면 수치스러워하며 '내가 사기 도박꾼인가?'라고 자문하는 자를 사랑한다. 그는 멸망하기를 바라기 때문이다.

나는, 행하기 전에 격언을 앞세우면서, 항상 약속한 것보다 더 많이 행하는 자를 사랑한다. 그는 자신의 몰락을 바라기 때문이다.

나는, 장차 다가올 사람들을 정당화하고, 지나간 사람들을 구제하는 자를 사랑한다. 그는 현존하는 사람들에게 파멸되기를 바라기 때문이다.

나는, 자신의 신을 사랑하기 때문에 자신의 신을 벌하

22

는 자를 사랑한다. 그는 자신의 신의 진노로 파멸할 것이기 때문이다.

나는, 상처를 입었음에도 영혼은 깊고, 사소한 경험으로도 파멸할 수 있는 자를 사랑한다. 이렇게 하면서 그는 기꺼이 다리를 건널 것이다.

나는, 자기 자신을 잊어버리고 모든 것을 자신의 마음속에 품을 수 있을 만큼 영혼이 충만한 자를 사랑한다. 이렇게 하면서 모든 것이 그의 몰락이 될 것이다.

나는, 정신과 마음이 자유로운 자를 사랑한다. 그의 머리는 그의 마음의 내장에 불과할 뿐이고, 그의 마음은 그를 몰락으로 내몬다.

23   나는, 인간 위에 드리워진 먹구름에서 한 방울씩 떨어지는 무거운 빗방울 같은 자들 모두를 사랑한다. 그들은 번개가 칠 것을 예언하고, 예언자로서 멸망한다.

보라, 나는 번개의 예언자고 구름에서 떨어지는 무거운 빗방울이다. 바로 이 번갯불이 초인이다."

5

이렇게 말한 뒤 차라투스트라는 다시 군중을 바라보며 침묵했다. 그러고는 마음속으로 말했다. '저들은 그냥 저기에 서 있을 뿐이다. 저들은 웃고 있을 뿐이다. 저들은 내가 한 말을 이해하지 못하고 있다. 내 입은 저들의 귀에 적합하지 않다.

저들이 눈으로 듣는 법을 배울 수 있도록 먼저 저들의 귀를 때려 부숴야 하나? 큰 북소리나 회개 설교자들처럼 요란스럽게 떠들어대야 하나? 아니면 저들은 그저 말더듬이의 말만 믿는 것인가?

저들에겐 스스로 긍지로 느끼는 무언가가 있다. 저들은 스스로 자긍심을 느끼도록 하는 것을 무엇이라고 부르고 있는가? 저들은 그것을 교양이라고 부른다. 그리고 이 교양이야말로 자신을 염소치기보다 뛰어난 자로 만든다고 여긴다.

그래서 저들은 경멸이라는 표현을 듣는 것을 썩 좋아하지 않는다. 나는 저들의 자긍심에 대해 논해볼 것이다. 그러나 나는 저들에게 가장 경멸적인 자에 대해 말해줄 것이다. 그자는 바로 최후의 인간이다.'

이어서 차라투스트라는 군중을 향해 말했다.

"이제는 인간이 자신의 목표를 세워야 할 때다. 이제는 인간이 가장 높은 희망의 싹을 틔워야 할 때다.

인간의 토양은 아직은 비옥하다. 하지만 이 토양은 언젠가 척박해지고 메말라져 큰 나무가 더는 자라지 못하게 될 것이다.

아, 인간이 자신의 동경의 화살을 더 이상 인간 너머로 쏘지 못하고, 자신의 활시위를 윙윙거리게 울리는 것조차 잊어버리는 때가 오겠구나!

그대들에게 말하건대, 인간이 춤추는 별을 낳으려면 자신 안에 혼돈을 품고 있어야 한다. 그대들에게 말하건대, 그대들은 여전히 그대들 안에 혼돈을 품고 있다.

아! 인간이 더 이상 별을 낳지 못하는 때가 올 것이다. 아! 더는 자기 자신을 경멸할 줄 모르는 가장 경멸스러운 인간들의 시대가 도래할 것이다.

보라! 내가 그대들에게 최후의 인간을 보여주겠다.

'사랑이란 무엇인가? 창조란 무엇인가? 동경이란 무엇인가? 별이란 무엇인가?' 최후의 인간은 이렇게 묻고선 눈을 껌뻑인다.

그러면 대지는 작아지고, 모든 것을 작게 만드는 최후의 인간은 대지 위에서 이리저리 날뛰게 된다. 이 종족은 벼룩과도 같아 근절될 수 없기에, 결국 최후의 인간이 가장 오랫동안 살게 되는 것이다.

'우리는 행복을 발명했다.' 최후의 인간은 이렇게 말하고선 눈을 껌뻑인다.

그들은 살기 힘든 곳을 떠났다. 그들에겐 온정이 필요

하기 때문이다. 인간은 여전히 이웃을 사랑하고 이웃과 몸을 비빈다. 그들에겐 온정이 필요하기 때문이다.

그들은 병에 걸리거나 불신받는 것을 죄악으로 여긴다. 그들은 조심스레 걷는다. 돌부리나 사람에게 걸려 넘어지는 자는 바보일 뿐이다!

가끔은 소량의 독을 마시며 행복한 꿈을 꾼다. 그러다 결국엔 행복한 죽음을 위해 다량의 독을 마신다.

그들 역시 일을 한다. 그들에게 일은 하나의 오락거리이기 때문이다. 그러나 그들은 이 오락거리 때문에 몸을 다치지 않게 조심한다.

그들은 더는 부유해지지도 가난해지지도 않는다. 부유함도 가난함도 그들에게는 너무 성가신 일이기 때문이다. 아직도 다스리려는 자가 있는가? 아직도 복종하려는 자가 있는가? 다스림도 복종심도 그들에게는 너무 성가신 일일 뿐이다.

가축을 돌보는 목동은 없고, 가축 무리만 있다! 모두가 똑같은 것을 원하고, 모두가 똑같다. 자신은 다르다고 생각하는 자는 제 발로 정신병원에 간다.

'예전에는 온 세상이 미쳤었다.' 가장 잘난 자들이 이렇게 말하고서는 눈을 껌뻑인다.

그들은 영리하여 여태껏 일어난 모든 일을 잘 알고 있

다. 그래서 그들의 조롱에는 끝이 없다. 그들은 다투지만 곧바로 화해한다. 그렇지 않으면 위장장애가 일어나기 때문이다.

그들은 낮을 위한 작은 쾌락, 밤을 위한 작은 쾌락을 즐긴다. 그러면서도 건강은 극진히 챙긴다.

'우리는 행복을 찾아냈다.' 최후의 인간은 이렇게 말하며 눈을 껌뻑인다."

여기서 차라투스트라의 '머리말'이라고 불리는 첫 번째 연설이 끝났다. 군중의 고함과 환호성이 그의 연설을 방해했기 때문이다. "오! 차라투스트라여, 우리에게 최후의 인간을 주시오. 우리를 최후의 인간으로 만들어주시오! 그럼 우리가 그대에게 초인을 선사하겠소." 군중은 이렇게 외쳤고 모두가 환호하며 혀를 찼다. 차라투스트라는 쓸쓸해하며 마음속으로 말했다.

'저들은 내가 한 말을 이해하지 못하고 있다. 나의 입은 저들의 귀에 적합하지 않다.

내가 산속에서 너무 오래 산 탓에 시냇물과 산의 소리를 너무 많이 들었나 보다. 지금, 마치 염소치기에게 말하듯 그들에게 이야기하고 있지 않은가.

나의 영혼은 흔들리지 않는다. 나의 영혼은 아침에 맞이하는 산처럼 환하다. 그런데 저들은 내가 냉혈한이며 지독한 농담으로 조롱이나 해대는 놈으로 생각하고 있다.

　이제 저들은 나를 바라보며 웃는다. 웃으면서도 여전히 나를 증오한다. 저들의 웃음 속에는 얼음이 서려 있다.'

6

　그러나 그때 모든 이의 입을 다물게 하고 시선을 한곳에 못 박게 한 일이 일어났다. 그사이에 줄타기 광대가 공연을 하기 시작한 것이다. 그는 작은 문을 열고 걸어 나와 두 개의 탑 사이를 팽팽하게 연결해 시장과 군중 위에 떠 있는 밧줄을 타기 시작했다. 광대가 밧줄 한가운데에 이르렀을 무렵, 작은 문이 다시 열리더니 현란한 옷을 입은 익살꾼이 뛰쳐나와 빠른 걸음으로 그 광대 뒤를 따랐다. 그가 맹렬한 목소리로 외쳤다. "앞으로 가, 이 절름발이야. 앞으로 가, 이 나태한 녀석아, 밀수꾼 같고, 얼굴도 창백한 녀석! 그렇지 않으면 내 발뒤꿈치로 너를 간지럽힐 테다! 넌 여기 탑 사이에서 대체 뭘 하고 있는 거냐? 넌 저 탑 속에 있어야 해. 넌 그냥 저 탑 속에 처박혀 있는 게 낫겠어. 넌 너보다 뛰어난 사람의 자유로운 길을 가로막고 있잖아!" 그는 계속 지껄이면서 광대에게 점점 가까이 다가갔다. 이윽고 한 발짝 정도 남은 거리까지 다가갔을 때,

Friedrich Wilhelm Nietzsche

모든 이의 입을 다물게 하고 시선을 한곳에 못 박게 한 그 끔찍한 일이 일어났다. 그는 마치 악마처럼 괴성을 지르며 자기 앞을 가로막고 있던 그 광대를 훌쩍 뛰어넘은 것이다. 그런데 그 광대는 상대방이 승리한 것을 보자 갑자기 당황해하며 밧줄에서 흔들리기 시작했다. 그는 장대를 놓치고는 팔다리를 이리저리 휘저으며 장대보다 더 빨리 밑으로 떨어졌다. 시장과 군중은 흡사 폭풍우가 몰려오는 바다와 같았다. 모두가 현장에서 이리저리 달아나다 서로 부딪히며 넘어졌다. 광대가 떨어진 곳이 가장 심각했다.

하지만 차라투스트라는 미동도 없이 그 자리에 서 있었다. 차라투스트라 바로 옆에 그 몸뚱이가 떨어졌다. 광대는 죽지 않았지만, 몸이 큰 부상을 입었고 뼈가 부서진 상태였다. 크게 다친 광대는 잠시 후 의식을 되찾았고, 차라투스트라가 자기 옆에 무릎 꿇고 앉아 있는 모습을 보았다. 이윽고 광대가 말했다. "여기서 무엇을 하고 계십니까? 나는 악마가 나를 넘어뜨릴 거라는 걸 예전부터 알고 있었습니다. 이제 악마는 나를 지옥으로 끌고 갈 것입니다. 그대가 막아주시겠습니까?"

차라투스트라가 대답했다. "벗이여, 맹세컨대 그대가 말하는 것들은 존재하지 않습니다. 악마도 지옥도 말입니다. 그대의 육체보다 그대의 영혼이 더 빨리 죽음에 이르게 될 것입니다. 그러니 더는 아무것도 두려워하지 마십시오!"

그는 의심스러운 눈초리로 쳐다보며 말했다. "그대의 말이 사실이라면, 내 목숨을 잃더라도 나는 잃는 게 아무것도 없습니다. 그러면 나는 몽둥이질과 변변치 못한 사료로 춤추는 법을 배운 짐승에 지나지 않게 됩니다."

차라투스트라가 말했다. "절대 그렇지 않습니다. 그대는 위험을 감수하면서 자신의 직업을 다져왔습니다. 이것은 전혀 무시당할 일이 아닙니다. 지금 그대는 자신의 직업으로 인해 멸망하고 있습니다. 그래서 나는 직접 내 손으로 그대를 파묻어 줄 것입니다."

차라투스트라가 이렇게 말했을 때, 죽어가던 그 광대는 더는 아무 대답도 하지 않았다. 다만 그는 감사를 전하고자 차라투스트라의 손을 잡으려는 듯 손을 움직였다.

7

저녁이 되자 시장엔 어둠이 짙게 깔렸다. 군중은 흩어졌다. 호기심과 두려움도 넌더리를 치며 사라졌기 때문이다. 그러나 차라투스트라는 죽은 광대 옆에 앉아 생각에 잠겼다. 시간도 잊을 정도였다. 밤이 되자 찬 바람이 세차게 불며 이 고독자를 스쳤다. 차라투스트라는 자리에서 일어나며 생각했다.

'진실로, 차라투스트라는 오늘 멋진 낚시를 했다! 사람이 아니라 시체만 낚았으니 말이다.

인간이라는 실존은 섬뜩하면서도 여전히 무의미하다. 고작 익살맞은 광대 한 사람조차도 인간에게 불행을 초래할 수 있지 않은가.

나는 인간들에게 자신의 존재 의미를 가르치고 싶다. 초인이자, 인간이라는 먹구름에서 내리치는 번갯불에 관해서 말이다.

하지만 나는 여전히 그들에게서 멀리 떨어져 있고, 나의 마음이 그들의 마음에까지 아직 전해지지 않고 있다. 인간에게 그저 나는 여전히 바보와 시체의 중간에 있는 한 명에 불과할 뿐이다.

밤도 어둡지만, 차라투스트라의 길도 어둡다. 오라! 그대 차갑고 뻣뻣한 동행자여! 내가 그대를 메고 가겠다. 내 손으로 직접 그대를 묻을 그곳으로 말이다.'

8

차라투스트라는 마음속으로 이렇게 말하고선 시체를

등에 짊어지고 길을 떠났다. 백 걸음도 채 가지 않았을 때, 한 남자가 살그머니 다가와 귓속말을 했다. 보라! 귓속말을 한 사람은 바로 탑의 익살꾼이었다. 그는 말했다. "오 차라투스트라여, 이 마을을 떠나십시오. 여기 수많은 사람이 그대를 증오합니다. 선하고 정의로운 사람들이 그대를 증오하고, 그대를 자신의 적이자 경멸자라고 부릅니다. 신앙심 깊은 신도들은 그대를 증오하고 그대가 군중을 위험에 빠뜨린다고 말합니다. 사람들이 그대를 비웃은 것은 그대의 행운이었습니다. 그리고 그대는 참으로 익살꾼처럼 이야기했습니다. 그대가 죽은 개와 함께 간 것은 그대의 행운이었습니다. 그대가 몸을 더럽히면서까지 겸손을 베풀었기에 오늘 그대가 무사한 것입니다. 그러나 이 마을을 떠나십시오. 그렇지 않으면 내가 내일 살아 있는 그대를 뛰어넘을 것입니다. 산 자와 죽은 자를 모두 뛰어넘겠다는 것입니다." 그러고선 그 남자는 사라졌다. 하지만 차라투스트라는 어두운 골목길을 계속 걸어갔다.

성문에 이르렀을 때 무덤지기들과 만났다. 그들은 횃불로 차라투스트라의 얼굴을 비추더니 그임을 알아보고는 비웃기 시작했다. "차라투스트라가 죽은 개를 짊어지고 있구나. 그가 시체를 묻는 산역꾼이 된 것은 멋진 일이다! 이 고깃덩이를 만지기에는 우리 손이 너무 깨끗하단 말이다. 차라투스트라는 악마에게서 음식을 훔치려고 하는 건가? 어서 가자! 식사 맛있게 하시길! 그런데 악마가 차라투스트라보다 더 훌륭한 도둑이면 어쩌나! 그럼 악마가 이 둘 다 훔쳐서 먹겠지!" 그들은 마주 보고 웃었고, 서로 머리를 맞대고 이야기를 계속했다.

차라투스트라는 아무런 말도 하지 않고 자신의 길을 걸어갔다. 숲과 늪을 지나 두 시간 정도 걸었을 때 굶주린 늑대의 울부짖는 소리가 연거푸 들려왔다. 차라투스트라도 배가 고파졌다. 그래서 그는 불이 켜진 외딴집 앞에 멈춰 섰다.

차라투스트라가 말했다. "마치 도둑처럼 배고픔이 밀려온다. 숲과 늪에서, 이 한밤중에 배고픔이 밀려온다.

나의 배고픔은 기이하고 변덕스럽다. 보통 식사 때가 지나야 느껴지는 것인데, 오늘은 온종일 느끼지 못했다. 대체 배고픔이란 게 어디 있었단 말인가!"

차라투스트라는 그 집의 문을 두드렸다. 한 노인이 등불을 들고 나와 물었다. "잠 좀 청하려는데 이렇게 깨운 그대는 누구입니까?"

차라투스트라가 말했다. "살아 있는 사람 한 명, 죽은 사람 한 명입니다. 먹을 것과 마실 것 좀 주십시오. 낮에 깜빡했지 뭡니까. 굶주린 자를 먹이는 자는 자신의 영혼이 소생된다는 가르침도 있습니다."

노인은 들어가더니 다시 나와 차라투스트라에게 빵과 포도주를 내주었다. 노인이 말했다. "여기는 배고픈 자들에게는 최악의 지역입니다. 그래서 나는 여기 살고 있습니다. 짐승과 사람이 은둔자인 나에게 온답니다. 그런데 그대의 동행자에게도 먹고 마시라고 하십시오. 그대보다더 피로해 보입니다." 차라투스트라가 대답했다. "내 동행자는 죽었으니, 그렇게 하라고 설득은 하지 않겠습니다." 노인이 투덜거리며 말했다. "그것은 내가 상관할 바가 아닙니다. 내 문을 두드린 자는 내가 주는 것도 받아야만 합니다. 그럼 잘 먹고 잘 지내시길 바랍니다!"

차라투스트라는 길과 별빛에 기대어 두 시간 정도 계
속해서 걸어갔다. 그는 밤길이 익숙한 사람이었고, 잠자는 사람의 얼굴 보기를 좋아했다. 아침이 밝았을 때 차라투스트라는 자신이 숲속 깊숙이 있다는 것을 알아차렸다. 길이 더 이상 보이지 않았다. 차라투스트라는 죽은 사람을 늑대에게서 보호하고자 그를 머리 쪽에 있는 속이 텅빈 나무에 눕혔고, 자신은 이끼가 긴 땅에 누웠다. 곧바로 잠이 들었다. 육체는 고단했지만, 영혼은 평화로웠다.

9

차라투스트라는 오랫동안 잤다. 아침놀과 오전이 그의 얼굴 위를 스쳐 지나갔다. 마침내 그의 눈이 뜨였다. 놀란 듯이 숲과 고요함을 바라보았다. 놀란 듯이 그는 자신의 내면을 들여다보았다. 그러다 그는 육지를 본 뱃사람처럼 급히 일어나 크게 환호했다. 새로운 진리를 보았기 때문이다. 그러고는 마음속으로 이렇게 이야기하기 시작했다.

'한 줄기 빛이 내게 나타났다. 죽은 동행자나 시체가 아니라 내가 원하는 곳으로 함께 가려는 살아 있는 동행자가 필요하다.

스스로 자기 자신을 따르길 원하여, 내가 가고자 하는 곳 바로 그곳으로 나를 따르는 살아 있는 동행자가 필요하다.

한 줄기 빛이 내게 나타났다. 차라투스트라는 군중이 아니라 동행자에게 이야기를 해주어야 한다! 차라투스트라는 가축을 치는 목동이나 개가 되어서는 안 된다!

가축 무리에서 많은 사람을 꾀어내는 것, 이것이 내가 온 이유다. 군중과 가축 무리가 나를 노여워할 것이다. 차라투스트라는 양치기들에게서 약탈자로 불릴 것이다.

나는 양치기라고 말하지만, 그들은 스스로 선하고 정의로운 자라고 부른다. 나는 양치기라고 말하지만, 그들은

35

스스로 신앙심 깊은 신도라고 부른다.

선하고 정의로운 자를 보라! 그들은 누구를 가장 증오하는가? 가치 있다고 여기는 것을 기록한 서판을 부수는 자, 파괴자, 범죄자다. 그러나 이자가 바로 창조하는 자다.

신앙심 깊은 신도들을 보라! 그들은 누구를 가장 증오하는가? 가치 있다고 여기는 것을 기록한 서판을 부수는 자, 파괴자, 범죄자다. 그러나 이자가 바로 창조하는 자다.

창조하는 자는 시체나 가축 무리, 신도들이 아닌 동행자를 찾는다. 창조하는 자는 새로운 가치들을 새로운 서판에 함께 기록할 동료 창조하는 자를 찾는다.

창조하는 자는 동행자, 그리고 수확하는 동료를 찾는다. 모든 것이 무르익어 수확될 준비가 되었기 때문이다. 하지만 그는 낫이 많이 없기에 이삭을 줍고는 화를 낸다.

창조하는 자는 동행자, 그리고 자신의 낫을 갈 줄 아는 자를 찾는다. 그들은 파괴자이자 선과 악을 경멸하는 자로 불린다. 그러나 그들이 바로 수확하는 자고 향연을 베푸는 자다.

차라투스트라는 함께 창조하는 자를 찾는다. 차라투스트라는 함께 수확하고 향연을 베푸는 자를 찾는다. 그가 가축, 목동, 시체와 함께 무엇을 창조할 수 있겠는가!

그리고 그대 나의 첫 동행자여, 잘 가거라! 나는 그대를 속이 텅 빈 나무에 잘 묻어두었다. 나는 그대를 늑대들로부터 잘 감춰두었다.

이제 그대와 헤어지려고 한다. 시간이 되었다. 아침놀과 아침놀 사이에서 새로운 진리가 내게 왔다.

나는 양치기도 산역꾼도 되지 않으리라. 다시는 군중과 말을 섞지 않으리라. 죽은 자와 말을 하는 것도 마지막이 될 것이다.

나는 창조하는 자, 수확하는 자, 향연을 베푸는 자와 함께할 것이다. 나는 이들에게 무지개와 초인에 이르는 계단을 모두 보여줄 것이다.

나는 혼자 지내는 은둔자와 둘이서 지내는 은둔자에게 나의 노래를 불러줄 것이다. 그리고 아직 들어본 적 없는 것을 들을 귀가 있는 자의 마음을 내 행복으로 가득 차게 할 것이다.

나는 내 목표를 향해 내 갈 길을 갈 것이다. 나는 주저하는 자와 게으른 자를 뛰어넘을 것이다. 그리하여 내 길이 그들에게는 몰락의 길이 되게 하리라!'

10

차라투스트라가 마음속으로 이렇게 말했을 때 정오의

태양이 떠 있었다. 그러고는 의아스럽다는 듯 위를 올려다보았다. 머리 위에서 새 한 마리가 날카롭게 우는 소리를 들었기 때문이다. 보라! 독수리 한 마리가 허공에 넓은 원을 그리며 날고 있고, 그 목에는 뱀 한 마리가 먹이가 아니라 마치 여자 친구인 양 매달려 있다. 뱀이 독수리의 목을 휘감고 있다.

차라투스트라는 "저 짐승들은 나의 친구들이다"라고 말하며 진심으로 기뻐했다.

"태양 아래에서 자긍심이 가장 강한 짐승이고 태양 아래에서 가장 현명한 짐승이다. 저 짐승들은 무언가를 슬쩍 살펴보려고 나온 것이다.

저 짐승들은 차라투스트라가 아직 살아 있는지 알아보고 싶어 하는 것이다. 진실로, 나는 아직 살아있는가?

나는 짐승 사이에 있는 것보다 인간 사이에 있는 것이 더 위험하다는 것을 깨달았다. 차라투스트라는 위험한 길을 가고 있다. 나의 짐승들이여, 나를 인도해다오!"

차라투스트라는 이렇게 말하고서 숲속의 성자가 한 말을 생각했다. 그러고는 한숨을 쉬며 마음속으로 이렇게 말했다.

'더 현명해지고 싶다! 나의 뱀처럼 철저하게 현명해지고 싶다!

하지만 나는 불가능한 것을 바라고 있다. 나는 나의 자긍심이 언제나 나의 현명함과 함께하기를 바랄 뿐이다!

그리고 언젠가 나의 현명함이 나를 떠나간다면, 아, 나의 현명함은 날아가 버리는 것을 좋아하는구나! 그때는 나의 자긍심도 나의 어리석음과 함께 날아가길!'

이렇게 차라투스트라의 몰락은 시작되었다.

차라투스트라의 가르침

정신의 세 가지 변화에 대하여

내가 그대들에게 정신의 세 가지 변화에 대해 말해주 겠다. 어떻게 정신이 낙타가 되고, 낙타는 어떻게 사자가 되며, 마지막으로 사자는 어떻게 어린아이가 되는지에 대 해서 말이다.

경외심이 담겨 있는, 강력하고 참아내는 정신, 그 정신 에는 수많은 무거운 짐이 있다. 그 정신의 강력함은 무거 운 짐, 가장 무거운 짐을 요구한다.

무엇이 무거운가? 참아내는 정신은 이렇게 묻고선 낙 타처럼 무릎을 꿇고 짐이 잔뜩 실려지길 바란다.

그대 영웅들이여, 내가 스스로 짊어지고 내 강력함에

기뻐하게 될 정도로 가장 무거운 짐은 무엇인가? 참아내는 정신은 이렇게 묻는다.

가장 무거운 짐은 자신의 교만에 고통을 주기 위해 자기 자신을 낮추는 것이 아닌가? 자신의 지혜를 조롱하기 위해 자기 자신의 어리석음을 내세우는 것이 아닌가?

아니면, 우리가 우리의 승리를 축하할 때 그 일에서 떠나버리는 것인가? 유혹자를 유혹하기 위해 높은 산으로 올라가는 것인가?

아니면, 인식의 도토리와 풀로 때우며 진리를 위하여 영혼의 굶주림을 견디는 것인가?

아니면, 그대가 아파서 위로하러 온 자들을 되돌려보내고, 그대가 해주고자 하는 말을 전혀 듣지 못하는 귀머거리와 친구가 되는 것인가?

아니면, 진리의 물이라면 더러운 물이라도 들어가고 차가운 개구리와 뜨거운 두꺼비를 거기서 쫓아내지 않는 것인가?

아니면, 우리를 경멸하는 자들을 사랑하고 우리를 겁주려고 하는 유령에게 손을 내미는 것인가?

참아내는 정신은 가장 무거운 이 모든 짐들을 스스로 짊어진다. 짐을 싣고 서둘러 사막으로 달려가는 낙타처럼, 정신은 자신의 사막으로 급히 달려가는 것이다.

Friedrich Wilhelm Nietzsche

그런데 가장 고독한 그 사막에서 두 번째 변화가 일어난다. 여기서 정신은 사자가 되어서, 스스로 자유를 쟁취해 자신의 사막에서 주인이 되길 바란다.

여기서 정신은 스스로 자신의 최후의 주인을 찾는다. 정신은 자신의 최후의 주인, 자신의 최후의 신에게 대적하려 하고, 승리를 위하여 정신은 그 거대한 용과 사투를 벌이려고 하는 것이다.

정신이 더는 주인과 신이라고 부르지 않으려고 하는 그 거대한 용이란 무엇인가? 그 거대한 용은 '너는 해야 한다'라고 불린다. 그러나 사자의 정신은 "나는 원한다"라고 말한다.

'너는 해야 한다'는 금빛을 번쩍거리며 사자의 정신의 길을 가로막는다. 그것은 비늘이 있는 짐승으로 모든 비늘에는 '너는 해야 한다'라는 말이 금빛으로 쓰여져 번쩍이고 있다.

천년 간 이어져 온 가치들이 이 비늘에서 번쩍거리고 있다. 그래서 모든 용 중에서 가장 센 용이 말한다. "사물들의 모든 가치, 그것은 나에게서 번쩍인다."

용은 이렇게 말한다. "모든 가치는 이미 창조되었고, 창조된 모든 가치, 그것이 바로 나다. 진실로, '나는 원한다'라는 말은 더는 존재해서는 안 된다!"

내 형제들이여, 정신의 사자는 무엇 때문에 필요한가? 체념과 경외심을 가득 품은, 짐을 짊어질 수 있는 그 짐승으로는 무언가가 부족한가?

새로운 가치들을 창조하는 것, 이것은 사자도 아직 할 수 없는 일이다. 그러나 새로운 것을 창조하기 위해 자유를 스스로 창조하는 것, 이것은 사자의 힘으로 할 수 있는 일이다.

자유를 스스로 창조하고, 의무도 성스럽게 부정할 수 있는 것, 내 형제들이여, 이를 위해서는 사자가 필요하다.

새로운 가치들에 대한 권리를 스스로 받아들이는 것, 그것은 참아내는, 경외심이 가득한 정신에는 가장 끔찍한 받아들임이다. 진실로, 그것은 정신에게는 강탈이고, 강탈하는 짐승의 일이다.

참아내는, 경외심이 가득한 그 정신도 한때는 '너는 해야 한다'를 가장 신성한 것으로서 사랑했다. 그러나 이제 그 정신은 자신의 사랑에서 스스로 자유를 강탈하기 위해, 가장 신성한 것에서도 갈팡질팡하는 망상과 제멋대로인 뜻을 찾아야 한다. 그리고 이러한 강탈을 위해서는 사자가 필요하다.

그런데 말해보라, 내 형제들이여, 사자도 할 수 없던 것을 어린아이가 잘할 수 있는 것은 무엇인가? 강탈하는 사자도 아이가 되어야 하는 까닭은 무엇인가?

아이는 순진무구함과 망각, 새로운 시작, 놀이, 스스로 굴러가는 바퀴, 최초의 움직임, 신성한 긍정이다.

그렇다, 내 형제들이여, 창조의 놀이를 위해서는 신성한 긍정이 필요하다. 이제 정신은 자신의 의지를 원하고, 세계를 잃어버린 자는 자신의 세계를 획득한다.

나는 그대들에게 정신의 세 가지 변화에 대해 이야기했다. 정신은 어떻게 낙타가 되고, 낙타는 어떻게 사자가 되는지, 마지막으로 사자는 어떻게 아이가 되는지에 대해서 말이다.

45   차라투스트라는 이렇게 말했다. 그리고 그때 그는 얼룩소라고 불리는 마을에 머무르고 있었다.

덕을 가르치는 강의에 대하여

사람들은 차라투스트라에게 잠과 덕에 대해서 연설을
잘하는 어느 현자에 대해 칭찬했다. 그것으로 그 현자는
존경을 많이 받고 보수도 좋으며, 모든 청년이 그의 강의
에 몰려든다는 것이었다. 차라투스트라도 그에게 갔다. 청
년들과 함께 그의 강의를 들으려고 자리에 앉았다. 그 현
자는 이렇게 말했다.

잠에 대한 명예와 수치심! 이것이 첫 번째다! 그러니
잠을 이루지 못하여, 밤에 깨어 있는 모든 자들을 피하라!

도둑도 잠에 대해서는 조심스럽다. 그래서 도둑은 항상
밤에 조용히 몰래 돌아다니는 것이다. 그러나 뻔뻔한 밤

의 야경꾼은 부끄러운 줄도 모르고 호각을 들고 다닌다.

잔다는 것은 간단한 기술이 아니다. 잠자기 위해서는 온종일 깨어 있어야 하는 것이다.

그대는 낮에 열 번은 자기 자신을 극복해내야 한다. 그 것은 기분 좋은 피로감을 만들어주며, 영혼에는 양귀비인 것이다.

그대는 낮에 열 번은 자기 자신과 다시 화해해야 한다. 자기를 극복한다는 것은 괴로운 것이고, 자기 자신과 화해하지 않는 자는 잠을 이루지 못하기 때문이다.

그대는 낮에 열 가지의 진리는 찾아내야 한다. 그러지 않으면 그대는 밤중에 진리를 찾고 있을 테고, 그러면 그 대의 영혼은 굶주린 채로 있게 될 것이다.

그대는 낮에 열 번은 웃어야 하고 명랑해져야 한다. 그 러지 않으면 고난의 아버지인 그대의 위장이 그대를 밤중 에 괴롭힐 것이다.

이것을 아는 사람은 소수에 불과하다. 그래서 잠을 잘 자기 위해서는 모든 덕을 갖추고 있어야 하는 것이다. 내 가 거짓 증언을 할 것으로 보이는가? 내가 간통을 저지를 것으로 보이는가?

내가 내 이웃의 하녀를 탐낼 것으로 보이는가? 이러한 모든 것은 숙면과 조화되기 어렵다.

그리고 그대가 모든 덕을 갖추고 있다 하더라도 하나는 명심해야 한다. 그것은 이러한 덕들도 적당한 시간에 잠들게 하라는 것이다.

이러한 덕들, 바로 이러한 얌전한 여인들이 서로 다투지 않게 하기 위해서다! 그대를 두고, 그대 불행한 자를 두고 말이다!

신, 이웃과 평화를 누려라. 이렇게 하기를 숙면도 원한다. 그리고 이웃의 악마와도 평화를 누려라! 그렇지 않으면 악마가 밤에 그대의 주위를 돌아다닐 것이다.

관료를 존중하고 복종하라! 부정직한 관료라도 존중하고 복종하라! 이렇게 하기를 숙면도 원한다. 권력이 비틀린 다리로 거니는 것을 좋아하는데, 내가 무엇을 할 수 있겠는가?

자신의 양을 가장 푸른 풀밭으로 인도하는 자를 나는 항상 최고의 목자라고 부른다. 이러한 자는 숙면과 조화될 수 있다.

나는 큰 명예도 많은 재물도 원하지 않는다. 이것들은 비장脾臟에 염증을 일으키기 때문이다. 그러나 적당한 명성과 약간의 재물이 없다면 잠을 이루기도 어렵다.

나는 사악한 어울림보다 작은 어울림을 더 환영한다. 그러나 작은 어울림도 적당한 때에 오고 적당한 때에 떠나야 한다. 이렇게 해야 숙면할 수 있다.

나는 정신적으로 가난한 자들을 굉장히 좋아한다. 그들은 잠을 자게끔 해주기 때문이다. 특히 그들은 자신이 옳다고 인정받으면 언제나 매우 기뻐한다.

덕을 갖춘 자에게 낮은 이렇게 지나간다. 이제 밤이 되면 나는 잠을 부를까 봐 조심한다! 덕의 주인인 잠, 그것은 자신이 불리는 것을 원하지 않는다!

그러나 나는 낮에 했던 일과 낮에 했던 생각에 대해 다시 생각한다. 나는 암소처럼 참을성 있게 되새김질하면서 스스로 묻는다. 그대가 행한 열 가지의 자기 극복은 무엇이었는가?

그리고 내 마음을 기쁘게 했던 열 가지의 화해, 열 가지의 진리, 열 가지의 웃음은 무엇이었는가?

그러한 것들에 대해 곰곰이 생각하고, 마흔 가지의 생각에 흔들리다 보면 덕의 주인이자, 부름을 받지도 않은 잠이 갑자기 나를 덮쳐버린다.

잠이 내 눈을 툭툭 친다. 그러면 눈꺼풀이 무거워진다. 잠이 내 입을 스친다. 그러면 입이 벌어진다.

진실로, 도둑 중에서도 가장 사랑스러운 도둑인 잠은 부드러운 발걸음으로 내게로 와서 내 생각을 훔쳐 간다. 그때 나는 이 의자처럼 바보같이 서 있을 뿐이다.

하지만 나는 더 오래 서 있지도 않는다. 이미 누워 있기 때문이다.

그 현자가 이렇게 말하는 것을 듣고 차라투스트라는 혼자 마음속으로 웃었다. 갑자기 무언가 한 줄기 빛이 떠올랐던 것이다. 그러고는 마음속으로 말했다.

이런 식으로 마흔 가지나 생각을 하는 어리석은 자가 지금 내 눈앞에 있지만, 그는 잠에 대해서 제대로 이해하고 있는 것 같다.

이미 이 현자의 주변에 사는 것만으로도 그 사람은 이미 행복하다! 그러한 잠은 전염이 된다. 심지어 두꺼운 벽도 뚫으며 전염되고 마는 것이다.

어떤 마력이 그의 강의에 드리워져 있다. 청년들이 덕의 설교자 앞에 괜히 앉아 있던 게 아니었다.

그의 지혜는 바로 잠을 잘 자기 위해서 깨어 있으라는 것이다. 그리고 진실로, 삶이 무의미하다면, 그리고 내가 무의미를 선택해야 한다면, 그의 지혜는 나에게도 가장 선택할 가치가 있는 무의미일 것이다.

한때 그들이 덕의 스승을 찾아다녔을 때 가장 먼저 원했던 것이 무엇이었는지를 이제 나는 분명히 이해하겠다. 그들은 숙면과 거기다 양귀비꽃 냄새가 진동하는 덕을 원했던 것이다!

50

그 강의에서 모두의 칭송을 받는 이 현자들에게 지혜란 꿈 없는 잠이었다. 그들은 더 나은 삶의 의미를 알지 못했던 것이다.

오늘날에도 항상 그렇게 정직하지는 않은, 이러한 덕의 설교자들 같은 사람들이 더러 있다. 하지만 그들의 시대는 끝났다. 그리고 그들은 더는 오래 서 있지 않을 것이다. 이미 누워 있기 때문이다.

이처럼 졸린 자들에게는 복이 있을 것이다. 곧 잠에 곯아떨어지게 될 것이니 말이다.

차라투스트라는 이렇게 말했다.

배후세계를 믿는 자들에 대하여

한때는 차라투스트라도 배후세계를 믿는 모든 이들처
럼 인간의 피안에 대한 망상에 사로잡혀 있었다. 그때 세
계는 고통스럽고 번민에 찬 신의 작품으로 보였다.

당시에 세계는 신의 꿈, 신의 시처럼 보였다. 신성에 불
만이 있는 자의 눈앞에 피어오르는 다채로운 연기로 보였
다.

선과 악, 쾌감과 고통, 나와 너, 이러한 것들은 창조자
의 눈앞에 피어오르는 다채로운 연기로 보였다. 창조자는
자기 자신에게서 눈길을 돌리고 싶어 했다. 그래서 그때
그는 세상을 창조했다.

자신의 고통에서 눈길을 돌리고 자기 자신을 잃어버리는 것, 그것은 고통스러워하는 자에게는 도취적인 쾌감이다. 한때는 도취적인 쾌감과 자아 상실이 세계로 보였다.

이러한 세계, 영원히 불완전한 이러한 세계, 영원히 모순적인 모사품이자 불완전한 모사품인 이러한 세계, 불완전한 창조자에게는 도취적인 쾌감뿐인 이러한 세계, 한때 세계는 바로 이렇게 보였다.

따라서 한때는 배후세계를 믿는 모든 이들처럼 나도 인간의 피안에 대한 망상에 사로잡혀 있었던 것이다. 진실로 인간의 피안이었을까?

아, 그대 형제들이여, 내가 창조했던 그 신은 모든 신과 마찬가지로 인간의 작품이자 인간의 망상이었다!

그 신은 인간이었고, 인간과 자아의 보잘것없는 한 부분에 불과했다. 나 자신의 잿더미와 불씨에서 이 유령이 내게로 온 것이었고, 이는 진실이다! 피안에서 내게로 온 것이 아니었다!

내 형제들이여, 무슨 일이 일어났는가? 나는 나 자신과 고통을 극복했고, 나의 잿더미를 산으로 짊어지고 갔으며, 더 밝은 불꽃을 찾아냈다. 보라! 그때 유령은 내게서 떨어져 나갔다!

그러한 유령을 믿는다는 것은, 지금 완치되어 가는 내

게 고통이자 고뇌가 될 것이다. 그것은 이제 내게 고통과 굴욕이 될 것이라는 말이다. 그래서 나는 배후세계를 믿는 자들에게 이렇게 말한다.

모든 배후세계를 창조한 것, 그것은 고통과 무능력이었다. 그리고 가장 고통스러워하는 자만이 체험하는 것, 그것은 순간적인 행복의 망상이었다.

한 번의 도약으로, 단 한 번의 죽음의 도약으로 최후까지 당도하길 원하는 피로함, 더는 원하려고 하지 않는 보잘것없고 무지한 이 피로함, 바로 이것이 모든 신과 모든 배후세계를 창조해낸 것이다.

내 형제들이여, 나를 믿어라! 육체에 절망한 것은 바로 육체였다. 바로 이 육체가 현혹된 정신의 손가락으로 최후의 벽을 더듬었다.

내 형제들이여, 나를 믿어라! 대지에 절망한 것은 바로 육체였다. 존재의 복부가 혼잣말하는 것을 들었던 것은 바로 이 육체였다.

그리고 그때 그 육체는 머리로, 단순히 머리로써만은 아니고, 최후의 벽을 통과해 저 세계로 넘어가길 원했다.

그러나 인간성을 상실한 비인간적인 세계, 천상의 무無인 세계인 저 세계는 인간에게 잘 숨겨져 있다. 그리고 존재의 복부는 인간의 모습을 하지 않고서는 절대로 인간에게 말 걸지 않는다.

진실로, 모든 존재는 증명하기 어렵고, 말을 하게 하기도 어렵다. 그대 형제들이여, 내게 말해보라. 그래도 만물 중에서 가장 놀라운 것이 가장 잘 증명되지 않는가?

그렇다. 그럼에도 이 자아와 자아의 모순과 혼란이 자신의 존재에 관하여 가장 정직하게 말하고 있다. 창조하고 의욕하고 평가하는 이 자아, 바로 이것이 사물의 척도이자 가치인 것이다.

가장 정직한 이 존재, 즉 자아는 육체에 관하여 말한다. 그리고 날조하고, 공상에 빠지고, 부러진 날개로 푸드덕거린다 할지라도, 자아는 여전히 육체를 원한다.

자아는 점점 더 정직하게 말하는 법을 배운다. 그리고 더 많이 배우면 배울수록 자아는 육체와 대지에 대한 말과 명예를 더 많이 찾아낸다.

나의 자아는 내게 새로운 긍지를 가르쳐주었고, 나는 그것을 인간에게 가르쳐준다. 더는 머리를 천상의 사물의 모래 속으로 파묻지 말고 자유롭게 들고 다녀라! 대지에 의미를 창조해주는 대지의 머리를 말이다!

나는 새로운 의지를 인간에게 가르쳐준다. 인간이 맹목적으로 걸어온 이 길을 원하라. 그리고 그 길을 인정하고, 더는 병자들과 죽어가는 자들처럼 그 길에서 몰래 도망치

55

려고 하지 마라!

병자들과 죽어가는 자들이 바로 육체와 대지를 경멸하고 천상과 구원의 핏방울을 고안해낸 자들이었다. 그러나 그들은 달콤하면서도 섬뜩한 이 독마저도 육체와 대지에서 받아들였던 것이다!

그들은 자신의 불행에서 벗어나고 싶어 했지만, 별들은 그들에게서 너무 멀리 떨어져 있었다. 그러면서 그들은 한숨을 내쉬었다. "오, 다른 존재와 행복으로 몰래 들어갈 수 있는 천상의 길이 있었더라면!" 그래서 그들은 빠져나갈 계략과 피비린내가 나는 음료를 고안해냈던 것이다!

그들, 즉 이 배은망덕한 자들은 이제 자신의 육체와 이 대지에서 벗어났다고 착각했다. 그런데 그들이 야단법석을 떨 만큼 환희했던 그 벗어남은 누구 덕분에 가능했는가? 바로 그들 자신의 육체와 이 대지였다.

차라투스트라는 병자들에게 관대하다. 진실로, 그는 그들의 위로와 배은망덕한 방식에 화내지 않는다. 그들이 회복하는 자와 극복하는 자가 되어 스스로 더 고귀한 육체를 지닐 수 있게 되길 바랄 뿐이다!

차라투스트라는 회복하는 자기 자신의 망상을 애정 깊게 바라보고, 한밤중에 자신이 믿는 신의 무덤 주위를 몰래 돌아다녀도 화내지 않는다. 그러나 그의 눈물까지도 내게는 여전히 병이고 병든 육체로 남아 있다.

날조하고 신에 중독된 사람들 중에는 병든 자들이 언제나 많았다. 그들은 분별력 있는 자들 그리고 정직이라고 불리는 저 최근의 덕을 격렬히 증오한다.

그들은 언제나 어두운 시대를 되돌아본다. 물론 그때는 망상과 믿음이 지금과는 달랐다. 이성의 광기는 신과 유사한 것이었고, 신에 대한 의심은 죄였다.

나는 신과 유사한 이런 자들을 매우 잘 알고 있다. 그들은 자신이 믿어지길 바라고 자신들에 대한 의심은 죄이길 바란다. 나는 또한 그들 스스로 가장 잘 믿는 것이 무엇인지도 매우 잘 알고 있다.

진실로, 그들 역시 배후세계와 구원의 핏방울이 아니라 육체를 가장 잘 믿는다. 그리고 그들에게 그들 자신의 육체는 물자체物自體이다.

그들에게 육체라는 것은 병든 것일 뿐이다. 그래서 그들은 거리낌 없이 분노를 표출하려 한다. 그 때문에 그들은 죽음의 설교자들의 말을 귀 기울여 듣고, 스스로 배후세계를 설교한다.

내 형제들아, 차라리 건강한 육체의 목소리에 귀를 기울여라. 이것이 더 정직하고 더 순수한 목소리다.

건강한 육체, 완전하고 곧바른 육체는 더 정직하고 더

순수하게 말한다. 그리고 육체는 대지의 의미에 대해서도
말한다.

차라투스트라는 이렇게 말했다.

육체를 경멸하는 자에 대하여

육체를 경멸하는 자들에게 말하고자 한다. 내가 보기에, 그들은 다시 배우거나 다시 가르칠 것이 아니고, 자신의 육체에 작별 인사를 하고 잠자코만 있으면 된다.

"나는 육체고 또 영혼이다." 아이는 이렇게 말한다. 그런데 사람들은 왜 아이처럼 말하지 않는 것인가?

그러나 깨어난 자, 지식 있는 자는, 나는 전적으로 육체일 뿐 다른 어떤 것도 아니다. 그리고 영혼은 육체에 있는 그 무언가를 가리키는 단어일 뿐이라고 말한다.

육체는 하나의 위대한 이성, 하나의 의미를 지닌 다수성, 전쟁이자 평화, 가축 무리이자 목자다. 내 형제여, 그대가 '정신'이라고 부르는 그대의 작은 이성 역시 그대의 육체의 도구고, 그대의 위대한 이성의 작은 도구이자 장난감이다.

그대는 자아를 말하면서 이 단어에 자긍심을 느낀다. 그러나, 그대는 믿고 싶지 않겠지만, 더 위대한 것은 그대의 육체와 그 육체의 위대한 이성이다. 이 위대한 이성은 자아를 말하지 않고, 자아를 행한다.

감각이 느끼는 것, 정신이 인식하는 것, 그것은 그 자체로 절대 목적이 아니다. 그러나 감각과 정신은, 자신이 만물의 목적이라고 그대를 설득하고 싶어 한다. 이처럼 감각과 정신은 헛된 것이다.

감각과 정신은 도구이자 장난감이다. 감각과 정신 뒤에는 여전히 본연의 자기가 있다. 본연의 자기 역시 감각의 눈을 통해 찾고, 정신의 귀를 통해 듣는다.

본연의 자기는 항상 듣고 찾는다. 그것은 비교하고 제압하고 정복하고 파괴한다. 그것은 지배하고, 또한 자아의 지배자이기도 하다.

내 형제여, 그대의 생각과 감정 뒤에는, 본연의 자기라고 불리는 강력한 통치자, 알려지지 않은 현자가 있다. 본연의 자기는 그대의 육체에 살고 있고, 본연의 자기가 곧 그대의 육체다.

이성은 그대의 최고의 지혜보다 그대의 육체에 더 많이 있다. 그대의 육체가 반드시 그대의 최고의 지혜를 필요로 하는 까닭을 대체 누가 알겠는가?

그대의 본연의 자기는 그대의 자아와 이 자아의 자랑스러운 도약을 비웃는다. "생각의 이러한 도약과 비약은 나에게 무엇인가? 그것은 나의 목적으로 향하는 우회로다. 나는 자아를 끄는 목줄이자, 자아의 개념들을 몰래 알려주는 자다"라고 본연의 자기는 자기 자신에게 말한다.

본연의 자기는 자아에게 말한다. "여기서 고통을 느껴라!" 그러면 자아는 고통을 느낀 후, 더는 고통받지 않을 방법에 대해 깊이 생각한다. 바로 그런 이유로 자아는 생각을 해야만 하는 것이다.

본연의 자기는 자아에게 말한다. "여기서 즐거움을 느껴라!" 그러면 자아는 즐거움을 느낀 후, 즐거움을 더 자주 느낄 방법에 대해 깊이 생각한다. 바로 그런 이유로 자아는 생각을 해야만 하는 것이다.

육체를 경멸하는 자들에게 내가 한마디 하겠다. 그들의 경멸심은 그들의 존경심에서 만들어진다. 존경과 경멸, 가치와 의지를 창조한 것은 무엇인가?

창조하는 본연의 자기가 스스로 존경과 경멸을 창조해 냈고, 스스로 쾌감과 고통을 창조해냈다. 창조하는 육체는 의지의 손으로 쓰고자 스스로 정신을 창조해냈다.

그대 육체를 경멸하는 자들이여, 아직도 자신의 어리석음과 경멸에서 벗어나지 못한 채 그대들은 자신의 본연의 자기를 섬기고 있다. 나 그대들에게 말한다. 그대들 본연의 자기는 스스로 죽기를 원하면서 삶을 외면하고 있다.

그대들 본연의 자기는 자신이 가장 원하는 것을 더는 할 수 없다. 자신을 뛰어넘어 창조하는 것 말이다. 자신을 뛰어넘어 창조하는 것, 이것이 그대들 본연의 자기가 가장 원하는 것이자 완전한 열정이다.

그러나 그대들 본연의 자기가 그것을 하기에는 이제 너무 늦었다. 그대 육체를 경멸하는 자들이여, 그래서 그대들 본연의 자기는 몰락하길 원한다.

그대들 본연의 자기가 몰락하길 원하므로 그대들은 육체를 경멸하는 자가 되고 말았다! 그대들은 더는 자신을 뛰어넘어 창조할 수 없게 되어서다.

그리하여 그대들은 지금 삶과 대지에만 화를 내고 있는 것이다. 그대들의 경멸스러운 곁눈질에는 뭔지 모를 질투심이 서려있다.

그대 육체를 경멸하는 자들이여, 나는 그대들의 길을 가지 않겠다. 그대들은 내게 초인에 이르는 다리가 절대 아니다!

Friedrich Wilhelm Nietzsche

차라투스트라는 이렇게 말했다.

환희와 열정에 대하여

내 형제여, 그대가 하나의 덕을 가지고 있다면, 그리고 그 덕이 그대의 덕이라고 한다면 그대는 누구와도 그것을
공유하지 않고 있다는 뜻이다.

당연히, 그대는 덕에 이름을 붙여 그것을 부를 것이고
어루만져 줄 것이다. 그대는 덕의 귀를 잡아당기며 장난
을 칠 것이다.

보라! 이제 그대는 덕의 이름을 인간들과 공유하게 되
었고, 그대는 그대의 덕으로 인해 군중과 가축 무리가 되
고 말았다!

그대는 이렇게 말하는 편이 더 나을 것이다. "내 영혼

을 고통스럽고도 달콤하게 만드는 것, 내 내장의 굶주림이기도 한 그것은 이루 말로 표현할 수도, 형언키도 어렵다."

그대의 덕은 그 이름의 친숙함보다도 더 높은 곳에 있어야 한다. 그대가 덕에 대해서 말해야 하는 상황이 온다면, 덕에 대해 더듬거리며 말하더라도 부끄러워하지 마라.

그러니 더듬거리면서라도 말하라. "그것은 나의 선이다. 나는 그것을 사랑한다. 나는 그것이 굉장히 마음에 들고 나는 그 선을 원한다.

나는 그 덕을 신의 율법으로서 원하지 않는다. 나는 그 덕을 인간의 규칙이나 인간의 필수품으로서 원하지 않는다. 그 덕이 내게 대지를 너머 낙원으로 이르는 이정표가 되어서도 안 된다.

지상의 덕, 이것을 나는 사랑한다. 여기에는 현명함이 거의 없고, 모든 사람이 지닌 이성도 아주 적기 때문이다.

그러나 이 새는 내 곁에 둥지를 틀었다. 그래서 나는 그 새를 사랑하고 꼬옥 껴안고 있다. 지금은 내 곁에서 황금 알을 품고 있다."

그대는 더듬거리면서라도 이렇게 말하며 그대의 덕을 칭송해야 한다.

한때 그대는 열정이 있었고, 그것을 악이라고 불렀다.

하지만 지금 그대들에게는 그대의 덕들만 있다. 그것은 그대의 열정에서 자라났다.

그대는 이러한 열정에 그대의 가장 높은 목적을 간절하게 부여했다. 그러자 그 열정은 그대의 덕과 환희가 되었다.

그대가 화를 잘 내는 부류든, 음탕한 부류든 광신자나 복수심에 불타는 부류든 상관없다.

결국 그대의 모든 열정은 덕이 되었고, 그대의 모든 악마는 천사가 되었다.

한때 그대는 지하창고에서 들개들을 키웠다. 그러나 결국 그 들개들은 새들과 사랑스러운 여가수로 변했다.

그대는 그대의 독에서 그대의 향유를 만들었다. 그대는 슬픔에 잠겨 있는 그대의 암소에게서 젖을 짰다. 그러나 이제는 그 젖에서 짜낸 달콤한 우유를 마시고 있다.

이제부터는 그대의 덕들 사이의 갈등에서 자라나는 악을 제외하고는, 그대에게서는 그 어떤 악도 더는 자라나지 않을 것이다.

내 형제여, 그대가 운이 좋다면 그대는 하나의 덕만 가질 뿐, 그 이상의 덕은 가지지 않을 것이다. 그러면 다리를 더 쉽게 건너갈 수 있을 것이다.

많은 덕을 가진다는 것은 돋보이는 일일 수도 있지만,

괴로운 운명이기도 하다. 여러 사람이 덕들 사이의 전투에, 덕들의 전쟁터가 되는 데 지친 나머지 사막으로 가서 스스로 목숨을 끊지 않았던가.

내 형제여, 전쟁과 전투는 악인가? 그런데 이러한 악은 불가피하고, 그대의 덕들 사이의 질투와 불신, 비방도 불가피하다.

보라, 그대의 덕들은 제각기 가장 높은 자리를 얼마나 갈망하고 있는가. 그것들은 그대의 온 정신이 자신의 '전령'이 되길 원하고, 그것들은 분노, 증오, 사랑에서도 그대의 온 힘을 원한다.

저마다의 덕은 다른 덕을 질투하는데, 질투는 무서운 것이다. 덕들도 질투 때문에 멸망할 수 있다.

질투의 불길에 둘러싸인 자는 결국 마치 전갈처럼 독침을 자기 자신에게로 돌리게 된다.

아, 내 형제여, 그대는 하나의 덕이 스스로 자신을 비방하고 찔러 죽이는 것을 아직도 본 적이 없다는 말인가?

인간은 극복되어야 할 그 어떤 존재다. 그렇기에 그대는 그대의 덕들을 사랑해야 한다. 그대는 그 덕들로 인해 파멸할 것이기 때문이다.

차라투스트라는 이렇게 말했다.

창백한 범죄자에 대하여

그대 재판관들과 제사장들이여, 그대들은 짐승이 고개
를 끄덕이기 전에는 죽이지 않을 것인가? 보라, 창백한 범
죄자가 고개를 끄덕였다. 그의 눈은 크나큰 경멸을 말하
고 있다.

"나의 자아는 극복되어야 할 그 어떤 존재다. 나의 자
아는 인간에 대한 크나큰 경멸이다." 그의 눈은 이렇게 말
하고 있다.

그가 스스로 자기 자신을 심판했던 것이 그의 최고의
순간이었다. 그 숭고한 자가 다시 비천한 곳으로 돌아가
지 않게 하라!

Friedrich Wilhelm Nietzsche

이처럼 자기 자신으로 인해 고통을 겪는 자에게는, 빨리 죽는 것 외에는 어떤 구원도 없다.

그대 재판관들이여, 그대들의 처형은 복수심이 아니라 동정심에서 비롯되어야 한다. 그리고 그대들이 처형하면서, 그대들 자신의 삶이 정당화되도록 노력하라!

그대들이 죽이는 자와 화해하는 것만으로는 충분하지 않다. 그대들의 슬픔이 초인을 향한 사랑이 되도록 하라. 그럼으로써 그대들의 여전한 삶을 정당화하라!

'적'이라고 말하되 '악인'이라고 불러서는 안 된다. '병자'라고 말하되 '불량배'라고 불러서는 안 된다. '바보'라고 말하되 '죄인'이라고 불러서는 안 된다.

그리고 그대, 붉은 망토를 걸친 재판관이여, 그대가 이미 생각으로만 했던 모든 내용을 큰 소리로 떠들어댄다면, 모든 이가 이렇게 외칠 것이다. "이 더럽고 독이 바짝 오른 벌레를 치워라!"

그러나 생각, 행동, 행동에 대한 관념은 제각기 서로 다른 것이다. 원인의 수레바퀴는 그것들 사이에서 굴러가지 않는다.

어떤 관념이 이 창백한 인간을 창백하게 만들었다. 그가 그 행동을 할 때, 그는 그 행동과 똑같이 성장했다. 그러나 그는 그 행동을 하고 난 뒤에는 그 행동의 관념을 견며내지 못했다.

이제 그는 항상 자신을 범행의 가해자로 여기게 되었다. 나는 이것을 망상이라고 부른다. 예외가 그에게서는 본질로 변하게 된 것이다.

하나의 선이 암탉을 사로잡고 있듯이, 그가 했던 행동이 그의 불쌍한 이성을 사로잡아 버렸다. 나는 이것을 행동 이후의 망상이라고 부른다.

들어라, 그대 재판관들이여! 하나의 다른 망상이 여전히 존재하고 있다. 그것은 행동 이전의 망상이다. 아, 그대들은 이 망상의 영혼으로 깊이 들어가지 못하였구나!

붉은 망토를 걸친 재판관은 이렇게 말한다. "이 범죄자는 대체 왜 살인을 저질렀는가? 그는 도둑질을 원했기 때문이다." 그러나 나는 그대에게 말한다. 그의 영혼은 도둑질이 아니라 피를 원했던 것이다. 그는 칼의 행복에 목말라 있었다!

그러나 그의 불쌍한 이성은 이러한 망상을 이해하지 못해 그를 설득했다. 그 불쌍한 이성은 말했다. "피가 무슨 상관이 있겠는가! 너는 하다못해 강도질이라도 하고 싶지 않은가? 복수라도 하고 싶지 않은가?"

범죄자는 자신의 불쌍한 이성에 귀를 기울였다. 그 이성의 말은 납덩이처럼 무겁게 그를 짓눌렀다. 거기서 살인을 저질렀을 때 그는 도둑질마저 했던 것이다. 그는 자신의 망상을 부끄러워하고 싶지 않았다.

이제 죄책감이라는 납덩이가 무겁게 다시 그를 짓눌렀다. 그의 불쌍한 이성은 다시 뻣뻣해지고 너무 마비되고 너무 무거워졌다.

그가 머리를 흔들 수만 있었어도 그의 짐은 아래로 떨어졌을 것이다. 그런데 누가 그 머리를 흔들어주겠는가?

이 인간은 대체 무엇이란 말인가? 정신을 통해서 세계에 도달하려는 질병 덩어리다. 그 질병 덩어리는 세계에서 먹이를 구하고자 한다.

이 인간은 대체 무엇이란 말인가? 서로에게 안주하는 일이 거의 없는 야생 뱀들의 무리다. 그 뱀들은 무리에서 빠져나와 세계에서 먹이를 구한다.

이 불쌍한 육체를 보라! 이 육체가 괴로워하며 열망했던 것을 이 불쌍한 영혼이 제멋대로 해석했다. 이 불쌍한 영혼은 그것을 살인의 쾌감과 칼의 행복에 대한 욕망으로 해석했다.

지금 악하다고 하는 악이, 지금 병에 걸린 자를 습격하고 있다. 그 병에 걸린 자는 자신에게 고통을 가하는 것으로 남에게 고통을 가하길 원한다.

그러나 다른 시대가 있었고, 다른 악과 선이 있었다.

한때 의심은 악한 것이었고, 본연의 자기에 대한 의지도 악한 것이었다. 그 당시 병자는 이단자, 마녀 취급을 받았다. 병자는 이단자, 마녀로서 고통을 겪었고, 인간에게도 고통을 주려 했다.

그러나 그대들 귀에는 이 말이 들리지 않을 것이다. 그대들의 선한 자들에게는 그것이 해가 되는 말이라고 내게 말한다. 그런데 그 선한 자들이 나와 무슨 상관이 있겠는가!

그대들의 선한 자들이 지닌 많은 것이 나를 역겹게 하긴 하지만, 진실로 그 선한 자들의 악은 그렇지 않다. 그저 나는 그들이 저 창백한 범죄자처럼 자신을 파멸시킬 어떤 망상을 가지기를 원할 뿐이다!

진실로, 나는 그들의 망상이 진리나 성실함, 정의라고 불리기를 원한다. 하지만 그들은 오래 살아가기 위한, 비참한 안락함 속에서 오래 살아가기 위한 자신의 덕만 지니고 있다.

나는 강가에 있는 난간이다. 나를 붙잡을 수 있으면 붙잡아봐라! 그러나 나는 그대들의 지팡이는 아니다.

차라투스트라는 이렇게 말했다.

읽기와 쓰기에 대하여

　　나는 모든 글 중에서, 오직 자신의 피로 쓴 글만을 사랑한다. 피로 써라. 그리하면 피가 곧 정신임을 그대는 알게 될 것이다.

　　남의 피를 이해하기란 쉽지 않은 일이다. 그래서 나는 게으르게 책을 읽는 자들을 싫어한다.

　　독자를 잘 알고 있는 자는 독자를 위해 더 이상 아무것도 하지 않는다. 백 년의 독자는 그 정신 자체에서 악취가 풍길 것이다.

　　누구든지 읽기를 배워도 된다면, 결국에는 쓰기뿐만 아니라 생각도 망가지고 말 것이다.

한때 정신은 신이었다가 그런 다음 인간이 되었고, 이제는 심지어 천민이 되었다.

피로, 잠언 형식으로 글을 쓰는 자는 자신의 글이 읽히길 바라는 게 아니라 암송되기를 바란다.

산악 지역에서 가장 가까운 경로는 봉우리에서 봉우리까지다. 하지만 그러려면 그대는 다리가 길어야 한다. 잠언은 반드시 봉우리여야 한다. 그리고 잠언을 듣는 자는 거대하고 높이 성장한 자여야 한다.

희박하고 깨끗한 공기, 눈앞에 있는 위험, 쾌활한 악의로 가득한 정신. 이것들은 서로 잘 어울린다.

나는 용감하기 때문에 내 주변에 산속 요괴들이 있길 원한다. 유령을 쫓아내는 용기는 스스로 산속 요괴들을 창조해낸다. 그러면서 그 용기는 웃을 것이다.

나는 더는 그대들 같이 느끼지 않는다. 내 발밑에 보이는 이 구름, 내가 비웃고 있는 시커멓고 무거운 이 구름, 이것이 바로 그대들의 번개구름이다.

그대들은 높은 곳을 갈망할 때 위를 올려다본다. 그런데 나는 이미 높은 곳에 있기에 발밑 아래를 내려다본다.

그대들 중 누가 웃으면서 동시에 높이 올라와 있을 수 있겠는가?

가장 높은 산을 오르는 자는 모든 비극적 유희와 비극

적 진지함을 비웃는다.

용기 있고 무관심하고 조롱하고 난폭한 것, 지혜는 우리에게 이것을 바란다. 지혜는 여성이고 언제나 단 한 명의 병사만을 사랑한다.

그대들은 내게 "삶은 견디기 힘들다"라고 말한다. 그런데 그대들은 어째서 오전에는 자긍심이 있다가 저녁에는 순종하려 하는가?

삶은 견디기 힘들다. 그렇다고 해서 그렇게 여린 모습은 보이지 마라! 우리 모두는 상당한 짐을 질 수 있는 수컷 당나귀들이고 암컷 당나귀들이다.

이슬 한 방울만 몸에 맺혀도 벌벌 떠는 장미 꽃봉오리와 우리의 공통점은 무엇인가?

사실, 우리가 삶을 사랑하는 것은 삶에 익숙해져서가 아니라 사랑한다는 것에 익숙해져서다.

사랑에는 언제나 약간의 망상이 있다. 그러나 망상에는 언제나 약간의 이성도 있다.

그리고 삶을 잘 살아가려는 내게도 나비와 비눗방울, 그리고 인간들 사이에 있는 나비와 비눗방울 같은 자들이 행복에 대해 가장 잘 아는 것처럼 보인다.

가볍고 어리석고 사랑스럽고 생기 있는 이 작은 영혼들이 훨훨 날아가는 것을 보고 있으면 차라투스트라는 눈물을 흘리고 노래를 부르게 된다.

나는 오직 춤추는 법을 알고 있는 신만을 믿을 것이다.

그리고 내가 나의 악마를 보았을 때 나는 악마가 진지하고 철저하고 깊고 엄숙하다는 것을 알게 되었다. 그것은 중력의 영靈이었다. 이 중력의 영으로 인해 모든 것이 쓰러지는 것이다.

사람은 분노가 아니라 웃음으로 죽인다. 자, 중력의 영을 죽이자!

나는 걷는 법을 배웠다, 그 후 나는 달리게 되었다. 나는 날아가는 법을 배웠다. 그 후 나는 그 자리를 벗어나는데 맨 먼저 밀쳐지고 싶지는 않게 되었다.

이제 나는 가볍고, 이제 나는 날아다니며, 이제 나는 내 아래에 있는 나를 바라본다. 이제야 어떤 신이 나를 통해 춤을 춘다.

차라투스트라는 이렇게 말했다.

Friedrich Wilhelm Nietzsche

산속에 서 있는 나무에 대하여

차라투스트라의 시선은 자신을 피해 가는 어떤 청년을 향해 있었다. 어느 날 저녁 차라투스트라가 얼룩소라고 불리는 마을을 둘러싸고 있는 산을 홀로이 걷고 있을 때였다. 그런데 보라, 걷던 그가 발견한 청년은 어떤 나무에 기대어 앉아 지친 듯한 눈으로 골짜기를 바라보고 있는 것이 아닌가. 차라투스트라는 그 청년이 앉아 있는 나무를 만지며 말했다.

"내 손으로 이 나무를 흔들고 싶어도 내게는 힘이 없어 그렇게 할 수는 없을 것이다.

그러나 우리 눈에 보이지 않는 바람은 이 나무를 자유

자재로 괴롭히고 구부린다. 우리도 우리 눈에 보이지 않는 손에 의해 가장 고통스럽게 구부러지고 괴롭힘을 당하는 것이다."

그러자 그 청년은 당황하며 자리에서 일어나 말했다. "차라투스트라의 목소리로 들립니다. 때마침 그를 생각하고 있었습니다."

차라투스트라가 대답했다. "그대는 무엇에 그렇게 놀라는가? 인간도 나무와 마찬가지 아니던가.

높고 밝은 곳으로 올라가려고 하면 할수록 그 뿌리는 땅으로, 아래로, 어둠 속으로, 깊은 곳으로, 즉 악을 향하여 더욱더 강하게 뻗어나갈 것이다."

청년이 외쳤다. "그렇습니다. 악으로! 그런데 그대는 어떻게 제 영혼을 알아볼 수 있었습니까?"

차라투스트라는 미소를 지으며 말했다. "어떤 영혼은 일단 꾸며 만들어내지 않는 한 절대로 알아보지 못할 걸세.""그렇습니다. 악으로!" 청년은 또다시 외쳤다.

"차라투스트라여 그대는 진리를 말씀하셨습니다. 나는 높은 곳으로 가고자 한 이후로 스스로 나 자신을 믿지 않게 되었습니다. 그리고 더는 아무도 나를 믿지 않습니다. 대체 어떻게 이런 일이 일어나는 것입니까?

나는 너무 빨리 변합니다. 오늘의 내가 어제의 나를 부정할 정도입니다. 높은 곳에 오를 때 종종 계단을 뛰어넘기도 합니다. 어떤 계단도 이러한 나를 관대히 봐주지 않습니다.

내가 높은 곳에 있으면, 나는 항상 혼자 있다고 느낍니다. 아무도 나에게 말을 걸지 않고, 고독의 냉기가 나를 벌벌 떨게 만듭니다. 내가 높은 곳에서 원하는 것은 대체 무엇일까요?

나의 경멸과 동경은 서로 함께 생겨납니다. 내가 더 높이 오르면 오를수록, 나는 오르고 있는 그자를 점점 더 경멸하게 됩니다. 그자가 높은 곳에서 원하는 것은 대체 무엇일까요?

기어오르면서 비틀거리는 내가 어찌나 부끄러운지! 숨을 헐떡이며 몰아쉬는 내가 어찌나 우스워 보이는지! 날아다니는 것들은 또 어찌나 증오스러운지! 높은 곳에 있으면 어찌나 피곤한지!"

여기서 청년은 침묵했다. 차라투스트라는 자신들 주변에 서 있는 나무를 응시하며 이렇게 말했다.

"이 나무는 이곳 산속에 고독하게 서 있다. 이 나무는 인간과 짐승을 훌쩍 넘어 높이 자랐다.

나무가 무언가를 말하고 싶어 해도 이 나무의 말을 이해해 줄 자는 아무도 없었을 것이다. 그만큼 높이 자라난 것이다.

이제 그 나무는 기다리고 또 기다리고 있다. 그런데 무엇을 그렇게 기다리고 있는 것일까?

그 나무가 구름과 아주 가까운 곳에 깃들여 있다 보니 혹시 첫 번째 번개를 기다리고 있는 것은 아닐까?"

차라투스트라가 이렇게 말하자 그 청년은 격렬히 몸부림치며 외쳤다. "그렇습니다, 차라투스트라여. 그대는 진리를 말하고 있습니다. 내가 높은 곳에 오르고 싶었을 때, 나는 나의 몰락을 갈망했습니다. 그리고 그대는 내가 기다렸던 번개입니다! 보십시오. 그대가 우리에게 나타난 후에 나라는 존재는 어떻게 되었습니까? 나를 파멸시켰던 것은 그대를 향한 질투입니다." 청년은 이렇게 말하며 슬피 울었다. 그러자 차라투스트라는 그를 팔로 감싸 안고 계속 걸었다.

한참을 함께 걷고 난 뒤 차라투스트라는 이렇게 말하기 시작했다.

가슴이 갈기갈기 찢어질 만큼 아프다. 그대가 하는 말보다 그대의 눈이 그대의 모든 위험에 대해 잘 말해주고 있다.

그대는 아직은 자유롭지 않아서 자유를 찾아 헤매고 있다. 그대의 찾아 헤맴이 그대를 밤 지새우게 했고 극도로 긴장하게끔 만들었다.

그대는 자유가 넘치는 높은 곳으로 가길 원하고 그대의 영혼은 별을 갈망하고 있다. 그러나 동시에 그대의 나쁜 충동마저도 자유를 갈망하고 있다.

그대의 들개들은 자유롭기를 원한다. 그대의 정신이 모든 감옥의 빗장을 풀려고 할 때 그대의 들개들은 지하 감옥에서 기쁨에 겨워 짖어댄다.

내가 생각하기에 그대는 아직도 자유를 상상하는 죄수다. 아, 그러한 죄수들은 영혼이 현명해지지만, 또 간사해지고 악해지기도 한다.

정신이 해방된 자는 계속해서 자신을 정화하지 않으면 안 된다. 그에게는 여전히 많은 감옥과 곰팡이가 남아 있다. 그의 눈은 계속해서 맑아지지 않으면 안 된다.

그래, 나는 그대의 위험을 잘 알고 있다. 그래서 나의 사랑과 희망을 걸고 그대에게 간청하니, 그대의 사랑과 희망을 버리지 말라!

그대는 여전히 그대가 고귀하다고 느끼고 있다. 또한 그대에게 화나 있고, 악의적인 시선을 보내는 다른 사람들도 그대가 고귀하다고 느끼고 있다. 그런데 한 명의 고귀한 자가 모두에게는 방해가 된다는 것을 명심하라!

한 명의 고귀한 자는 선한 자들에게도 방해가 된다. 그래서 선한 자들이 고귀한 자를 선하다고 부르면서도 내심은 그를 제치고 싶어 하는 것이다.

고귀한 자는 새로운 것, 새로운 덕을 창조하려 한다. 선한 자는 오래된 것을 원하고, 오래된 것의 보존을 바란다.

그런데 고귀한 자의 위험은, 그가 선한 자가 되는 것이 아니라 건방진 자, 조롱하는 자, 파괴자가 되는 것에 있다.

아, 나는 최고의 희망을 잃어버린 고귀한 자들을 알고 있다. 이제 그들은 모든 높은 희망을 비방하고 있다.

그들은 일시적인 쾌락 속에서 파렴치하게 살았고, 하루를 연명하는 것 말고는 목표 따위는 거의 세우지 않았다.

"정신도 관능적 쾌락이다"라고 그들은 말했다. 그때 그들의 정신의 날개는 꺾여 부러지고 말았다. 지금 그들은 여기저기 기어다니면서 갉아먹으며 사방을 더럽게 한다.

한때 그들은 영웅이 될 것이라고 생각했지만 지금은 그저 호색가들일 뿐이다. 그들에게 영웅은 원한과 공포가 되었다.

나의 사랑과 희망을 걸고 그대에게 간청한다. 그대의 영혼에 있는 영웅을 버리지 말라! 그대의 최고의 희망을 신성하게 붙들어라!

차라투스트라는 이렇게 말했다.

Friedrich Wilhelm Nietzsche

죽음의 설교자에 대하여

죽음을 설교하는 자가 있다. 그리고 대지는 삶에서 떠나라는 설교를 들어야 할 자들로 가득 차 있다.

대지는 불필요한 자들로 가득 차 있고 삶은 너무 많은 자들로 인해 썩어 곪아 있다. 그들이 '영원한 생명'으로 이 삶에서 떨어져 나가기를!

죽음의 설교자들을 '노란 자들'이라고 부르지만, '검은 자들'이라고 부르기도 한다. 하지만 나는 그들을 다른 색으로 보여주고자 한다.

내면에 맹수를 품고 다니면서, 쾌락이나 자기학대 외에는 아무것도 선택하지 않는 끔찍한 자들이 있다. 그리고 그들의 쾌락이라는 것도 자기학대를 하는 것일 뿐이다.

그들, 즉 이 끔찍한 자들은 아직 인간이 되어본 적이 없다. 삶의 포기를 설교하는 그들이 스스로 삶에서 사라져 버리기를!

영혼이 결핵에 걸린 자들이 있다. 그들은 태어나자마자 죽어가기 시작하고 피로와 체념의 가르침을 갈망한다.

그들은 기꺼이 죽길 바라는데, 우리는 그들의 의지를 존중해야 한다! 우리는 이 죽은 자들을 깨우지 않도록, 그리고 살아 있는 이 관들을 훼손하지 않도록 해야 한다!

그대들은 어떤 병자나 노인이나 시체를 만나게 될 것이다. 그러면 그들은 곧바로 "삶은 반박되었다!"라고 말할 것이다.

하지만 반박된 것은 그들뿐이고, 실존의 한쪽 얼굴밖에 못 보는 그들의 눈일 뿐이다. 지독한 우울감에 갇혀, 죽음을 불러오는 사소한 우연들에 열광한다. 그들은 이렇게 기다리며 서로서로 이를 악물고 있다.

그렇지 않으면, 그들은 사탕 과자에 손을 뻗으면서 아이 같은 자신의 행동을 비웃는다. 그들은 삶의 지푸라기에 매달리고는 자신이 아직도 지푸라기에 매달려 있다고 비웃는다.

그들의 지혜는 "살아남는 자는 바보다. 그래서 우리는

그만큼 바보다. 그리고 이것이야말로 삶에서 가장 바보 같은 것이다!"라고 말한다.

"삶은 고통일 뿐이다"라고 어떤 자들은 말하는데, 거짓 말은 아니다. 그러니 그대들은 삶을 끝내도록 하라! 고통 뿐이라는 삶 따위 그만 끝내도록 하라!

그러니 그대들의 덕에 대한 가르침은 이렇게 되어야 한다. '그대는 자살해야 한다! 그대 스스로 사라져 버려야 한다!'

죽음을 설교하는 어떤 이는 이렇게 말한다. "관능적 쾌 락은 죄다. 뜻을 받들어 아이는 갖지 말자."

어떤 이들은 이렇게 말한다. "아이를 낳는 것은 고생스 러운 일인데, 왜 아이를 낳으려고 하는가? 불행한 자들만 나올 뿐이다." 이런 자들도 죽음을 설교하는 자들이다.

또 다른 이는 이렇게 말한다. "동정심은 필요하다. 내가 가지고 있는 것을 가져가라! 나라는 존재 그대로를 받아 들여라! 그럴수록 삶은 나를 덜 구속할 것이다!"

그들이 본래부터 동정심이 있는 자들이었다면 그들은 이웃의 삶을 망쳐놓았을 것이다. 악하다는 것, 이것이 그 들의 진정한 선일 것이다.

하지만 그들은 삶에서 해방되고 싶어 한다. 그래서 그 들이 다른 사람을 쇠사슬과 선물로 더 단단히 묶는다 한들 그것이 무슨 소용이 있겠는가!

그리고 삶은 고된 일이자 불안일 뿐이라고 느끼는 그대들도 삶에 아주 지쳐 있는 것이 아닌가? 그대들은 죽음의 설교를 들을 만큼 아주 성숙해 있는 것이 아닌가?

그대들 모두는 고된 일, 빠른 것, 새로운 것, 낯선 것을 사랑하지만, 그대들 자신을 견뎌내기는 힘들다. 그대들의 근면함은 도피고, 자신을 망각하려는 의지일 따름이다.

그대들이 삶을 더 믿었다면 그대들은 순간적인 것에 덜 몰두했을 것이다. 하지만 그대들에게는 기다릴 만한 크기나, 심지어 게을러질 만한 크기가 없다!

죽음을 설교하는 자들의 목소리가 사방천지에 울려 퍼진다. 그리고 대지는 죽음의 설교를 들어야 할 자들로 가득 차 있다.

아니면, '영원한 삶'의 설교를 들어야 할 자들로 가득 차 있다 하더라도 나와 상관없다. 그저 그들이 빨리 사라져 버리기만 바랄 뿐이다!

차라투스트라는 이렇게 말했다.

전쟁과 전사들에 대하여

우리는 우리의 최고의 적들에게서도, 우리가 진심으로 사랑하는 자들에게서도 보호받기를 원하지 않는다. 그러니 내가 그대들에게 진리를 말해보도록 하겠다!

전쟁 중인 내 형제들이여! 나는 그대들을 진심으로 사랑한다. 나는 지금도 그대들과 같은 부류이고 과거에도 같은 부류였다. 그리고 나는 그대들의 최고의 적이기도 하다. 그러니 내가 그대들에게 진리를 말해보겠다!

나는 그대들의 마음속에 있는 증오와 질투를 잘 알고 있다. 그대들은 증오와 질투를 모를 만큼 위대하지는 않다. 그러니 증오와 질투를 부끄러워하지 않을 정도로 위대해져라!

그리고 그대들이 인식의 성자가 될 수 없다고 한다면 적어도 내게는 인식의 전사가 되어라. 인식의 전사는 그러한 신성함의 동행자이자 선구자다.

나는 많은 군인을 보지만, 전사들도 아주 많이 보고 싶다! 그들이 입고 있는 것을 '제복'이라고 말한다. 그런데 그들이 제복으로 숨기는 것이 집단성은 아니기를.

그대들은 자신의 눈으로 언제나 한 명의 적, 그대들의 적을 찾아 헤매는 자여야 한다. 그리고 그대들 중에는 첫눈에 증오를 알아보는 자가 있다.

그대들은 그대들의 적을 찾아서 전쟁을 벌여야 한다. 그대들의 사상을 위해서! 그리고 그대들의 사상이 굴복하더라도 그대들의 정직성은 그것에 아랑곳하지 말고 승리의 기쁨을 외쳐야 한다!

그대들은 새로운 전쟁의 수단으로서 평화를 사랑해야 한다. 그리고 긴 평화보다는 짧은 평화를 사랑해야 한다.

나는 그대들에게 일을 하지 말고 전투하기를 권한다. 나는 그대들에게 평화가 아니라 승리하기를 권한다. 그대들의 일은 전투가 되게 하고, 그대들의 평화는 승리가 되게 하라!

활과 화살이 있을 때만 침묵하고 조용히 있을 수 있다.

그렇지 않으면 수다를 떨고 말다툼을 하게 될 것이다. 그대들의 평화가 승리가 되게 하라!

그대들은, 좋은 목적이 전쟁도 신성하게 한다고 말하는가? 그대들에게 말한다. 좋은 전쟁이 모든 목적을 신성하게 하는 것이다.

전쟁과 용기는 이웃에 대한 사랑보다 더 위대한 일들을 해냈다. 그대들의 동정심이 아니라 그대들의 용맹함이 지금까지 불의에 처한 자들을 구해냈던 것이다.

"선이란 무엇인가?"라고 그대들은 묻는다. 용감한 것이 선이다. 그러므로 "선하다는 것은 아름다우면서 동시에 감동적인 것이다"라는 말은 어린 소녀들이나 하는 것이다.

사람들은 그대들이 무정하다고 말한다. 그러나 그대들의 마음은 진실하고, 나는 그대들의 진심에서 드러나는 부끄러움을 사랑한다. 그대들은 자신의 밀물을 부끄러워하고 다른 이들은 자신의 썰물을 부끄러워한다.

그대들은 추한가? 좋다, 내 형제들이여! 그러면 추악한 자들의 외투, 숭고함을 걸쳐라!

그리고 그대들의 영혼이 위대해진다면 그 영혼은 거만해진다. 그러면 그대들의 숭고함에는 악의가 드리워질 것이다. 내가 그대들을 잘 알고 있다.

거만한 자는 사악함 속에서 나약한 자를 만난다. 하지만 그들은 서로를 오해한다. 내가 그대들을 잘 알고 있다.

그대들은 증오하게 될 적을 가져야 한다. 경멸하게 될 적은 가져서는 안 된다. 그대들은 그대들의 적을 자랑스러워해야 한다. 그러면 적의 성공은 곧 그대들의 성공이 될 것이다.

반항, 이것은 노예의 고상함이다. 복종이 그대들의 고상함이 되게 하라! 그대들의 명령 자체도 복종이 되게 하라!

훌륭한 전사에게는 "너는 해야 한다"가 "나는 원한다"보다 더 기분 좋게 들린다. 그러니 그대들은 먼저 그대들이 소중히 여기는 모든 것으로부터 명령을 받아야 한다.

삶에 대한 그대들의 사랑이 최고의 희망에 대한 사랑이 되게 하고, 그대들의 최고의 희망이 삶에 대한 최고의 생각이 되게 하라!

그러나 그대들은 그대들의 최고의 사상을 내가 명령 내리도록 해야 한다. 바로, 인간은 극복되어야 할 그 어떤 존재라는 사상 말이다.

그러하니 그대들은 전쟁의 삶, 복종의 삶을 살아야 한다! 긴 수명이 무슨 소용이 있겠는가! 보호받길 원하는 자가 무슨 전사란 말인가!

Friedrich Wilhelm Nietzsche

나는 그대들을 보호하지 않는다. 나는 그대들을 진심으로 사랑할 뿐이다. 전쟁 중인 내 형제들이여!

차라투스트라는 이렇게 말했다.

새로운 우상에 대하여

어딘가에는 아직도 민족과 군중이 있겠지만, 우리에게
는 없다. 내 형제들이여, 여기에는 국가가 있을 뿐이다.

국가? 그것은 무엇인가? 좋다. 이제 내 말에 귀를 기울
여라. 내가 그대들에게 민족의 죽음에 대해 알려주겠다.

국가는 모든 냉정한 괴물 중에서 가장 냉정한 괴물을
의미한다. 괴물도 거짓말을 한다. 그리고 이 거짓말은 괴
물의 입에서 흘러나온다. "국가인 내가 곧 민족이다."

이건 말도 안 된다! 민족을 창조하고, 하나의 믿음과 하
나의 사랑을 민족에 걸었던 자들은 창조하는 자들이었다.
이런 식으로 그들은 삶을 섬겼던 것이다.

파괴자들은 다수에게 덫을 놓고 그것을 국가라고 부르는 자들이다. 그들은 그 덫 위에 한 자루의 검과 수백 개의 욕망을 걸었다.

민족이 아직도 존재하는 곳에서는 국가를 이해하지 못하고, 또 국가를 악의 눈길이자 관습과 법률에 대한 죄로서 증오한다.

내가 그대들에게 민족의 징표들에 대해 말해보자면, 모든 민족이 각각 자기 언어로 선과 악을 말하지만, 그의 이웃들은 이를 이해하지 못하고 있다. 그 이웃들은 자신의 언어를 관습과 법률에서 고안해낸 것이다.

그러나 국가는 선과 악에 대해 별의별 언어로 거짓말을 해댄다. 국가가 무엇을 말하든 그것은 거짓말이다. 국가가 무엇을 가지고 있든 그것은 훔친 것이다.

국가에 대한 모든 것은 가짜다. 무는 버릇이 있는 국가가 훔친 이빨로 물어대는 것이다. 그뿐만 아니라 국가의 내장마저도 가짜다.

선과 악에 대한 언어의 혼란. 나는 이 징표를 국가의 징표로서 그대들에게 전하고자 한다. 진실로, 이 징표는 죽음에 대한 의지를 가리킨다! 진실로, 그것은 죽음의 설교자들을 부르는 신호다!

너무 많은 자들이 태어났다. 국가는 불필요한 인간들을

위해 창조된 것이다!

보라, 국가가 많아도 너무 많은 그 불필요한 인간들을 어떻게 유인하는지를! 국가가 그들을 어떻게 꾸역꾸역 삼키고, 씹고, 되새김질하는지를!

"대지에서 나보다 더 위대한 것은 없다. 바로 내가 신의 질서의 손가락이다"라고 그 괴물은 사납게 울부짖는다. 그러면 귀가 긴 자들과 시력이 안 좋은 자들만 무릎을 꿇는 것이 아니다!

아, 그대 위대한 영혼들이여, 국가는 그대들 안에서도 음울한 거짓말을 속삭이고 있다! 아, 국가는 스스로 낭비하길 좋아하는 풍부한 마음을 지닌 자들을 알아챈다!

그렇다. 국가는 그대들의 속마음도 알아챈다. 그대 낡은 신을 정복한 그대들이여! 그대들은 전투에 지쳤고, 이제 그대들은 피로로 인해 새로운 우상을 섬기는 것이다!

새로운 우상인 이 국가는 자신의 주변에 영웅들과 명예로운 인물들을 세우고 싶어 한다! 국가는 선한 양심으로 햇볕 쬐기를 좋아하는 냉정한 괴물이다!

그대들이 새로운 우상인 국가를 숭배한다면, 국가는 그대들에게 모든 것을 주려 한다. 이런 식으로 국가는 그대들의 찬란한 덕과 그대들의 자랑스러운 눈빛을 매수한다.

국가는 그대들을 미끼로 수많은 불필요한 인간을 유인

하고 싶어 한다. 그렇다. 여기서 지옥의 요술이 고안되었다. 신성한 명예의 장신구 속에서 달그락거리는 죽음의 말이라는 요술이!

그렇다. 여기서 자기 스스로 생명이라고 칭송하는 하나의 죽음이 수많은 불필요한 인간을 위해 고안되었다. 진실로, 그것은 모든 죽음의 설교자들에 대한 봉사가 아닐 수 없다!

사람이 좋고 나쁨을 불문하고 모두가 독을 마시게 되는 곳, 이곳을 나는 국가라고 부른다. 사람이 좋고 나쁨을 불문하고 모두가 자기 자신을 상실하는 곳, 이곳을 나는 국가라고 부른다. 모든 사람의 느린 자살이 '생명'이라고 불리는 곳, 이곳을 나는 국가라고 부른다.

보라, 이 불필요한 인간들을! 그들은 창조자의 작품과 현자의 보물을 훔친다. 그들은 자신의 도둑질을 교육이라고 부른다. 그러면 도둑질한 그 모든 것은 그들에게 질병과 재앙이 된다!

보라, 이 불필요한 인간들을! 그들은 항상 아프고 쓸개즙을 토하면서, 이를 신문이라고 부른다. 그들은 서로를 삼켜버리면서도 소화조차 할 수 없다.

보라, 이 불필요한 인간들을! 그들은 부를 얻었지만, 그것으로 더 가난해진다. 그들은 권력을 원하지만, 무엇보다도 권력의 지렛대 같은 많은 돈을 원한다. 이 무력한 인간들은!

보라, 기어오르는 그들을, 이 재빠른 원숭이 같은 그들을! 그들은 서로를 짓밟고 기어오르면서 진흙탕과 나락으로 서로를 잡아당긴다.

그들 모두는 왕좌에 오르길 원한다. 그것은 마치 행복이 왕좌에 놓여 있다고 여기는 것과도 같은 그들의 망상이다! 가끔은 진흙이 왕좌에 앉아 있고, 왕좌가 진흙 위에 앉아 있는 것인데도!

내가 보기에 그들 모두는 미친 인간들이고, 왕좌에 기어오르는 원숭이들이며 과열된 인간들이다. 그들의 우상인 냉정한 괴물은 나에게 악취를 풍긴다. 그리고 이 우상 숭배자들 모두도 나에게 악취를 풍긴다.

내 형제들이여! 그대들은 저 원숭이들의 주둥이와 탐욕의 악취에 질식하길 바라는가? 차라리 창문을 부수고 탁 트인 야외로 뛰어들어라!

그 악취를 피하라! 그 불필요한 인간들의 우상 숭배에서 벗어나라!

그 악취를 피하라! 그 인간 제물의 안개에서 벗어나라!

대지는 위대한 영혼들을 위해 지금도 그대로 비어 있다. 한 명의 고독한 자와 두 명의 고독한 자들을 위해서

잔잔한 바다 내음이 불어오는 자리가 여전히 많이 비어 있다.

위대한 영혼들에게는 자유로운 삶이 여전히 비어 있다. 진실로, 적게 소유한 자는 그만큼 덜 광적인 자가 될 것이다. 수수한 가난을 찬양하라!

국가가 끝나는 곳에서 불필요한 인간이 아닌 진짜 인간이 시작된다. 국가가 끝나는 곳에서 유일하고 대체할 수 없는 방식으로. 꼭 필요한 인간들의 노래가 시작된다.

국가가 끝나는 곳. 그곳을 보아다오, 내 형제들이여! 보이지 않는가, 초인의 무지개와 다리가 보이지 않는가?

차라투스트라는 이렇게 말했다.

시장의 파리 떼에 대하여

내 벗이여, 그대의 고독 속으로 도망쳐라! 나는 그대가
위대한 자들의 소음에 마비되고, 하찮은 자들의 가시에
찔리는 것을 보고 있다.

숲과 바위는 그대와 함께 위엄 있게 침묵할 줄 안다. 그
대가 사랑하는 나무를 닮아라. 그리고 바다 위로 가지가
넓게 매달린 채 고요히 귀 기울이는 나무를 닮아라.

고독이 끝나는 곳에서 시장이 시작된다. 그리고 시장이
시작하는 곳에서는 위대한 배우들의 소음과 독파리 떼의
윙윙거리는 소리가 들리기 시작한다.

세상에서 가장 좋은 것이라고 할지라도 그것을 먼저

보여주는 누군가가 없으면 아무런 가치도 없다. 군중은 이러한 연출자들을 위대한 자들이라고 부른다.

군중은 위대한 것, 즉 창조하는 것을 거의 이해하지 못한다. 그러나 군중에게는 위대한 일을 연출하는 자들과 배우들에 대한 감각은 있다.

세계는 새로운 가치를 발명한 자들을 중심으로 돌아간다. 그것도 눈에 띄지 않게 말이다. 그러나 군중과 명성은 배우들을 중심으로 돌아간다. 이것이 세상이 돌아가는 방식이다.

배우에게는 정신은 있지만, 정신의 양심은 거의 없다. 배우는 언제나 자신이 가장 강하다는 것을 믿게 만드는 것을 믿는다. 즉 자기 자신을 믿게 만드는 것을 믿는 것이다!

그는 내일 새로운 믿음을 가질 것이고, 모레는 더 새로운 믿음을 가질 것이다. 배우는 군중들처럼 마치 변덕스러운 날씨 같은 성급한 감각을 지니고 있다.

전복하기, 배우에게는 이것이 증명하는 것을 의미한다. 격앙시키기, 배우에게는 이것이 설득하는 것을 의미한다. 배우에게는 피가 모든 근거 중 최고의 근거로 여겨진다.

배우는 예민한 귀에만 미끄러지듯 들리는 진리를 거짓말이나 무無라고 부른다. 진실로, 그는 세상에서 크고 시끄러운 소리를 내는 신들만 믿는다!

시장에는 화려하게 차려입은 어릿광대들로 가득 차 있다. 그리고 군중은 자신의 위대한 자들을 자랑스러워한다! 이들은 군중에게 그 시간의 주인인 것이다.

그런데 시간은 그 어릿광대들을 재촉한다. 이런 식으로 그들은 그대도 재촉한다. 그리고 그 어릿광대들은 그대에게서도 '예' 또는 '아니오'를 듣기를 원한다. 아, 그대는 찬반양론 사이에 그대의 의자를 두고 싶은가?

그대 진리를 사랑하는 자들이여, 이렇게 무조건으로 재촉하는 자들을 질투하지 말라! 진리는 단 한 번도 이러한 자들의 팔에 매달린 적이 없었다.

그대는 이러한 성미 급한 자들을 피해 자신의 안전한 장소로 돌아가야 한다. 그저 시장에서만 '예?' 또는 '아니오?'라는 물음이 엄습할 뿐이다.

깊은 우물에 대한 체험은 모두 느리다. 그 깊은 곳에 무엇이 떨어졌는지 알 때까지는 오래 기다리지 않으면 안 되는 것이다.

모든 위대한 일은 시장과 명성에서 멀리 떨어져 일어난다. 새로운 가치를 발명한 자들은 예부터 시장과 명성에서 멀리 떨어져 살아왔다.

내 벗이여, 그대의 고독 속으로 도망쳐라. 나는 그대가 독파리 떼에 마구 물리는 것을 보고 있다. 거칠고 매서운 바람이 부는 곳으로 도망쳐라!

그대의 고독 속으로 도망쳐라! 그대는 하찮고 가련한 자들과 너무 가깝게 살았다. 눈에 보이지 않는 그들의 복수를 피해 도망쳐라! 그들의 눈에 그대는 그저 복수의 대상일 뿐이다.

더는 그들에게 팔을 올리지 마라! 그들은 수없이 많다. 그리고 파리채가 되는 것이 그대의 숙명은 아니다.

이 하찮고 가련한 자들은 수없이 많다. 그리고 자랑스러운 수많은 건축물이 이미 빗방울과 잡초에 의해 파괴되었다.

그대가 돌은 아니지만, 그대는 이미 수많은 빗방울로 속이 텅 비게 되었다. 내가 보기에 그대는 수많은 빗방울로 여전히 부서져 산산조각이 나고 있다.

나는 그대가 독파리 떼로 인해 지쳐 있는 모습을 보고 있다. 나는 그대가 수백 군데나 할퀴어져 피 흘리는 모습을 보고 있다. 그럼에도 그대의 긍지는 화내고 싶어 하지도 않는다.

그 독파리 떼는 천진난만하게 그대의 피를 원하고 그 독파리 떼의 핏기 없는 영혼도 피를 갈망한다. 그 때문에 그 독파리 떼는 천진난만하게 그대를 찔러대는 것이다.

그런데 그대 깊은 자여, 그대는 작은 상처에도 너무 심하게 아파하고 있다. 그리고 그대가 스스로 치료하기도 전에 똑같은 독벌레가 그대의 손에 기어 다니고 있다.

내가 보기에 이 훔쳐 먹길 좋아하는 자들을 죽이기에 그대의 자존심은 너무 강하다. 그들의 사악한 모든 불의를 짊어지는 것이 그대의 숙명이 되지 않도록 조심하라!

그들은 그대를 칭찬하면서 그대 곁을 윙윙거리며 날아다닐 것이다. 그들의 칭찬은 성가실 정도로 집요하다. 그들은 그대의 피부와 피에 가까이 다가가려 하는 것이다.

그들은 신이나 악마에게 그리하듯이 그대에게 아첨한다. 그들은 신이나 악마에게 그리하듯이 그대 앞에서 흐느낀다. 뭐 어쩌겠는가! 그들은 그저 아첨꾼, 흐느끼는 자들일 뿐, 그 이상도 이하도 아닌데.

또한 그들은 가끔 그대에게 자신이 상냥한 자들인 척도 한다. 하지만 그것은 늘 야비한 자들의 교활함이었을 뿐이다. 그렇다. 야비한 자들은 간사한 자들이다!

그들은 좁디좁은 영혼으로 그대에 관하여 많은 생각을 한다. 그들에게 그대는 언제나 의심스러울 뿐이다! 많이 생각하게 되면 모든 것이 의심스러워지는 법이다.

그들은 그대의 모든 덕을 이유로 들어 그대를 처벌한다. 오직 그들은 그대의 실수만 진심으로 용서할 뿐이다.

Friedrich Wilhelm Nietzsche

그대는 심성이 온화하고 올바르기 때문에 이렇게 말한다. "그들 실존의 하찮음이 그들의 책임은 아니다." 그러나 그들의 좁디좁은 영혼은 이렇게 생각한다. '모든 위대한 존재에게는 책임이 있다.'

그대가 그들에게 온화하게 대하더라도 그들은 여전히 그대에게서 경멸당하고 있다고 느낀다. 그래서 그들은 그대의 선행에 숨겨놓은 고통으로 앙갚음한다.

그대의 무언의 긍지는 언제나 그들의 취향에 위배된다. 일단 그대가 허무할 정도로 겸손해진다면, 그들은 쾌재를 부를 것이다.

우리가 어떤 사람에게서 인식하는 것, 그것은 우리가 그 사람에게 불을 붙이는 것이기도 하다. 그러니 그대는 소인배들을 조심해야 한다!

그대 앞에서 그들은 스스로 하찮다고 느낀다. 그들의 비천함은 눈에 보이지 않는 복수심으로 그대를 향해 희미하게 빛을 내면서 고조된다.

그대가 그들에게 가까이 다가가면, 그들이 얼마나 자주 침묵하게 되는지, 꺼져가는 불씨에서 나는 연기처럼 그들의 힘이 얼마나 빠지는지 그대는 알아차리지 못하는가?

그렇다, 나의 벗이여. 그대는 이웃들에게 양심의 가책이 된다. 그들은 그대에게 보잘것없는 존재들이기 때문이다. 그래서 그들은 그대를 증오하면서 그대의 피를 빨아 먹으려 한다.

그대의 이웃들은 항상 독파리가 될 것이다. 당신에게 있는 위대함, 그것 자체가 그들을 더더욱 독성 있게 만들고, 더더욱 파리 같은 자들로 만들 것이다.

나의 벗이여, 그대의 고독 속으로, 거칠고 매서운 바람이 부는 곳으로 도망쳐라. 파리채가 되는 것이 그대의 운명은 아니다.

차라투스트라는 이렇게 말했다.

Friedrich Wilhelm Nietzsche

순결에 대하여

105   나는 숲을 사랑한다. 도시에서 사는 것은 편하지 않다. 도시에는 음탕한 자들이 많아도 너무 많다.

음탕한 여인의 꿈에서 놀아나는 것보다 살인자의 손아귀에서 놀아나는 것이 더 낫지 않은가? 그리고 이 남자들을 보라. 그들의 눈이 말해준다. 이 지상에서 여인과 동침하는 것보다 더 좋은 것은 모른다는 것을 말이다.

그들 영혼의 밑바닥에는 진흙탕이 깔려 있다. 심지어 그들의 진흙탕이 정신까지도 품고 있다면 불행이 닥칠 것이다!

그대들이 최소한 짐승만큼은 완벽하다면! 그러나 순수

함은 짐승의 특성에 속한다.

지금 내가 그대들에게 관능욕을 죽이라고 조언하고 있다고 보는가? 나는 그대들에게 관능욕의 순수함을 가질 것을 조언하고 있는 것이다.

내가 그대들에게 순결을 지키라고 조언하고 있다고 보는가? 순결이 일부에게는 어떤 덕이 될지 몰라도, 많은 이들에겐 거의 어떤 악덕에 가깝다.

이들은 절제를 잘하지만, 관능욕에 사로잡힌 암캐는 그들이 하는 모든 일에 질투 어린 눈빛을 보낸다.

그들의 높은 덕과 냉정한 정신 속까지, 이 작은 짐승과 이것의 불화가 쫓아다닌다.

그 관능욕에 사로잡힌 암캐가 고기 한 점을 거절당했을 때, 정신의 한 조각을 점잖게 구걸하는 방법을 어쩌나 잘 아는지!

그대들은 비극과 그대들의 마음을 깨뜨리는 모든 것을 사랑하는가? 하지만 나는 그대들의 암캐가 의심쩍다.

내가 보기에, 그대들의 눈은 너무 잔혹하고, 고통받는 자들을 음탕하게 바라본다. 그대들의 관능적 쾌락이 위장하여 그저 스스로 연민이라고 부르는 것은 아닌가?

그대들에게 이러한 비유를 들어 보이고자 한다. 적지 않은 자들이 자신의 악마를 쫓아내려고 하다가, 제 발로 암퇘지들 사이로 들어가 버리고 말았다.

순결 지키는 것을 어려워하는 자들에게 순결 지키기를 권해서는 안 된다. 순결이 지옥으로 가는 길, 즉 영혼의 진흙탕과 욕정으로 가는 길이 되지 않도록 하기 위함이다.

내가 더러운 것에 관해 이야기하고 있다고 보는가? 그것은 내게 가장 언짢은 것은 아니다.

진리가 더러울 때가 아니라 얕을 때 인식하는 자는 그 진리의 물속으로 들어가지 않으려고 한다.

진실로, 본래부터 순결한 자들은 있다. 그들은 그대들보다 마음이 더 온화하고 더 잘 웃고 더 많이 웃는다.

그리고 그들은 순결을 비웃으며 이렇게 묻는다. "순결이 뭔가! 순결은 어리석은 것이 아닌가? 그런데 이 어리석은 것이 우리에게 다가왔지, 우리가 다가간 게 아니다.

우리는 이런 손님에게 쉼터를 제공하고 마음을 주었다. 이제 그 손님은 우리와 함께 살고 있다. 원하는 만큼 오래 머물기를 바란다!"

차라투스트라는 이렇게 말했다.

벗에 대하여

'한 사람도 나에게는 늘 너무 많은 사람이다.' 은둔자는
이렇게 생각한다. '항상 하나에 하나를 곱하지만, 결국 둘
이 된다.'

나는 나와의 대화에 늘 너무 열중한다. 한 명의 벗이 없
다고 한다면 어떻게 견딜 수 있겠는가?

은둔자에게 벗은 언제나 제삼자일 뿐이다. 제삼자는 나
와 나 자신과의 대화가 심연으로 가라앉지 않도록 막는
코르크 마개와도 같다.

아, 모든 은둔자에게는 심연이 얼마나 많은가. 그리하
여 그들은 한 명의 벗과 그 벗의 고귀함을 그토록 갈망하

는 것이다.

다른 사람에 대한 우리의 믿음은 우리가 우리 자신에 대해 무엇을 믿고 싶어 하는지를 드러낸다. 한 명의 벗에 대한 우리의 동경은 우리 자신을 드러내는 것이다.

가끔 사람들은 사랑으로 질투심을 뛰어넘고자 한다. 가끔 사람들은 자신이 공격받을 수 있다는 것을 숨기고자 공격해서 적을 만들기도 한다.

"최소한 내 적이라도 돼라!" 과감히 우정 따위는 요구하지 않는 진정한 경외심은 이렇게 말한다.

벗을 갖고 싶다면 그를 위해 전쟁도 마다하지 말아야 한다. 그리고 전쟁을 벌이려면 적이 될 수도 있어야 한다.

그대의 벗 안에 있는 적까지도 존중해야 한다. 그대는 그대의 벗을 넘어서지도 않으면서 그에게 가까이 다가갈 수 있겠는가?

그대의 벗 안에 그대의 최고의 적이 있어야 한다. 그대의 벗과 대적하더라도, 그대는 마음으로 그와 가장 가까이 있어야 한다.

그대는 그대의 벗 앞에서 옷을 입지 않은 채로 있고 싶은가? 있는 그대로의 자기 자신을 벗에게 주는 것이 벗에게 영광이라고 하고 있는가? 그 때문에 그대의 벗은 그대가 악마에게로 가기를 바랄 것이다!

자신을 감추지 않는 자는 반감을 일으킨다. 그러니 그대들이 벌거벗음을 두려워하는 데에는 이유가 너무도 많은 것이다! 그렇다. 그대들이 신이라면, 그때 그대들은 그대들의 옷을 부끄러워해도 될 것이다!

그대가 벗을 위해 잘 차려입는다고 해도 부족할 수밖에 없다. 그대는 벗에게 초인으로 향하는 하나의 화살이자 초인에 대한 하나의 동경이어야 하기 때문이다.

그대는 그대의 벗이 어떻게 생겼는지 알고자 그가 잠든 모습을 본 적이 있는가? 벗의 얼굴이란 게 대체 무엇이란 말인가? 그것은 거칠고 불완전한 거울에 비친 그대 자신의 얼굴이다.

그대는 그대의 벗이 잠든 모습을 본 적이 있는가? 그대의 벗이 그렇게 생겼다는 것에 깜짝 놀라지는 않았는가? 오, 내 벗이여. 인간은 극복되어야 할 그 어떤 존재다.

벗은 추측하고 침묵하는 데에 있어서 장인이어야 한다. 모든 것을 보고 싶어 할 필요는 없다. 그대의 벗이 깨어 있을 때 무엇을 하고 있는지는 그대의 꿈이 그대에게 보여주어야 한다.

그대의 동정은 추측이어야 한다. 먼저 그대는 그대의 벗이 동정을 원하는지 아닌지 알아야 한다. 아마도 그는 그대의 탁하지 않은 눈과 영원의 눈길을 사랑할 것이다.

Friedrich Wilhelm Nietzsche

벗에 대한 동정은 딱딱한 껍데기 안에 숨겨라. 그대의 이가 부러지는 한이 있더라도 동정을 깨물 수 있어야 한다. 그러면 동정은 우아하고 달콤한 것이 될 것이다.

그대는 그대의 벗에게 순수한 공기, 고독, 빵, 약과 같은 존재인가? 수많은 사람이 자신의 쇠사슬은 풀지 못하지만, 벗에게는 구원자가 될 수 있다.

그대는 노예인가? 그렇다면 그대는 벗이 될 수 없다. 그대는 폭군인가? 그렇다면 그대는 벗을 가질 수 없다.

여인들 안에는 노예와 폭군이 너무 오랫동안 숨겨져 있었다. 그렇기에 여인은 아직 우정을 맺을 능력이 없다. 여인은 오직 사랑만을 알 뿐이다.

여인의 사랑에는 자신이 사랑하지 않는 모든 것에 대한 불의와 맹목성이 있다. 그리고 여인이 이미 알고 있는 사랑에도 빛 이외에, 늘 습격과 번개, 밤이 있다.

여인은 아직 우정을 맺을 능력이 없다. 여인들은 여전히 고양이이고 새다. 아니면 기껏해야 암소다.

여인은 아직 우정을 맺을 능력이 없다. 내게 말해보라, 그대 남자들이여. 그대들 중 누가 우정을 맺을 능력이 있는가?

오 그대 남자들이여, 그대들 영혼은 얼마나 가난하고 또 얼마나 탐욕적인가! 그대들이 벗에게 주는 것만큼 나

도 내 적에게 주고 싶다. 그리고 그것으로 더 가난해지고
싶지도 않다.

친교는 존재한다. 그러니 우정도 존재하기를 바랄 뿐이
다!

차라투스트라는 이렇게 말했다.

천 개의 목표와 하나의 목표에 대하여

차라투스트라는 수많은 나라와 민족을 보았다. 그리하여 그는 수많은 민족의 선과 악을 발견했다. 차라투스트라는 이 지상에서 선과 악보다 더 큰 힘을 찾아내지 못했다.

무엇보다도, 평가받지 않고서 살아남을 수 있는 민족은 없을 것이다. 그러나 민족이 보존되려면, 이웃 민족이 평가하는 방식대로 평가해서는 안 된다.

이 민족에게는 선한 것이라고 일컬어지는 많은 것이 다른 민족에게는 조롱거리나 치욕이라고 일컬어지는 것을 내가 알아냈다. 여기서는 악한 것이라고 일컬어지는 많은 것이, 저기에서는 보라색 명예로 장식되어 있는 것을 발견했다.

한 이웃 민족은 다른 이웃 민족을 전혀 이해하지 않으려 했다. 한 이웃 민족의 영혼은 다른 이웃 민족의 망상과 악의에 찬 언행에 항상 놀라워했다.

선한 것에 대한 서판이 저마다의 민족의 머리맡에 걸려 있다. 보라, 그것은 저마다의 민족이 극복을 기록한 서판이다. 보라, 그것은 저마다의 민족이 힘에의 의지를 담은 목소리다.

저마다의 민족에게 어려운 것으로 여겨지는 일은 칭찬할 만한 것으로 일컬어지고, 반드시 필요한 어려운 일은 선으로 불린다, 가장 위급한 일에서 해방되는 것, 희귀한 것, 가장 어려운 것, 이런 것들은 신성하다고 칭송받는다.

자신의 이웃 민족이 공포와 질투심을 느낄 정도로, 지배하게 하고 승리하게 하고 빛나도록 하게 만드는 것, 이런 것들은 그 민족에게 높은 것, 으뜸인 것, 만물의 척도, 만물의 의미로 여겨진다.

진실로, 내 형제여, 그대가 먼저 한 민족의 위기, 땅, 하늘, 그 이웃 민족을 알게 된다면, 그 민족이 지니고 있는 자기 극복의 법칙과 그 민족이 희망을 향해 이 사다리를 타는 이유를 그대는 잘 알아맞힐 수 있을 것이다.

"그대는 항상 으뜸이 되고, 남들보다 뛰어나야 한다. 질투심 많은 그대의 영혼은 벗 이외에 아무도 사랑하면 안 된다." 이 말은 한 그리스인의 영혼을 전율케 했다. 그리하여 그는 자신의 고귀함으로 향하는 오솔길을 걸어갔다.

"진리를 말하고, 활과 화살을 잘 다루어라." 내 이름을 따온 그 민족에게는 이것이 소중하면서도 어렵게 느껴졌다. 그 이름은 내게는 소중하면서도 어렵게 느껴졌다.

"아버지와 어머니를 공경하고, 영혼의 뿌리 깊숙이 그들의 뜻을 따르라." 또 다른 민족은 이러한 자기 극복의 서판을 머리맡에 걸어두었고 그것으로 강력하고 영원해졌다.

"충성을 발휘하라. 충성을 위하여 악하고 위험한 일에도 명예와 피를 바치라." 또 다른 민족은 이 가르침으로 자기 자신을 정복했고, 이렇게 자기 자신을 정복하면서 위대한 희망을 잉태해 몸이 무거워졌다.

진실로, 인간은 자신에게 모든 선과 악을 부여했다. 진실로, 그들은 선과 악을 받아들인 것도, 찾아낸 것도 아니었다. 그렇다고 선과 악이 하늘의 목소리로 그들에게 떨어진 것도 아니었다.

인간은 자신을 보존하고자, 먼저 사물에 가치를 부여했다. 사물의 의미를 창조한 다음에야 인간의 의미를 창조했던 것이다! 그래서 인간은 자신을 '인간', 즉 평가하는 자라고 부르는 것이다.

평가하는 것은 창조하는 것이다. 들어라, 그대 창조하는 자들이여! 평가하는 것 자체가 평가된 모든 사물에는 보물이자 보석이다.

오직 평가를 통해서만 가치는 존재하게 된다. 평가가 없다면 실존은 속이 텅 빈 호두나 다름없다. 들어라, 그대 창조하는 자들이여!

가치의 변화, 그것은 곧 창조하는 자의 변화를 말한다. 창조하는 자가 되려는 자는 항상 파괴를 하는 법이다.

처음에는 민족이 창조하는 자였다가, 나중에야 비로소 개인이 창조하는 자가 되었다. 진실로, 개인 자체는 최근의 창조물이라고 할 수 있다.

한때 민족들은 머리맡에 선의 서판을 걸어두었다. 지배하려는 사랑과 복종하고자 하는 사랑이 함께 그러한 서판을 창조했다.

군중에 대한 즐거움이 자아에 대한 즐거움보다 더 오래되었다. 그래서 군중이라는 것이 선한 양심이라고 불리는 한, 자아라는 것은 악한 양심만을 의미하게 된다.

진실로, 다수의 이익 중에서 자신의 이익만 원하는, 사랑이 없고 교활한 자아, 이것은 군중의 원천이 아니라 군중의 몰락이다.

선과 악을 창조하는 것은 언제나 사랑을 하는 자와 창조를 하는 자였다. 모든 덕의 이름 안에는 사랑의 불과 분노의 불이 타오르고 있다.

차라투스트라는 수많은 나라와 민족을 보았다. 차라투스트라는 이 지상에서 사랑을 하는 자들의 작품보다 더 강한 힘은 찾지 못했다. '선'과 '악'이라는 이름의 작품 말이다.

진실로, 이러한 칭찬과 비난의 힘은 괴물이라 볼 수 있다. 말해보라, 그대 형제들이여, 누가 나를 위해 그 괴물을 정복하겠는가? 말해보라, 누가 천 개나 되는 이 짐승의 목덜미에 쇠사슬을 걸겠는가?

천 개의 민족이 있었기에 천 개의 목표가 지금까지 존재해왔다. 그런데 천 개의 목덜미에 걸 쇠사슬만 아직도 없다. 하나의 목표가 아직도 없기 때문이다. 인류는 아직도 목표를 갖지 못한 것이다.

그런데 말해보라, 내 형제들이여, 인류에게 아직도 목표가 없다면, 인류 자체도 아직 없다는 뜻이 아닌가?

차라투스트라는 이렇게 말했다.

이웃 사랑에 대하여

그대들은 이웃들 주변으로 모여들면서 이에 대해 좋게 이야기한다. 그러나 내가 그대들에게 말하겠다. 그대들의 이웃 사랑은 그대들 자신에게는 질 나쁜 사랑이다.

그대들은 그대들 자신에게서 벗어나 이웃에게로 달아 나고서는 그것으로 자신의 덕을 만들고 싶어 한다. 그러 나 나는 그대들의 '사심 없는 상태'를 꿰뚫어 보고 있다.

너라는 호칭은 나라는 호칭보다 오래되었다. 너라는 호 칭은 신성하게 말해지지만, 나라는 호칭은 아직 그렇지 않다. 그래서 인간은 이웃에게로 모여드는 것이다.

내가 그대들에게 이웃 사랑을 권할 것으로 보는가? 차

라리 이웃에게서 도망쳐 가장 멀리 떨어진 곳에 있는 자를 사랑하라고 권하겠다!

가장 멀리 떨어진 곳에 있는 자와 곧 다가올 자에 대한 사랑이 이웃에 대한 사랑보다 더 고귀하다. 또한 사물과 유령에 대한 사랑도 인간에 대한 사랑보다 더 고귀하다.

내 형제여, 그대 앞에서 달려오는 이 유령이 그대보다 더 아름답다. 그대는 왜 이 유령에게 그대의 살점과 뼈를 내어주지 않는가? 또다시 그대는 두려움에 떨며 이웃에게 달려간다.

그대들은 자신을 참지 못하고, 또 자신을 충분히 사랑하지도 않는다. 이러한 상황에서 그대들은 이웃을 유혹해 사랑하게 하고, 그들이 저지르는 잘못으로 자신을 미화하려고 한다.

나는 그대들이 별의별 이웃과 그들의 이웃까지도 참지 못하기를 바란다. 그래서 그대들은 그대들 자신으로부터 그대들의 벗과 그의 끓어오르는 마음을 창조해야 할 것이다.

그대들은 자기 자신에 대해 좋게 말하고 싶으면 증인을 초대한다. 그리고 그를 꾀어내 그대들에 대해 좋게 생각하도록 해놓고선 그대들도 스스로 자기 자신에 대해 좋게 생각한다.

자신이 알고 있는 것과 반하여 말하는 자만 거짓말을

하고 있는 것이 아니다. 특히 자신이 모르고 있는 것과 반하여 말하는 자는 더욱 거짓말을 하고 있는 것이다. 그리고 그대들은 교제할 때 자신에 대해 이런 식으로 이야기하면서 자신과 이웃을 속인다.

어리석은 자는 말한다. "사람들과 어울리면 성격을 망치게 된다, 특히 성격이 없는 자라면 더더욱 그렇다."

어떤 사람은 자신을 찾고자 이웃에게 가고, 어떤 사람은 자신을 잃고자 이웃에게 간다. 자신에 대한 그대들의 질 나쁜 사랑은 그대들의 고독을 감옥으로 만들어버린다.

이웃에 대한 그대들의 사랑에 대가를 치르는 자는 멀리 떨어져 있는 자들이다. 그리고 한 명 한 명이 모여서 다섯 명이 되면, 여섯 번째는 늘 희생양이 되고 만다.

나는 그대들의 축제도 별로 좋아하지 않는다. 거기서 나는 배우를 너무 많이 보았다. 관중들도 간혹가다 마치 배우처럼 날뛰고 있었다.

그대들에게 이웃이 아니라 벗에 대해 가르쳐주겠다. 벗은 그대들에게 대지의 축제이자 초인에 대한 예감이어야 한다.

그대들에게 벗과 그의 넘치는 마음에 대해 가르쳐주겠다. 넘치는 마음들로부터 사랑받고 싶다면, 그대는 사랑을 빨아들여 머금는 해면海綿이 될 줄 알아야 한다.

Friedrich Wilhelm Nietzsche

그대들에게 선을 품고 있는 껍데기처럼 완성된 세계를 품고 있는 벗, 늘 완성된 세계를 선물로 주는 창조적인 벗에 대해 가르쳐주겠다.

마치 꼬인 세상이 벗을 위해 펴졌듯이, 세상은 벗을 위해 다시 고리 모양으로 돌돌 말린다. 악을 통해 선이 생성되고, 우연으로부터 목적들이 생성되는 것처럼 말이다.

미래 그리고 가장 멀리 떨어져 있는 것이 그대들에게 오늘의 원인이 되어야 한다. 그대들은 그대들의 벗 안에 있는 초인을 그대들의 원인으로서 사랑해야 한다.

나의 형제들이여, 나는 그대들에게 이웃과의 사랑을 권하지 않는다. 나는 그대들에게 가장 멀리 있는 자와의 사랑을 권한다.

차라투스트라는 이렇게 말했다.

창조하는 자의 길에 대하여

나의 형제여, 고독으로 들어가고 싶은가? 그대 자신에 게 이르는 길을 스스로 찾고 싶은가? 그렇다면 조금만 더 기다리고 내 말을 들어보게.

"구하려는 자는 스스로 쉽게 길을 잃는다. 모든 고독은 죄악이다"라고 군중은 말한다. 그리고 그대는 오랫동안 군중에 섞여 살아왔다.

군중의 목소리가 그대의 마음 안에서 여전히 울리고 있을 것이다. 그리고 그대가 "나는 더는 그대들과 같은 양심이 없다"라고 말한다면, 그것은 한탄과 고통일 것이다.

보라, 이 고통 자체가 하나의 양심을 낳았고, 이 양심의 마지막 희미한 빛은 그대의 고난 위에서 여전히 빛나고 있다.

그런데도 그대는 그대 자신에게로 향하는 길인 그 고난의 길을 가려고 하는가? 그렇다면 그것에 대한 그대의 권리와 힘을 내게 보여다오!

그대는 새로운 힘이자 새로운 권리인가? 최초의 움직임인가? 스스로 굴러가는 수레바퀴인가? 그대는 강제로 별들이 그대 주위를 돌게끔 할 수도 있는가?

아, 높은 곳을 향한 열망들이 너무 많구나! 발작을 일으키는 야심가들이 너무 많구나! 그대가 열망과 야심에 사로잡힌 자가 아니라는 것을 내게 보여다오!

아, 바람을 불어넣는 풀무에 지나지 않는 위대한 생각들이 너무 많다. 그것은 부풀다가 이내 더 공허하게 만든다.

그대는 자신이 자유롭다고 말하는가? 내가 듣고 싶은 것은 그대가 멍에에서 벗어났다는 것이 아니라 그대를 지배하는 생각이다.

그대는 멍에에서 벗어나도 되는 그런 자인가? 예속 상태에서 벗어나면서 자신의 마지막 가치마저 버린 자가 무수하다.

무엇으로부터 자유로운가? 그것이 차라투스트라와 무슨 상관이 있겠는가! 그러나 그대의 눈은 내게 투명하게 알려주어야 한다. 무엇을 위해서 자유로운가를 말이다.

그대는 그대에게 스스로 그대의 선과 악을 주고 그대의 의지를 마치 율법처럼 그대 머리맡에 걸 수 있겠는가? 그대는 스스로 자신의 재판관이 되고, 그대의 율법의 복수자가 될 수 있겠는가?

그대 자신의 율법의 재판관이자 복수자와 함께 홀로 있는다는 것은 두려운 일이다. 이렇게 별은 황량한 공간으로, 차가운 고독의 숨결 속으로 내던져진다.

오늘도 그대는 여전히 많은 이들, 바로 그대 한 사람에게서 고통받고 있다. 오늘도 그대는 여전히 그대의 용기와 희망을 온전히 간직하고 있다.

그러나 언젠가 고독이 그대를 지치게 할 것이고, 언젠가 그대의 자긍심은 꺾이고 그대의 용기는 삐걱거릴 것이다. 언젠가 그대는 "나는 혼자다!"라고 외칠 것이다.

언젠가 그대는 그대의 고귀함을 보지 못할 것이고 비천함은 아주 가까이에서 볼 것이다. 그대의 숭고함 자체는 그대를 마치 유령처럼 두려워하게 만들 것이다. 언젠가 그대는 "모든 것은 틀렸다!"라고 외칠 것이다.

고독한 자를 죽이고 싶은 감정들이 있다. 그러나 그것을 성공하지 못하면 이제 그 감정들이 스스로 죽어야 한다! 그런데 그대는 살인자가 될 능력이 있는가?

Friedrich Wilhelm Nietzsche

내 형제여, 그대는 '경멸'이라는 말을 벌써 알고 있는가? 그리고 그대를 경멸하는 자들을 공정하게 대하려는 그대의 정의로움으로 인한 고통도 알고 있는가?

그대는 많은 이들에게 그대에 대한 생각을 바꾸도록 강요한다. 그러나 그들은 그대에게 이를 두고 가혹하게 평가한다. 그대는 그들에게 가까이 다가갔다가 그만 지나쳐 버리고 말았다. 그들은 그대의 이런 행동을 두 번 다시는 용서하지 않을 것이다.

그대는 그들을 넘어 오른다. 그러나 그대가 높이 오르면 오를수록, 질투에 사로잡힌 그들의 눈에는 그대가 더욱 작게 보인다. 그리고 날아오르는 자는 미움을 가장 많이 받는다.

그대는 말해야 한다. "그대들이 내게 얼마나 공정해질 수 있겠는가! 나는 그대들의 불공정을 나의 합당한 몫으로 선택할 뿐이다."

그들은 고독한 자들에게 불공정함과 오물을 던진다. 그러나 내 형제여, 그대가 하나의 별이 되고자 한다면, 그들이 저런 모습을 보인다고 해서 그들을 덜 비추어서는 안 된다!

그리고 선한 자와 정의로운 자들을 경계하라! 그들은 자신만의 덕을 찾아내는 자들을 십자가에 매달아 못 박는 것을 좋아한다. 그들은 고독한 자를 증오한다.

신성한 단순함도 경계하라! 단순하지 않은 모든 것이 그들에게는 신성하지 않다. 그들은 불장난, 즉 화형을 하는 것을 좋아한다.

그리고 그대의 사랑이 발작하는 것도 경계하라! 고독한 자는 만나는 자에게 너무 빨리 손을 내민다.

그대는 많은 자에게 손을 내밀어서는 안 된다. 발만 내밀어라. 그리고 나는 그대의 발에 발톱도 있기를 바랄 뿐이다.

하지만 그대가 만날 수 있는 최악의 적은 언제나 그대 자신일 것이다. 그대는 스스로 동굴과 숲속에 숨어서 그대를 애타게 기다리고 있다.

고독한 자여, 그대는 그대 자신에게로 향하는 길을 걸어간다! 그리고 그대의 길은 그대 자신과 그대의 일곱 악마 옆으로 지나간다!

그대는 그대 자신에게 이단자, 마녀, 점쟁이, 어리석은 자, 의심하는 자, 신앙이 없는 자, 악한 자가 될 것이다.

그대는 그대만의 불꽃에 그대를 태우고 싶어야 한다. 그대가 먼저 재가 되지 않는다면 어떻게 새로워질 수 있겠는가?

고독한 자여, 그대는 창조자의 길을 가고 있다. 그대는 그대의 일곱 악마로부터 하나의 신을 창조하려고 한다!

고독한 자여, 그대는 사랑을 하는 자의 길을 가고 있다. 그대는 그대 자신을 사랑한다. 그래서 사랑을 하는 자만이 경멸할 수 있듯, 그대는 자신을 경멸한다.

사랑을 하는 자는 경멸하기 때문에 창조하고 싶어 한다! 자신이 사랑했던 것을 경멸할 필요가 없었던 자가 사랑에 대해서 무엇을 알겠는가?

그대의 사랑과 그대의 창조와 함께 그대의 고독으로 들어가라, 나의 형제여, 그러면 나중에야 비로소 정의가 그대의 뒤를 절뚝거리며 따라갈 것이다.

나의 눈물과 함께 그대의 고독으로 들어가라, 나의 형제여. 자신을 뛰어넘어 창조하려 하고, 그렇게 하다가 파멸하는 자를 나는 사랑한다.

차라투스트라는 이렇게 말했다.

늙은 여자와 젊은 여자에 대하여

"차라투스트라여, 어째서 그대는 황혼 속에서 그렇게
수줍게 거닐고 있는가? 외투 안에 조심스레 숨기고 있는
것은 무엇인가?

그것은 그대가 선물로 받은 보물인가? 아니면 그대에
게서 태어난 아이인가? 아니면 그대 사악한 자의 벗이여,
지금 스스로 도둑의 길을 가는 중인가?"

진실로, 내 형제여! 차라투스트라는 말했다. 그것은 내
가 선물로 받은 보물이다. 그것은 내가 지니고 다니는 작
은 진리다.

그러나 그 작은 진리는 마치 아이처럼 제어하기가 어

렵다. 내가 그것을 조용히 시키지 않으면 큰소리로 비명을 지른다.

오늘 해가 질 때쯤 혼자 길을 가고 있는데 한 노파와 마주쳤다. 이 노파는 내 영혼에 이렇게 말했다.

"차라투스트라는 우리 여자들에게도 많은 것을 이야기해 주었지만, 정작 여자에 대해서는 어떤 이야기도 해준 적이 없다."

나는 대답했다. "여자에 대해서라면 오직 남자들에게만 말해야 합니다."

그 노파는 말했다. "나에게도 여자에 관해 한 말씀 해주시오. 나는 들어도 금방 다시 잊어버릴 나이가 되었소."

나는 노파의 말에 동의하면서 이렇게 말했다.

여자에 대한 모든 것이 다 수수께끼다. 그리고 여자에 대한 모든 것에는 하나의 해결책이 있으니, 그것은 바로 임신이다.

여자에게 남자는 하나의 수단이다. 목적은 언제나 아기다. 그러면 남자에게 여자는 무엇인가?

진짜 남자는 두 가지를 원한다. 바로 위험과 놀이다. 그래서 남자는 가장 위험한 장난감으로서 여자를 원하는 것이다.

남자는 전투를 위해, 여자는 전사의 회복을 위해 교육

받아야 한다. 다른 모든 것은 어리석은 일일 뿐이다.

너무나 달콤한 과일, 이는 전사가 좋아하지 않는다. 그래서 전사는 여자를 좋아한다. 가장 달콤한 여자라도 쓰기 마련이니까.

남자보다는 여자가 아이들을 더 잘 이해하지만, 여자보다는 남자가 더 아이 같다.

진짜 남자의 마음에는 어떤 아이가 숨어 있다. 그 아이는 놀고 싶어 한다. 일어나라, 그대 여자들이여, 남자의 마음에 숨어 있는 아이를 찾아내라!

여자는 아직 오지 않은 세계의 덕들로 빛나는 보석처럼 순수하고 우아한 장난감이어야 한다.

한 줄기 별빛이 그대들의 사랑 안에서 빛나게 하라!

'나는 초인을 낳고 싶다!'가 그대들의 희망이 되게 하라!

그대들의 사랑에 용기가 있게 하라! 그대들은 두려움을 느끼게 하는 자에게 그대들의 사랑으로 공격해야 한다!

그대들의 사랑에 그대들의 명예가 있게 하라! 그렇지 않으면 여자는 명예에 대해 거의 이해하지 못한다. 그대들이 사랑받는 것보다 언제나 더 사랑하는 것, 절대 두 번째가 되지 않는 것, 이것이 그대들의 명예가 되게 하라!

Friedrich Wilhelm Nietzsche

남자는 여자가 사랑을 하면 여자를 두려워해야 한다. 여자가 사랑을 하면 모든 것을 희생하고, 다른 모든 것은 그녀에게 아무런 가치가 없다.

남자는 여자가 증오를 하면 여자를 두려워해야 한다. 남자는 영혼의 밑바닥이 악할 뿐이지만, 여자는 영혼의 밑바닥이 저급하기 때문이다.

여자가 가장 증오하는 자는 누구인가? 쇠가 자석에게 이렇게 말했다. "나는 그대를 가장 증오한다. 그대가 끌어당기기는 하지만, 나를 끌어당길 만큼 강하지는 않기 때문이다."

남자의 행복은 '나는 원한다'는 데에 있다. 여자의 행복은 '그는 원한다'는 데에 있다.

'보라, 바로 방금 세상이 완전해졌다!' 저마다의 여자는 온 사랑을 다해 순종할 때 이렇게 생각한다.

그래서 여자는 순종해야 하고, 자신의 외면에 맞는 깊이를 찾아야 한다. 외면은 여자의 마음이고, 얕은 물 위의 활발하고 격렬한 피부다.

그러나 남자의 마음은 깊고, 그의 흐름은 좔좔 소리를 내며 지하동굴로 흘러간다. 여자는 그의 힘을 어렴풋이 느낄 뿐 이해하지는 못한다.

그때 노파가 나에게 대답했다.

"차라투스트라는 많은 이야기를 해주었소. 특히 그것을 듣기에 충분할 만큼 젊은 여자들을 위해서 말이오.

이상하게도, 차라투스트라는 여자에 대해 잘 알지도 못하면서 여자에 대해 하는 말은 정확하다! 여자에게는 불가능한 일이 없기 때문에 가능한 일인가?

그러니 이제 감사의 의미로 작은 진리를 받아들이시오! 나는 그것을 알 만큼 충분히 나이가 들었소!

작은 진리를 외투로 감싸고 조용히 시키시오. 그렇지 않으면 큰 소리로 비명을 지를 것이오. 이 작은 진리가 말이오."

내가 말했다. "노파여, 그대의 작은 진리를 내게 주십시오!" 그러자 노파는 이렇게 말했다. "여자들에게 가는가? 그러면 회초리를 잊지 마시오!"

차라투스트라는 이렇게 말했다.

독사에게 물린 상처에 대하여

어느 더운 날 차라투스트라는 무화과나무 아래에서 두 팔로 얼굴을 가린 채 잠이 들었다. 그때 독사 한 마리가 다가와서 그의 목을 무는 바람에 차라투스트라는 고통스럽게 비명을 질렀다. 그는 얼굴에서 팔을 내리고 그 독사를 바라보았다. 그러자 독사는 차라투스트라의 눈을 알아보고는 서투르게 꿈틀거리며 그 자리에서 도망가려 했다. 차라투스트라가 말했다. "그러지 않아도 된다. 너는 아직 나의 감사 인사를 받지 않았다! 너는 제시간에 나를 깨웠다. 나는 갈 길이 아직도 멀다." 독사가 슬퍼하며 말했다. "그대는 얼마 못 갈 것이다. 나의 독으로 죽을 것이니." 차라투스트라는 웃으며 말했다. "용이 뱀 한 마리의 독 때문에 죽은 적이 언제 있었는가? 그러니 독을 되찾아가라! 너는 나에게 그것을 줄 수 있을 만큼 부자가 아니다." 그러자 독사는 다시 그의 목을 감으며 상처를 핥기 시작했다.

언젠가 차라투스트라가 제자들에게 이 이야기를 했을 때 그들이 물었다. "오, 차라투스트라여 그대가 하신 이야기의 교훈은 무엇입니까?" 차라투스트라가 대답했다.

선한 자들과 정의로운 자들은 나를 도덕의 파괴자라고 부른다. 나의 이야기가 부도덕하다는 것이다.

그러니 그대들에게 적이 있거든 선으로 악을 갚지 마라. 그렇지 않으면 그대들의 적이 부끄러워하게 될 것이다. 차라리 그 적이 그대들에게 선한 일을 베풀었음을 증명해 주어라.

부끄러워하느니 차라리 화를 내라! 그리고 그대들이 저주를 받았을 때 그대들이 축복하려는 것을 나는 좋아하지 않는다. 차라리 같이 저주라도 해라!

그리고 그대들에게 엄청난 불의不義가 하나 일어났다면 작은 불의 다섯 가지라도 속히 행하라. 홀로 불의에 압박당하는 자는 보기에도 무섭다.

그대들은 이것을 이미 알고 있었는가? 불의도 절반으로 나뉘면 나머지 절반은 정의가 된다. 그리고 불의를 짊

134

어질 수 있는 자는 그것을 스스로 떠안아야 한다!

복수를 조금이라도 하는 것이 복수를 전혀 하지 않는 것보다 더 인간적이다. 처벌이 위반자들에 대한 권리도 명예도 아니라면, 나 역시 그대들의 처벌이 마음에 들지 않는다.

자신이 옳음을 고수하는 것보다 자신이 틀렸음을 인정하는 것이 더 품위 있다. 무엇보다 자신이 옳았을 때는 더 그렇다. 그리할 만큼 충분히 넉넉해야 한다.

나는 그대들의 냉정한 정의가 마음에 들지 않는다. 그리고 그대들의 재판관의 눈에서는 항상 사형 집행인과 그의 싸늘한 칼이 보인다.

말해보라, 빤히 보이는 사랑이라는 정의는 어디에 있는가?

그러니 모든 처벌뿐만 아니라 죄책감도 짊어질 사랑을 만들어내라!

그러니 재판하는 자들을 제외한 모두에게 무죄판결을 내리는 정의를 만들어내라!

그대들은 이것도 더 듣고 싶은가? 완전히 정의로워지길 바라는 자에게는 거짓말마저도 점점 인간애가 된다.

그러니 어떻게 내가 완전히 정의로워지길 바라겠는가? 어떻게 내가 각자에게 제 몫을 줄 수 있겠는가? 각자에게 내 몫을 주는 것으로도 충분하리라.

마지막으로, 내 형제들이여, 모든 은둔자에게 불의를 저지르지 않도록 조심하라! 은둔자가 어떻게 잊을 수 있겠는가! 그가 어떻게 보복할 수 있겠는가!

은둔자는 깊은 샘물과도 같다. 거기로 돌을 던지기는 쉽다. 그런데 말해보라, 그 돌이 밑바닥에 가라앉으면 누가 다시 그것을 꺼내올 것인가?

은둔자를 모욕하지 않도록 조심하라! 그럼에도 그대들이 모욕했다면, 그럼 그를 죽여라!

차라투스트라는 이렇게 말했다.

아이와 결혼에 대하여

내 형제여, 나는 그대에게만 질문이 있다. 이 질문을 하나의 추처럼 그대의 영혼으로 던져보겠다. 그래야 내가 그대의 영혼이 얼마나 깊은지 알 수 있을 테니까.

그대는 젊다. 그리고 아이를 원하고 결혼을 원한다. 그대에게 묻는다. 그대는 아이를 원해도 되는 인간인가?

그대는 승리한 자, 자기를 극복한 자, 감각의 지배자, 그대의 여러 가지 덕의 주인인가? 나는 이렇게 묻는다.

아니면 짐승과 욕구가 그대의 소망을 말해주는가? 아니면 고독함? 아니면 그대 자신과의 불화가 그것을 말해주는가?

나는 그대의 승리와 자유가 아이를 갈망하기를 바란다. 그대는 그대의 승리와 해방을 기념하는 살아 있는 기념비를 세워야 한다.

그대는 그대를 뛰어넘어 그대를 세워야 한다. 그런데 먼저 그대는 스스로 육체와 영혼을 똑바르게 세워야 할 것이다.

그대는 자신을 계속 심어야 할 뿐만 아니라 일으키기도 해야 한다! 이를 위해 결혼의 정원이 그대를 도와주기를!

그대는 더 고귀한 육체, 최초의 움직임, 스스로 굴러가는 바퀴를 창조해야 한다. 즉 그대는 창조하는 자를 창조해야 하는 것이다.

결혼: 그것을 창조한 자들보다 더 뛰어난 한 사람을 창조하려는 두 사람의 의지, 나는 이것을 결혼이라고 부른다. 나는 그러한 의지를 품은 채 서로를 공경하는 것을 결혼이라고 부른다.

이것이 그대의 결혼의 의미이자 진리가 되게 하라! 그러나 너무나도 많은 쓸모없는 자들이 결혼이라고 부르는 것. 아, 나는 그것을 무엇이라고 불러야 하는가?

아, 이 두 영혼의 빈곤함이여! 아, 이 두 영혼의 이 더러움이여! 아, 이 두 영혼의 측은한 안락함이여!

그들은 이 모든 것을 결혼이라고 부른다. 그러면서 그들의 결혼은 하늘에서 거행된 것이라고 말한다.

이제, 나는 이 하늘을, 쓸모없는 자들의 이 하늘을 좋아하지 않는다! 아니, 나는 이 짐승들을, 하늘의 거미줄에 뒤엉킨 이 짐승들을 좋아하지 않는다!

자신이 하나로 합치지도 않은 자들을 축복하려고 이쪽으로 절뚝거리며 걸어오는 신도 내게서 멀리 떨어져라!

그러한 결혼을 비웃지 말라! 자기 부모 때문에 울 이유가 없는 아이가 어디 있겠는가?

어떤 남자는 대지의 의미에 걸맞으면서 성숙해 보였다. 그런데 내가 그의 아내를 보았을 때 대지가 어리석은 자의 집으로 보였다.

그렇다. 나는 성자와 멍청한 여자가 짝을 이룰 때 대지가 경련하며 진동하길 바랐다.

그는 마치 영웅처럼 진리를 찾아 나섰고, 결국 약간 가장된 거짓말을 손에 넣게 되었다. 그는 이것을 자신의 결혼이라고 부른다.

그는 교제 중에 쌀쌀맞게 굴었고, 선택도 까다로웠다. 그러나 그는 돌연 단 한 번 만에 자신의 동반자를 망하게 하고 말았다. 그는 이것을 자신의 결혼이라고 부른다.

그는 천사의 덕을 갖춘 하녀를 찾고 있었다. 하지만 그는 단 한 번 만에 한 여자의 하인이 되었고, 이제는 그가 천사가 될 처지에 놓이고야 말았다.

이제 나는 모든 구매자가 꼼꼼하면서도 교활한 눈을 가지고 있다는 것을 알게 되었다. 그런데 가장 교활한 자조차도 아내를 고를 때는 잘 살펴보지도 않고 산다.

수많은 단기적인 어리석음이 있다. 그대들은 이것을 사랑이라고 부른다. 그리고 그대들의 결혼은 수많은 단기적 어리석음에 마침표를 찍는 하나의 장기적 우둔함이다.

여자에 대한 그대들의 사랑과 남자에 대한 여자의 사랑. 아, 그 사랑을 괴로워하면서 가려져 있는 신들을 동정할 수만 있다면! 그러나 대개 두 짐승은 서로를 짐작할 뿐이다.

하지만 그대들의 최고의 사랑도 환희에 찬 비유이자 고통스러운 열정일 뿐이다. 사랑은 그대들을 더 높은 길로 비춰줄 횃불이다.

언젠가 그대들은 자신을 뛰어넘어 사랑하게 될 것이다! 그러니 먼저 사랑하는 법을 배워라! 그래서 그대들은 사랑의 쓴잔을 마셔야 한다!

최고의 사랑이라는 잔에도 쓴맛은 있다. 그 사랑이 초인에 대한 동경을 일으키고, 그 사랑이 창조를 하는 자인 바로 그대를 목마르게 만든다!

Friedrich Wilhelm Nietzsche

창조를 하는 자의 갈증, 초인을 향한 화살과 동경. 말해 보라, 내 형제여, 이것이 결혼에 대한 그대의 의지인가?

나는 그러한 의지, 그러한 결혼을 신성하다고 부른다.

차라투스트라는 이렇게 말했다.

자유로운 죽음에 대하여

어떤 사람들은 너무 늦게 죽고, 또 어떤 사람들은 너무
빨리 죽는다. "제때 죽어라!"라는 가르침은 여전히 낯설
게 들린다.

제때 죽어라. 차라투스트라는 이렇게 가르친다.

물론, 제때 살아보지 못한 자가 어떻게 제때 죽을 수 있
겠는가? 아예 그런 자는 태어나지 않았더라면! 이렇게 나
는 쓸모없는 자들에게 조언한다.

그러나 쓸모없는 자들도 자신의 죽음을 여전히 중요하
게 여기고, 속이 텅텅 빈 호두도 쪼개지길 바랄 것이다.

모두가 죽음을 중요하게 받아들이고 있다. 죽음은 아직

도 축제가 아닌 것이다. 인간은 아직도 가장 멋진 축제를 거행하는 법을 배우지 못했다.

산 자들에게 가시와 맹세가 되는 온전한 죽음을 내가 그대들에게 보여주겠다.

자신의 죽음을 완성한 자들은 희망하는 자들과 맹세하는 자들에게 둘러싸여 승리의 죽음을 맞이한다.

이렇게 죽는 법을 배워야 한다. 그리고 죽어가는 자가 산 자의 맹세를 신성하게 하지 않는 곳에 축제가 있어서는 안 된다!

이렇게 죽는 것이 최선이다. 그리고 두 번째는 전투에서 죽어서 위대한 영혼을 낭비하는 것이다.

그러나 승리자만큼이나 전사에게도 미움을 사는 죽음은, 도둑처럼 몰래 오면서도 마치 주인인 양 다가오는, 그대들의 히죽거리며 웃는 죽음이다.

내 죽음을, 내가 원하기 때문에 나에게 오는 그 자유로운 죽음을 나는 그대들에게 찬양한다.

그러면 나는 언제 죽음을 원하는가? 목표와 후계자가 있는 자는 목표와 후계자를 위해 제때 죽기를 원한다.

그리고 목표와 후계자에 대한 공경으로, 그는 더는 시든 화환을 생명의 성전에 올려 두지 않을 것이다.

진실로, 나는 실을 꼬는 자들처럼 되고 싶지 않다. 그들은 자신의 실을 길게 잡아당겨 쭉 늘어놓고는 항상 뒤로 물러날 뿐이다.

그리고 일부는 자신의 진리와 승리를 바라기에 너무 늙었다. 이가 빠진 입에는 각각의 진리에 대해 설파할 권리가 더는 없다.

그리고 명성을 얻길 원하는 자는 누구든지 늦지 않게 명예와 작별을 해야 하고, 제때 떠나는 어려운 기술을 연마해야 한다.

자신이 가장 맛있을 때 먹히는 것을 그만두어야 한다. 오랫동안 사랑받길 원하는 사람은 이것을 알고 있다.

물론, 자신의 숙명으로, 가을의 마지막 날까지 기다리는 시큼한 사과들도 있다. 시큼한 사과들은 익어가는 동시에, 노랗게 물들며 쭈그러진다.

어떤 사람은 마음이 먼저 늙고, 어떤 사람은 정신이 먼저 늙는다. 또 어떤 사람은 젊어서 늙지만, 뒤늦은 젊음은 오랜 젊음을 유지한다.

많은 사람이 삶을 잘못 산다. 독충이 그의 마음을 갉아먹는 것이다. 그러니 죽음이 그만큼 더 성공될 수 있도록 노력하길.

많은 사람이 전혀 달콤해지지도 못한 채 여름에 그냥 썩어버린다. 그를 나뭇가지에 붙들고 있는 것은 바로 자신의 나약함이다.

너무나 많은 사람이 살아 있고 너무도 오래 자신의 나뭇가지에 매달려 있다. 이 모든 부패한 자들과 벌레 잡아먹는 자들을 나무에서 흔들어 털어내는 폭풍이 닥쳐오기를!

신속한 죽음의 설교자들이 다가오기를! 그자들은 생명의 나무를 뒤흔드는 제대로 된 폭풍이리라! 그러나 느린 죽음에 대한 설교와 지상의 모든 것을 인내하라는 설교만 들릴 뿐이다.

아, 그대들은 지상의 것을 인내하라고 설교하는가? 그대들을 너무 많이 인내해주는 것도 바로 이 지상의 것이다. 그대 비방자들이여!

진실로, 느린 죽음의 설교자들이 존경해 마지않는 저 히브리인은 너무 일찍 죽었다. 그리고 그때부터 그 히브리인의 이른 죽음은 많은 사람에게 비운이 되고 말았다.

그는, 즉 히브리인 예수는 여전히 히브리인들의 눈물과 우울함과 선하고 의로운 자들의 증오만 알았다. 그래서 죽음에 대한 동경이 그를 덮친 것이다.

그가 광야에 머물면서 선하고 의로운 자들을 멀리했더라면! 그리했더라면 아마도 그는 살아가는 법과 대지를 사랑하는 법, 그리고 웃는 법도 배웠을 것이다!

내 형제들이여! 나를 믿어라. 그는 너무 일찍 죽었다. 그가 내 나이까지라도 살았더라면, 자신의 가르침을 철회했을 텐데! 그는 철회할 수 있을 정도로 대단히 고결했다!

하지만 그는 여전히 미성숙했다. 그 젊은이는 미성숙하게 사랑하고, 인간과 대지도 미성숙하게 증오한다. 그의 마음과 정신의 날개는 여전히 얽매여 있어서 무겁다.

그러나 성인 남자의 마음에는 젊은이의 마음보다 놀고 싶은 충동이 더 많고 또 우울감도 덜하다. 그래서 성인 남자는 삶과 죽음을 더 잘 이해한다.

더는 '그렇다'라고 말할 시간이 없을 때 신성하게 '아니다'라고 말하는 자는 죽음에 대해서도 자유롭고, 죽음을 앞에 두고도 자유롭다. 이렇게 그는 죽음과 삶을 이해한다.

내 벗들이여, 그대들의 죽음이 인간과 대지에 대한 모독이 되지 않게 하라. 이것이 내가 그대들의 영혼의 꿀에서 간곡히 얻으려는 것이다.

그대들의 죽음 앞에서도 그대들의 정신과 덕은 대지를 에워싸는 저녁놀처럼 이글거리며 타올라야 할 것이다. 그렇지 않으면 그대들의 죽음은 성공하지 못할 것이다.

나도 이렇게 죽고 싶다. 그대 벗들이 나 때문에 대지를 더 사랑할 수 있도록 말이다. 그리고 나는 대지로 돌아갈

Friedrich Wilhelm Nietzsche

것이다. 나를 낳아주신 분 안에서 평안하기 위함이다.

진실로, 차라투스트라는 하나의 목표가 있었고, 그는 자신의 공을 던졌다. 이제 그대 벗들은 내 목표의 후계자가 돼라. 그대들에게 나의 황금색 공을 던지겠다.

내 벗들이여, 무엇보다도 나는 그대들이 황금색 공을 던지는 것을 보고 싶다! 그래서 나는 대지에 조금 더 머무를 것이다. 나를 용서해다오!

차라투스트라는 이렇게 말했다.

베푸는 덕에 대하여

차라투스트라가 마음에 들어 했던 '얼룩소'라는 마을
을 떠날 때 제자라고 자청하는 많은 사람이 뒤를 따르며
그를 수행했다. 그들이 갈림길에 다다랐을 때 차라투스트
라는 지금부터 혼자 가고 싶다고 말했다. 그는 홀로 떠남
의 벗이었기 때문이다. 그의 제자들은 작별의 의미로 지
팡이 하나를 내밀었는데, 그 지팡이에는 뱀이 태양을 휘
감고 있는 황금색 손잡이가 있었다. 차라투스트라는 그
지팡이를 흡족해하며 한번 짚어보았다. 그러고 나서 제자
들에게 이렇게 말했다.

Friedrich Wilhelm Nietzsche

말해보라. 황금은 어떻게 해서 최고의 가치를 얻게 되었는가? 그것은 흔하지 않고 무용하며 반짝이면서도 광채가 부드럽기 때문이다. 황금은 항상 자신을 베푼다.

황금은 최고의 덕을 모사할 때만 최고의 가치를 얻게 된다. 베푸는 자의 눈빛은 황금같이 반짝인다. 황금색 광채는 달과 태양 사이에 평화를 이룩한다.

최고의 덕은 흔하지 않으면서도 무용하고, 반짝이면서도 그 광채는 부드럽다. 베푸는 덕이 곧 최고의 덕이다.

진실로, 내 제자들이여. 나는 그대들이 나처럼 베푸는 덕을 얻고자 노력하고 있다고 생각한다. 그대들이 어떻게 고양이나 늑대와 서로 같을 수 있겠는가?

그대들은 스스로 제물과 선물이 되기를 열망하고 있다. 그리하여 그대들은 안간힘을 다해 자신의 영혼에 별의별 부를 쌓아두려고 하는 것이다.

그대들의 영혼은 만족할 줄도 모른 채 보물과 귀중품을 얻으려고 노력하고 있다. 그대들의 덕은 만족할 줄도 모른 채 베풀고 싶어 하기 때문이다.

그대들은 그대들에 대한, 그대들의 안에 있는 만물이 그대들의 샘에서 그대들의 사랑의 선물로 다시 흘러나오도록 강요하고 있다.

진실로, 그러한 베푸는 사랑은 모든 가치를 약탈하는

강도가 되어야 한다. 그러나 나는 이러한 이기심을 완전하고 신성하다고 부른다.

또 다른 이기심도 존재한다. 그것은 너무 궁핍하고 굶주려 항상 훔치려고 하는 바로 저 병든 자들의 이기심과 병든 이기심이다.

그 이기심은 반짝거리는 모든 것을 도둑의 눈으로 바라본다. 그 이기심은 먹을 것이 풍부한 자를 굶주림의 탐욕으로 빤히 쳐다본다. 그리고 그 이기심은 베푸는 자들의 식탁 주위를 항상 살금살금 맴돈다.

그러한 탐욕은 질병과 눈에 보이지 않는 퇴화를 말해준다. 이 이기심의 도둑 같은 탐욕은 육체가 쇠약해졌다는 것을 말해준다.

말해보라, 내 형제들이여. 우리가 나쁜 것이나 가장 나쁜 것으로 여기는 것은 무엇인가? 그것은 **퇴화**가 아닌가? 항상 우리는 베푸는 영혼이 없는 곳에는 퇴화가 있다고 짐작한다.

우리의 길은 위를 향해, 종에서 종을 뛰어넘어 올라간다. 그런데 '모든 것은 나를 위하여'라고 말하는 퇴화하는 마음은 우리에겐 하나의 공포다.

우리의 마음은 위를 향해 날아오른다. 우리의 마음은 우리 육체의 비유이자 상승의 비유다, 여러 덕의 이름은 이처럼 상승의 비유로 표현되는 것이다.

이렇게 육체는 생성하고 전투하는 자로서 역사를 가로지른다. 그리고 정신, 이것은 육체와 무슨 관계가 있는가? 육체의 전투와 승리의 전령이며, 동지이자 메아리다.

모든 선과 악의 이름은 비유적이다. 그 이름은 말로 표현되지 않고 그저 암시만 될 뿐이다. 그 이름에서 지식을 구하려는 자는 우매하다!

내 형제들아, 그대들의 정신이 비유를 들어 말하려고 할 때마다 주의하라! 여기에 그대들의 덕의 기원이 있다.

그때 그대들의 육체는 상승하고 부활한다. 그대들의 육체는 기쁨으로 가득 차서 창조하는 자, 평가하는 자, 사랑하는 자, 만물에 선행을 베푸는 자가 되도록 정신을 매혹한다.

그대들의 마음이 강처럼 넓게 큰 물결이 일어 근처에 사는 자들에게 은총이 되면서도 위험이 될 때, 여기에 그대들의 덕의 기원이 있다.

그대들이 칭찬과 비난에 초연할 때, 그대들의 의지가 사랑을 하는 자들의 의지처럼 만물에 명령하고자 할 때, 여기에 그대들의 덕의 기원이 있다.

그대들이 쾌적함과 부드러운 잠자리를 경멸하고, 나약한 자들에게서 멀리 떨어져도 잠을 잘 이룰 수 없을 때,

여기에 그대들의 덕의 기원이 있다.

그대들이 하나의 의지를 원하는 자가 되고, 이 모든 시련의 전환을 불가피한 것이라고 부를 때, 여기에 그대들의 덕의 기원이 있다.

진실로, 그대들의 덕은 새로운 선과 악이다! 진실로, 새롭고 깊은 물소리고, 새로운 샘물에서 흘러나오는 목소리다!

그대들의 덕은, 바로 이 새로운 덕은 힘이다. 그대들의 덕은 지배적인 사상이고, 현명한 영혼이 이 지배적인 사상을 휘감고 있다. 그대들의 덕은 황금빛 태양이고, 인식의 뱀이 이 황금빛 태양을 휘감고 있다.

2

여기서 차라투스트라는 한동안 침묵하며 사랑의 눈빛으로 제자들을 바라보았다. 그런 뒤 그는 이야기를 이어나갔다. 목소리가 바뀌었다.

내 형제들이여. 그대들의 덕의 힘으로 대지에 충실하라! 그대들이 베푸는 사랑과 그대들의 인식이 대지의 뜻에 헌신케 하라! 이렇게 그대들에게 간곡히 부탁한다.

그대들의 덕이 지상에서 날아올라 영원의 벽에 날개를

부딪히지 않게 하라! 아, 항상 날아가 버린 덕이 얼마나 많았는가!

나처럼 날아가 버린 덕을 대지로 되돌려라. 그렇다 육체와 삶으로 되돌려라. 그러면 그 덕이 대지에 자신의 의미를 부여할 것이다. 인간 존재의 의미를 말이다!

덕과 마찬가지로 정신도 지금까지 수백 번이나 날아가다 길을 잘못 들었다. 아, 이와 같은 모든 망상과 실책은 아직도 우리 육체 안에서 살고 있다. 그것은 이 안에서 육체와 의지가 되고 말았다.

덕과 마찬가지로 정신도 지금까지 수백 번 시도했다가 실패했다. 그렇다. 인간은 시도하는 존재였다. 아, 얼마나 많은 무지와 오류가 우리 육체의 일부가 되었는가!

수천 년간 이어져 온 이성만이 아니라, 그 이성의 광기도 우리 안에서 폭발한다. 후계자가 된다는 것은 위험한 일이다.

여전히 우리는 한 걸음 한 걸음씩 거대한 우연과 싸우고 있다. 그러나 무의미와 맹목성이 지금까지 온 인류를 지배해왔다.

내 형제들이여. 그대들의 정신과 덕이 대지의 뜻에 헌신케 하라! 만물의 가치가 그대들에 의해 새롭게 설정되게 하라! 그리하여 그대들은 전사여야 한다! 그리하여 그대들은 창조하는 자여야 한다!

육체는 지식으로서 스스로 깨끗해진다. 육체는 지식을 시험하면서 스스로 상승한다. 인식하는 자에게는 모든 충동이 신성해진다. 고귀한 자에게는 영혼이 즐거워진다.

의사여, 그대 자신부터 고쳐라. 그리하면 그대 환자에게도 도움을 줄 수 있다. 스스로 자신을 고치는 자를 눈으로 직접 보게 하는 것이 환자에게 최고의 도움이 되리라.

아직 한 번도 걸어본 적 없는 오솔길이 천 개나 있다. 그리고 천 개의 건강과 천 개의 감춰진 생명의 섬이 있다. 인간과 인간의 대지는 아직도 소진되지 않았고 아직도 발견되지 않은 채로 있다.

깨어 있고 경청하라, 그대 고독한 자들이여! 미래에서 은밀히 날갯짓하며 바람이 불어오고 있다. 예민한 귀에는 좋은 소식으로 들린다.

그대 오늘 고독한 자들이여, 그대 오늘 떠나는 자들이여, 그대들은 언젠가 어떤 민족이 되어야 한다.

스스로 자신을 선택한 그대들 중 하나의 선택된 민족이 나와야 하고, 그 민족에게서 초인이 자라나야 한다.

진실로, 대지가 회복의 장소가 되게 하라! 이미 대지의 주변에는 새로운 향기가, 구원을 전해주는 새로운 향기가 감돌고 있다. 그리고 새로운 희망도!

Friedrich Wilhelm Nietzsche

3

차라투스트라는 이렇게 말하고선, 마치 최후의 말은 하지 않은 자처럼 침묵했다. 그는 망설이는 듯 한동안 손으로 지팡이를 이리저리 흔들었다. 마침내 그는 이렇게 말했다. 목소리가 또 바뀌었다.

나는 이제 홀로 가겠다. 내 제자들이여! 그대들도 이제부터 홀로 가라! 그것이 내가 바라는 바다.

진실로, 그대들에게 충고하겠다. 나에게서 멀리 떠나고, 차라투스트라에게 맞서라! 더 나은 일은 그를 부끄러워하는 것이다! 그가 그대들을 속였기 때문이다.

인식하는 인간은 원수를 사랑할 뿐만 아니라 벗을 증오할 줄도 알아야 한다.

늘 제자로만 남아 있다면 스승에게 누가 된다. 그대들은 왜 나의 월계관을 잡아채려 하지 않는가?

그대들은 나를 존경한다. 그런데 나에 대한 그대들의 존경이 어느 날 무너져내린다면 그대들은 어떻게 하겠는가? 조각상이 그대들을 깔아 죽이지 않도록 주의하라!

그대들은 차라투스트라를 믿는다고 말하는가? 그런데 차라투스트라가 뭐란 말인가! 그대들은 내 신자들이다. 그런데 신자라는 게 대체 뭐란 말인가!

그대들이 나를 만나게 되었을 때, 그대들은 아직도 자

기 자신을 찾지 못한 상태였다. 모든 신자도 이와 마찬가지다. 모든 신앙이 이처럼 하찮은 것에 불과하다.

이제 그대들에게 명하겠다. 나를 버리고 그대들을 찾아나서라. 그대들이 모두 나를 부인하게 될 때 비로소 나는 그대들에게 돌아갈 것이다.

진실로, 내 형제들이여. 그때 나는 다른 눈으로 나의 잃어버린 자들을 찾을 것이다. 그때 나는 다른 사랑으로 그대들을 사랑할 것이다.

언젠가 그대들은 여전히 나의 벗이자 한 희망의 아이가 되어야 한다. 그러면 나는 그대들과 위대한 정오를 축하하고자 세 번째로 그대들과 함께 있을 것이다.

위대한 정오는 인간이 짐승과 초인 사이에 있는 자신의 길 한가운데에 서서, 저녁으로 가는 그의 길을 최고의 희망으로 축하하는 때를 말한다. 그것은 새로운 아침으로 가는 길이기 때문이다.

그러면 몰락하는 자는 자신이 저 너머로 가는 자라며 스스로 축복할 것이다. 그리고 그의 인식의 태양은 그를 위하여 정오에 떠 있으리라.

"모든 신은 죽었다. 이제 우리는 초인이 살아나기를 원한다." 언젠가 맞이하게 될 위대한 정오에 이 말이 우리의 마지막 의지가 되기를!

Friedrich Wilhelm Nietzsche

156

차라투스트라는 이렇게 말했다.

2부

그대들이 모두 나를 부인한 후에야
나는 그대들에게 돌아갈 것이다.
진실로, 내 형제들이여. 그때 나는 다른 눈으로
나의 잃어버린 자들을 찾을 것이다.
그때 나는 다른 사랑으로
그대들을 사랑할 것이다.

차라투스트라 「베푸는 덕에 대하여」 중에서

거울을 든 아이

그 후 차라투스트라는 다시 산속으로 들어갔다. 자신의 동굴에서 고독 속으로 깊이 가라앉으며 인간을 멀리했다. 그리고 마치 밭에 씨를 다 뿌리고 난 사람처럼 기다렸다. 그러나 그의 영혼은 사랑하는 자들에 대한 조바심과 그리움으로 가득 찼다. 그들에게 주어야 할 것이 아직도 너무 많았기 때문이다. 사랑해서 내밀었던 손을 다시 집어넣는 것과 베푸는 자임에도 계속 부끄러움을 느끼는 것은 어렵고도 힘든 일이다.

그렇게 고독자의 세월은 흘러갔다. 그의 지혜는 한층 더 성숙해졌지만, 그 지혜의 충만함이 그를 근심케 했다.

어느 날 아침 그는 동이 트기 전에 깨어났고 잠자리에서 한동안 생각에 잠겼다. 그러다 마침내 마음속으로 말했다.

'꿈에서 무엇에 그렇게 놀라 깨게 되었을까? 거울을 든 어떤 아이가 나에게 오지 않았던가?

'오, 차라투스트라여, 거울에 비친 그대를 보라!'라고 그 아이가 나에게 말했다.

그런데 내가 거울을 봤을 때 나는 비명을 질렀고 내 심장은 요동쳤다. 나는 거울에서 내가 아니라 악마의 추악한 얼굴과 비웃음을 보았기 때문이다.

진실로, 나는 꿈의 상징과 경고를 너무도 잘 이해하고 있다. 내 가르침은 위험에 처해 있고, 잡초는 밀이라고 불리길 원하고 있다!

나의 적들이 막강해져 나의 가르침의 비유를 왜곡했다. 그래서 내가 가장 사랑하는 자들이 내가 준 선물을 부끄러워하게 된 것이다.

나는 벗들을 잃어버렸다. 이제 나의 잃어버린 자들을 찾을 때가 왔다!'

차라투스트라는 이렇게 말하며 자리에서 벌떡 일어섰다. 그는 근심에 사로잡혀 맑은 공기를 찾는 자가 아니라, 영혼이 겹겹이 쌓인 예언자이자 노래하는 자와 같았다.

Friedrich Wilhelm Nietzsche

그의 독수리와 뱀은 놀라며 그를 바라보았다. 동이 틀 무렵에 다가올 어떤 행복이 그의 얼굴에 깃들어 있었기 때문이다.

차라투스트라가 말했다. 내 짐승들이여, 대체 내게 무슨 일이 일어났는가? 내가 변하지 않았는가! 더없는 행복이 폭풍처럼 내게 오지 않았는가?

나의 행복은 어리석어서, 어리석은 이야기들만 새어 나올 것이다. 나의 행복은 아직도 너무 어리다. 그러니 나의 행복에 인내심을 가지도록 하라!

나는 나의 행복으로 인해 상처를 입었다. 고통받는 자들 모두가 나의 의사가 되리라!

나는 내 벗들에게도, 내 적들에게도 다시 내려갈 수 있게 되었다! 차라투스트라는 다시 이야기하고 베풀 수 있게 되었으며, 사랑하는 사람에게 가장 사랑스러운 일도 다시 행할 수 있게 되었다!

내 조급한 사랑은 콸콸 물결치면서 아래쪽으로, 해가 떠오르는 쪽에서 해가 지는 쪽으로 흘러간다. 고요한 산속과 고통의 뇌우에서 벗어나 내 영혼은 좔좔 소리를 내며 빠르게 계곡으로 흘러간다.

나는 너무 오랫동안 그리워하며 먼 곳을 바라봤다. 나는 너무 오랫동안 고독 속에 가라앉아 있었다. 그래서 나는 침묵이라는 것을 잊고 지내왔다.

나라는 존재는 완전히 입이 되었고, 내 입에서는 높은 바위에서 쏟아져 내리는 시냇물 소리가 나니, 내가 하는 말은 저 아래 계곡으로 흘러내릴 것이다.

내 사랑의 강이 흐를 수 없는 곳으로 흘러내리기를! 그 강이 결국에 바다로 향하는 길을 찾아낼 테니 말이다!

내 안에는 실로 고독하고 스스로 만족하는 호수가 있다. 그러나 내 사랑의 강은 그 호수를 아래로 끌어 내린다. 바로 바다로!

나는 새로운 길을 가고, 새로운 이야기가 내게 다가온다. 모든 창조하는 자와 마찬가지로 나도 낡은 잔소리에 지쳤다. 내 정신은 더는 낡은 신발을 신고 거닐고 싶어 하지 않는다.

모든 이야기가 내게는 너무 느리게 흘러온다. 폭풍이여, 내가 그대의 마차에 뛰어오르겠다! 나의 악의로 그대에게도 채찍질하겠다!

환호해 찬 소리를 지르며, 내 벗들이 머무르고 있는 기쁨 넘치는 섬을 찾을 때까지 끝없이 넓고 큰 바다를 건너갈 것이다.

그들 중에 있는 내 적들! 저들 모두는 이제 내가 말을 건네도 되는 자들이니 얼마나 사랑스러운가! 내 적들도 나의 더없는 행복의 일부다.

그리고 내가 가장 거친 말 안장에 오르려고 할 때 내 창은 거기에 오를 수 있도록 항상 나를 잘 도와준다. 내 창은 늘 준비되어 있는 내 발의 하인이다.

내가 적들을 향해 던지는 그 창! 마침내 내가 그것을 던질 수 있게 돼 내 적들에게 얼마나 감사한가!

내 구름은 너무 심하게 긴장했다. 내가 번개들의 웃음 사이로 깊숙이 우박 소나기를 퍼부으리라!

그때 내 가슴이 힘차게 부풀어 오르면서 산 너머로 폭풍을 세차게 몰아치면 내 가슴에 평온이 깃들 것이다.

진실로, 내 행복과 내 자유는 폭풍처럼 찾아온다! 그러나 내 적들은 머리 위에서 악마가 미친 듯이 날뛰고 있다고 믿을 것이다.

그렇다, 내 벗들이여. 그대들도 내 거친 지혜 때문에 깜짝 놀랄 것이다. 어쩌면 그대들은 내 적들과 함께 달아날지도 모른다.

아, 내가 목동의 피리로 그대들을 유인하는 법을 알았더라면! 아, 지혜라는 내 암사자가 다정하게 포효하는 법을 배웠더라면! 이미 우리는 서로 함께 많은 것을 배우지 않았던가!

내 거친 지혜는 고독한 산 위에서 잉태되었다. 내 거친 지혜는 꺼칠꺼칠한 바위 위에서 아이를, 막내를 낳았다.

이제 내 거친 지혜는 어리석게도 가혹한 황야를 달려 지나가며 부드러운 들판을 찾고 또 찾고 있다. 낡디낡은 내 거친 지혜가 말이다!

내 벗들이여! 그대들 마음의 부드러운 들판에, 내 거친 지혜가 가장 사랑하는 자신의 아이를 그대들의 사랑 위에 누이길 원한다!

차라투스트라는 이렇게 말했다.

Friedrich Wilhelm Nietzsche

행복의 섬에서

무화과가 나무에서 떨어진다. 그것은 품질이 좋고 맛도 달다. 무화과가 떨어질 때 붉은 껍질이 찢어진다. 나는 익은 무화과에 부는 북풍이다.

내 벗들이여, 이 무화과가 떨어지는 것처럼 내 가르침이 그대들에게 떨어진다. 그러니 이 가르침의 과즙과 달콤한 과육을 마셔라! 주위를 보니 맑은 하늘이 있는 가을날의 오후다.

보라, 우리 주위는 얼마나 풍요로운가! 넘치는 풍요로움 속에서 저 너머 먼바다를 바라보는 것은 아름다운 일이다.

한때는 먼바다를 바라보면서 신이라고 말했다. 그런데 이제 나는 그대들에게 신이 아니라 초인이라고 말하도록 가르치겠다.

신은 하나의 추측일 뿐이다. 나는 그대들의 추측이 그대들의 창조적인 의지를 넘어서지 않기를 바란다.

그대들은 신을 창조할 수 있는가? 그러지 못하니 모든 신에 대해서는 침묵해야 한다. 그러나 그대들은 확실히 초인은 창조할 수 있다.

내 형제들이여, 아마도 그대들 자신은 초인을 창조하지 못할 수도 있다! 그러나 그대들은 스스로 초인의 아버지나 조상으로 변할 수는 있다. 그리고 이것이 그대들의 최고의 창조품일 것이다!

신은 하나의 추측일 뿐이다. 그러니 나는 그대들의 추측이 생각할 수 있는 범위 내에 있기를 바란다.

그대들은 신을 생각할 수 있는가? 모든 것이 인간이 생각할 수 있는 것, 인간이 눈으로 볼 수 있는 것, 인간이 지각할 수 있는 것으로 변한다는 것, 이것은 그대들에게 진리에의 의지를 의미한다! 그대들은 그대들의 감각을 끝까지 생각해야 한다!

그대들이 세계라고 일컫는 것, 그대들은 이것을 먼저 창조해야 한다. 그것은 그 자체로 그대들의 이성, 그대들의 이미지, 그대들의 의지, 그대들의 사랑이 되어야 한다! 진실로, 그대 인식하는 자들이여, 그대들이 행복으로 이르기 위해서 말이다!

그대 인식하는 자들이여, 그대들은 이러한 희망도 없이 어떻게 삶을 견뎌내겠는가! 그대들은 이해할 수 없는 존재로, 비이성적인 존재로 태어나서는 안 된다!

그런데 벗들이여, 그대들에게 나의 속내를 드러내 보이자면, 만일 신들이 존재한다면, 내가 신이 아니라는 것을 어떻게 참을 수 있겠는가? 그러므로 신들은 존재하지 않는 것이다.

나는 확실히 결론을 끌어냈다. 그런데 이제는 결론이 나를 끌어내고 있다.

신은 하나의 추측일 뿐이다. 그런데 어느 누가 죽음을 무릅쓰고 이 모든 추측의 고통을 마실 수 있겠는가? 창조하는 자에게서는 그의 믿음을, 독수리에게서는 저 멀리 날아오르는 힘을 빼앗아야 한단 말인가?

신은 반듯한 모든 것을 구부러뜨리고, 서 있는 모든 것을 비틀거리게 하는 하나의 사유일 뿐이다. 어떻게 그럴 수 있는가? 시간은 사라져야 하고, 모든 순간적인 것은 그저 거짓말에 불과해야 한단 말인가?

이렇게 생각하면, 인간의 육체에 혼란을 느끼고 어지럽

다. 속에서는 구역질이 올라온다. 진실로, 나는 이렇게 추측하는 것을 현기증이라고 부른다.

나는 유일한 것, 완전한 것, 부동인 것, 충만한 것, 불멸하는 것에 대한 이 모든 가르침을 사악한 것이자 인간의 적이라고 부른다!

불멸하는 모든 것, 이는 그저 비유에 불과하다! 시인들은 거짓말을 너무 많이 해댄다.

최고의 비유를 들려면 시간과 생성에 대해 말하지 않으면 안 된다. 그것은 덧없는 모든 것에 대한 찬양과 정당화이어야 한다!

창조, 이것은 고통으로부터의 위대한 구원이자 삶의 가벼워짐이다. 그러나 창조하는 자가 되려면 괴로움과 많은 변화가 필요하다.

그렇다, 그대 창조하는 자들이여, 그대들의 삶에는 쓰디쓴 죽음이 많을 것이다! 그래서 그대들은 덧없는 모든 것의 대변자이자 옹호자가 되어야 한다.

창조하는 자가 다시 태어나는 아이가 되려면 산모가 되려 해야 하고, 산고產苦를 겪으려 해야 한다.

진실로, 나는 백 개의 영혼을 통해, 백 개의 요람과 백 번의 산고를 겪으며 나의 길을 걸어왔다. 나는 이미 작별을 수없이 해왔고, 가슴이 찢어질 듯한 지난 순간들을 잘 알고 있다.

하지만 창조하려는 나의 의지, 나의 운명이 이것을 원한다, 아니 더 솔직하게 말하자면, 바로 나의 의지가 그러한 운명을 원한다.

나의 모든 감정이 괴로워하면서 감옥에 갇혀 있다. 그러나 나의 의욕은 언제나 나의 해방자이자 기쁨의 인도자로서 내게 다가온다.

해방을 원함, 이것이 의지와 자유에 대한 진정한 가르침이다. 차라투스트라는 그대들에게 이것을 가르친다.

더는 의욕하지 않고, 더는 평가하지 않고, 더는 창조하지 않는 것! 아, 이 크나큰 피로감이 나에게서 항상 멀리 떨어져 있기를!

171

인식할 때도, 나는 내 의지의 생식 욕망과 생성 욕망만을 느낀다. 내 인식에 순진함이 있다면, 내 인식에는 생식을 향한 의지가 있기 때문이다.

이러한 의지는 나를 신과 신들에게서 떨어지도록 유인했다. 신들이 거기에 존재한다면, 대체 창조할 게 무엇이 있단 말인가!

그러나 나의 정열적인 창조 의지는 다시금 나를 인간으로 이끈다. 이렇게 망치를 돌로 향해 이끄는 것이다.

아, 그대 인간들이여, 돌 속에 하나의 형상이, 나의 여러 형상 중 하나의 형상이 잠들어 있다. 아, 그 형상이 제일 단단하고 추악한 돌 속에서 잠들어야 한다니!

지금 나의 망치는 그 형상의 감옥을 부수려고 매섭게 날뛰고 있다. 돌에서 나는 먼지 따위를 내가 신경이라도 쓰겠는가?

나는 그것을 완성하고 싶다. 어떤 그림자가 내게 왔기 때문이다. 만물 중에서도 가장 고요하고 가장 가벼운 것이 언젠가 내게 온 적이 있었다!

초인의 아름다움이 나에게 그림자로 왔던 것이다. 아, 나의 형제들이여! 신들이 대체 나와 무슨 상관이 있는가!

차라투스트라는 이렇게 말했다.

Friedrich Wilhelm Nietzsche

동정심이 있는 자들에 대하여

내 벗들이여, 그대들의 벗들은 이렇게 조롱받았다. "차라투스트라를 봐라! 그는 짐승 사이에서 그러는 것처럼 우리 사이를 거닐고 있지 않은가?"

그런데 차라리 이렇게 말했다면 나았을 것이다. "그 인식하는 자는 짐승인 것처럼 인간 사이를 거닌다."

그러나 인식하는 자에게는 인간 그 자체가 불그스레한 뺨이 있는 짐승이다.

인간의 뺨은 어떻게 불그스레해졌는가? 부끄러움을 너무 자주 느껴야 했기 때문이 아닌가?

오, 내 벗들이여! 인식하는 자는 이렇게 말한다. 부끄럽고 또 부끄럽고 또 부끄러워하는 것이 인간의 역사다!

그래서 고결한 자는 타인을 부끄러워하게 만들지 말라고 자신에게 명령한다. 그는 괴로워하는 자들 앞에서는 부끄러워하라고 자신에게 명령한다.

진실로, 나는 자신의 동정에 아주 기뻐하는 자비로운 자들을 좋아하지 않는다. 그들에게는 부끄러움이란 게 부족해도 너무 부족하기 때문이다.

내가 동정을 베풀어야 한다고 해도, 나는 그런 말로 불리고 싶지 않다. 내가 동정을 베푼다면, 기꺼이 저 멀리서 그렇게 할 것이다.

나라는 것을 누가 알아보기 전에, 나는 기꺼이 얼굴도 가리고 그곳에서 도망칠 것이다. 나는 그대들에게도 이렇게 하라고 명령할 것이다. 내 벗들이여!

내 운명이 그대들처럼 괴로워하지 않는 자들에게로, 내 희망과 음식, 꿀을 공유해도 되는 그러한 자들에게로 항상 나를 인도하리라!

진실로, 나는 괴로워하는 자들에게 이런저런 일을 잘해주었지만, 나를 더 즐겁게 하는 법을 배웠을 때, 나는 항상 더 좋은 일을 하는 것 같았다.

인간이 존재하게 된 이래로, 인간은 즐거움을 거의 느끼지 못했다. 내 형제들이여, 우리의 원죄는 이것뿐이다!

Friedrich Wilhelm Nietzsche

우리가 더 즐거워지는 법을 배우려면, 타인에게 상처를 주거나 상처를 꾸며내는 것을 잊는 게 가장 좋다.

그래서 나는 괴로워하는 자들에게 도움 주었던 손을 씻으며 내 영혼도 정화한다.

왜냐하면 괴로워하는 자가 괴로워하는 것을 보며 나는 그가 부끄러워하는 게 부끄러웠기 때문이고, 내가 그에게 도움을 주었을 때 그의 자긍심은 심각하게 훼손되고 말았기 때문이다.

큰 친절은 감사하게 만드는 게 아니라 복수심에 불타게 만든다. 그리고 소박한 선행은 잊히지 않으면 또 다른 갉아먹는 벌레가 된다.

"받아들일 때는 냉담해져라! 그대들이 받아들인다는 것을 똑똑히 보여줘라!" 나는 베풀 게 아무것도 없는 자들에게 이렇게 가르친다.

그러나 나는 베푸는 자다. 나는 벗으로서 벗에게 베푸는 것을 좋아한다. 하지만 낯선 자들과 궁핍한 자들은 직접 내 나무에서 과실을 따도 좋다. 그러면 덜 부끄러울 것이다.

하지만 거지들은 완전히 없애버려야 한다! 진실로, 누군가는 그들에게 베푸는 것에 화를 내고, 누군가는 그들에게 베풀지 않는 것에 화를 낸다.

죄인과 양심의 가책도 마찬가지다. 나를 믿어라, 내 벗들이여. 양심의 가책은 그대들에게 무는 법을 가르칠 뿐이다.

그러나 가장 나쁜 것은 좁은 안목으로 생각하는 것이다. 진실로, 좁은 안목으로 생각하는 것보다 차라리 악행을 저지르는 게 더 낫다.

그대들은 이렇게 말하기도 한다. "작은 악의의 즐거움이 우리를 수많은 큰 악행에서 피하게 해준다." 하지만 여기서는 피하게 해주는 것을 바라지 않는 게 낫다.

악행은 궤양과도 같아서 가렵고 찌릿하다가 터진다. 즉, 정직하게 표현하는 것이다.

"보라, 나는 질병이다." 악행은 이렇게 말하는데, 이것이 악행의 정직함이다.

그러나 안목 좁은 생각은 진균과도 같아서 온몸이 작은 균으로 썩어 생기를 잃을 때까지 기어 다니고 웅크려 숨으며 몸속에 도사리고 있을 것이다.

그러나 나는 악마 들린 자에게 귀에 대고 이렇게 말한다. "더 나은 일은 그대가 악마를 크게 키우는 것이다! 그대에게도 위대함으로 향하는 길이 아직 존재한다!"

아, 내 형제들이여! 인간은 모든 인간에 대해 무언가를 너무 많이 알고 있다! 어떤 이들은 우리 눈에 쉽게 띄지

Friedrich Wilhelm Nietzsche

만, 그렇다고 해서 우리가 그들을 오랫동안 들여다볼 수 있다는 것은 아니다.

침묵하는 것은 너무 힘들기에, 인간과 함께 사는 것은 어려운 일이다.

우리는 혐오스러운 자가 아니라 우리와 아무런 관련도 없는 자에게 가장 불공평하게 대한다.

그런데 괴로워하는 벗이 있다면 그대가 그의 괴로움에 하나의 휴식처가 되도록 하되, 마치 간이침대처럼 딱딱한 침대가 돼라. 그러면 그대는 벗에게 가장 유익한 자가 될 것이다.

그리고 벗이 그대에게 해를 가한다면 이렇게 말하라. "그대가 내게 저지른 짓은 용서하겠다만, 그대가 그대에게 저지른 짓은 내가 어떻게 용서할 수 있겠는가!"

모든 위대한 사랑은 이렇게 말한다. 위대한 사랑은 용서와 동정도 극복한다고 말이다.

인간은 마음을 꽉 붙들어 매야 한다. 그냥 놔두면 머리가 얼마나 빨리 나빠지겠는가!

아, 세상에서 동정심 있는 자들보다 더 어리석은 자들이 어디에 있겠는가? 그리고 세상에서 동정심 있는 자들의 어리석음보다 더 큰 고통을 일으키는 것이 어디에 있겠는가?

177

자신의 동정심도 미처 넘어서지 못하면서 사랑을 하는 자에게는 모두 화가 닥칠 것이다!

언젠가 악마는 내게 이렇게 말했다. "신에게도 지옥이 있다. 그것은 인간을 향한 그의 사랑이다."

그리고 최근에는 악마가 이렇게 말하는 것을 들었다. "신은 죽었다. 신은 인간에 대한 동정심 때문에 죽었다."

그러니 동정심을 주의하라! 그곳에서 인간에게 먹구름이 접근해온다! 진실로, 나는 기상변화의 조짐에 대해 잘 알고 있다.

이 말도 명심하라. 모든 위대한 사랑은 모든 동정심을 넘어서 있다. 위대한 사랑은 자신이 사랑하는 것도 창조하려 하기 때문이다!

창조하는 자들은 모두 이렇게 말한다. "나는 나를 내 사랑에 바친다. 그리고 나와 마찬가지로 내 이웃들도 내 사랑에 바친다."

그러나 창조하는 자들은 모두 냉혹하다.

차라투스트라는 이렇게 말했다.

성직자들에 대하여

그리고 언젠가 차라투스트라는 제자들에게 눈치를 주며 이렇게 말한 적이 있다.

"여기에 성직자들이 있다. 그들이 내 적일지라도 칼을 뽑지 말고 조용히 지나쳐라!

그들 중에는 영웅들도 있다. 그들 중 대다수가 많은 괴로움을 겪었다. 그래서 그들은 타인을 괴로워하게 만들려고 한다.

그들은 사악한 적이다. 그들의 겸손만큼 복수심에 불타는 것도 없다. 그리고 그들을 공격하는 자는 자신도 쉽게 더러워진다.

하지만 내 피는 그들의 피와 유사하다. 그래서 내 피가 그들의 피에서도 존중받길 바란다."

그들이 지나가 버리자, 갑자기 고통이 차라투스트라를 엄습했다. 그는 잠깐 고통에 시달리다가 이렇게 말하기 시작했다.

이 성직자들을 보니 불쌍한 생각이 든다. 그들은 내 취향과도 어긋나지만, 내가 인간들 속에 섞여 있던 이후로는 그 어긋남은 지극히 사소한 일밖에 되지 않는다.

하지만 나는 그들과 함께 괴로워하고 또 괴로워했다. 내게 그들은 죄수이며 낙인찍힌 자들이었다. 그들이 구세주라고 부르는 자가 그들을 결박시켰다.

그릇된 가치와 망언에 결박된 것이다! 누군가가 그들을 그 구세주로부터 구해냈더라면!

언젠가 바다가 그들의 방향을 갑자기 돌렸을 때 그들은 어느 섬에 상륙했다고 믿었다. 그런데 보라, 그것은 잠자고 있는 괴물이었다!

그릇된 가치와 망언, 이것은 죽음이 예정된 인간에게는 최악의 괴물이다. 불운이 그 괴물 안에서 긴 잠을 자면서 기다리고 있다.

그리고 결국 그 불운이 잠에서 깨어나 다가와서는 자신 위에 오두막을 지은 자를 게걸스레 먹어 삼킨다.

아, 그 성직자들이 몸소 지은 이 오두막을 보라! 그들은 달콤한 냄새가 나는 자신의 동굴을 교회라고 부른다!

아, 이 위조된 빛이여, 이 습한 공기여! 영혼이 높이 날아오를 수 없는 여기 이곳이여!

하지만 그들의 신앙은 이렇게 명령한다. "무릎을 꿇고 계단을 올라가라, 그대 죄인들이여!"

진실로, 나는 그들의 수치심과 경건한 마음의 뒤틀린 눈을 보는 것보다 차라리 뻔뻔함을 보고 싶다!

누가 그런 동굴과 참회의 계단을 만들었는가? 그들은 숨고 싶어 하고, 순수한 하늘을 부끄러워하던 자들이 아니었던가?

순수한 하늘이 부서진 천장 틈으로 다시 올려다보이고 부서진 벽 틈에서 돋아난 풀과 빨간 양귀비가 내려다보여야, 나는 내 마음을 이 신이 거처하는 곳으로 다시 돌릴 것이다.

그들은 자신들과 모순되고 자신들에게 상처를 주는 존재를 신이라고 불렀다. 그리고 진실로, 그들의 숭배 안에는 영웅주의적인 경향이 다분했다!

그리고 그들은 인간을 십자가에 못 박는 것 외에 다른 식으로 신을 사랑하는 법을 알지 못했다!

그들은 시체처럼 살 작정이었고, 그들의 시체를 검도록

패버렸다. 그들의 설교에서는 시체 보관실의 메스꺼운 냄새가 아직도 난다.

그리고 그들 주변에 산다는 것은 두꺼비가 달콤하고도 침울한 노래를 부르는 시꺼먼 연못가에서 산다는 의미다.

그들의 구세주를 믿도록 나를 가르치려면, 그들은 내게 더 좋은 노래를 불러야 할 것이다. 그럼 구세주의 제자들은 내게 더 구원받은 것처럼 보일 것이다!

나는 그들의 벌거벗은 모습을 보고 싶다. 아름다움만이 참회를 설교해야 하기 때문이다. 그런데 이 위장된 슬픔으로 누구를 잘 설득한다는 말인가!

진실로, 그들의 구세주들은 몸소 자유에서, 그리고 자유의 일곱 하늘에서 오지 않았다! 진실로, 그들의 구세주들은 몸소 인식의 양탄자 위를 걸어본 적도 없었다!

이 구세주들의 정신은 틈새로 이루어져 있었다. 그들은 이 모든 틈새를 망상으로 메꾸었고, 미봉책에 불과한 이것을 신이라고 불렀다.

그들의 정신은 그들의 동정심에 빠져 익사해 버렸고 그들이 동정심으로 부풀어 오르다가 넘치게 될 때면 언제나 큰 어리석음이 그 위를 헤엄치며 돌아다녔다.

그들은 열심히 소리치며 그들의 양무리를 다그쳐 그들의 외나무다리를 건너게 했다. 미래로 가는 다리가 마치 하나밖에 없다는 것처럼! 진실로, 이 목자들도 양무리에 섞여 있었다!

이 목자들은 협소한 정신과 크넓은 영혼이 있었다. 그런데, 내 형제들이여, 지금까지 가장 큰 영혼들이라는 것도 얼마나 좁은 땅이었는가!

그들이 갔던 길에는 핏자국이 남았고 그들의 어리석음은 진리가 피로 증명된다고 가르쳤다.

그러나 피는 진리에 대한 최악의 증인이다. 피는 마음의 망상과 증오에 대한 가장 순수한 가르침마저 죽인다.

그리고 어떤 이가 자신의 가르침을 위해 불 한가운데를 지나간다 해도 이것이 무엇을 증명한다는 것인가? 자신의 가르침이 실로 자신의 타오름에서 나온다는 것밖에 되지 않는 것이다!

답답한 마음과 차가운 머리. 이것이 한데 모이는 그곳에 광풍, 즉 구세주가 나타난다.

군중이 구세주라고 일컫는 이 찬란한 광풍보다 실로 더 위대하고 더 고결하게 태어난 자들이 있었다!

그리고 내 형제들이여, 그대들이 자유로 향하는 길을 찾고 싶다면 모든 구세주보다 더 위대한 자들에게 구원받지 않으면 안 된다!

지금껏 초인은 단 한 번도 존재한 적이 없었다. 나는 가장 위대한 자와 가장 하찮은 자의 벌거벗은 모습을 모두 보았다.

그들은 아직도 서로 너무 닮아 있다. 진실로, 나는 가장 위대한 자마저도 너무나 인간적이라는 것을 알아냈다.

차라투스트라는 이렇게 말했다.

Friedrich Wilhelm Nietzsche

덕이 있는 자들에 대하여

천둥소리와 하늘의 불꽃 같은 소리로 축 늘어져 잠자고 있는 감각에 대해 말해야 한다.

그런데 아름다움의 목소리는 부드럽게 말하면서, 가장 활발한 영혼에만 남몰래 다가간다.

오늘 내 방패는 살짝 떨며 내게 살며시 웃었다. 그것은 아름다움의 신성한 웃음이자 떨림이다.

그대 덕이 있는 자들이여, 나의 아름다움은 오늘 그대들을 비웃었다. 그 소리는 이렇게 들렸다. "그들은 아직도 대가 받기를 원한다."

그대 덕이 있는 자들이여, 그대들은 아직도 대가 받기

를 원하는가! 덕에 대한 보상을 원하고, 대지에 대한 보상으로 하늘과 그대들의 오늘에 대한 보상으로 영생을 원하는가?

그리고 이제 그대들은 내가 보상을 해줄 자나 대가를 내어줄 자는 없다고 가르치는 것에 분개하는가? 진실로, 나는 덕이 곧 그 자체로 보상이라고 가르치지 않는다.

아, 보상과 처벌이라는 거짓이 사물의 밑바닥에 깔려 있다는 것이 슬프다. 그런데 이제는 그 거짓이 그대들 영혼의 밑바닥에마저 깔렸다. 그대 덕이 있는 자들이여!

그러나 내 말은 마치 수퇘지의 코처럼 그대들 영혼의 밑바닥을 파헤칠 것이다. 그리고 그대들은 나를 쟁기날이라고 부를 것이다.

그대들 밑바닥의 모든 비밀은 만천하에 드러나야 한다. 그리고 그대들이 파헤쳐지고 부서진 채 햇볕을 쬘 때 그대들의 거짓말도 그대들의 진리에서 떨어져 나가게 될 것이다.

이것이 그대들의 진리이기 때문이다. 그대들은 복수, 처벌, 보상, 앙갚음이라는 더러운 말들에 비해 너무 순수하다.

그대들은 마치 어머니가 자식을 사랑하듯 덕을 사랑한다. 그런데 어머니가 그 사랑에 대한 대가를 받고 싶어 한다는 말을 들어본 적이 언제 있는가?

그것은 그대들의 가장 소중한 본연의 자기, 즉 그대들의 덕이다. 그대들 안에는 둥근 것에 대한 갈증이 일고 있다. 그 둥근 것은 자신에게 다시 다다르기 위해 고군분투하며 회전하고 있다.

그대들의 덕이 하는 모든 일은 빛이 꺼져가는 별과도 같다. 그 별빛은 항상 분주하고 떠돌아다닌다. 그 별빛은 언제쯤 분주해지지 않게 될까?

이렇게 그대들 덕의 빛이 일을 끝냈더라도 분주하게 움직인다. 이제는 그 덕의 빛이 잊히고 죽음을 맞이하기를! 덕의 빛의 그 광명은 계속 살아남아 떠돌아다니기를!

그대들의 덕이 낯선 것, 살갗, 꾸며냄이 아니라 그대들의 본연의 자기가 되게 하라. 이것이 그대들 영혼의 밑바닥에서 끓어오르는 진리다. 그대 덕이 있는 자들이여!

그런데 회초리 앞에서 일으키는 경련을 덕이라고 하는 자들이 분명히 있다. 그대들은 내게서 그들의 비명에 대해 너무 많이 들었다.

그리고 악덕의 게으름이 덕이라고 부르는 자들도 있다. 그리고 그들의 증오와 질투가 사지를 한번 쭉 펴게 되면 그들의 정의는 졸린 눈을 비비면서 깨어난다.

그리고 아래로 끌려가는 자들도 있다. 그들의 악마가

그들을 잡아당기는 것이다. 그런데 그들이 가라앉으면 앉을수록, 그들의 눈과 신에 대한 열망은 더욱 밝게 빛난다.

아, 그대 덕이 있는 자들이여, 그들의 비명, 즉 내가 아닌 것, 이것이 내게는 신이고 덕이라는 말이 그대들의 귀에도 들렸을 것이다.

그리고 돌을 싣고 내려오는 마차처럼 무겁게 삐걱거리며 오는 자들도 있다. 그들은 품위니, 덕이니 말들이 많다. 그들은 그들의 제동장치를 자신들의 덕이라고 부른다!

그리고 마치 태엽이 감긴 일상의 시계와도 같은 자들이 있다. 그것은 그들에게 째깍째깍 소리를 내고, 그들은 째깍째깍 소리가 덕이라고 불리길 원한다.

진실로, 나는 이런 자들을 보면 즐겁다. 내가 그런 시계들을 발견한다면 나는 비웃으며 그 시계태엽을 감을 것이다. 그러면 이 시계들은 내게도 가르랑거릴 것이다.

188

그리고 어떤 이들은 정의심이 충만하다고 자랑하고 정의를 위한답시고 매사에 죄를 짓는다. 그리하여 세상은 그 죄악에 빠져 죽게 된다.

아, 그들의 입에서 '덕'이라는 말이 얼마나 사악하게 흘러나오는가! 그리고 그들이 "나는 정의롭다"라고 말할 때 항상 "나는 복수했다!"처럼 들린다.

그들은 덕으로 원수들의 눈을 파내려고 한다. 그리고

Friedrich Wilhelm Nietzsche

그들은 타인을 깎아내리기 위해서만 벌떡 일어선다.

그리고 자신 안의 늪에 앉아 갈대를 향해 이렇게 지껄이는 자도 있다. "덕이란 늪에 고요히 앉아 있는 것이다.

우리는 아무도 물지 않고, 물려고 하는 자는 피한다. 그리고 우리는 만사에 우리에게 주어진 의견을 따른다."

그리고 몸짓을 사랑하면서 덕은 일종의 몸짓이라고 생각하는 자들도 있다.

그들의 무릎은 항상 숭배하고, 두 손은 항상 덕을 찬양하지만 그들의 마음은 이게 무슨 뜻인지 전혀 모른다.

그리고 "덕은 꼭 필요하다"라고 말하는 것을 덕이라고 간주하는 자들도 있다. 그것은 경찰이 꼭 필요하다고 생각하는 것과 다를 바가 없다.

그리고 인간의 고결한 점을 볼 수 없는 자들은 자신이 인간의 비열한 점을 아주 가까이서 보는 것을 덕이라고 부른다. 이렇게 그들은 자신의 사악한 시선을 덕이라고 부르는 것이다.

그리고 어떤 이들은 교화되어 일어서기를 바라면서 이를 덕이라고 부르고 또 어떤 이들은 뒤집어엎히길 바라면서 이를 덕이라고 부른다.

이처럼 거의 모두가 덕에 관심이 있다고 믿고 있다. 그리고 적어도 몇몇은 '선'과 '악'의 감정인을 자처한다.

189

2부

그러나 차라투스트라는 이따위 거짓말쟁이들과 바보들에게 이렇게 말하려고 온 게 아니다. "그대들이 덕에 대해 무엇을 아는가! 그대들이 덕에 대해 무엇을 알 수 있겠는가!"

그 대신, 내 벗들이여, 그대들이 바보와 거짓말쟁이에게서 배운 낡은 말에 지치게 될 것이라고 말하기 위해 왔다.

'보상', '앙갚음', '처벌', '정의의 복수'라는 말에 지치게 될 것이라고 말하기 위해 왔다,

"행실이 좋으면 이타적이게 된다"는 말에 지치게 될 것이라고 말하기 위해 왔다.

아, 내 벗들이여! 어머니가 아이들의 안에 있듯이 그대들의 본연의 자기가 행동의 안에 있다는 것, 그것이 그대들의 덕의 말이 되게 하라!

진실로, 나는 그대들에게서 백 가지의 말과 그대들의 덕이 가장 사랑하는 장난감을 빼앗았다. 이제 그대들은 아이들이 그러듯이 내게 분개하고 있다.

그 아이들은 바닷가에서 놀고 있었다. 그런데 파도가 밀려오더니 그들의 장난감을 바다 깊숙이 휩쓸어 갔다. 그래서 지금 아이들은 울고 있다.

그러나 같은 파도가 아이들에게 새 장난감을 가져다주

고 다양한 새 조개들을 쏟아낼 것이다!

그럼 그 아이들은 위로받게 될 것이다. 그리고 내 벗들이여, 그대들도 그 아이들처럼 위로받게 될 것이다. 다양한 새 조개들도!

차라투스트라는 이렇게 말했다.

천민에 대하여

삶은 즐거움이 흘러넘치는 샘과도 같다. 하지만 천민들
이 함께 마시는 곳에서는 모든 샘물이 독으로 오염될 뿐
이다.

나는 순수한 것이라면 무엇이든지 애정을 품고 있지만,
히죽거리며 비웃기나 해대는 불순한 자들의 주둥이와 그
갈증은 보고 싶지 않다.

그들이 시선을 샘물 안으로 던졌더니 그들의 불쾌한
미소가 샘물에 반사되어 내게 비친다.

그들은 이 성스러운 물을 음탕함이라는 독으로 오염시
켰고, 그들의 더럽기 짝이 없는 꿈을 즐거움이라고 부르

Friedrich Wilhelm Nietzsche

면서 그 단어마저도 독으로 오염시켜 버렸다.

그들이 그들의 축축한 마음을 불에 갖다 대면 불꽃은 화를 낸다. 천민이 불에 접근하면 그 정신 자체가 부글부글 끓어오르며 연기를 뿜어내는 것이다.

과일마저 그들의 손에 들어가면 달짝지근해지면서 물러 터지게 된다. 그들이 바라보면 과일나무에도 바람이 불어닥쳐 이 나무를 나무꼭대기의 가지처럼 바싹 말라비틀어지게 만든다.

그리고 삶에 등을 돌린 자들은 천민들에게서만 등을 돌렸을 뿐이었다. 이들은 천민들과 샘물, 불꽃, 열매를 나누고 싶어 하지 않았다.

그리고 사막에 가서 맹수들과 함께 갈증으로 괴로워했던 이들도 더럽기 짝이 없는 낙타 몰이꾼들과 물이 괸 곳 주변에 앉고 싶어 하지 않았을 뿐이었다.

그리고 파괴자처럼, 그리고 모든 과일밭에 세차게 내리치는 우박처럼 온 이들도 천민들의 목구멍에 발을 쑤셔 넣어 식도를 막으려고만 했다.

삶 자체에 적대감과 죽음, 고난의 십자가가 필요하다는 것을 알게 된 것이 내가 가장 억지로 삼켰던 음식물은 아니다.

오히려 언젠가 내가 이렇게 물어본 적이 있었는데, 이

질문으로 나는 거의 숨이 멎을 뻔했다. 뭐? 삶에도 천민이 필요하다는 것인가?

독으로 오염된 우물, 악취를 풍기는 불, 더럽혀진 꿈, 생명의 빵을 갉아먹는 구더기도 필요하다는 것인가?

내 증오가 아니라 나의 역겨움이 배고프다는 듯 내 삶을 먹어 삼켰다! 아, 나는 천민들도 기지가 넘친다는 것을 알게 되었을 때 가끔 정신이 피로해지곤 했다!

그리고 지배자들이 지금 지배에 대해 어떻게 말하는지를 보았을 때 나는 그들에게서 등을 돌렸다. 그것은 권력을 두고 부정하게 협상하고 흥정하는 것이었다. 바로 천민과 함께 말이다!

나는 낯선 언어로 말하는 군중들 틈에서 귀를 막고 살았다. 권력을 두고 그들이 협상하고 흥정하는 지껄임을 내게 낯선 것으로 남아있게 하려고 애썼다.

나는 코를 막고서 어제와 오늘 모두 불쾌하게 보냈다. 진실로, 어제와 오늘 모두 글을 쓰는 천민들의 악취가 진동했다!

나는 권력의 천민들, 글을 쓰는 천민들, 쾌락의 천민들과 함께 살지 않은 채 귀먹고 눈멀고 벙어리가 된 한 명의 불구자처럼 긴 세월을 보냈다.

내 정신은 애쓰며 조심스럽게 계단을 올라갔다. 즐거움

의 적선이 내 정신에는 위로와도 같았다. 삶은 맹인의 지팡이 곁을 몰래 지나갔다.

대체 내게 무슨 일이 일어났는가? 역겨움에서 어떻게 해방된 것인가? 누가 내 눈을 다시 젊어지게 했는가? 나는 어떻게 천민들이 더는 샘물 주위에 앉지 못하는 높이까지 날아올랐는가?

내 역겨움이 스스로 나를 위해 날개를 만들고, 샘이 어디 있는지 알아채는 힘을 만들어 주었던 것인가? 진실로, 즐거움의 샘을 다시 찾으려면 나는 가장 높은 곳으로 날아올라가야 했다!

아, 그것을 찾았다, 내 형제들이여! 여기 가장 높은 곳에서 내게 즐거움의 샘물이 흘러나오고 있다! 이 샘물을 천민들과 함께 마시지 않는 삶도 여기에 존재한다!

그대는 내게 너무 격렬하게 흐르고 있다. 즐거움의 샘이여! 그리고 가끔 그대는 잔을 채우려고 다시 비운다!

나는 더 겸손하게 그대에게 다가가는 법을 배워야 한다. 내 마음은 아직도 그대를 향해 너무 격렬하게 흐르고 있다.

짧고, 뜨겁고, 우울하면서도 지극히 행복한 내 여름이 내 마음에서 불타오른다. 내 여름의 마음이 그대의 시원함을 얼마나 갈망하는가!

망설이던 내 봄의 슬픔은 지나갔다! 심술궂던 내 눈송이는 유월에야 지나갔다! 나는 완전히 여름이, 그것도 여름의 정오가 되었다!

차가운 샘이 흐르고 환희에 넘치는 고요함이 있는 가장 높은 곳에서 지내는 여름. 아, 오라, 내 벗들이여, 고요함이 더 행복해질 수 있도록!

이곳이 우리의 고지이자 고향이기 때문이다. 우리는 모든 불순한 자들과 이들의 목마름이 닿기에는 아주 높고 가파른 이곳에서 살고 있다.

그대 벗들이여, 그대들의 순수한 눈길만 내 즐거움의 샘에 던져라! 샘이 그것 때문에 어찌 혼탁해지겠는가! 샘은 자신의 순수함으로 그대들에게 다시 미소를 지어 보낼 것이다.

우리는 미래라는 나무에 우리 둥지를 튼다. 독수리가 고독한 우리에게 부리로 먹이를 물어다 줄 것이다!

진실로, 불결한 자들과 함께 먹을 수 있는 먹이는 없을 것이다! 그들은 불을 먹는다고 생각할 것이고 주둥이에 화상을 입을 것이다!

진실로, 우리는 이곳에 불결한 자들을 위해서 정착지를 마련한 것이 아니다. 그들의 육체와 정신에게 우리의 행복은 얼음 동굴일 것이다!

Friedrich Wilhelm Nietzsche

세차게 부는 바람처럼 우리는 그들의 위쪽에서 살 것이다. 독수리의 이웃, 눈의 이웃, 태양의 이웃으로서 말이다. 세차게 부는 바람은 이렇게 살아가는 것이다.

그리고 나는 바람처럼 언젠가 그들 사이에 불어닥쳐 내 정신으로 그들 정신의 숨을 멎게 할 것이다. 내 미래는 이것을 바란다.

진실로, 차라투스트라는 낮은 곳이라면 어디에든 몰아치는 세찬 바람이다. 그리고 그는 적들, 경멸하고 침 뱉는 모두에게 이렇게 충고한다. 바람을 향해 침 뱉지 않도록 조심하라!

197   차라투스트라는 이렇게 말했다.

독거미 타란툴라에 대하여

보라, 이것은 타란툴라의 동굴이다! 직접 보고 싶은가?
타란툴라의 거미줄이 여기에 걸쳐져 있다. 흔들리게끔 건
드려 보라.

저기서 순순히 나오고 있다, 환영한다, 타란툴라! 그대
의 등에는 삼각 모양의 검은 상징이 있다. 그리고 나는 그
대의 영혼에 무엇이 깃들어있는지도 잘 알고 있다.

그대의 영혼에는 복수심이 서려 있다. 그대가 무는 곳
마다 검은 딱지가 돋아난다. 그대의 독은 그 복수심으로
영혼을 뒤흔들어 놓는다!

그대 평등을 설교하는 자들이여, 나는 영혼을 뒤흔들어

놓는 그대들에게 비유를 들어 이렇게 말한다! 그대들은 내게 타란툴라이자 불타는 복수심을 감추고 있는 자들이다!

그런데 나는 그대들의 은신처를 드러낼 것이다. 나는 높은 곳에서 그대들의 얼굴을 향해 크게 웃을 것이다.

그래서 나는 그대들의 거미줄을 잡아 찢어서, 그대들의 분노가 그대들을 거짓의 동굴 밖으로 나오도록 유인할 것이다. 그대들의 복수심이 그대들의 '정의'라는 말 뒤에서 튀어나오게 할 것이다.

왜냐하면 인간이 복수심에서 구원받는 것, 그것은 내게 가장 높은 희망에 이르는 다리이자 긴 폭풍우가 지나간 뒤 나타나는 무지개이기 때문이다.

물론 타란툴라는 다른 것을 원할 것이다. 그들은 서로 "세상은 우리 복수심의 폭풍우로 가득 차는 것, 이것을 우리는 정의라고 부른다."라고 말한다.

"우리는 우리와 같지 않은 모두에게 복수하고 모욕하고 싶다." 타란툴라의 마음을 지닌 자들은 서로 이렇게 맹세한다.

"그리고 '평등에의 의지', 이 자체가 앞으로 덕의 이름이 되어야 할 것이다. 그리고 우리는 권력을 쥔 모든 자에 대항하여 고함칠 것이다!"

그대 평등을 설교하는 자들이여, 무기력이라는 폭군의 광기가 그대들 안에서 '평등'을 외치고 있다. 그대들의 가장 은밀한 폭군의 욕망이 덕이라는 말의 탈을 쓰고 있다!

비통한 거만, 억제된 질투, 어쩌면 그대들 선조들에게서 물려받았을지도 모를 거만과 질투, 이것들은 불꽃과 복수의 광기로써 그대들 안에서 터져 나온다.

아버지가 침묵한 것은 아들에게서 발설된다. 나는 아들이 아버지의 가장 적나라한 비밀임을 가끔 발견했다.

그들은 열광하는 자들 같아 보이지만 그들을 열광하게 만드는 것은 마음이 아니라 복수심이다. 그들이 예민해지고 냉정해질 때 그들을 이렇게 만드는 것은 정신이 아니라 질투심이다.

그들의 질투는 그들을 사상가의 길로도 인도한다. 이것이 그들의 질투의 특색이다. 그런데 그들은 항상 너무 멀리 나아가다 피로해져 결국 눈 위에서 자지 않으면 안 될 정도가 되었다.

그들의 모든 탄식에서는 복수심이 울리고 그들의 모든 찬사에는 악감정이 깔려있다. 그리고 재판관이 되는 것이 그들에게는 큰 행복으로 보인다.

그리하여 내 벗들이여, 처벌하려는 충동이 강한 자는 누구든지 신뢰하지 말 것을 그대들에게 충고한다!

Friedrich Wilhelm Nietzsche

이들은 본성과 혈통이 저급한 족속이다. 그들의 얼굴에서는 사형 집행인과 첩자가 보인다.

자신이 정의롭다고 말하고 다니는 자가 있다면 그가 누구든 신뢰하지 말라! 진실로, 그들의 영혼에는 꿀만 부족한 것이 아닐 것이다.

그리고 그들이 자기 자신을 '선하고 의로운 자'라고 부를 때 바리새인이 되려는 그들에게 부족한 것은 오직 권력뿐이라는 것을 잊지 마라!

내 벗들이여, 나는 뒤섞이고 혼동되고 싶지 않다.

삶에 대한 내 가르침을 설교하는 자들이 있다. 그들은 평등을 설교하는 자들이자 타란툴라다.

이 독거미 같은 저들이 자신의 동굴에 틀어박힌 채 삶을 외면하고 있으면서도 삶의 의지에 대해 말하는 것은 타인을 헤치기 위함이다.

그들은 현재 권력을 쥐고 있는 자들을 헤치려고 한다. 권력을 쥐고 있는 이들에게는 죽음에 대한 설교가 가정에서 여전히 가장 좋은 것이기 때문이다.

그렇지 않다면, 타란툴라들은 다르게 가르쳤을 것이다. 이들이 바로 예전에 세계를 최고로 비방한 자들이자 이교도를 불태우던 자들이었기 때문이다.

나는 평등을 설교하는 이런 자들과 뒤섞이거나 혼동되

고 싶지 않다. 정의는 내게 "인간은 평등하지 않다."라고 말하기 때문이다.

그리고 인간은 평등해져서도 안 된다! 내가 이렇게 말하지 않는다면, 초인을 향한 나의 사랑은 대체 뭐가 되겠는가?

인간은 미래로 향하는 천 개의 다리와 오솔길을 요구해야 하고, 인간 사이에는 갈수록 많은 전쟁과 불평등이 자리 잡아야 한다. 나의 위대한 사랑은 내게 이렇게 말하도록 한다!

인간은 자신의 적대관계 속에서 형상과 유령의 고안자가 되어야 하고 그 형상과 유령으로 서로 맞서 최고의 결전을 계속 벌여야 한다!

선과 악, 부와 가난, 귀함과 천함, 모든 가치의 이름. 이것들은 무기가 되어야 하고, 삶은 계속해서 자신을 극복해나가야 한다는 것을 쟁그랑거리며 알려주는 표지가 되어야 한다!

삶 자체는 기둥과 계단으로 자신을 높이 세우고 싶어 한다. 삶은 먼 곳을 바라보며, 더없이 행복한 아름다움이 있는 쪽을 내려다보고 싶어 한다. 그러므로 삶에는 높이가 필요한 것이다!

그리고 삶에는 높이가 필요하기에 계단과 이 계단을

오르는 자들의 모순이 필요하다! 삶은 올라가길 바라고, 올라가면서 자기 자신을 극복하려고 한다.

보라, 내 벗들이여! 타란툴라의 동굴이 있는 이곳에 어느 낡은 사원의 폐허가 우뚝 솟아있다. 깨달은 눈으로 나를 바라보라!

진실로, 한때 여기서 자신의 사상을 돌에 새겨 우뚝 쌓아 올린 자는 최고의 현자처럼 삶의 모든 비밀을 알고 있었을 것이다!

아름다움 속에도 여전히 투쟁과 불평등, 권력과 패권을 두고 벌이는 전쟁이 있다는 것을 그는 여기서 가장 뚜렷한 비유를 들어 우리에게 가르쳐준다.

여기서 둥근 천장과 아치가 얼마나 신성하게 파괴되는가. 신성을 추구하는 둥근 천장과 아치는 빛과 그림자로 서로에게 맞서 얼마나 대항하는가,

내 벗들이여, 이처럼 우리도 안전하고 아름답게 적이 되자! 우리는 신성하게 서로에게 맞서 대항하기 바란다!

아! 그러자 타란툴라가 나를 물었다. 내 오랜 적이여! 신성할 정도로 안전하고 아름답게 내 손가락을 물었다!

타란툴라는 '처벌과 정의는 있어야 한다. 여기서는 아무런 이유도 없이 적대관계에 경의를 표하려는 노래를 불러서는 안 된다!' 라고 생각한다.

그렇다. 타란툴라는 복수했다! 그리고 아! 이제 타란툴라는 복수심에 불터 내 영혼도 뒤흔들어 놓을 것이다!

그러니 내 벗들이여, 내가 어지럽지 않도록 나를 여기이 기둥에 단단히 묶어다오! 복수심의 회오리가 될 바에는 차라리 기둥에 묶인 성자가 되겠다!

진실로, 차라투스트라는 돌풍이나 회오리바람이 아니다. 차라투스트라는 춤추는 자이긴 해도 타란툴라 춤을 추는 자는 절대 아니다!

차라투스트라는 이렇게 말했다.

유명한 현자들에 대하여

그대 유명한 현자들이여, 그대들은 모두 진리가 아니라 군중과 이들이 믿는 미신을 섬겨왔다! 바로 이런 이유로 세인들은 그대들에게 경외심을 품었다.

바로 이런 이유로 세인들은 그대들의 무신앙도 참아왔다. 그것은 농담거리이자 군중으로 향하는 우회로였기 때문이다. 이처럼 주인은 노예들이 마음대로 하도록 내버려두면서 그들의 경솔함을 보며 즐거워하는 것이다.

그러나 군중에게 미움을 받는 자는 개들에게 미움을 받는 늑대와 같다. 그가 자유로운 정신이자 족쇄의 적이고, 비숭배자이자 숲속에서 사는 자이기 때문이다.

은신처에서 그를 쫓아낸 것은 군중에게 언제나 '정의로운 것에 대한 감각'을 의미했다. 군중은 가장 날카로운 송곳니가 있는 개를 부추겨 계속해서 그를 쫓게 한다.

예전부터, "진리가 거기에 있기에 군중도 거기에 있는 것이다! 그것을 찾는 자에게는 화가 닥칠 것이다!"라는 소리가 울려 퍼져왔다.

그대 유명한 현자들이여, 그대들은 그대들의 군중에게 숭배를 받고자 이들에게 정의를 만들어 주고 싶어 했다. 이것이 바로 그대들이 '진리에의 의지'라고 불렀던 것이다!

그리고 그대들의 마음은 스스로 항상 이렇게 말했다. "나는 군중에게서 왔다. 거기에서도 신의 음성이 들린다!"

당나귀처럼 고집이 세고 영리한 그대들은 늘 군중의 대변자였다.

군중과 잘 지내려고 했던 수많은 권력자가 자기의 말 앞에 당나귀를 묶어 고정했는데, 알고 보니 그 당나귀는 유명한 현자였다.

그리고 그대 유명한 현자들이여, 이제 나는 그대들이 마침내 사자의 가죽을 완전히 벗어 던지기를 원한다!

맹수의 알록달록한 가죽과 연구자, 조사자, 정복자의

텁수룩한 머리털을 벗어던지길 원한다!

아, 내가 그대들의 '진실함'을 믿는 법을 배워야 한다면, 그대들이 먼저 그대들의 숭배하는 의지를 깨뜨려야 할 것이다.

진실하다. 나는 신성이 깃들지 않은 사막으로 가서 자신의 숭배하는 마음을 깨뜨린 자를 이렇게 부른다.

누런 모래에서 태양에 그을린 그는 완전히 목이 말라 어두운 나무 아래 생명체들이 휴식을 취하는 곳인 샘이 풍부한 섬을 향해 흘끔흘끔 눈길을 보내고 있다.

그러나 그의 목마름도 이들 편안한 생명체처럼 되도록 그를 설득하지 못한다. 왜냐하면 오아시스가 있는 곳에는 우상도 존재하기 때문이다.

굶주림, 난폭함, 고독함, 신을 부정함. 사자의 의지는 스스로 이렇게 하려고 한다.

노예의 행복에서 해방되고, 신과 숭배에서 구제되고, 대담하면서도 두려워하고, 위대하면서도 고독해지는 것, 이것이 바로 진실한 자들의 의지다.

예전부터 사막에서는 진실한 자들, 자유로운 정신을 지닌 자들이 사막의 주인으로서 살아왔다. 그러나 도시에서는 좋은 먹이를 잘 먹은 가축들 같은 유명한 현자들이 살고 있다.

그러니까 그들은 마치 당나귀처럼 항상 군중의 수레를 끄는 것이다!

내가 이에 대해 화를 내는 것이 아니라 그들이 황금빛 마구로 아무리 빛나게 보이더라도 내게는 하인이자 수레에 묶인 끈 같은 자에 불과하다는 것이다.

그리고 가끔 그들은 괜찮은 하인들이었고 칭찬받을 만했다. 왜냐하면 덕이 이렇게 말하기 때문이다. 그대들이 하인이 되어야 한다면 그대들의 섬김으로 혜택을 가장 많이 볼 자를 구하라!

"그대의 주인의 정신과 덕은 그대가 그의 하인이 됨으로써 성장해야 한다. 그러면 그대도 그대의 주인의 정신과 덕과 함께 성장할 것이다!"

진실로, 그대 유명한 현자들이여, 군중의 하인들이여! 그대들은 군중의 정신과 덕으로 군중은 그대들을 통해 성장했다! 나는 그대들의 명예를 위해 이렇게 말한다!

그런데 그대들도 그대들의 덕에 있어서 만큼은 군중으로 남아있을 뿐이다. 어리석은 눈을 지닌 군중, 정신이 무엇인지도 모르는 군중으로 말이다!

정신은 스스로 삶으로 파고드는 삶이다. 삶은 자신의 고통으로 자신의 지식을 늘려간다. 그대들은 이를 알고 있지 않았는가?

Friedrich Wilhelm Nietzsche

그리고 정신의 행복은 이것이다. 바로, 성유聖油를 발라 축성을 받고 눈물을 흘리며 성결케 되어 산 제물로 바쳐지는 것이다. 그대들은 이를 알고 있지 않았는가?

그리고 눈먼 자의 맹목성과 그가 찾고 더듬는 것은 그가 바라본 태양의 힘의 증거가 돼야 한다. 그대들은 이를 알고 있지 않았는가?

그리고 인식하는 자는 산으로 무언가를 지을 줄 알아야 한다! 정신이 산을 옮기는 것은 작은 일에 불과하다. 그대들은 이를 알고 있지 않았는가?

그대들은 그저 정신의 불꽃만 알 뿐, 정신 자체인 모루와 망치의 잔인함을 보지 못한다!

진실로 그대들은 정신의 긍지를 모른다! 그러나 정신이 말해주고자 한다면, 그대들은 정신의 겸손함을 더더욱 참지 못할 것이다!

그리고 그대들은 그대들의 정신을 눈구덩이에 던져본 적이 전혀 없었다. 그대들은 그것을 할 만큼 충분히 달아오르지 않았던 것이다! 그리하여 그대들은 눈의 차가운 황홀함도 알지 못한다.

그런데 그대들은 만사에 정신과 너무 친밀하게 행동한다. 그대들은 가끔 지혜에 힘입어 시인들을 위한 빈민구호 시설이나 병원을 지질하게 짓기도 했다.

그대들은 독수리가 아니기에 정신의 두려움 속에서 행복을 누려본 적도 없다. 새가 아닌 자는 절벽 위에 누워 쉬어서는 안 되는 것이다.

그대들은 내게 미지근한 존재이지만, 모든 깊은 인식은 차갑게 흐르고 있다. 정신의 가장 깊은 샘물은 얼음장처럼 차디차고, 두 손으로 행동하는 자들에게는 기분을 상쾌하게 해준다.

그대들은 등을 똑바로 펴고 단정하고 뻣뻣하게 서 있다, 그대 유명한 현자들이여! 그대들은 강력한 바람과 의지에도 전혀 이끌리지 않는다.

그대들은 바람의 광포함 앞에서 둥글게 부푼 채 덜덜 떨며 바다를 건너는 돛을 본 적이 없는가?

내 지혜는 마치 그 돛처럼 정신의 광포함 앞에서 덜덜 떨며 바다를 건넌다. 내 거친 지혜 말이다!

그런데 그대 군중의 하인들이여, 그대 유명한 현자들이여, 그대들이 어떻게 나와 함께 갈 수 있겠는가!

차라투스트라는 이렇게 말했다.

Friedrich Wilhelm Nietzsche

밤의 노래

　밤이 되었다. 이제야 샘솟는 모든 샘물이 더 큰 소리로 이야기한다. 내 영혼도 샘솟는 샘물이다.

밤이 되었다. 이제야 비로소 사랑하는 자들의 노래가 모두 깨어난다. 내 영혼도 사랑하는 자의 노래다.

내 마음에는 충족되지 않는, 충족시키기 어려운 무언가가 있다. 그것은 시끄러워지길 바란다. 내 마음에는 사랑을 향한 욕망이 있고, 그 욕망은 스스로 사랑의 언어를 이야기한다.

나는 빛이다. 아, 내가 밤이었다면! 그러나 내가 빛으로 둘러싸여 있다는 것, 이것이 내 고독함이다.

아, 내가 어둡고 야행성이었다면! 내가 빛의 젖가슴을 얼마나 빨고 싶어 했을까!

그대 저 위에서 반짝이는 작은 별들과 반딧불들이여, 나는 그대들을 계속 축복해주고 싶었다! 그대들의 빛의 베풂 덕분에 축복도 받았을 것이다.

하지만 나는 내 빛 속에서 살고 있고, 내게서 분출하는 불꽃들을 내 안으로 다시 들이킨다.

나는 받는 자의 행복을 알지 못한다. 가끔 나는 받는 것보다 훔치는 게 더 축복받을 것이라고 꿈꾸곤 했다.

내 손이 쉬지 않고 베푸는 것은 내가 가난하다는 것이다. 내가 기다리는 눈들과 그리움의 환한 밤들을 보는 것은 내 질투심에서 비롯된 것이다.

오 베푸는 모든 이들의 불행이여! 오 내 태양의 암흑이여! 오 열망을 향한 욕구여! 오 배부름 속의 강렬한 굶주림이여!

그들은 내게서 가져간다. 그런데도 나는 그들의 영혼을 어루만지고 있는가? 주는 것과 받는 것 사이에는 하나의 격차가 있다. 그리고 가장 작은 격차가 결국에는 둘 사이의 격차를 좁힐 것이다.

내 아름다움에서 굶주림이 자라난다. 나는 내가 빛을 비춰주는 자들에게 고통을 주고 싶고, 내 베풂을 받는 자들에게서 빼앗고 싶다. 이렇게 나는 악의에 굶주려 있다.

그들이 손길을 내밀 때는 내 손을 거두고, 떨어지는 중에도 주저하는 폭포처럼 망설인다. 이렇게 나는 악의에 굶주려 있다.

내 충만함이 그러한 복수를 고안해내고 이러한 간계는 내 고독함에서 비롯된다.

베풂에서 비롯되는 내 행복은 베푸는 데서 사멸해버렸고 내 덕은 그 과잉됨으로 인해 스스로 지쳐버렸다!

늘 베푸는 자는 부끄러움을 잃을 위험이 다분하다. 늘 나누는 자는 나눔으로 인해 손과 마음에 굳은살이 단단히 박인다.

내 눈은 부탁하는 자들의 부끄러움으로 인해 더는 눈물을 내뿜지 않는다. 내 손은 가득 채워진 손들의 떨림을 감지하기에는 너무 거칠어졌다.

내 눈의 눈물과 내 마음의 솜털은 어디로 갔는가? 오 베푸는 모든 이의 고독이여! 오 빛을 비추는 모든 이의 침묵이여!

무수한 태양이 적막한 공간을 맴돌며 모든 어두운 것에는 그 빛으로 말을 건네지만, 내게는 침묵으로 일관하네.

오 이것은 빛나는 것들에 대한 빛의 적개심이고 그 빛은 무자비하게 자신의 궤도를 돈다.

빛나는 것에는 마음 깊숙이 불공평하고, 태양들에는 냉정하고, 태양들은 각자 이렇게 돈다.

하나의 폭풍처럼 태양들은 자신의 궤도를 날아간다. 이것이 태양들의 거닒이다.

태양들은 자신의 엄격한 의지를 따른다. 이것이 태양들의 냉정함이다.

그대 어두운 자들이여, 그대 밤을 지새우는 자들이여, 그대들은 처음으로 빛을 비추는 것에서 그대들의 따뜻함을 창조해낸다!

오, 그대들이 처음으로 빛의 젖가슴에서 나오는 젖과 청량제를 빨아들인다!

아, 얼음이 내 주위를 감싸고 있고 내 손은 얼음장같이 차가운 것에 불타고 있다! 아, 내 마음에는 갈망이 깃들어 있고, 이 갈망은 그대들의 갈망을 애타게 그리워하고 있다!

밤이 되었다. 아, 나는 빛이어야만 하는가! 밤을 지새우는 자들을 향한 갈망이여! 고독함이여!

밤이 되었다. 이제야 내 욕망이 샘처럼 내 마음에서 솟구쳐 나온다. 이야기해주고 싶은 욕망 말이다.

밤이 되었다. 이제야 샘솟는 모든 샘물이 더 큰 소리로 이야기한다. 내 영혼도 샘솟는 샘물이다.

밤이 되었다. 이제야 비로소 사랑하는 자들의 노래가
모두 깨어난다. 내 영혼도 사랑하는 자의 노래다.

차라투스트라는 이렇게 말했다.

춤의 노래

어느 날 저녁 차라투스트라는 제자들과 함께 숲을 지나고 있었다. 그가 샘물을 찾고 있을 때, 보라, 그는 나무와 덤불로 평온하게 에워싸인 푸른 풀밭에 이르렀다. 그 풀밭에서는 소녀들이 함께 모여 춤을 추고 있었다. 소녀들은 차라투스트라를 알아보고는 춤을 멈췄다. 하지만 차라투스트라는 다정한 표정을 지으며 그들에게 다가가 이렇게 말했다.

"춤을 계속 추어라, 그대 사랑스러운 소녀들이여! 지금 그대들에게 온 자는 사악하게 눈을 흘기며 흥을 깨는 자도, 소녀들의 적도 아니다.

나는 악마 앞에 서 있는 신의 대변자다. 악마는 중력의 영이다. 그대 경쾌한 자들이여, 내가 어찌 신성한 춤을 적대시하겠는가? 어찌 아름다운 발목을 지닌 소녀들의 발을 적대시하겠는가?

나는 실로 어두운 나무들로 우거진 숲이자 밤이다. 그러나 내 어두움을 두려워하지 않는 자는 내 측백나무 아래에 있는 장미로 뒤덮인 비탈도 발견할 것이다.

그리고 그는 실로 소녀들에게 가장 사랑을 받는 작은 신도 발견할 것이다. 그 작은 신은 눈을 감은 채 평온하게 샘물 옆에 누워있다.

진실로, 그는 대낮에 잠이 들었다. 그 게으름뱅이 말이다! 나비를 잡으려고 너무 오래 뛰어다녀서인가?

그대 춤추는 아름다운 소녀들이여, 내가 그 작은 신을 좀 꾸짖더라도 화내지 말라! 그는 분명 악쓰며 울 것이다. 그러나 그는 웃기 위해 계속 우는 것이다!

그 작은 신은 눈에 눈물이 맺힌 채 그대들에게 춤을 청할 것이다. 그러면 나는 스스로 그의 춤에 맞춰 노래를 부르리라.

중력의 영을 향한, 세간 사람들에게서 '세상의 주인'이라고 일컬어지는, 나의 더없이 존귀하고 권세가 강한 악마를 향한 춤의 노래와 조롱의 노래를 말이다."

그리고 이것은 큐피드와 소녀들이 함께 춤을 췄을 때 차라투스트라가 불렀던 노래다.

나는 최근에 그대의 눈을 들여다보았다. 오 삶이여! 그때 나는 깊이조차 가늠할 수 없는 것 속으로 빠져드는 것 같았다.

그러나 그대는 황금빛 낚싯바늘로 나를 끌어올렸네. 내가 그대에게 깊이를 가늠할 수 없다고 말했을 때 그대는 나를 비웃었다.

그대는 말했다. "모든 물고기의 이야기도 마찬가지다"라고 그대는 말했다. "물고기들이 깊이를 가늠할 수 없는 것은 깊이를 가늠할 수 없는 것이다.

그러나 나는 그저 변덕스럽고 거칠며 모든 면에서 여성스럽고 덕도 없는 자일 뿐이다. 내가 그대 남자들에게서 '속이 깊은 자', '성실한 자', '영원한 자', '신비로운 자'라고 불리기는 하더라도 말이다.

그러나 그대 남자들은 자신의 덕을 우리에게 베푼다. 아 그대 덕이 있는 자들이여!"

이렇게 이 황당무계한 그녀는 웃었다. 하지만 그녀가 스스로 자신에 대해 나쁘게 말을 할 때도 나는 그녀의 말과 웃음을 전혀 믿지 않는다.

그리고 내가 내 거친 지혜와 단둘이서 이야기를 나눴

을 때 지혜는 화를 내며 말했다. "그대는 원하고, 열망하며, 사랑한다. 그래서 그대는 홀로 삶을 찬미한다!"

그때 하마터면 나는 성난 채로 대답해 그 화난 지혜에게 진실을 말할 뻔했다. 자신의 지혜에게 진실을 말하는 것보다 더 성을 내며 말할 수는 없지 않은가.

즉 우리 셋 사이의 사연은 이러하다. 근본적으로 나는 오직 삶만을 사랑한다. 그리고 진실로, 나는 삶을 증오할 때 삶을 가장 사랑한다!

그러나 내가 지혜를 좋아하고, 때로는 굉장히 좋아하기도 하는 것은 지혜가 내게 삶을 잊지 않도록 아주 많이 상기시켜주어서다!

지혜는 자기만의 눈과 웃음, 심지어는 황금빛 낚싯대까지 가지고 있다. 삶과 지혜 이 둘이 너무 유사해 보인다는 것에 대해 내가 무엇을 할 수 있겠는가?

그리고 삶이 언젠가 내게 "대체 저 지혜란 게 누구인가?"라고 물었을 때 나는 진지하게 답했다.

"아 물론! 지혜다!

사람들은 그것을 갈망하고 또 전혀 만족하지 못한다. 그리고 베일을 통해 볼 수 있고, 그물로 잡을 수 있다.

지혜는 아름답냐고? 내가 뭘 알겠는가! 그런데 가장 오래된 잉어들도 여전히 지혜를 미끼 삼아 낚을 수 있다.

지혜는 변덕스러우면서도 고집이 세다. 나는 가끔 지혜가 입술을 꽉 깨물고는 빗으로 머릿결 반대로 박박 빗는 것을 보았다.

아마도 지혜는 사악하고 거짓되며 모든 면에서 여성스러울 것이다. 그러나 지혜가 자신에 대해 나쁘게 말할 때가 바로 가장 많이 유혹을 할 때다."

내가 이것을 삶에게 말했을 때, 삶은 음흉하게 웃으며 눈을 감았다. 지혜가 물었다. "대체 누구 얘기를 하는 것인가? 혹시 내 얘기인가?

혹시 그대 말이 옳다고 해도, 내 얼굴에 대고 그것을 말하다니! 그럼 이제 그대의 지혜에 대해서 말해 보라!"

이제야 그대는 눈을 다시 떴다. 오 사랑하는 삶이여! 그리고 나는 깊이를 가늠할 수 없는 곳으로 다시 가라앉는 것만 같다.

차라투스트라는 이렇게 노래를 불렀다. 그런데 춤이 끝나고 소녀들이 떠나버리자 그는 슬픔이 밀려왔다.

마침내 그가 말했다. "해가 진지는 이미 오래다. 풀밭은 축축하고 숲에서 냉기가 스며 온다.

미지의 것이 내 주위를 둘러싸고 있고 걱정의 눈빛으로 나를 보고 있다. 뭐라고! 차라투스트라여, 그대는 아직도 살아 있는가?

왜? 무엇을 위해? 무엇 때문에? 어디로? 어디서? 어떻게? 아직도 살아 있는 것은 어리석은 짓 아닌가?

아, 내 벗들이여, 그렇게 묻는 것은 바로 내 안에 있는 저녁이다. 내 슬픔을 용서해다오!

저녁이 되었다. 저녁이 되었다는 것을 용서해다오!"

차라투스트라는 이렇게 말했다.

무덤의 노래

"그곳에는 말이 없는 무덤의 섬이 있다. 그곳에는 내 청춘의 무덤들도 있다. 나는 그곳으로 사철 내내 푸른 삶의 화환을 들고 갈 것이다."

나는 이렇게 마음먹고 바다를 건넜다.

오, 그대 내 청춘의 환상과 환영들이여! 오, 그대 사랑의 모든 눈길이여, 신성한 순간들이여! 그대들은 어찌도 내게서 그렇게 빨리 죽어 떠났는가!

나는 오늘 마치 나의 죽은 이들을 추억하듯이 그대들을 추억한다.

내가 가장 사랑하는 죽은 이들이여, 그대들에게서는 내

마음과 눈물을 누그러뜨리는 달콤한 향기가 난다. 진실로, 그 향기는 고독한 항해자의 마음을 뒤흔들면서 누그러뜨려 준다.

나는 여전히 가장 풍요로운 자이고 부러움을 가장 많이 받는 자다. 가장 고독한 내가 말이다! 나는 그대들을 소유했고, 그대들은 나를 여전히 소유하고 있기 때문이다. 말해 보라, 나 말고 누구에게 그 장미 사과가 나무에서 떨어졌는가?

나는 여전히 그대들의 사랑의 상속자이자 그대들의 다채로운 야생의 덕을 추억하며 꽃 피는 그대들의 토양이다. 오, 그대 가장 사랑스러운 자들이여!

아, 우리는 서로 가깝게 지내도록 만들어졌다, 그대 사랑스럽고도 낯선 기적들이여. 그대들은 마치 수줍어하는 새들처럼 내게로, 나의 욕망으로 다가온 것이 아니었다. 그보다, 신뢰하는 자로서 신뢰하는 자에게로 다가온 것이었다!

그렇다. 그대들은 나처럼 성실을 위해, 다정한 영원을 위해 만들어졌다. 이제 나는 그대들을 그대들의 불성실의 정도에 따라 그대들을 불러야 한다, 그대 신성한 눈길과 순간들이여. 나는 아직 다른 이름을 배우지 못했다.

진실로, 그대들은 내게서 너무 빨리 죽어 떠나갔다, 그대 도망자들이여! 그러나 그대들은 내게서 도망치지 않았고, 나도 그대들을 피하지 않았다. 우리는 우리의 불성실에 관해서는 서로 죄가 없다.

나를 죽이려고 세인들은 그대들 목을 졸랐다. 그대 내 희망을 노래하는 새들이여! 그렇다, 그대 가장 사랑하는 자들이여, 악의는 늘 그대들을 향해 화살을 쏘아댔다. 내 심장에 꽂으려고 말이다!

그리고 화살에 맞았다! 그대들은 언제나 내게 가장 소중했던 자, 내가 소유한 자, 내가 사로잡힌 자들이었다. 그렇기에 그대들은 젊어서, 그것도 너무도 일찍 죽어야만 했던 것이다!

화살은 내가 소유한 가장 연약한 것을 명중했다. 솜털 같이 부드러운 피부와 한 번의 눈길로도 시들어가는 미소를 지닌 그대들을!

224

나는 내 적들에게 이 말을 하고 싶다. 그대들이 내게 한 짓에 비하면 인간의 살인 따위는 아무것도 아니다!

그대들은 내게 인간의 살인보다 더 악한 짓을 저질렀다. 그대들은 내게서 돌이킬 수 없는 것을 빼앗아 갔다. 내 적들이여, 그대들에게 이렇게 말한다!

그대들은 내 청춘의 환상과 가장 소중한 기적도 죽였다! 그대들은 환희에 넘치는 영혼들인 내 친한 벗들을 빼앗아 갔다! 그들을 기억하면서, 이 화환과 이 저주를 내려 놓겠다.

내 적들이여, 그대들에게 이 저주가 내리기를! 그대들은 차가운 밤에 소리가 깨지듯 내 영원한 것을 짧은 것으로 만들어버렸다! 그것은 신성한 눈의 번뜩임처럼 간신히 내게 다가왔을 뿐이었다. 순간적으로!

언젠가 즐거웠던 시절에 나의 순결은 이렇게 말한 적이 있다. "모든 존재가 내게 신성하게 되리라."

그때 그대들은 더러운 유령들을 구슬려 나를 습격했다. 아, 그 즐거웠던 시절은 지금 어디로 달아났는가?

"내게는 모든 날이 거룩하리라" 언젠가 내 청춘의 지혜는 이렇게 이야기했다. 진실로, 즐거운 지혜의 이야기가 아닐 수 없다!

그러나 그때 그대 적들이 나의 밤들을 훔쳐 잠 못 이루는 고통에 팔아버렸다. 아, 저 즐거운 지혜는 지금 어디로 달아났는가?

언젠가 나는 행복한 새의 징조를 간절히 바랐다. 그때 그대들은 내가 가는 길 위에서 불쾌하기 그지없는 올빼미라는 괴물을 날게 했다. 아, 그때 나의 다정한 욕망은 어디로 달아났는가?

언젠가 나는 모든 혐오를 단념하겠다고 맹세했다. 그때

그대들은 나의 측근들과 이웃들을 종기로 바꾸어버렸다. 아, 그때 나의 가장 고결한 맹세는 어디로 달아났는가?

언젠가 나는 눈먼 자로서 지극히 행복한 길을 걸었다. 그때 그대들은 그 눈먼 자의 길에 오물을 던졌다. 이제 그는 눈먼 자가 걷던 길을 혐오하게 되었다.

내가 최선을 다한 후 나의 극복함에 승리를 축하했을 때 그대들은 나를 사랑하는 이들을 시켜, 내가 이들에게 아주 심한 고통을 준다고 소리치게 했다.

진실로, 이것은 그대들이 늘 해왔던 짓들이다. 그대들은 내 최고의 꿀과 내 최고의 꿀벌의 부지런함을 쓴맛으로 불쾌하게 만들어버렸다.

그대들은 항상 내가 자선을 베풀 때 가장 뻔뻔한 거지들을 보냈다. 그대들은 항상 내가 동정을 베풀 때 치유 불능의 파렴치한 자들로 괴롭혔다. 이렇게 그대들은 내 덕을 그대들의 믿음으로 다치게 했다.

그리고 내가 가장 신성한 것을 제물로 바칠 때 그대들의 경건함은 그대들의 더 기름진 제물을 재빨리 내 제물 언저리에 끼어두었다. 이렇게 나의 가장 신성한 것은 그대들의 기름진 수증기 속에서 질식하고 말았다.

그리고 언젠가 나는 춤을 전혀 춰본 적 없는 것처럼 춤추고 싶었다. 나는 하늘 위를 가로지르며 춤추고 싶었다.

그때 그대들은 내가 가장 사랑하는 가수를 설득했다.

그리고 이제 그 가수는 소름 돋고 둔탁한 소리로 노래를 부르기 시작했다. 아, 그는 섬뜩한 호각을 불듯 내 귀에 대고 소리를 질러댔다!

살인마 같은 가수여, 악의의 도구여, 순진한 척하는 자여! 나는 이미 최고의 춤을 출 준비가 돼 있었다! 그때 그대는 그대의 소리로 내 황홀함을 죽이고야 말았다!

나는 오직 춤을 출 때만 가장 고귀한 것들의 비유를 말할 줄 안다. 이제 나의 가장 고귀한 비유는 말로 나타내지도 못한 채 내 사지에 남아있다!

최고의 희망은 말로 나타내지도 못하고 구원받지도 못한 채 내게 남아있다! 내 청춘의 모든 환상과 위로도 죽어 사라졌다!

내가 그것을 어떻게 견뎠겠는가? 내가 그런 상처를 어떻게 치유하고 극복했겠는가? 내 영혼이 이 무덤들에서 어떻게 다시 살아났겠는가?

그렇다. 내 안에는 상처를 입힐 수 없는, 매장될 수 없는, 바위도 폭파해버리는 무언가가 있다. 그것은 바로 나의 의지다. 나의 의지는 묵묵히 변함없이 세월을 뚫고 앞으로 걸어간다.

내 친숙한 의지는 자신의 길을 내 발로 직접 걸어가기

를 원한다. 그 의지의 마음은 굳건하고 상처 따위는 입지 않는다.

내 발뒤꿈치만 상처를 입지 않는다. 그대는 늘 거기에 살고 있고 언제나 한결같다. 그대 참을성이 강한 자여! 그대는 늘 모든 무덤을 무너뜨리고 나왔다!

내 청춘에서 아직 구제되지 못한 부분이 여전히 그대 안에서 살고 있다. 그리고 그대는 삶과 청춘으로서 여기 노란 무덤 폐허 위에 희망을 저버리지 않고 앉아 있다.

그렇다. 내게 그대는 여전히 모든 무덤의 파괴자다. 만세! 내 의지여! 무덤이 있는 곳에만 부활이 존재한다.

차라투스트라는 이렇게 노래했다.

Friedrich Wilhelm Nietzsche

자기 극복에 대하여

그대 가장 현명한 자들이여, 그대들은 그대들을 움직이도록 북돋우고 치열하게 타오르도록 하는 것을 '진리에의 의지'라고 부르는가?

 모든 존재자에 대한 사고 가능성에의 의지, 나는 그대들의 의지를 이렇게 부른다!

 그대들은 모든 존재자를 우선 사고할 수 있는 것으로 만들려고 한다. 그대들은 그것이 이미 사고할 수 있는 것인지에 대해 긍정적인 의심을 갖고 불신하기 때문이다.

 그러나 모든 존재자는 그대들을 따르며 몸을 굽혀야 한다! 그대들의 의지가 원하는 게 바로 이것이다. 모든 존재자는 정신의 거울과 반사판처럼 매끄럽고, 정신에 종속되어야 한다.

그대 가장 현명한 자들이여, 이것은 힘에의 의지로서 그대들의 완전한 의지다. 그리고 그대들이 선과 악, 가치평가에 대해서 말할 때도 마찬가지다. 그대들은 아직도 그대들이 무릎을 꿇을 수 있는 세계를 창조하고 싶어 한다. 이것은 그대들의 마지막 희망이자 도취다.

물론 군중은 지혜롭지 못한 자들이다. 그들은 마치 나룻배가 떠서 멀리 나아가는 강물과도 같다. 그 나룻배에는 가치평가라는 것이 가면을 쓴 채 엄숙히 앉아 있다.

그대들은 그대들의 의지와 가치를 생성의 강물에 띄웠다. 군중이 선과 악이라고 믿었던 옛 힘에의 의지가 내게 드러난다.

그대 가장 현명한 자들이여, 그러한 손님들을 이 나룻배에 태우고 그들에게 화려하고 자랑스러운 이름을 부여한 것은 바로 그대들과 그대들의 지배 의지였다!

강물은 이제 그대들의 나룻배를 더 멀리 나른다. 강물은 반드시 나룻배를 운반해야 한다. 부서지는 파도가 거품을 내고 화를 내며 배 밑바닥의 용골과 마찰을 빚는 것 따위는 중요치 않다!

그대 가장 현명한 자들이여, 그대들에게 위험이 되는

것은 그 강물이나 그대들의 선과 악의 종말이 아니라, 저 의지 그 자체, 즉 무한한 생기는 삶의 의지이자 힘에의 의지다.

그대들이 선과 악에 대한 내 말을 이해할 수 있도록, 그 대들에게 나는 삶과 살아있는 모든 것의 본성에 대해 말해줄 것이다.

나는 살아있는 것을 뒤쫓았고, 그 본성을 인식하고자 먼 길, 짧은 길을 모두 걸어왔다.

살아 있는 것이 입을 다물고 있을 때, 그의 눈이 내게 말하려는 것을 알고자 나는 백배 확대하는 거울을 들고 그의 시선을 포착했다. 그리고 이윽고 그의 눈이 내게 말을 걸어왔다.

그러나 나는 살아있는 것들을 발견하는 곳마다 순종에 관한 이야기도 들었다. 살아있는 모든 것은 순종하는 자들이다.

그리고 이것은 두 번째로 들은 내용이다. 자기 자신에게 복종할 수 없는 자는 명령을 받게 된다. 이것이 살아있는 것의 본성이다.

그리고 세 번째로 들은 내용은 다음과 같다. 명령하는 것이 순종하는 것보다 어렵다는 것이다. 명령하는 자가 순종하는 모든 이의 짐을 짊어지게 되고, 이 짐이 그 명령하는 자를 가볍게 짓이기기 때문만은 아니다.

모든 명령에는 시도와 모험이 있는 것처럼 보였다. 살아 있는 것은 명령을 내릴 때, 언제나 스스로 감히 그 명령을 내리는 것이다.

그렇다. 살아있는 것은 스스로 자신에게 명령을 내릴 때에도 그 명령에 대한 대가를 치러야 한다. 살아있는 것은 자신의 고유한 율법에 대한 재판관이자 복수자, 희생자가 되어야 한다.

대체 이런 일이 어떻게 가능하단 말인가! 나는 이렇게 자문했다. 살아있는 것이 순종하면서 명령을 내리고, 또 살아있는 것에게 명령을 내리면서 순종하도록 설득하는 것은 무엇인가?

그대 가장 현명한 자들아, 이제 내 말을 들어보라! 내가 삶 자체의 심장부로 기어가다가 그 심장의 뿌리까지 이르게 되었는지 아닌지 진지하게 살펴보라!

나는 살아있는 것을 발견한 곳마다 힘에의 의지도 발견했다. 그뿐만 아니라 나는 하인의 의지 속에서도 주인이 되려는 의지를 발견했다.

약한 자가 강한 자를 섬긴다는 것은 더 약한 자의 주인이 되고자 하는 약한 자의 의지가 그렇게 하도록 설득한 것이다. 약한 자는 이러한 즐거움 없이는 지낼 수 없다.

더 작은 자가 가장 작은 자에게서 즐거움과 힘을 갖기 위해 더 큰 자에게 헌신하듯이, 가장 큰 자도 힘을 위해 계속 헌신하고 목숨도 건다.

모험과 위험, 죽음의 주사위 게임을 하는 것, 이것은 가장 큰 자의 헌신이다.

희생, 하인, 사랑의 눈길이 있는 곳에도 주인이 되려는 의지가 있다. 거기서 더 약한 자는 비밀통로로 더 강한 자의 성과 심장으로 잠입해 힘을 훔친다.

그리고 삶 자체가 이 비밀을 내게 알려주었다. 보라, 나는 언제나 나 자신을 극복해야 하는 그 어떤 존재다.

"물론, 그대들은 이것을 생식에의 의지, 목적, 더 높은 것, 더 먼 것, 더 다양한 것에의 충동이라고 말한다. 그러나 이 모든 것은 일체이자 하나의 비밀이다.

나는 이 일체를 포기하느니 차라리 몰락하겠다. 그리고 진실로, 몰락이 있는 곳, 잎이 떨어지는 곳에, 보라, 삶은 자신을 희생한다. 힘을 위해서 말이다!

내가 투쟁이자 생성이고, 목적이자 목적의 모순이어야 한다는 것, 아, 내 의지를 추측하는 자는 내 의지가 어떤 굴곡진 길을 가야 하는지도 잘 추측하리라!

내가 무엇을 창조하든, 이를 얼마나 사랑하든, 나는 곧 내가 창조하는 것과 나의 사랑에 반대자가 되어야 한다.

이것이 내 의지가 원하는 것이다.

그리고 인식하는 자여, 그대도 내 의지의 오솔길이자 발자취일 뿐이다. 진실로, 내 힘에의 의지도 그대의 진리에의 의지의 발로 걷는다!

물론, 진리를 향해 현존에의 의지라는 말의 화살을 쏘았던 자는 그 진리를 명중하지 못했다. 이러한 의지는 존재하지 않는다!

왜냐하면, 존재하지 않는 것, 이것은 바랄 수 없고, 현존하고 있는 것이라면, 이것이 현존하기를 어찌 바랄 수 있겠는가!

삶이 있는 곳에서만 의지도 존재한다. 하지만 내가 그대들에게 가르치고 있듯이, 그것은 삶에의 의지가 아니라 힘에의 의지다!

살아있는 자들은 삶 그 자체보다 더 높이 평가하는 것이 많다. 하지만 그 평가 자체에서는 힘에의 의지가 느껴진다!"

언젠가 삶은 내게 이렇게 가르쳐주었다. 그리고 그대 가장 현명한 자들이여, 나는 이로부터 그대들의 마음의 수수께끼를 풀어 줄 것이다.

진실로, 그대들에게 말하겠다. 불멸하는 선과 악, 그런 것은 존재하지 않는다! 선과 악은 스스로 계속해서 자신을 극복해야 한다.

그대 가치평가를 하는 자들이여, 그대들은 선과 악에 대한 그대들의 가치관과 말로 폭력을 행사한다. 그리고 이것은 그대들의 숨겨진 사랑이자, 그대들 영혼의 광택, 전율, 넘쳐흐름이다.

그러나 그대들의 가치에서 더 강한 폭력, 새로운 극복이 자라난다. 그것에 알과 껍데기는 으스러진다.

선과 악의 창조자가 되려는 자는 진실로, 먼저 파괴자가 되어서 가치들을 산산 조각내야 한다.

이렇게 최고의 악은 최고의 선에 속하지만, 최고의 선은 창조적인 선이다.

그대 가장 현명한 자들이여, 그것이 아무리 나쁘다 하더라도 그것에 대해 말해보자. 침묵하는 것은 더 나쁘고, 모든 숨겨진 진리는 독이 되기 때문이다.

우리의 진리에서 부서질 수 있는 것은 모두 부수자! 지어야 할 집은 아직도 많다!

차라투스트라는 이렇게 말했다.

숭고한 자들에 대하여

내 바닷속 바닥은 고요하다. 그런데 그 바다에 우스꽝스러운 괴물이 숨어있다고 누가 짐작이나 했겠는가!

내 심연은 흔들리지 않는다. 하지만 그 심연은 떠다니는 수수께끼와 큰 웃음으로 빛나고 있다.

나는 오늘 숭고한 자, 엄숙한 자, 정신의 참회자를 보았다. 오 내 영혼은 그의 추함을 보고 얼마나 웃었는가!

마치 가슴을 치켜든 채 숨을 쉬는 자처럼 그 숭고한 자는 침묵하며 거기에 서 있었다.

자신의 사냥 포획물인 추악한 진리들을 주렁주렁 달고 찢어진 옷들을 넉넉히 입은 그에게는 가시도 많이 돋아있었지만, 나는 아직 장미꽃을 보지 못했다.

그는 아직 웃음과 아름다움이 무엇인지 배우지 못했다. 이 사냥꾼은 인식의 숲에서 언짢은 얼굴로 돌아왔다.

그는 들짐승들과 싸우다가 돌아온 것이다. 하지만 그의 진지함에서는 들짐승 한 마리가 아직 보인다. 극복되지 않은 들짐승이!

그는 도약하려는 한 마리의 호랑이처럼 늘 거기에 서 있다. 하지만 나는 긴장해있는 이런 영혼들을 좋아하지 않는다. 내 취미는 은둔하는 이런 자들에게 적대적이다.

그리고 벗들이여, 그대들은 내게 취미와 미각에 대한 다툼은 있을 수 없다고 말하는가? 그러나 모든 삶은 취미와 미각에 대한 다툼이다.

취미, 이것은 저울추인 동시에 저울판이자 저울로 측정하는 것이다. 그리고 저울추, 저울판, 저울로 측정하는 것들로 다투지도 않고 살려고 하는 자는 누구든 화가 닥칠 것이다!

이 숭고한 자기 자신의 숭고함에 싫증이 난다면, 그제야 비로소 그의 아름다움이 솟아나게 될 것이다. 그리고 그때 나는 그를 맛본 뒤 맛있다는 것을 알게 될 것이다.

그가 스스로 자기 자신을 외면하면, 그제야 자신의 그림자를 뛰어넘을 것이다. 그리고 진실로, 자신의 태양으로 들어가게 될 것이다!

그는 너무 오랫동안 그 그림자 속에 묻혀 살았고, 이 정신의 참회자의 뺨은 창백해졌다. 그는 계속 기다리고 기다리다 거의 굶어 죽을 뻔했다.

그의 눈에는 아직 경멸감이 가득하다. 그리고 그의 입에는 혐오감도 감춰져 있다. 그가 지금 쉬고 있기는 하지만, 아직 햇볕을 쬐며 쉬지는 않았다.

그는 황소처럼 행동해야 한다. 그리고 그의 행복은 대지에 대한 경멸이 아니라 대지의 향기를 풍겨야 한다.

나는 그를 콧김을 내뿜고 포효하며 쟁기날을 앞서가는 하얀 황소로 보고 싶다. 그의 포효는 계속해서 지상의 모든 것을 찬미해야 한다!

238

그의 얼굴은 아직도 어둡다. 손의 그림자가 그 얼굴을 희롱한다. 그의 눈 감각은 아직도 흐릿해져 있다.

그의 행위 자체가 아직도 그를 뒤덮고 있는 그림자인 것이다. 손은 그 행위자를 가리고 있다. 그는 아직도 자신의 행위를 극복하지 못했다.

물론 나는 그의 황소의 목덜미를 사랑하지만, 이제는 천사의 눈빛도 보고 싶다.

그는 자신의 영웅적 의지도 잊어버려야 한다. 그는 내게 숭고한 자로 그칠 게 아니라 고양된 자가 되어야 한다.

Friedrich Wilhelm Nietzsche

에테르 자체가 그를, 의지가 없는 그를 고양할 것이다!

그는 괴물을 제압했고 수수께끼도 풀었다. 그러나 또한 그는 자신의 괴물과 수수께끼를 구제해 하늘의 아이들로 변화시켜야 한다.

그러나 그의 인식은 웃는 법과 질투하지 않는 법을 배우지 못했다. 솟구쳐 나오는 그의 열정은 아직도 아름다움 안에서 고요해지지 않았다.

진실로, 그의 욕망은 충만함이 아니라 아름다움 안에서 침묵하며 잠잠히 있어야 한다! 우아함은 큰마음을 품은 자의 관대함에 속한다.

팔을 머리에 올려 두는 것, 영웅은 이렇게 쉬어야 하고, 이렇게 자신의 휴식을 극복해야 한다.

그러나 영웅에게는 바로 모든 일 중에서 아름다운 것이 가장 어렵다. 아름다운 것은 어떠한 광포한 의지로도 얻을 수 없는 것이다.

조금 더 많거나, 조금 덜 있는 것. 바로 이것이 아름다운 것에는 중요하고, 또 가장 중요한 것이다.

근육이 이완된 채 의지의 안장을 풀고 서 있는 것, 이것이 그대들 모두에게 가장 어려운 일이다. 그대 숭고한 자들이여!

힘이 자비로워져서 눈에 보이는 것으로 내려오는 것.

나는 이러한 하강을 아름다움이라고 부른다.

그리고 나는 바로 그대 외에는 누구에게서도 아름다움을 원하지 않는다. 그대 강력한 자여! 그대의 선이 그대의 마지막 자기 극복이 되기를.

나는 그대가 모든 악을 행할 수 있다고 생각한다. 그래서 나는 그대에게서 선을 바라는 것이다.

그리고 나는 자신의 발이 마비되었기 때문에 좋다고 믿는 이 나약한 자들을 가끔 비웃었다!

그대는 덕의 원기둥을 얻으려고 노력해야 한다. 원기둥은 높이 솟으면 솟을수록 더 아름다워지고 더 부드러워지지만, 동시에 내부는 더 단단해지고 떠받치는 힘도 더 강해진다.

그렇다. 그대 숭고한 자여. 그대는 언젠가 아름다워져야 하고 그대 자신의 아름다움을 비춰 볼 거울을 앞에 두어야 한다.

그러면 그대의 영혼은 신성한 욕망으로 인해 전율할 것이고, 그대의 허영심에도 숭배심이 계속 머물러 있을 것이다!

바로 이것이 영혼의 비밀이다! 영웅이 영혼을 버리고 떠날 때, 이때야 비로소 초영웅이 꿈속에서 영혼에 가까이 다가갈 것이다.

Friedrich Wilhelm Nietzsche

차라투스트라는 이렇게 말했다.

교양의 나라에 대하여

나는 너무 먼 미래로 날아갔다. 공포가 나를 엄습했다.

내가 주변을 둘러봤을 때, 보라! 시간만이 나의 유일한 동시대인이었다.

그때 나는 뒤로, 집을 향해 더욱 서둘러 달아났다. 그대 현대인들이여, 이렇게 나는 그대들에게로, 교양의 나라로 돌아온 것이다.

처음으로 나는 그대들을 위한 눈과 선한 욕망을 가지고 왔다. 진실로, 나는 간절한 마음을 품고 왔다.

그런데 내게 무슨 일이 일어났던가? 나는 이처럼 무서웠지만 웃지 않을 수가 없었다! 내 눈은 그토록 가지각색

Friedrich Wilhelm Nietzsche

으로 얼룩진 작은 반점들을 본 적이 없다!

발이 떨리고, 가슴도 떨렸지만 나는 웃고 또 웃었다. "그래 여기가 모든 염료 통의 고향이다!" 나는 말했다.

그대 현대인들이여! 그대들은 얼굴과 팔다리에 오십 가지의 얼룩이 칠해진 채, 거기에 앉아 나를 놀라게 한다.

그리고 오십 개의 거울이 그대들 주변을 에워싸면서 그대들의 색채 변화를 더 나아 보이게 하고 색채 변화를 계속 되풀이한다!

진실로, 그대 현대인들이여, 그대들은 그대 자신의 얼굴보다 더 좋은 가면을 절대 쓸 수 없을 것이다! 누가 그대들을 알아볼 수 있겠는가!

그대들의 팔다리는 과거의 상징들로 가득 차 있고, 이 상징들도 새로운 상징들로 덧칠되었다. 이렇게 그대들은 모든 예언자로부터 잘 숨어들었다!

신장 검사자가 있는 경우라도, 누가 아직도 그대들에게 신장이 있다고 믿겠는가! 그대들은 염료와 아교가 칠해진 종이쪽지들로 구워 만들어진 것 같이 보일 뿐이다.

모든 시대와 군중은 그대들의 베일로 다채롭게 보인다. 모든 관습과 신앙은 그대들의 몸짓으로 다채롭게 말한다.

그대들에게서 베일과 덧옷, 색채와 몸짓을 떼어낸 자, 이자에게 남는 것은 겨우 새들을 놀라게 할 정도밖에 되지 않을 것이다.

진실로, 나 자신은 언젠가 색채도 없는 그대들의 벌거벗은 모습을 보고 깜짝 놀랐던 새다. 그리고 해골이 내게 사랑의 손짓을 보냈을 때 나는 그 자리에서 날아갔다.

차라리 나는 저승에서 예전의 망령들의 날품팔이꾼이 되는 편이 낫겠다. 아직도 그대들보다 우람하고 충만한 자는 저승에 있는 자들이다!

그대들이 벌거벗었든지 차려입었든지 나는 그대들을 참을 수 없다는 것, 바로 이것이 내 내장의 쓰라림이다. 그대 현대인들이여!

미래에 대한 섬뜩한 모든 것, 날아가 버린 새들을 전율케 한 것은 진실로 그대들의 현실보다 더 친숙하고 더 마음에 든다.

왜냐하면 그대들은 이렇게 말하기 때문이다. "우리는 완전히 현실주의자라서 신앙과 미신 따위는 신뢰하지 않는다." 그대들은 이렇게 뻐기면서 가슴을 쫙 편다. 아, 가슴도 없으면서 말이다!

그렇다. 그대 가지각색으로 얼룩진 작은 반점들이 있는 자들이여, 그대들이 어떻게 신앙을 가질 수 있겠는가! 지금까지 신앙으로 여겨져왔던 모든 것의 그림일 뿐인 그대들이!

그대들은 신앙 자체를 부정하는 길을 거닐면서 모든 사유의 사지를 부러뜨리는 자들이다. '신앙을 가지지 못할 자들', 나는 그대들을 이렇게 부른다. 그대 현실주의자들이여!

모든 시대가 그대들의 정신 안에서 서로 수런댄다. 그리고 모든 시대의 꿈과 수다는 그대들의 깨어있음보다 훨씬 더 현실적이었다.

그대들은 열매를 맺지 못하는 자들이다. 그렇기에 신앙도 부족한 것이다. 그러나 창조를 해야 했던 자는 언제나 예언적인 꿈과 별의 징후도 가지고 있었고 신앙이 진실이라고 믿었다!

그대들은 산역꾼들이 기다리고 있는 반쯤 열린 문이다. 그리고 그대들의 현실은 이렇다. "모든 것은 멸망할 가치가 있다."

아, 그대들이 어찌 내 앞에 서 있는가, 그대 열매를 맺지 못하는 자들이여, 갈비뼈는 또 얼마나 말랐는가! 그대들 중 일부는 아마도 그것을 이해했을 것이다.

그리고 그는 이렇게 말했다. "혹시 내가 자고 있을 때 어떤 신이 내게서 무언가를 슬며시 빼앗아 간 것은 아닌가? 진실로 여자를 빚어내기에 충분할 만큼만 말이다!

내 갈비뼈가 말랐다니 묘한 일이로다!" 일부 현대인들

은 이렇게 말했다.

그렇다. 그대 현대인들이여, 그대들은 나를 웃게 해준다! 무엇보다도, 그대들 스스로 자신에 대해 놀라워할 때 더 그렇다!

그리고 내가 그대들이 놀라워함에 비웃지 못하고, 그대들의 그릇에 담긴 역겨운 모든 것을 싹 마셔 비워야 한다면 내게 화가 닥칠 것이다!

하지만 나는 무거운 짐을 짊어져야 하기 때문에 그대들과 함께 짐을 조금 더 가볍게 생각하고 싶다. 딱정벌레나 날개 달린 곤충들이 내 짐에 앉는다고 해서 내 짐이 더 무거워지기라도 하겠는가!

진실로, 나는 그것 때문에 더는 힘들어지지 않을 것이다! 그대 현대인들이여, 그대들 때문에 심한 피로가 내게 몰려오지 않을 것이다. 아, 이제 나는 간절함을 품고 또 어디로 올라가야 하는가! 나는 모든 산 정상에 서서 아버지의 나라들과 어머니의 나라들을 바라본다.

하지만 나는 어느 곳에서도 고향을 찾을 수 없었다. 나는 어느 도시에 있든 불안해하기에 모든 문 앞에서 다시 떠났다.

최근에 내 마음을 움직이도록 북돋웠던 현대인들은 내게 낯설고 웃음거리일 뿐이다. 그래서 나는 아버지의 나라들과 어머니의 나라들에서 추방되었다.

그래서 나는 가장 먼바다에 있어 아직 발견되지 않은 나라인 내 아이들의 나라만을 지금도 사랑한다. 내 돛이 그 나라를 찾고 또 찾을 수 있도록 나는 명령을 내린다.

내가 내 조상들의 자손이라는 것에 대해 내 아이들에게 보상을 할 것이다. 그리고 모든 미래에 대해, 이 현재가 보상을 할 것이다!

차라투스트라는 이렇게 말했다.

때 묻지 않은 인식에 대하여

어제 달이 떠올랐을 때, 나는 달이 태양을 낳으려고 하
는가 하고 상상했다. 그만큼 달이 지평선에 폭넓고 불룩하게 걸려 있었던 것이다.

하지만 달은 임신으로 나를 속인 거짓말쟁이였다. 그래서 나는 달에는 여자가 아니라 남자가 있다고 믿고 싶다.

물론, 이 수줍어하는 올빼미 같은 달은 남자답지도 못하다. 진실로 그는 저열한 양심으로 지붕 위를 배회한다.

달의 수도사인 그는 음탕하고 질투가 심하여, 대지와 사랑하는 자들의 모든 기쁨을 탐내고 있기 때문이다.

그래, 나는 그를 좋아하지 않는다. 지붕 위를 거니는 이

Friedrich Wilhelm Nietzsche

수컷 고양이를 말이다! 나는 반쯤 닫힌 창문 주변을 어슬렁거리는 자들이라면 모두 다 역겹다!

그는 경건하고 말없이 별들의 융단 위를 배회한다. 하지만 나는 박차를 찰깍찰깍 소리조차 내지 않은 채 조용히 걷는 자의 발걸음을 좋아하지 않는다.

모든 정직한 자들의 발걸음은 말을 한다. 하지만 고양이는 바닥 위를 몰래 빠져나갈 뿐이다. 보라, 달이 고양이처럼 약삭빠르고 부정직하게 다가온다.

나는 이 비유를 그대 섬세한 위선자들에게 전해준다, 그대 '순수하게 인식하는 자들에게!' 나는 그대들을 이렇게 부르겠다. 음탕한 자들이여!

그대들도 대지와 지상의 것을 사랑한다. 내가 그대들을 잘 맞히지 않았는가! 그러나 그대들의 사랑에는 부끄러움과 저급한 양심이 있다, 달과 같은 그대들에게 말이다!

그대들의 정신은 지상의 것을 경멸하도록 설득되었다. 그러나 그대들의 오장육부까지는 설득되지 않았다. 이 오장육부가 그대들의 가장 강력한 힘인 것이다!

그런데 이제 그대들의 정신은 그대들의 오장육부를 섬긴 것을 부끄러워하고, 자신에 대한 부끄러움 때문에 은밀하고 거짓된 길을 걸으려고 한다.

그대들의 거짓말하는 정신은 자신에게 이렇게 말한다.

"내게 최고의 일은 개처럼 혀를 쭉 늘어뜨리지 않고서, 아무런 욕망도 없이 삶을 바라보는 것이다.

이기심을 부여잡거나 욕구하지 않고, 죽어 사라진 의지로 삶을 바라보면서 행복해지는 것이다. 온몸은 차갑고 핏기를 잃었으나 도취한 달의 눈빛으로 말이다!"

유혹당한 자는 자신을 이렇게 유혹한다. "내게 가장 사랑스러운 일은 달이 대지를 사랑하는 것처럼 대지를 사랑하고 눈으로만 대지의 아름다움을 부드럽게 어루만지는 것이다.

그리고 내가 백 개의 눈이 달린 거울처럼 사물들 앞에 누워있는 것 외에, 사물들에서 아무것도 원하지 않는 것을 나는 만물에 대한 때 묻지 않은 인식이라고 부른다."

오, 그대 섬세한 위선자들이여, 그대 음탕한 자들이여! 그대들에게는 욕망의 순진무구함이 없다. 그래서 지금 그대들은 욕망을 비방하는 것이다!

진실로, 그대들은 창조하는 자, 생식하는 자, 생성하고 싶어 하는 자로서 대지를 사랑하지 않는 것이다!

순진무구함은 어디에 있는가? 생식에의 의지가 있는 곳에 있다. 그리고 자신을 넘어서서 창조하고자 하는 자가 내게는 가장 순수한 의지를 지닌 자다.

아름다움은 어디에 있는가? 내가 모든 의지를 지니고

의욕하지 않을 수 없는 곳에 있다. 하나의 상징이 그저 상징으로 남지 않기 위해 내가 사랑하고 몰락하려는 곳에 있다.

사랑하고 몰락하는 것, 이 둘은 오래전부터 짝을 이루어왔다. 사랑에의 의지, 이것은 죽음도 기꺼이 각오하는 것이다. 나는 그대 비겁한 자들에게 이렇게 말한다!

그러나 이제 거세된 그대들의 곁눈질은 '관조'라고 불리길 원한다! 그리고 비겁한 눈으로 자신을 더듬게 하는 것은 '아름답다'라는 세례를 받아야 한다고 한다! 오, 그대 고귀한 이름을 더럽히는 자들이여!

그대 순결한 자들이여, 그대 순수하게 인식하는 자들이여, 그대들이 절대 아이를 낳지 못할 것이라는 사실이 그대들에게 저주가 될 것이다. 그대들이 지평선에 폭넓고 배태한 듯 누워있다 하더라도 말이다!

진실로, 그대들의 입은 고귀한 말들로 가득 차 있다. 그렇다고 그대 거짓말쟁이들이여, 우리가 그대들의 마음이 넘쳐난다고 믿어야 하는가?

그러나 내 말에는 보잘것없고 멸시받고 비틀린 뜻이 담겨있다. 그대들이 식사 중에 식탁 아래로 떨어뜨리는 것을 내가 기꺼이 줍겠다.

나는 아직도 이러한 말들로 저 위선자들에게 진리를

말할 수 있다! 그렇다, 내 물고기 뼈, 조개껍데기, 가시 돋은 잎사귀가 위선자들의 코를 간지럽힐 것이다!

그대들의 주변과 그대들이 식사를 할 때도 나쁜 공기가 항상 그대들을 감싸고 있다. 심지어 그대들의 음탕한 생각, 그대들의 거짓말과 비밀이 허공을 맴돌고 있다!

먼저 과감하게 그대들 자신을 믿어라. 그대들과 그대들의 오장육부를 믿어라! 자기 자신을 믿지 않는 자는 늘 거짓말만 할 뿐이다!

그대 '순수한 자들이여', 그대들은 어떤 신의 가면을 쓰고 있다. 그 신의 가면 안으로 그대들의 끔찍한 환충環蟲이 기어들어 갔다.

그대 '관조하는 자들이여', 진실로 그대들은 속이고 있다, 한때 차라투스트라도 그대들의 신성한 피부를 좋아했던 바보였다. 그는 그 피부 안에 채워져 있는 뱀의 똬리를 알아차리지 못한 것이다.

그대 순수하게 인식하는 자들이여, 한때 나는 그대들의 놀이에서 어떤 신의 영혼이 노는 것을 볼 수 있다고 생각했다. 한때 나는 그대들의 솜씨보다 더 나은 솜씨는 있을 수 없다고 생각했다!

먼 거리가 내게서 뱀의 오물과 악취를 숨겼다. 그리고 도마뱀의 간계가 음탕하게 여기를 슬금슬금 기어 다녔다.

하지만 나는 그대들에게 가까이 다가갔다. 그때 낮이 내게 다가왔고, 이제는 그대들에게 다가가고 있다. 달의 연애는 끝났다!

저기를 보라! 달은 붙잡힌 채 저기 아침놀 앞에서 창백하게 서 있다!

바로 그가, 이글이글 뜨겁게 타오르는 그가 벌써 다가오고 있기 때문이다. 대지를 향한 그의 사랑이 다가오고 있는 것이다! 순진무구함과 창조자의 열망은 모든 태양의 사랑이다!

저기를 보라. 그가 얼마나 급하게 바다를 건너오고 있는가! 그대들은 사랑을 향한 그의 목마름과 그의 뜨거운 숨결이 느껴지지 않는가?

그는 바다를 빨아 마시려 하고 바다의 심연도 자신의 높이까지 빨아 들이키려 한다. 그때 바다의 욕망은 천 개의 젖가슴과 함께 솟아난다.

바다는 목마른 태양에게서 입 맞춰지고 빨아 들이켜지기를 원한다. 바다는 공기가 되고 하늘이 되고 빛이 걷는 길이 되고, 스스로 빛이 되길 원한다.

진실로, 태양이 그러하듯 나 역시 삶과 모든 깊은 바다를 사랑한다.

그리고 이것이 내 인식이다. 깊은 것은 모두 위로 올라와야 한다. 내 높이까지!

차라투스트라는 이렇게 말했다.

학자들에 대하여

　　내가 잠을 잘 때 양 한 마리가 내 머리에 있는 담쟁이 덩굴로 만든 화관을 먹어 치우고는 이렇게 말했다. "차라투스트라는 더는 학자가 아니다."

　　그렇게 말하며 힘차고 거만하게 떠났다. 한 아이가 내게 이를 말해주었다.

　　나는 여기 아이들이 뛰어노는 곳의 무너진 담 옆에 피어있는 엉겅퀴와 붉은 양귀비꽃들 사이에 누워있는 것을 좋아한다.

　　나는 아이들과 엉겅퀴와 붉은 양귀비꽃들에게 여전히 학자다. 그들은 악의를 품고 있을 때조차도 순진무구하다.

그러나 나는 더 이상 양들에게는 학자가 아니다. 내 운명도 그렇게 되길 바라고 있다. 내 운명에 축복이 있기를!

진실을 말하자면, 나는 학자들의 집을 떠나면서 내 뒤에 있던 문을 쾅 닫았다.

내 영혼은 굶주린 채 그들의 식탁에 너무 오래 앉아 있었다. 그들과 달리 나는 호두를 부수어 깨는 것처럼 인식하는 법을 배우지 못했다.

나는 자유와 신선한 대지 위의 공기를 사랑한다. 학자들의 위엄과 품위에 기대어 자느니 차라리 황소 가죽 위에서 잘 것이다.

나는 내 생각으로 아주 열정적으로 타오르고 있다. 가끔 그것은 내 숨통을 끊어놓으려 하기도 한다. 그때 나는 밖으로 나가서 먼지투성이인 모든 방에서 멀리 떨어져 있어야 한다.

그러나 학자들은 시원한 그늘에 앉아서 시원함을 만끽하고 있다. 그들은 어떤 경우라도 구경꾼이 되려고 하고 태양이 내리쬐는 계단에 앉는 것을 경계한다.

거리에 우두커니 서서 지나가는 사람들을 바라보는 자들처럼. 학자들도 기다리면서 다른 사람들이 생각했던 사고들을 멍하게 쳐다본다.

그들을 손으로 잡으면, 밀가루 자루처럼 그들 주변에

먼지가 흩날린다. 그것도 의도치 않게. 그런데 그들의 먼지가 곡식과 여름 들판의 황금빛 환희에서 나온 것이라고 누가 짐작이나 했겠는가?

그들이 지혜로운 척할 때, 그들의 하찮은 잠언과 진리가 나를 오싹하게 한다. 그들의 지혜에서는 마치 늪에서 나온 것처럼 가끔 냄새가 나기도 한다. 그리고 진실로, 나는 그들의 지혜에서 개구리가 개굴개굴 우는 소리를 듣기도 했다!

그들은 노련하고 그들의 손가락은 영리하다. 나의 단순성은 그들의 다양성에서 무엇을 원하고 있단 말인가! 그들의 손가락은 실을 꿰고 매듭을 짓고 직조하는 모든 것을 이해한다. 이렇게 그들은 정신의 양말을 짠다!

그들은 훌륭한 시계태엽이다. 올바르게 감기만 하면 될 뿐이다. 그러면 그들은 실수 없이 시간을 정확하게 가리킨다. 그리고 겸손한 소리도 낸다.

그들은 마치 물레방아처럼 작동하며 찧는다. 곡물 낟알들을 그들에게 던져라! 이미 그들은 곡식을 잘게 빻아서 흰 가루로 만들 줄 안다.

그들은 서로를 일일이 주시할 뿐 최선을 다할 용기는 없다. 하찮은 교활함으로 상상력이 풍부한 그들은 절름거리며 걷는 현자들을 기다린다. 마치 거미처럼 기다리는 것이다.

나는 항상 그들이 조심스럽게 독을 준비하는 것을 보았다. 그러면서 그들은 항상 손가락에 유리로 된 장갑을 끼웠다.

또한 그들은 가짜 주사위로 놀 줄 안다. 나는 그들이 그 주사위로 땀을 흘릴 만큼 열심히 노는 것도 알게 되었다.

우리는 서로 낯설고, 그들의 덕은 그들의 거짓이나 가짜 주사위보다 내 취미에 훨씬 더 어긋난다.

그리고 내가 그들의 집에서 거주했을 때, 나는 그들 위에서 살았다. 그것 때문에 그들은 나를 싫어했다.

그들은 누군가가 그들의 머리 위에서 걸어 다니는 소리를 듣고 싶어 하지 않는다. 그래서 그들은 나와 그들의 머리 사이에 장작과 흙, 오물을 깔아두었다.

이렇게 그들은 내 발걸음 소리를 누그러뜨렸다. 그래서 가장 뛰어난 학자들은 지금까지 내 말을 듣지 못했다.

그들은 그들과 나 사이에 인간의 모든 결점과 약점을 깔아두었다. 그들은 이것을 집의 '방음판'이라고 부른다.

그런데도 나는 내 생각들과 함께 그들의 머리 위에서 걸어 다닌다. 그리고 내가 내 결점들 위를 걸어 다닌다고 해도 나는 여전히 그들과 그들의 머리 위에 있을 것이다.

왜냐하면 인간은 평등하지 않기 때문이다. 정의가 이렇

게 말한다. 그리고 내가 원하는 것을 그들은 원해서는 안
된다!

차라투스트라는 이렇게 말했다.

시인들에 대하여

차라투스트라는 제자에게 말했다. "내가 육체에 대해 더 잘 알게 된 이후로, 내게 정신은 그저 다 같은 정신일 뿐이다. 그리고 불멸하는 모든 것도 그저 비유에 불과할 뿐이다."

제자가 대답했다. "예전에 그렇게 말씀하는 것을 들은 적이 있는데, 그때 '그런데 시인들은 거짓말을 너무 많이 한다'는 말씀을 덧붙였습니다. 시인들은 왜 거짓말을 너무 많이 한다고 말씀하셨습니까?"

차라투스트라가 말했다. "왜냐고? 그대는 왜를 묻고 있는 것인가? 나는 누군가가 내게 왜를 물을 수 있는 사람이 아니다.

내가 경험한 것이 어제의 일이라서? 내 의견에 대한 근거를 경험한 건 이미 오래전 일이다.

나도 내 근거를 간직하려면, 나는 기억을 담는 그릇이 되어야 하지 않겠는가?

내 의견을 간직하기에는 나도 이미 너무 벅차다. 그 때문에 달아난 새도 꽤나 많다.

그리고 나는 내 새장에서 어디선가 날아온 낯선 새들도 가끔 발견하곤 하는데, 내가 손을 대면 벌벌 떤다.

그런데 차라투스트라가 예전에 그대에게 뭐라고 말했다고? 시인들은 거짓말을 너무 많이 한다고? 그런데 차라투스트라도 시인이기는 하다.

지금 그대는 차라투스트라가 여기서 진실을 말하고 있다고 믿고 있는가? 왜 그렇게 믿는가?"

제자가 대답했다. "저는 차라투스트라를 믿습니다." 그러자 차라투스트라는 고개를 저으며 미소를 지었다.

차라투스트라가 말했다. 믿음이 나를 환희에 넘치게 해주지 않는다. 특히 나에 대한 믿음이 더욱 그렇다.

그런데, 누군가가 진지하게 시인들은 거짓말을 너무 많이 한다고 말했다고 가정해보자. 그렇다면 그의 말은 옳다. 우리는 거짓말을 너무 많이 한다.

우리는 아는 것이 별로 없기도 하고 미숙한 학습자이기도 하다. 그래서 우리는 거짓말을 안 할 수 없는 것이다.

그리고 우리 시인 중에 자신의 포도주에 불순물을 섞지 않은 자가 어디 있겠는가? 독성 혼합물을 섞은 일이 우리 포도주 저장실에서 많이 일어났고 형언할 수 없는 일들도 거기서 수없이 발생했다.

그리고 우리는 아는 게 별로 없기 때문에 우리는 정신적으로 가난한 자들, 특히 이들이 젊은 여성일 때 이들을 진심으로 마음에 들어 한다!

심지어 우리는 늙은 여자들이 밤마다 이야기해주는 것도 간절히 바란다. 우리는 이것을 우리 안에 내재한 영원히 여성적인 것이라고 부른다.

그리고 무언가를 배우는 자들은 스스로 매몰되는 지식을 향한 어떤 특별한 비밀통로가 있다는 것처럼, 우리는 군중과 그들의 지혜를 믿는다.

그런데 시인이라면 누구든지 이것을 믿는다. 즉, 풀밭이나 고독한 산비탈에 누워 귀를 쫑긋 세우고 있는 자는 하늘과 대지 사이에서 일어나는 무언가를 경험하게 된다는 것이다.

그리고 시인들에게 애정 어린 감동이 일면 언제나 그들은 자연 자체가 자신을 사랑한다고 여긴다.

그러면 자연은 시인들의 귀에 살금살금 다가와서 은밀한 말과 사랑으로 가득 찬 감언이설을 속삭인다. 시인들은 반드시 죽을 운명인 인간들 앞에서 이를 뽐내고 부풀린다!

아, 하늘과 대지 사이에는 시인들만이 꿈꿔왔던 일들이 참 많기도 하다!

그리고 특히 하늘 위에서는 말이다. 왜냐하면 신이란 모두 시인들의 비유이자 시인들의 궤변에 불과하기 때문이다!

진실로, 우리는 항상 위쪽으로, 즉 구름의 왕국으로 이끌린다. 우리는 이 구름 위에 우리의 다채로운 허물을 올려 두고는 그것을 신이나 초인이라고 부른다.

그런데, 이 모든 신과 초인은 이 자리에 앉아도 될 만큼 가볍다!

아, 나는 반드시 일어난 일이어야만 하는 그 모든 불충분한 일들에 얼마나 지쳤는가! 아, 나는 시인들에게 얼마나 지쳤는가!

차라투스트라가 이렇게 말했을 때 제자는 언짢았지만 아무 말도 하지 않았다. 차라투스트라도 침묵했다. 그의 눈은 마치 저 멀리 바라보는 것처럼 내면을 향해있었다. 마침내 그는 한숨을 내뱉고는 숨을 들이마셨다.

그러고 나서 말했다. 나는 현재와 과거에 속한 자다. 하지만 내 안에는 내일과 모레, 이전에 있던 무언가가 있다.

나는 과거와 현재의 시인들에게 지쳤다. 그들은 모두 내게 피상적인 자들이자 얕은 바다에 불과하다.

그들은 심연에 이르기까지 충분히 사유하지 못했다. 그래서 그들의 감정은 밑바닥까지 가라앉지 못한 것이다.

약간의 정욕과 약간의 지루함, 이것이 그들의 최고의 사색이었을 뿐이다.

그들이 내는 모든 하프 소리는 내게 유령의 입김이나 유령이 획 스치고 지나가는 소리다. 그들이 지금까지 음색의 열정에 대해 무엇을 알고 있었겠는가!

내가 보기에도 그들은 깨끗하지 않다. 그들은 모든 강을 혼탁하게 만들어 그것이 깊은 것처럼 보이게 한다.

그러면서 그들은 자신을 조정자로 드러내는 것을 좋아한다. 그러나 내가 보기에 그들은 중개자이자 혼합하는 자로, 그리고 불완전한 자이자 불결한 자로 남아있을 뿐이다!

아, 나는 그들의 바다에 내 어망을 던져 질 좋은 고기를 잡으려고 했지만 항상 나는 어떤 낡은 신의 머리를 끌어올렸다.

이렇게 바다는 이 굶주린 자에게 돌을 주었다. 그리고

그 시인들 자신도 바다에서 태어났을 것이다.

틀림없이, 그 시인들에게서 진주들이 발견될 것이다. 그들 자체는 단단한 갑각류와 더욱 흡사하다. 그런데 나는 그들에게서 영혼이 아니라 소금 범벅이 된 분비물을 발견했다.

그들은 바다에서마저 허영심을 배웠다. 바다는 공작 중의 공작이 아니던가?

바다는 모든 물소 중에서 가장 추악한 물소 앞에서도 자신의 꼬리를 쫙 편다. 바다는 은과 비단으로 만든, 부채 모양으로 펼쳐진 자신의 꼬리에 전혀 지치지 않는다.

모래에 가깝고, 덤불에 더 가까우며, 늪에 가장 가까운 영혼을 지닌 물소는 그것을 방어적으로 바라본다.

물소에게 아름다움과 바다, 공작의 치장이 무엇이란 말인가! 나는 시인들에게 이러한 비유를 말한다.

진실로, 그들의 정신은 공작 중의 공작이고 허영심이 떠다니는 바다다!

시인의 정신은 구경꾼을 원한다. 그것이 물소라 해도!

그러나 나는 이러한 정신에 지쳤다. 나는 그 정신 자체가 자신에게 점점 지쳐가고 있다는 것을 보고 있다

나는 시인들이 이미 변해서 시선을 자신에게 돌리는 것을 보았다.

나는 정신의 참회자들이 오는 것을 보았다. 그들은 시
인들에게서 자라났다.

차라투스트라는 이렇게 말했다.

Friedrich Wilhelm Nietzsche

큰 사건에 대하여

차라투스트라의 행복이 넘치는 섬에서 멀지 않은 바다
에는 섬이 하나 있는데, 이곳에서는 화산이 끊임없이 연
기를 내뿜고 있다. 군중은 이 섬을 두고 수런대고, 특히 노
파들은 그 섬이 저승의 문 앞에 세워져 있는 한 바윗덩어
리 같고, 좁은 길이 화산을 통해 아래쪽으로 뻗어 있는데,
이 길은 저승의 문으로 이어져 있다고 말한다.

   차라투스트라가 행복이 넘치는 섬에 머물고 있을 때,
연기를 내뿜고 있는 산이 있는 이 섬에 배 한 척이 닻을 내
리는 일이 일어났다. 그리고 배에 타고 있던 선원은 토끼
를 총으로 잡으려고 육지에 발을 디뎠다. 정오쯤에 선장과

선원들이 다시 모였을 때, 어떤 사람이 홀연히 공중에서 자신들에게 날아오는 것을 보았고 이렇게 말하는 것을 분명히 들었다. "때가 왔다! 지금이야말로 가장 좋은 때다!" 그 형체가 그들에게 가장 가까이 다가왔을 때, -그러나 그 형체는 그림자처럼 빠르게 화산이 있는 곳으로 날아지나갔다- 그들은 굉장히 당황해하다가 이내 그것이 차라투스트라라는 것을 알아차렸다. 선장을 제외하고 선원들 모두는 이미 그를 본 적이 있었다. 군중과 마찬가지로 그들도 차라투스트라를 사랑했다. 사랑과 경외심이 공존한 채로 말이다.

늙은 조타수가 말했다. "보라! 차라투스트라는 지옥에 떨어질 것이다!"

이 선원들이 화산섬에 상륙했을 때와 같은 시각에 차라투스트라가 사라졌다는 소문이 나돌았다. 그의 벗들이 질문을 받았을 때, 그들은 차라투스트라가 어디로 가려는지 말하지도 않고 한밤중에 배를 탔다고 말해주었다.

이렇게 불안감이 일어난 것이다. 그런 데다 사흘 후에 이 불안감에 선원들의 이야기가 더해졌다. 그리고 이제 군중은 악마가 차라투스트라를 데려갔다고 말하고 있다. 그의 제자들은 이 쓸데없는 이야기들을 듣고 웃었다. 이 중 한 사람은 "차라리 나는 차라투스트라가 악마를 얻었다고 믿겠다"라고 말했다. 하지만 그들 모두 마음속 깊은 곳은 근심과 그리움으로 가득했다. 그래서 차라투스트라가 닷새 만에 그들 사이에 나타났을 때 기쁨이 그토록 컸던 것이다.

그리고 이어지는 내용은 차라투스트라가 불개와 나눈 대화를 이야기로 풀어낸 것이다.

차라투스트라가 말했다. 대지에는 피부가 있고, 이 피부에는 여러 질병이 있다. 가령, 이 질병 중 하나는 인간이다.

또 다른 질병은 불개다. 인간은 그것에 대해 거짓말을 많이도 해왔고 또 거짓말에 속기도 했다.

나는 이 비밀을 파헤치고자 바다를 건넜다. 그리고 나는 그 진실의 적나라한 모습을 보았다. 진실로! 맨발에서 목까지 말이다.

나는 이제 불개가 무엇인지를 잘 안다. 밖으로 터뜨리는 악마와 뒤집어엎는 악마 모두가 마찬가지다. 이들 앞에서 늙은 암캐들만 두려워하는 것이 아니다.

"나와라, 불개여, 심연에서!" 나는 외쳤다. 그 심연이 얼마나 깊은지 고백하라! 그대가 씩씩거리며 콧김을 내뿜는 그것은 어디서 온 것인가?

그대는 바닷물을 많이 마신다. 그대의 짜디짠 웅변이 이를 누설한다! 참으로, 심연에 있는 한 마리의 개에 불과

한 그대는 수면에서 너무 많은 영양분을 섭취한다!

나는 그대가 기껏해야 대지의 복화술사라고 여긴다. 나는 뒤집어엎는 악마와 밖으로 터뜨리는 악마가 말하는 것을 들을 때마다 그들이 그대와 같은 부류라는 것을 알게 되었다. 즉 소금에 절여지고, 거짓말을 일삼으며 깊이가 얕다.

그대들은 울부짖을 줄 알고, 재를 뒤덮어 어둡게 할 줄도 안다! 그대들은 최고의 허풍쟁이고, 진흙탕을 뜨겁게 끓이는 기술도 질릴 만큼 배웠다.

그대들이 어디에 있든 주변에는 항상 진흙탕이 있고 해면모양의 것, 속이 텅 빈 것, 비좁은 것들이 많다. 그것은 자유로워지길 원한다.

자유는 그대들 모두가 제일 울부짖길 좋아하는 말이다. 그러나 나는 큰 사건에 대한 믿음을 잃었다. 그 주변에 많은 울부짖음과 연기가 둘러싸고 있을 때 말이다.

그리고 내 말을 믿어라, 지옥의 소음 같은 벗이여! 가장 큰 사건, 그것은 우리의 가장 시끄러운 시간이 아니라 우리의 가장 조용한 시간이다.

세상은 새로운 소음을 발명한 자들이 아니라 새로운 가치를 발명한 자들을 중심으로 돌고 있다. 세상은 들리지 않게 돌고 있다.

Friedrich Wilhelm Nietzsche

그리고 그냥 인정하라! 그대의 소음과 연기가 사라졌을 때만 일어난 일은 거의 없었다. 도시가 미라가 되고, 조각상이 진흙탕 속에 묻히는 게 무슨 상관이란 말인가!

나는 조각상을 뒤집어엎어 전복하려는 자들에게 이렇게 말한다. 소금을 바다에 던지고, 조각상을 진흙탕에 던지는 것은 아마도 가장 어리석은 짓일 것이다.

조각상은 그대들의 경멸이라는 진흙탕 속에 있다. 그런데 생명과 살아있는 아름다움은 그대들의 경멸에서 다시 자란다는 것이 바로 조각상의 법칙이다!

매혹적인 고통을 겪으며 그 조각상은 이제 더 신적인 특징으로 우뚝 일어선다. 그리고 진실로! 그대들이 그 조각상을 전복시킨 것에 대해 그 조각상은 그대들에게 감사를 표할 것이다. 그대 전복자여!

그러나 나는 여러 왕과 여러 교회. 노쇠하고 덕이 약한 모두에게 이 충고를 권한다. 그냥 전복돼라! 그대들은 소생하고, 그대들에게 덕이 돌아올 것이다!

내가 불개 앞에서 이렇게 말했을 때, 불개는 무뚝뚝하게 내 말을 막고선 이렇게 물었다. "교회? 대체 그건 무엇인가?"

"교회?" 나는 대답했다. 그것은 일종의 국가다. 더 정확히 말하자면, 가장 부정직한 국가라고 할 수 있다. 그런데 입 다물고 얌전히 있어라, 그대 불개여! 그대가 그대의 본성을 이미 제일 잘 알고 있지 않은가!

국가는 그대와 마찬가지로 위선적인 개이고, 그대와 마찬가지로 연기와 울부짖음으로 말하는 것을 좋아한다. 그러니까 그대와 마찬가지로 국가는 자신이 사물의 중심에서 말한다고 믿게 만든다.

왜냐하면 국가는 전적으로 대지에서 가장 중요한 동물이기를 원하기 때문이다. 그리고 세간 사람들도 국가를 이렇게 믿는다.

내가 이렇게 말하자 불개는 질투한 나머지 미친 듯이 발악했다. "어떻게?" 불개가 소리쳤다. "대지에서 가장 중요한 짐승이라고? 그리고 세간 사람들도 그렇게 믿는다고?" 불개가 분노와 질투로 질식할지 모르겠다는 생각이 들 정도로, 불개의 목구멍에서는 입김과 소름 돋는 소리가 너무 많이 흘러나왔다.

마침내 불개는 진정했고 그르렁거리는 소리도 가라앉았다. 불개가 조용해지자 나는 웃으며 말했다.

"화가 났구나, 불개여. 그럼 내가 그대에게 한 말은 옳았다!

그리고 내 말이 결국 옳았으니, 다른 불개에 대한 이야기도 들어보라. 그 불개는 진짜 대지의 심장으로 말한다.

그 불개의 숨결은 황금과 황금비를 내뿜는다. 이것이 그 불개의 심장이 원하는 것이다. 그에게 재와 연기, 뜨거운 분비물이 다 무엇이란 말인가!

웃음이 다채로운 구름처럼 그에게서 훨훨 날아간다. 그 불개는 그대의 목구멍, 내뿜음, 오장육부의 고통을 혐오한다!

그러나 그 불개는 대지의 심장에서 황금과 웃음을 가져간다. 그대도 알겠지만, 대지의 심장은 황금으로 만들어졌기 때문이다."

불개가 이 말의 뜻을 이해했을 때, 내 말을 경청하는 것을 더는 견디지 못했다. 부끄러운 나머지 물개는 꼬리를 움츠리며 기죽은 소리로 짖었다. 멍멍! 멍멍! 그러고는 자신의 동굴로 기어 내려갔다.

차라투스트라는 이렇게 이야기했다. 하지만 그의 제자들은 그의 말에 거의 집중하지 않았다. 그에게 선원들, 토끼들, 하늘을 나는 남자에 대해 말해주고 싶은 욕망이 너무 컸던 것이다.

차라투스트라가 말했다. "이를 어떻게 생각해야 한단 말인가! 내가 유령이란 말인가?

그것은 나의 그림자였을 것이다. 그대들은 방랑자와 그의 그림자에 대해서 이미 어느 정도 들어본 적이 있지 않았던가?

그러나 이것은 확실하다. 나는 그림자의 행동을 더 제한하지 않으면 안 된다. 이렇게라도 하지 않으면 그림자가 내 명성을 망칠 것이다."

그리고 차라투스트라는 또다시 고개를 저으며 이상하게 생각했다. "이를 어떻게 생각해야 한단 말인가!"라고 그가 재차 말했다.

"유령은 대체 왜 '때가 왔다! 지금이야말로 가장 좋은 때다!'라고 소리를 지르는 것인가. 대체 무엇을 위한 가장 좋은 때란 말인가."

차라투스트라는 이렇게 말했다.   274

예언자

"그리고 나는 인간에게 어떤 큰 슬픔이 닥쳐오는 것을 보았다. 가장 탁월한 자들도 자신의 일에 지쳤다.

하나의 가르침이 반포되었고, 이 가르침에는 어떤 믿음이 따라다녔다. '모든 것은 공허하다. 모든 것은 동등하다. 모든 것은 존재했다!'

그리고 언덕마다 이 소리가 다시 울려 퍼졌다. '모든 것은 공허하다. 모든 것은 동등하다. 모든 것은 존재했다!'

우리는 잘 수확했던 것 같다. 그런데 왜 모든 과일이 썩고 갈변했는가? 어젯밤 사악한 달에서 뭐라도 떨어졌던 것인가?

모든 수고가 수포로 돌아갔고, 우리의 포도주는 독으로 변했으며 사악한 시선이 우리의 들판과 마음을 누렇게 그슬었다.

우리 모두는 메말라졌다. 불이 우리에게 떨어진다면 우리는 마치 재처럼 흩날릴 것이다. 그렇다. 우리는 불 자체도 지치게 만들었다.

우리의 모든 샘물은 바짝 말랐고, 바다도 물러났다. 모든 땅은 찢어지기를 바라지만, 그 심연은 허겁지겁 삼키길 바라지 않는다!

'아, 물에 빠져 익사할 수 있는 또 다른 바다는 어디에 있단 말인가!' 우리의 한탄 소리는 평평한 늪 저 너머로 이렇게 울려 퍼진다.

진실로, 죽기에는 우리는 이미 너무 지쳐버렸다. 우리는 지금도 깨어있는 채 삶을 이어간다. 그것도 무덤의 석실에서!"

차라투스트라는 한 예언자가 이렇게 말하는 것을 들었다. 그의 예언은 차라투스트라의 마음을 감동시켰고, 차라투스트라를 변화시켰다. 그는 참담한 마음으로 돌아다니다 결국 지쳤다. 그는 예언자가 이야기했던 사람처럼 되었다.

그는 제자들에게 이렇게 말했다. 진실로, 곧 있으면 긴 황혼이 깔릴 것이다. 아, 나는 어떻게 저 너머에 있는 내 빛을 구해야 하는가!

내 빛이 이 슬픔에 질식하지 않기를! 내 빛은 더 먼 세계, 그리고 가장 먼 밤까지도 비추는 빛이 되리라!

차라투스트라는 이 정도로 괴로워하며 돌아다녔다. 그는 사흘간 마시지도 먹지도 쉬지도 않았고, 말도 안 했다. 그러다 마침내 그는 깊은 잠에 빠져들었다. 그의 제자들은 그의 주변에 빙 둘러앉아 긴 밤을 지새우며 차라투스트라가 자리를 털고 일어나 다시 담화를 이어가고, 슬픔에서 회복되기를 애타게 기다렸다.

마침내 차라투스트라는 깨어나 다음과 같은 연설을 했다. 하지만 그의 목소리는 제자들에게 아득히 먼 곳에서 들리는 것 같았다.

벗들이여, 내가 꿨던 꿈을 듣고, 내가 그 의미를 짐작하는 데 도움을 주길 바라네!

이 꿈은 내게 여전히 수수께끼다. 이 꿈의 의미는 수수께끼에 감춰지고 사로잡혀 있어서 아직도 자유로운 날개로 꿈을 넘어서 날아가지 못하고 있다.

나는 내가 모든 삶을 단념하는 꿈을 꾸었다. 나는 고독한 산속에 있는 죽음의 성에서 밤의 파수꾼, 무덤지기가 되었다.

나는 거기서 죽음의 관을 지켰다. 곰팡내 나는 그 지하실에는 죽음의 승리 표시로 가득 차 있었다. 유리로 된 관에서는 극복된 삶이 나를 바라보고 있었다.

나는 먼지투성이가 된 영원의 냄새를 들이켰다. 내 영혼은 후텁지근하고 먼지투성이가 된 채 누워있었다. 어느 누가 거기서 자신의 영혼을 바람 쐬게 할 수 있단 말인가!

한밤중의 밝은 빛은 늘 내 주변을 감쌌고, 그 옆에는 고독이 웅크리고 있었다. 그리고 세 번째로는 내 여성의 벗 중 최악인 죽음의 정적이 그르렁거리고 있었다.

나는 모든 열쇠 중 가장 녹슨 열쇠를 지니고 다녔다. 나는 그 열쇠로 모든 문 중 가장 삐걱거리는 문을 여는 법도 알고 있었다.

문의 날개가 올려질 때 난 소리는 마치 격분에 찬 새가 까옥까옥 우는 소리같이 긴 복도에 울려 퍼졌다. 이 새는 깨고 싶지 않아서 사악하게 지져댔다.

하지만 다시 고요해지고 사방이 정적에 휩싸였을 때 이 악랄한 침묵 속에서 홀로 앉아 있던 나는 더 무서웠고 가슴이 조여왔다.

나는 이렇게 지냈고, 시간은 천천히 흘러갔다. 시간이 아직도 존재한다 해도, 내가 그것에 대해 무엇을 알 수 있겠는가! 그런데 마침내 나를 깨운 일이 일어났다.

Friedrich Wilhelm Nietzsche

문에 마치 천둥이 치는 것 같은 타격이 세 번 일어나자 지하실에도 세 번 메아리치면서 울부짖는 소리가 났다. 그때 나는 문으로 향했다.

나는 외쳤다. 알파! 누가 자신의 재를 산으로 옮기고 있는가? 알파! 알파! 누가 자신의 재를 산으로 옮기고 있는가?

그리고 나는 열쇠를 꽂고 문을 열려고 안간힘을 썼다. 하지만 문은 꿈쩍도 하지 않았다.

그때 바람이 으르렁거리며 불더니 문의 날개를 산산조각 냈다. 그 바람은 휘파람을 불고, 고막을 찢을 듯한 날카로운 소리를 내더니 내게 검은 관 하나를 던졌다.

그리고 굉음과 휘파람, 날카로운 소리와 함께 관이 깨져 산산조각이 나면서 천 개의 웃음소리를 내뱉었다.

그리고 그것은 아이들, 천사들, 올빼미들, 바보들, 어이들 만한 나비들의 천 개의 낯짝을 하고선 나를 비웃고 조롱하고 윙윙거렸다.

나는 그것 때문에 소름 돋을 정도로 놀랐다. 그것은 나를 넘어뜨렸다. 그리고 나는 전례 없이 공포에 질려 비명을 질렀다.

그런데 내 비명이 나를 깨웠다. 이윽고 나는 정신을 차렸다.

차라투스트라는 꿨던 꿈에 대해 이렇게 이야기하고는 침묵했다. 그 꿈의 의미를 아직 몰랐기 때문이다. 그러나 차라투스트라에게 사랑을 듬뿍 받던 제자는 자리에서 재빨리 일어나 그의 손을 잡고 이렇게 말했다.

"오 차라투스트라여, 그대의 삶 자체가 우리에게 이 꿈을 설명해준다!

그대 자신이 날카로운 휘파람으로 죽음의 성문을 열어젖히는 바람이 아닌가?

그대 자신이 가지각색의 사악함과 추악한 얼굴을 한 삶의 천사로 가득 차 있는 관이 아닌가?

진실로, 차라투스트라는 아이들의 천 개의 웃음처럼 모든 죽음의 창고에 와서 이러한 밤의 파수꾼과 무덤지기를 비웃고, 게다가 어두운 열쇠뭉치를 딸랑딸랑 흔드는 자들을 비웃는다.

그대는 그대의 웃음소리로 그들을 깜짝 놀라게 하고 전복시킬 것이다. 그대는 그들을 기절시키고 깨어나게 함으로써 그들에 대한 그대의 힘을 증명할 것이다.

그리고 긴 황혼이 오고 죽음의 권태가 몰려와도 그대는 우리 하늘에서 몰락하지 않을 것이다. 그대 삶의 대변자여!

그대는 우리에게 새로운 별과 밤의 장엄함을 보여주었

다. 진실로, 그대는 우리 위로 형형색색의 천막처럼 웃음 그 자체를 쫙 펼쳐주었다.

이제 아이들의 웃음소리가 관에서 항상 흘러나올 것이다. 이제 강력한 바람이 모든 죽음의 권태에서 항상 승리를 거둘 것이다. 그대 자신이 이에 대한 우리의 보증인이자 예언자인 것이다!

진실로, 그대는 그대의 적인 그들에 대해 직접 꿈을 꾸었다. 이는 그대의 가장 힘든 꿈이었다!

하지만 그대가 그들에게서 깨어나 그대에게 돌아왔듯이 그들도 스스로 자신에게서 깨어나 그대에게 돌아와야 한다!"

그 제자는 이렇게 말했다. 그리고 다른 제자들은 모두 차라투스트라에게 모여서 그의 손을 잡고 잠자리와 슬픔에서 박차고 일어나 자신들에게로 돌아오도록 설득하려고 했다. 하지만 차라투스트라는 이상하게 바라보며 잠자리에 똑바로 앉아 있었다. 그는 마치 타지에서 오래 있다가 돌아온 사람처럼 제자들을 바라보며 얼굴을 살폈다. 그런데 그는 제자들을 알아보지 못했다. 제자들이 그를 일으켜 세웠을 때, 보라, 그때 그의 눈빛이 돌변하는 게 아닌가. 그는 지금껏 일어났던 일들을 모두 이해하고선 수염을 쓰다듬으며 강인한 목소리로 말했다.

"자! 제자들이여, 이제 때가 되었다. 즐거운 향연을 열어보자. 곧 말이다! 나는 이렇게 하며 악몽들을 참회할 생각이다!

그 예언자도 내 옆에서 먹고 마시리라. 진실로, 나는 그가 빠져 익사할 수 있는 또 다른 바다를 그에게 보여주리라!"

차라투스트라는 이렇게 말했다. 이어서 그는 자신이 꿈 해석자 역할을 부탁했던 제자의 얼굴을 한참 바라보고는 고개를 저었다.

Friedrich Wilhelm Nietzsche

구제에 대하여

어느 날 차라투스트라가 큰 다리를 건너고 있을 때 불구자, 거지들, 꼽추 한 명이 그를 둘러싸고 이렇게 말했다.

"보라, 차라투스트라여! 군중도 그대에게서 배워서 그대의 가르침을 믿게 되었다. 하지만 그대를 온전히 믿게 하려면 한 가지가 더 필요하다. 그대는 무엇보다도 우리 불구자를 설득해야만 한다는 것이다! 지금 여기에 괜찮은 선택지가 하나 있다. 실로 때를 놓쳐서는 안 될 기회다! 그대는 눈먼 자를 고치고 절름발이를 걷게 할 수 있다. 그리고 등에 너무 많은 것을 지고 있는 자에게서 조금은 덜어줄 수도 있을 것이다. 내 생각에 이것이 불구자들로 하여금 차라투스트라를 믿게 만드는 옳은 방법일 것이다!"

그러나 차라투스트라는 이 말을 하는 자에게 이렇게 대꾸했다. "꼽추에게서 등의 혹을 빼앗는 것은 그의 정신을 빼앗는 것이다. 이렇게 군중은 가르쳐준다. 그리고 눈먼 자를 눈뜨게 해주면 그는 대지에서 일어나는 수많은 나쁜 일을 보게 된다. 그러면 자신을 고쳐준 자를 저주하게 될 것이다. 절름발이를 걷게 하는 자는 그에게 가장 큰 해를 끼치는 것이다. 왜냐하면 그가 막 걸을 수 있게 되자마자 그의 악덕도 그와 함께 나돌기 시작할 것이기 때문이다. 군중은 절름발이에 대해 이렇게 가르쳐준다. 그리고 군중이 차라투스트라에게서 배운다면, 차라투스트라도 군중에게서 배우면 안 되는 이유라도 있는가?

그런데 내가 인간 사이에 섞여 살게 된 이후 '이자는 눈 한쪽이 없고, 저자는 귀 한쪽이 없고, 또 다른 자는 다리 한쪽이 없고, 혀나 코, 머리가 없는 자들도 있다'는 것은 내가 본 것 중 지극히 사소한 경우일 뿐이다.

나는 더 나쁜 일과 여러 가지로 아주 꺼림칙한 일들을 보고 또 보았다. 그 일에 대해서는 이야기하고 싶지 않고, 몇몇 일에 대해서는 침묵하고 싶지도 않을 만큼 말이다. 즉, 한 가지만 너무 많이 가지고 있을 뿐, 그 밖의 모든 것은 없는 인간들, 하나의 큰 눈, 하나의 큰 입, 하나의 큰 배, 좌우간 뭐라도 큰 것뿐인 인간들, 나는 그러한 자들을 거꾸로 된 불구자라고 부른다.

그리고 내가 고독에서 벗어나 처음으로 이 다리를 건넜을 때, 나는 내 눈을 믿을 수 없어 여기저기를 두리번거리고 또 두리번거리다가 마침내 이렇게 말했다. '그것은 귀다! 그것도 인간만큼 큰 귀!' 나는 더 자세히 보았다. 실로, 귀 아래에는 보잘것없이 작고 가련하며 홀쭉한 무언가가 계속 움직이고 있었다. 확실히 그 터무니없이 큰 귀는 작고 가느다란 줄기에 놓여 있었다. 그런데 그 줄기는 바로 인간이었다! 눈에 단안경을 갖다 댔으면 약간 질투 어린 얼굴도 알아볼 수 있었을 것이다. 또한 부풀어 오른 작은 영혼이 그 줄기에 대롱대롱 매달려 있는 것도 알아볼 수 있었을 것이다. 그런데 군중은 내게 그 크나큰 귀는 단순한 인간이 아니라 위대한 인간이자 천재라고 말해주었다. 하지만 나는 군중이 위대한 인간이니 뭐니 하고 떠들 때 전혀 믿지 않았고, 그 크나큰 귀는 모든 것은 너무 적게, 한 가지만 너무 많이 가지고 있는 거꾸로 된 불구자라는 내 믿음을 고수했다."

차라투스트라는 꼽추와 이 꼽추가 옹호하고 대변했던 자들에게 그렇게 말하고는 몹시 언짢아하며 제자들에게 돌아서서 이렇게 말했다.

"진실로, 내 벗들이여, 나는 인간의 파편과 사지 사이를 걷듯이 인간 사이를 걷고 있다!

마치 싸움터와 도살장에서처럼 인간들이 갈가리 찢겨 사방으로 너저분하게 흐트러져 있는 모습을 보는 것은 내 눈에도 끔찍한 일이다.

그러면 내 눈은 현재에서 과거로 도망친다. 내 눈은 항상 같은 모습을 보게 된다. 바로 파편과 사지, 끔찍한 우연들이지, 인간이 아니다!

대지에서의 현재와 과거, 아! 내 벗들이여, 그것은 '내가' 가장 견딜 수 없는 일이다. 그리고 앞으로 닥쳐올 일을 미리 보지 못하는 자였다면 나는 살 방도를 몰랐을 것이다.

선지자, 의욕하는 자, 창조자, 미래 그 자체와 미래로 향하는 다리, 그리고 아, 이 다리에 있는 불구자와 흡사한 자. 이 모든 것이 바로 차라투스트라다.

그대들도 때로는 이렇게 자문한다. '우리에게 차라투스트라는 누구인가? 우리는 그를 뭐라고 불러야 하는가?' 나와 마찬가지로 그대들도 스스로 답해야 할 질문을 하고 있다.

차라투스트라는 약속하는 자인가? 아니면 이행하는 자인가? 아니면 정복하는 자인가? 아니면 상속받는 자인가?

아니면 가을인가? 아니면 쟁기날인가? 아니면 의사인가? 아니면 회복하는 자인가?

그는 시인인가? 아니면 진실한 자인가? 아니면 해방자인가? 아니면 조련하는 자인가? 선한 자인가? 아니면 악한 자인가?

나는 미래, 내가 마음의 눈으로 바라보는 저 미래의 파편들로서 인간들 사이를 거닐고 있다.

무엇이 파편인지, 수수께끼인지, 끔찍한 우연인지를 하나로 엮고 수집하는 것이 나의 모든 시의 창작이자 노력이다.

인간이 시인, 수수께끼를 푸는 자, 우연의 구제자가 아니라고 한다면 내가 인간이라는 것을 어떻게 견뎌낼 수 있겠는가!

과거의 것들을 구제하고, '그러했다'는 모든 것을 '그렇게 되기를 내가 원했다!'로 회고하는 것, 나는 이것을 구제라고 부른다!

의지: 그것은 해방자와 기쁨을 주는 자라고 불린다. 나는 그대들에게 이렇게 가르쳤다, 내 벗들이여! 이제 거기다 이것도 배우라. 의지 그 자체는 여전히 잡혀있는 죄수일 뿐이라는 것 말이다.

의욕은 해방한다: 그런데 해방자마저 쇠사슬로 묶고

있는 이것을 무엇이라고 부른단 말인가?

'그러했다': 그것은 이를 바드득바드득 가는 의지와 가장 고독한 슬픔이라고 불린다. 이미 일어난 일에 대해 무력한 의지는 과거의 모든 것을 보는 사악한 구경꾼일 뿐이다.

의지는 되돌아가길 원할 수 없다: 의지는 시간과 시간의 욕망을 꺾을 수 없다는 것, 이것이 의지의 가장 고독한 슬픔이다.

의욕은 해방한다: 의욕 자체는 자신의 슬픔에서 벗어나 자신의 감옥을 조롱하기 위해 무엇을 궁리하는가?

아, 모든 죄수는 멍청이가 된다! 감금돼있는 의지도 멍청하게 자신을 구제한다.

시간은 거꾸로 흐르지 않는다는 것, 이것이 의지의 분노다. '존재했던 것', 이것은 의지가 굴릴 수 없는 돌이라고 불린다.

그리고 이렇게 의지는 분노와 불만을 품고 돌을 굴려서 자신처럼 분노와 불만을 느끼지 않는 것에 복수한다.

그리하여 해방자인 의지는 고통을 주는 자가 되었다. 그리고 의지는 자신이 되돌아갈 수 없다는 것에 대해서 괴로워할 수 있는 모든 것에 복수한다.

이것, 그렇다, 이것만이 복수 그 자체다. 시간과 시간의

'그러했다'에 대한 의지의 반감 말이다.

진실로, 어떤 크나큰 어리석음이 우리 의지에 서려 있다. 그리고 이 어리석음이 정신에 대해 배웠다는 것은 모든 인간 존재에게 저주스러운 것이 되었다!

복수의 정신, 벗들이여, 이것은 지금까지 인류 최고의 사색이었다. 그리고 고통이 있던 곳에서는 늘 처벌이 있어야 했다.

즉 '처벌', 복수는 스스로 자신을 이렇게 부른다. 복수는 거짓말로 선한 양심이 있는 척하는 것이다.

그리고 의욕하는 자 자체에는 되돌아갈 수 없을 것이라는 괴로움이 있기 때문에 의욕 그 자체와 모든 삶은 처벌일 수밖에 없다!

그리고 이제 구름과 구름이 쌓여 정신을 뒤덮더니, 결국 광기가 이렇게 설교하게 되었다. '모든 것은 사라져간다. 따라서 모든 것은 사라져갈 가치가 있는 것이다!'

'그리고 시간이 자신의 아이들을 잡아먹어야 한다는 것은 시간의 법칙이자, 그 자체로 정의다.' 광기는 이렇게 설교했다.

'만물은 정의로움과 처벌에 따라 도덕적으로 질서가 잡혀있다. 오, 만물과 존재함의 처벌이라는 흐름에서 구제는 어디에 있는가?' 광기는 이렇게 설교했다.

'영원한 정의로움이 존재한다면, 구제가 있을 수 있을까? 아, '그러했다'라는 돌은 구를 수 없다. 그러니 모든 처벌도 영원해야 할 것이다!' 광기는 이렇게 설교했다.

'어떤 행위도 말살될 수 없다. 어떻게 그것이 처벌받았다고 해서 행해지지 않은 것이 될 수 있겠는가! 바로 이것이 '존재함'의 처벌에 대한 영원한 것, 그 존재함도 마찬가지로 영원히 행위이자 책임이어야 한다는 것이다!

마침내 의지가 스스로 자신을 구제하고 의욕이 비의욕이 되지 않는다면.' 벗들이여, 그대들은 이것이 광기가 지어낸 허구의 노래라는 것을 알고 있다!

내가 그대들에게 '의지는 창조하는 자다'라고 가르쳤을 때 나는 그대들을 이 허구의 노래에서 벗어나게 했다.

모든 '그러했다'라는 것은 파편, 수수께끼, 끔찍한 우연이다. 창조하는 의지가 이렇게 말할 때까지, '하지만 그렇게 되기를 내가 원했다!'

그런데 의지가 그렇게 말했던가? 그리고 이런 일은 언제 일어나는 것인가? 의지는 벌써 자신의 어리석음이라는 마구를 벗겼는가?

의지가 벌써 자신을 구제하는 자와 기쁨을 주는 자가 되었는가? 의지는 복수의 정신과 복수에 차 이를 바드득 바드득 이를 가는 것을 모두 잊었는가?

그리고 누가 의지에 시간과의 화해를 가르쳐주었고, 또 모든 화해보다 더 고귀한 것을 가르쳐주었는가?

힘에의 의지인 의지는 화해보다 더 고귀한 것을 원해야 한다. 그런데 의지에게 어떻게 이런 일이 일어나는 것인가? 누가 의지에 돌아가길 원함도 가르쳐주었는가?"

그런데 연설의 이 지점에서 차라투스트라가 돌연 말을 멈췄고 잔뜩 놀란 사람처럼 보이는 일이 일어났다. 그는 깜짝 놀란 눈으로 제자들을 바라보았다. 그의 눈은 마치 화살이 관통하듯 그들의 생각과 속셈을 간파했다. 하지만 그는 잠시 후 다시 웃고는 그들을 달래며 말했다.

"침묵하는 게 너무 어려워서 인간들과 함께 사는 것이 힘들다. 특히 말이 많은 자에게는."

차라투스트라는 이렇게 말했다. 그러나 꼽추는 얼굴을 가린 채 대화를 경청했다. 그러고는 차라투스트라가 웃는 소리를 들었을 때 호기심 있게 쳐다보며 천천히 말하기 시작했다.

"그런데 어째서 차라투스트라는 제자들에게 말할 때와 우리에게 말할 때가 다른가?"

차라투스트라가 대답했다. "무엇이 이상한가? 꼽추와 말할 때는 꼽추처럼 울퉁불퉁하게 말해도 된다!"

"좋다." 꼽추가 말했다. "제자들과는 속내를 터놓고 이야기해도 된다.

　그런데 어째서 차라투스트라는 자기 자신에게 말할 때
와 제자들에게 말할 때가 다른가?"

Friedrich Wilhelm Nietzsche

인간 지혜에 대하여

무서운 것은 꼭대기가 아니라, 비탈이다!

시선은 아래로 추락하면서, 손은 위로 뻗게 되는 비탈. 그러면 마음은 이중의지로 인해 어지러워진다.

아, 벗들이여, 그대들도 내 마음의 이중의지를 짐작하겠는가?

내 시선이 높은 곳으로 돌진하고, 내 손이 심연에 착 달라붙어 의지하려고 하는 이것, 바로 이것이 나의 비탈이고 나의 위험이다!

내 의지는 인간에게 꼭 매달리고, 나는 쇠사슬을 들고 나 자신을 인간에게 단단히 동여맨다. 나는 초인을 향해 위쪽으로 끌어당겨지고 있기 때문이다. 또 다른 내 의지가 거기로 가고 싶어 하기 때문이다.

그래서 나는 인간들 사이에서 마치 이들을 알지 못한다는 것처럼 눈먼 자로 살아간다. 내 손이 불변하는 것을 꽉 붙들고 있다는 믿음을 완전히 잃지 않으려고 말이다.

나는 그대 인간들을 알지 못한다. 이러한 어둠과 위안이 가끔 내 주위에 펼쳐진다.

나는 별의별 악한들이 지나다니는 성문 통로에 앉아서 이렇게 묻는다. 누가 나를 속이려 드는가?

사기꾼을 경계하지 않고자 나 스스로 속임을 당하는 것, 이것이 나의 첫 번째 인간 지혜다.

아, 내가 만일 인간을 경계한다면, 인간이 어떻게 내 열기구의 닻이 될 수 있겠는가! 나는 너무 쉽게 위쪽 저 멀리 끌어당겨지게 될 것이다!

경계하지 말라는 이러한 섭리가 나의 운명을 넘어서 있다.

그리고 인간들 사이에서 갈증으로 죽지 않으려면 어떠한 잔으로도 마실 줄 알아야 한다. 인간들 사이에서 깨끗하게 머물고 싶다면 더러운 물로도 씻을 줄 알아야 한다.

그래서 나는 나에게 가끔 이렇게 위로의 말을 하기도 했다. "자 됐다! 건강하자! 친숙한 마음이여! 불행이 너에게 닥쳤다. 이것을 너의 행복으로 즐겨라!"

그리고 나는 자긍심이 강한 자들보다 '허영심이 강한 자들'을 더 소중하게 여긴다는 것, 이것이 또 다른 나의 인간 지혜다.

상처 입은 허영심은 모든 비극의 어머니가 아니던가? 그런데 자긍심이 상처 입은 곳에서는 자긍심보다 더 나은 무언가가 자라나게 될 것이다.

삶이 보기 좋게 되려면, 삶이라는 연극이 잘 진행되지 않으면 안 된다. 그러기 위해서는 좋은 배우가 필요하다.

나는 허영심이 강한 자들은 모두 좋은 배우라는 사실을 알게 되었다. 그들은 연기할 때 관객이 즐겁게 바라봐주기를 바란다. 그들의 정신은 모두 바로 이러한 의지에 갇혀 있는 것이다.

그들은 스스로 연기를 펼치면서 자신을 꾸며댄다. 나는 그들 곁에서 삶을 바라보는 것이 좋다. 우울감이 치유되기 때문이다.

내게 허영심이 강한 자들은 내 우울감을 치유해주는 의사고 나를 마치 연극에 꽉 달라붙게 하듯 인간들에게 꽉 달라붙게 해주기 때문에 나는 그들을 소중히 여긴다.

그러면, 허영심이 강한 자에게서 겸손함의 전체 깊이를 누가 측정할 수 있겠는가! 나는 그의 겸손함 때문에 그를 좋게 대하고 또 가엾게 여긴다.

허영심이 강한 자는 그대들에게서 자신에 대한 믿음을 배우려고 한다. 그는 그대들의 시선으로 영양을 섭취해 살아가고 그대들의 손에서 나온 찬사를 게걸스레 먹으며 연명한다.

그대들이 그를 좋게 생각한다고 거짓말을 해도 그는 그대들의 거짓말도 믿을 것이다. 그의 마음 깊은 곳에서는 "'나는' 무엇이란 말인가!"하고 탄식하기 때문이다.

그리고 자기 자신에 대해 모르는 것이 올바른 덕이라고 한다면, 그럼, 허영심이 강한 자는 자신의 겸손함을 모르는 것이다!

그리고 나의 세 번째 인간 지혜는, 그대들의 소심함으로 인해 내가 악인들을 바라보는 것을 싫어지게 내버려두지 않는 것이다.

나는 이글거리는 태양이 부화하는 기적들, 즉 호랑이와 야자수, 방울뱀을 보게 돼서 지극히 황홀하다.

인간 가운데에도 이글이글 뜨겁게 타오르는 태양이 부화한 아름다운 자식들이 있고 악인 가운데에도 기적 같은 것이 많다.

게다가 그대들의 가장 현명한 자들이 내게는 그렇게 현명해 보이지 않았듯이 나는 또한 인간의 명성에서 인간의 악의를 발견하기도 했다.

그리고 나는 가끔 고개를 저으며 묻기도 했다. 그대 방울뱀들아, 왜 아직도 딸랑딸랑 소리를 내고 있는가?

진실로, 악에도 여전히 미래가 있다! 그리고 가장 뜨거운 남쪽도 아직 인간에게 발견되지 않았다.

너비가 고작 3.7미터고 석 달밖에 못 살았으면서, 지금 벌써 최악의 악이라고 불리고 있는 게 얼마나 많은가! 하지만 언젠가는 더 큰 용들이 세상에 태어날 것이다.

그렇기 때문에 초인에게 자신의 용, 자신에게 걸맞은 거대한 용이 없어지지 않으려면, 이글거리며 타오르는 태양의 수많은 빛이 축축한 원시림에도 뜨겁게 내리쬐어야 한다!

먼저 그대들의 살쾡이는 호랑이가 되어야 하고 그대들의 독두꺼비는 악어가 되어야 한다. 왜냐하면 훌륭한 사냥꾼은 사냥을 톡톡히 해야 하기 때문이다!

그리고 진실로, 그대 선하고 정의로운 자들이여! 그대들에게는 우스운 것이 많은데, 특히 지금까지 '악마'라고 불렸던 것에 대한 그대들의 두려움이 제일 우습다!

그대들의 영혼은 위대한 자와 너무나 이질적이어서, 초인이 자신의 선함을 베풀어도 그대들에게는 두려운 대상이 될 것이다!

그리고 그대 현인들과 지식인들이여, 그대들은 초인이 벌거벗은 채 즐겁게 목욕하는 지혜의 뙤약볕에서 도망칠 것이다!

내 눈과 마주쳤던 그대 최고의 인간들이여! 내가 그대들을 의심하고 그대들을 향해 은밀히 웃고 있는 것은 나는 그대들이 내 초인을 악마라고 부를 것을 짐작해서다!

아, 나는 이 최고의 인간들과 가장 뛰어난 인간들에게 지쳤다. 나는 그들의 '높이'에서 초인을 향해 위로, 밖으로, 저 너머로 가기를 갈망했던 것이다!

네가 이 가장 뛰어난 자들이 벌거벗은 것을 보았을 때 공포의 전율이 엄습했다. 그때 내게는 머나먼 미래를 향해 쭉 날아오를 날개가 자라났다.

어느 한 조각가가 꿈꿔왔던 것보다 더 먼 미래로, 남쪽에서 더 남쪽으로 신들이 자신의 모든 옷을 부끄러워하는 그곳으로!

하지만 그대 이웃들이여, 같은 인간들이여! 나는 '그대들이' 잘 차려입고 허영심이 강하며 품위 있는 '선한 자와 정의로운 자들'로 변장한 모습을 보고 싶다.

그리고 내가 그대들과 나를 '알아볼 수 없도록' 나도 그대들 사이에서 스스로 변장한 모습으로 앉아 있고 싶다. 바로 이것이 나의 마지막 인간 지혜다.

Friedrich Wilhelm Nietzsche

차라투스트라는 이렇게 말했다.

가장 고요한 시간

"내게 무슨 일이 일어난 것인가, 내 벗들이여? 그대들 은 내가 당황하고 쫓겨나고 마지못해 고분고분하게 떠날 준비를 하고 있는 것을 보고 있다. 아, 그대들을 떠나기 위해서!

그렇다. 차라투스트라는 다시 한번 자신의 고독으로 깊이 가라앉아야 한다. 그런데 그 곰은 이번에는 내키지 않는 마음으로 자신의 동굴로 돌아간다!

내게 무슨 일이 일어난 것인가? 누가 이것을 명령했단 말인가? 아, 성난 내 여주인이 그렇게 하길 원한다고 내게 말해주었다. 내가 그대들에게 그녀의 이름을 말했던 적이 있었던가?

어제저녁쯤에 '나의 가장 고요한 시간'이 내게 말했다. 이것이 무시무시한 내 여주인의 이름이다.

그 일은 바로 이렇게 일어난 것이다. 갑자기 떠나려는 자에 대해 그대들의 마음이 냉담해지지 않도록 내가 모든 내용을 그대들에게 말해주겠다!

그대들은 잠이 들려는 자에게 닥쳐오는 공포를 아는가?

땅이 무너지고 나서 꿈이 시작하기 때문에 그는 발끝까지 두려움에 떤다.

그대들에게 비유를 들어 말해 보겠다. 어제 가장 고요한 시간에 땅이 무너지고 꿈이 시작되었다.

시곗바늘이 움직이면서 내 삶의 시계는 숨을 돌렸다. 나는 내 주위에서 그런 고요함을 한 번도 들어본 적이 없었다. 내 마음이 깜짝 놀랐을 정도였다.

그러자 그것은 내게 소리 없이 말했다. "차라투스트라여, 그대는 그것을 알고 있는가?"

나는 그 속삭이는 소리에 깜짝 놀라 비명을 질렀고 내 얼굴은 핏기를 잃었다, 나는 침묵했다.

그러자 그것은 내게 또다시 소리 없이 말했다. "차라투스트라여, 그대는 그것을 알고 있으면서도 그것에 대해 말하지 않고 있다!"

결국 나는 반항하는 것처럼 대답했다. "그렇다. 나는 그것을 알고 있다. 그런데 그것에 대해 말하고 싶지 않다!"

그러자 그것은 다시 내게 소리 없이 말했다. "차라투스트라여, 그대는 원하지 않는가? 이것도 사실인가? 그대의 반항에 숨어들지 말라!"

그래서 나는 아이처럼 울고 떨며 말했다. "아, 나는 그러고 싶었는데, 어떻게 그럴 수가 있겠는가! 이것만은 내게 면해줘라! 그것은 내 능력을 벗어난 것이다!"

그러자 그것은 다시 내게 소리 없이 말했다. "차라투스트라여. 그게 어쨌다는 것인가? 그대의 말을 하고 부서져라!"

나는 대답했다. "그게 나의 말이라고? 나는 누구란 말인가? 나는 더 위엄 있는 자를 기다리고 있다. 나는 그에게서 부서질 자격도 없다."

그러자 그것은 다시 내게 소리 없이 말했다. "그대가 어쨌다는 것인가? 그대는 내게 아직 충분히 겸손하지 않다. 겸손은 가장 단단한 가죽을 두르고 있다."

그래서 나는 대답했다. "내 겸손의 가죽을 아직도 두르지 않는 것은 무엇인가? 나는 내 높은 산의 발치에서 살고 있다. 내 산꼭대기는 얼마나 높은가? 내게 아무도 그것을

Friedrich Wilhelm Nietzsche

말해주지 않았다. 하지만 나는 내 여러 골짜기를 잘 알고 있다."

그러자 그것은 다시 내게 소리 없이 말했다. "오 차라투스트라여, 산을 옮겨야 하는 자는 골짜기와 저지대도 옮긴다."

나는 대답했다. "내 말이 아직 산을 옮기지 못했고, 내가 한 말이 인간에게 전해지지 못했다. 나는 인간에게 가긴 갔었지만, 아직 그들에게 다다르지는 못했다."

그러자 그것은 다시 내게 소리 없이 말했다. "그대가 그것에 대해 무엇을 안단 말인가! 밤이 가장 고요할 때 이슬은 풀밭에 내려앉지 않는가."

그래서 나는 대답했다. "내 갈 길을 발견하고 걸었을 때 그들은 나를 비웃었다. 그때 내 발은 실로 떨렸다."

그러자 그들은 내게 이렇게 말했다. "그대는 길을 잃더니 이제는 걷는 법도 잊어버렸구나!"

그러자 그것은 다시 내게 소리 없이 말했다. "그들의 조롱이 뭐 어쨌다는 것인가? 그대는 복종하는 법을 잊어버린 자다. 그대는 이제 명령을 내려야 한다!

그대는 모두에게 가장 필요한 자가 누구인지 모르는가? 위대한 일을 명령하는 자다.

위대한 일을 이행하는 것은 어렵다. 하지만 더 어려운

일은 위대한 일을 명령하는 것이다.

이것이 그대에게서 가장 용서할 수 없는 부분이다. 그대는 힘이 있으면서도 지배하려 하지 않는다는 것이다."

그래서 나는 대답했다. "내게는 모두에게 명령을 내리는 사자의 목소리가 없다."

그러자 그것은 다시 속삭이듯 내게 말했다. "폭풍을 불러일으키는 것은 가장 조용한 말이다. 비둘기 발로 오는 사상이 세상을 조종한다.

오, 차라투스트라여, 그대는 앞으로 오게 될 누군가의 그림자로서 걸어가야 한다. 그러면 그대는 명령을 내릴 것이고, 또 명령을 내리면서 앞장서서 갈 것이다."

그래서 나는 대답했다. "부끄럽다"

그러자 그것은 다시 내게 소리 없이 말했다. "그대는 부끄러워하지 말고 계속해서 아이가 되어야 한다.

그대에게는 아직도 젊음의 자긍심이 있다. 다만 뒤늦게 젊어졌을 뿐이다. 아이가 되고 싶은 자는 반드시 자신의 젊음도 극복해야 한다."

그리고 나는 오래 생각에 잠겼다가 몸을 떨었다. 마침내 나는 내가 맨 먼저 했던 말을 말했다. "나는 원하지 않는다."

그러자 주위에 웃음소리가 퍼졌다. 아, 그 웃음소리가

얼마나 내 오장육부를 갈기갈기 찢고 내 마음을 베어 갈랐는지!

그리고 그것은 내게 마지막으로 말했다. "오, 차라투스트라여, 그대의 열매는 익었지만, 그대는 그대의 열매만큼 익지 않았도다!

그래서 그대는 고독으로 다시 가라앉아야 한다. 그대는 좀 더 무르익어야 하기 때문이다."

그리고 그것은 다시 웃더니 이내 사라졌다. 그러자 내 주위는 고요함이 두 배나 많아진 듯 고요해졌다. 하지만 나는 바닥에 누워있었고 온몸에서 땀이 줄줄 났다.

지금 그대들은 모든 내용을, 내가 왜 내 고독으로 다시 침잠해야 하는지를 들었다. 벗들이여, 나는 그대들에게 숨긴 것이 아무것도 없다.

그리고 그대들은 내게서 이 말도 들었다. 모든 인간 중에서 누가 여전히 가장 고요한지, 그리고 그렇게 되길 원하는지 말이다!

아, 내 벗들이여! 그대들에게 해줄 말이 아직 남아 있고, 그대들에게 줄 게 아직 남아 있다! 왜 그것을 주지 않는 것일까? 내가 인색해서 그렇단 말인가?"

차라투스트라가 이 말을 했을 때 벗들과의 이별이 가

까워짐으로 인해 격렬한 고통이 그를 엄습했다. 그래서 그는 큰 소리로 울었지만, 그를 어떻게 위로해줄지 아무도 알지 못했다. 하지만 그날 밤이 되자 그는 벗들을 떠나 홀로 먼 길을 떠났다.

Friedrich Wilhelm Nietzsche

3부

그대들은 높은 곳을 갈망할 때 위를 올려다본다.
그런데 나는 이미 높은 곳에 있기에
발아래를 내려다본다.
그대들 중 누가 웃으면서
동시에 높이 올라와 있을 수 있겠는가?
가장 높은 산을 오르는 자는
모든 비극적 유희와 비극적 진지함을 비웃는다.

차라투스트라 「읽기와 쓰기에 대하여」 중에서

방랑자

309

때는 한밤중이었다. 차라투스트라는 아침 일찍 섬의 다른 쪽 해변에 도착해 배를 타려고 섬의 산 능선을 넘어가고 있었다. 그곳에는 타국의 배들도 닻을 내려도 되는 괜찮은 정박지가 한 곳 있었다. 그 배들은 기쁨이 넘치는 섬에서 바다를 건너고 싶어 하는 여러 사람들을 태워서 갔다. 차라투스트라는 산을 오르면서 젊은 시절 수없이 했던 고독한 방랑, 그리고 산과 능선, 정상을 얼마나 많이 올랐었는지를 생각했다.

나는 방랑자이자 산을 오르는 자고, 평지를 사랑하지 않으며, 오랫동안 고요히 앉아 있을 수는 없을 것 같다고 그는 마음속으로 말했다.

지금 내게 운명이든 경험이든 무엇이 다가오든지 간에 거기에는 방랑과 산을 오르는 일은 있을 것이다. 누구든 결국에는 오직 자기 자신만을 경험하게 될 뿐이다.

내가 우연과 맞닥뜨릴 수도 있던 때는 지나갔다. 이미 내 일도 아닌데, 지금 와서 내게 무슨 일이 일어날 수 있겠는가!

내 본연의 자기는 그저 돌아올 뿐이다. 자신에게서 떨어져 오랫동안 낯선 곳에 있었고, 온갖 사물과 우연들 사이에서 흩어져 있었던 내 본연의 자기는 결국 집으로 돌아온다.

그리고 나는 하나 더 알고 있다. 나는 지금 나의 마지막 정상 앞에, 지극히 오랫동안 내게 남겨져 있던 것 앞에 서 있다. 아, 나는 지극히 힘든 나의 길을 올라가야 한다! 아, 아주 고독한 나의 방랑이 시작되었다!

하지만 나와 비슷한 자라면 누구든지 자신에게 이렇게 말하는 때를 피하지 못할 것이다. "이제야 비로소 그대는 위대함을 향해 그대의 길을 간다! 정상과 심연, 이것은 이제 하나로 연결되었다!

그대는 위대함을 향해 그대의 길을 간다. 지금까지 그대의 마지막 위험이라고 불려왔던 곳이 이제는 그대의 마지막 피난처가 되었다!

그대는 위대함을 향해 그대의 길을 간다. 그대 뒤에는 어떤 길도 없다는 것이 이제는 그대의 최고 용기가 될 것이다!

그대는 위대함을 향해 그대의 길을 간다. 이제는 그 누구도 그대의 뒤를 미행해서는 안 된다! 그대의 발이 그대가 걸어온 길을 지웠고, 그 길에는 불가능이라는 말이 쓰여있다.

그리고 앞으로 어떤 사다리도 없게 된다면 그대는 자신의 머리를 밟고 오르는 법을 터득해야 한다. 달리 올라갈 방도가 없지 않은가?

그대 자신의 머리를 밟고, 그대 자신의 심장을 넘어가라! 이제는 그대의 가장 부드러운 것도 가장 단단한 것이 되어야 한다.

늘 자기의 몸을 많이 사리는 자는 결국 그로 인해 병에 걸리고 만다. 그러니 단단하게 만드는 것을 찬양하라! 나는 젖과 꿀이 흐르는 땅을 찬양하지 않는다!

많은 것을 보기 위해서는 반드시 자신에게서 눈을 돌릴 줄 알아야 한다. 산을 오르는 자들은 누구든지 이러한 단단함이 필요하다.

그런데 인식하는 자라면서, 집요하게 눈에 보이는 것

에만 중시한다면 어떻게 만물에서 앞에 드러나 있는 근거 이상의 것을 볼 수 있겠는가!

그런데 오, 차라투스트라여, 그대는 만물의 근거와 배경을 보려고 했다. 그렇기에 그대는 그대 자신을 넘어 위로, 저 위쪽으로 그대의 별들마저도 그대 아래에 놓일 때까지 올라가야 한다!

그렇다! 나 자신과 내 별들마저도 내려다보는 것, 나는 이것을 나의 정상이라고 부르고, 그것은 나의 마지막 정상으로 내게 남겨진 것이다!'

차라투스트라는 산을 오르면서 단단한 잠언으로 마음을 달래며 이렇게 혼잣말했다. 그는 전례 없이 마음이 아팠기 때문이다. 그가 산등성이의 정상에 이르렀을 때, 보라, 그의 앞에 다른 바다가 넓게 펼쳐져 있는 게 아닌가. 그는 가만히 서서 오랫동안 침묵했다. 그런데 이 정상에서 맞이한 밤은 추웠고 선명했으며 별빛으로 환했다.

312

마침내 그는 슬픔에 잠긴 채 말했다. 나는 내 운명을 안다. 자! 나는 준비가 됐다. 내 마지막 고독이 지금 막 시작했다.

아, 내 밑에 있는 검고 애처로운 바다여! 아, 이 충만한 밤의 짜증이여! 아, 운명과 바다여! 아, 나는 이제 그대들에게로 내려가야 하는구나!

나는 가장 높은 내 산과 기나긴 내 방랑 앞에 서 있다. 그래서 나는 우선 전에 내려갔던 것보다 더 깊이 내려가야 한다.

내가 전에 내려갔던 것보다 더 깊이 고통 속으로, 그 고통의 가장 검은 밀물에 이를 때까지! 내 운명은 이렇게 하길 원한다! 자! 나는 준비가 됐다.

나는 이렇게 물은 적이 있었다. 가장 높은 산들은 어디에서 오는가? 그리고 나는 그 산들이 바다에서 온다는 것을 배웠다.

그 증거는 그 산들의 바위와 그 정상의 절벽에 쓰여있다. 가장 높은 것은 가장 깊은 곳에서부터 나와 그 높이에 이르러야 한다고 말이다.

차라투스트라는 찬 바람이 부는 산 정상에서 이렇게 말했다. 그런데 그가 바다 근처에 이르러 드디어 절벽 아래에 홀로 서게 되었을 때 그는 이미 지쳤고 전보다 더 그리움에 사무쳤다.

그가 말했다. 모든 것이 아직도 잠들어 있다. 바다도 잠들어 있다. 바다의 눈은 잠에 취한 채 이상한 눈길로 나를 바라보고 있다.

하지만 바다가 내쉬는 숨결은 따뜻하다. 나는 느낄 수 있다. 그리고 바다는 꿈을 꾸고 있다는 것도 느낄 수 있다.

바다는 딱딱한 베개 위에서 꿈결에 몸을 비비 꼬고 있다.

쉿! 쉿! 바다기 나쁜 기억들 때문에 얼마나 끙끙거리고 있는가! 아니면 나쁜 기대 때문에 그러는가?

아, 그대 검은 괴물이여, 나는 그대 때문에 슬프다, 그대 때문에 아직도 나 자신을 원망하고 있다.

아, 내 손이 강하지 않다니! 진실로 나는 기꺼이 그대를 나쁜 꿈에서 구해주고 싶다!

차라투스트라는 이렇게 말하면서, 우울한 기분과 괴로움을 느끼며 자기 자신을 비웃었다. 그가 말했다. "어째서! 차라투스트라여! 그대는 아직도 바다에게 위로의 노래를 불러주고 싶은가?

아, 그대 사랑스러운 바보 차라투스트라여, 그대 신뢰받는 행복한 자여! 그런데 그대는 늘 그래왔다. 그대는 늘 친밀한 마음으로 무시무시한 모든 것에 다가갔다.

그대는 저마다의 괴물을 쓰다듬어 주려고 했다. 따뜻한 숨결에서 나오는 입김을, 앞발에 헝클어져 늘어져 있는 부드러운 털을 말이다. 그리고 그대는 즉시 그것을 사랑하고 유혹하려고도 했다.

사랑은 가장 고독한 자에게는 위험한 일이다. 살아있기만 하면 무엇이든지 사랑하는 것은 위험한 일이란 말이다! 진실로 우스운 것은 사랑을 할 때 보이는 나의 어리석

Friedrich Wilhelm Nietzsche

음과 나의 겸손함이다!"

차라투스트라는 이렇게 말하고는 또다시 웃었다. 그런데 그때 떠나온 벗들이 갑자기 생각났다. 그는 마치 생각으로 벗들을 욕보인 것 같아서 자신에게 화가 났다. 그러면서 웃던 자는 울기 시작했다. 차라투스트라는 분노와 그리움에 사무쳐 슬피 울었다.

환상과 수수께끼에 대하여

차라투스트라가 기쁨이 넘치는 섬에서 온 어떤 남자와 함께 배에 탔다는 소문이 선원들 사이에 퍼졌을 때, 호기심과 기대감이 크게 일었다. 하지만 차라투스트라는 이틀간 아무 말도 하지 않았고 추위를 느꼈으며 슬픔으로 인해 아무것도 들리지 않는 상태였다. 눈길을 주어도 어떤 질문을 해도 답하지 않을 정도였다. 그런데 이튿날 저녁이 되자 그는 여전히 말은 없었지만, 귀만은 다시 열어 놓은 상태였다. 왜냐하면 먼 곳에서 왔고 또 먼 곳으로 떠나려는 이 배에서 이상하고 위험한 것 같은 소리가 많이 들

Friedrich Wilhelm Nietzsche

렸기 때문이다. 차라투스트라는 먼 거리를 여행하고 싶어
하고, 위험한 것을 감수하지 않고서는 살아갈 수 없는 자
들의 벗이었다. 그런데 보라! 드디어 그 소리를 듣는 동안
그의 혀가 풀리고, 마음의 얼음덩어리가 깨지는 게 아니
겠는가. 그는 이렇게 말하기 시작했다.

그대들, 대담한 탐구자들, 유혹자들, 그리고 언젠가 교
활한 돛으로 무시무시한 바다를 항해했던 자들이여,

그대들, 피리 소리에 별의별 미로의 협곡으로 유인되는
영혼을 소유한 수수께끼에 취한 자들, 여명에 기뻐하는
자들이여,

그대들은 비겁한 손으로 더듬어 한 가닥 실을 찾으려
하지 않고 추측할 수 있는 곳에서는 추론하기를 꺼린다.

그대들에게만 내가 봤던 수수께끼를 말해주겠다. 가장
고독한 자의 환상을 말이다.

나는 최근에 시체 색깔의 여명 속을 음울하게 걸었다.
입술을 꽉 다문 채 음울하고 괴롭게 말이다. 내게 단 하나
의 태양만 진 것은 아니었다.

자갈밭을 밟고 지나 당돌하게 올라간 오솔길, 잡초나
덤불도 더는 자라지 않는 고약하고 고독한 오솔길, 이 산
의 오솔길은 당돌한 내 발에 짓눌러졌다.

자갈이 비웃듯 달가닥거리는 소리를 냈으나 그 위를

조용히 걷고 미끄러운 돌을 짓밟으면서 내 발은 힘겹게 위로 향해갔다.

위로, 내 발을 아래로 끌어당겨 심연으로 끌어내리려는 정신에 저항하면서. 내 악마이자 최대의 적인 중력의 영에 저항하면서 내 발은 위로 향해갔다.

위로, 반은 난쟁이, 반은 두더지인, 절뚝거리며 무엇이든 마비시키는 그 중력의 영이 내 위에 앉아서 내 귀에 납을 붓고, 납으로 된 방울 같은 사상을 내 뇌로 한 방울씩 뚝뚝 떨어뜨렸지만 내 발은 위로 향해갔다.

중력의 영은 한 음절 한 음절씩 경멸조로 속삭였다. "오 차라투스트라여, 그대 지혜의 돌이여! 그대는 자신을 높이 던졌지만, 던져진 돌은 반드시 떨어지게 돼 있다!

오 차라투스트라여, 그대 지혜의 돌이여, 그대 투석기의 돌이여, 그대 별을 파괴하는 자여! 그대는 자신을 더없이 높이 던졌지만, 던져진 돌은 반드시 떨어지게 돼 있는 것이다!

그대 스스로 그대에게 투석사형의 벌을 내려라. 오 차라투스트라여, 그대는 돌을 멀리도 던졌지만, 그 돌은 다시 그대 위로 떨어질 것이다!"

그러고 나서 그 난쟁이는 침묵했다. 침묵은 오래 이어졌다. 그런데 그의 침묵은 나를 우울하게 했다. 이런 식으로 둘이 있는 것은 혼자 있는 것보다 진정 더 고독하다!

나는 오르고 또 오르면서 꿈도 꾸고 생각도 해봤지만, 이 모든 것은 나를 무겁게 짓눌렀다. 나는 마치 지독한 고통에 지치고, 더 지독한 꿈으로 잠에서 다시 깨어난 병자 같았다.

그러나 내 마음에는 내가 용기라고 부르는 무언가가 있었다. 그것은 지금까지 내게 있던 모든 불만을 죽였다. 마침내 이 용기는 가만히 서서 이렇게 말하라고 명했다. "난쟁이여! 그대인가! 아니면 나인가!"

그러니까 용기가, 공격적인 용기가 최고의 살인자인 것이다. 저마다의 공격에는 소리가 울려 퍼지는 유희가 있기 때문이다.

인간은 가장 용감한 동물이다. 그래서 인간은 각각의 짐승을 극복했다. 소리가 울려 퍼지는 유희로 각각의 고통마저도 극복했다. 그러나 인간의 고통은 가장 심각한 고통이다.

용기는 심연에서의 현기증도 죽인다. 심연에서 인간이 서 있지 못할 곳이 어디 있겠는가! 본다는 것 자체가 심연을 보는 것 아닌가?

용기는 최고의 살인자다. 용기는 동정심도 죽인다. 하지만 동정심은 가장 깊은 심연이다. 그래서 삶을 깊이 들여다보는 것만큼 인간은 고통도 깊이 들여다본다.

용기, 공격적인 용기는 최고의 살인자다. 용기는 죽음
도 죽인다. 왜냐하면 용기는 "그것이 삶이었다고? 자 그
럼! 다시 한번!"이라고 말하기 때문이다.

그런데 이러한 말에는 소리가 울려 퍼지는 유희가 다
분하다. 귀가 있는 자는 들어라.

2

나는 말했다. "멈춰라! 난쟁이여! 나인가! 아니면 그대
인가! 우리 둘 중에서 내가 더 강하다! 그대는 내 심연의
사상을 알지 못한다! 그대는 그것을 견뎌내지 못할 것이
다!"

그때 내가 더 가벼워지는 일이 일어났다. 호기심 많은
그 난쟁이가 내 어깨에서 뛰어내려서였다. 그러고는 내
앞에 있던 바위에 웅크리고 앉았다. 우리가 멈춰있던 그
곳에는 성문 통로가 있었다.

내가 계속 말했다. "이 성문 통로를 보라! 여기에는 얼
굴이 두 개 있다. 그리고 누구도 끝까지 가본 적 없는 두
길도 나 있다.

뒤에 길게 나 있는 이 좁은 길은 영원으로 이어진다. 그

리고 밖으로 길게 나 있는 저 좁은 길은 또 다른 영원으로 이어진다.

이 두 길은 이런 방식으로 서로 모순된다. 이 두 길은 서로에게 상처를 준다. 성문 통로의 이름은 위쪽에 순간이라고 적혀있다.

그런데 누군가가 그 두 길 중 한 길을 계속해서 멀리, 더 멀리 걷는 자가 있다면 난쟁이여, 그대는 이 두 길이 서로 영원히 모순되리라고 생각하는가?"

"곧은 것은 모두 거짓말을 한다." 난쟁이가 경멸조로 중얼거렸다. "모든 진리는 구부러져 있고, 시간 자체도 하나의 원이다."

나는 화를 내며 말했다. "그대 중력의 영이여! 그것을 너무 쉽게 받아들이지 말라! 그렇지 않으면 그대가 웅크리고 앉아 있는 곳에 그대를 웅크린 앉은 채로 내버려 둘 것이다, 절름발이여! 그리고 내가 그대를 높은 곳으로 데리고 왔다!

나는 계속 말했다. 보라, 이 순간을! 순간이라는 이 성문 통로에서부터 영원의 좁은 길이 길게 뒤로 나 있고, 우리 뒤에는 하나의 영원이 놓여있다.

만물 중에서 달릴 수 있는 것은 이 좁은 길을 언젠가 이미 달려 본 적이 있어야 하지 않겠는가? 만물 중에서 일어날 수 있는 일은 언젠가 이미 일어났고 끝났으며 지나갔어야 하지 않겠는가?

그리고 모든 것이 이미 거기에 존재했었다면, 그대 난쟁이는 이 순간을 어떻게 생각하는가? 이 성문 통로도 이미 거기에 존재했던 것이 아니겠는가?

그리고 이 순간이 앞으로 나타날 만물을 자신에게 끌어당기도록, 만물은 그런 식으로 촘촘하게 연결돼있는 것이 아니겠는가? 그래서 자기 자신도 끌어당기는 것이 아니겠는가?

만물 중에서 달릴 수 있는 것은 이 긴 좁은 길에서도 바깥으로 언젠가는 한 번 더 달려야 하기 때문이다.

그리고 달빛 속을 기어 다니는 이 느릿한 거미 그리고 달빛 그 자체, 성문 통로에서 함께 영원한 것에 대해 속삭이는 나와 그대, 우리 모두는 이미 존재했던 것이 아니겠는가?

그리고 돌아와서 우리 앞에 있는 저 다른 좁은 길에서, 이 길고 끔찍한 좁은 길에서 달려야 하지 않겠는가? 우리는 영원히 되돌아와야 하지 않겠는가?"

나는 점점 더 작게 이야기했다. 내 생각과 속셈이 무서웠기 때문이다. 그때 갑자기 근처에서 어떤 개가 울부짖는 소리가 들렸다.

Friedrich Wilhelm Nietzsche

개가 그렇게 울부짖는 소리를 들은 적이 있었던가? 내 생각은 과거로 향했다. 그렇다! 내가 아이였을 때, 먼 어린 시절로.

그때 개가 그렇게 울부짖는 소리를 들은 적이 있었다. 개도 유령을 믿게 된다는 조용한 한밤중에 털을 곤두세운 채 머리를 위로 들고 벌벌 떠는 개도 본 적이 있었다.

그 개가 불쌍하다는 마음이 들었다. 그때 보름달이 죽은 듯 말없이 집 위로 떠올랐다. 둥근 불씨 같은 그 보름달은 마치 낯선 집주인처럼 평평한 지붕 위에 고요히 떠 있었다.

도둑과 유령을 믿기 때문에 개는 그 당시에 공포에 떨었다. 그래서 다시 그렇게 울부짖는 소리를 들었을 때 나는 다시 한번 그 개가 불쌍하다는 마음이 들었다.

난쟁이는 지금 어디로 갔는가? 성문 통로로? 그리고 거미는? 모든 속삭임은? 나는 지금 꿈꾸고 있는 것인가? 나는 깨어난 것인가? 나는 갑자기 가장 황량한 달빛을 받으며 홀로 움츠러든 채 거친 절벽들 사이에 서 있었다.

그런데 거기에는 한 인간이 누워있었다. 거기에! 그 개는 내가 오고 있는 것을 보고는 펄쩍펄쩍 뛰고 털을 곤두세운 채 낑낑거렸다. 그때 그 개는 다시 울부짖었다. 그때 그 개는 큰 소리를 내며 울었다. 개 한 마리가 그렇게 도움을 청하며 우는 소리를 내가 들어본 적이 있었던가?

나는 정말이지 지금껏 그러한 것을 본 적이 전혀 없었다. 나는 몸부림치고 질식할 것 같고 경련을 하고 얼굴이 일그러진 채, 입에 무거운 검은 뱀 한 마리가 매달려 있는 어린 양치기를 본 적은 있다.

어떤 이의 얼굴에 혐오감과 창백한 공포가 그렇게 많이 서려 있는 것을 내가 본 적이 있었던가? 혹시 그는 자고 있었던 것인가? 그때 뱀이 그의 목구멍으로 기어가 거기를 꽉 물었던 것이다.

내 손은 그 뱀을 당기고 또 당겼다. 하지만 아무런 소용이 없었다! 내 손은 그 뱀을 목구멍에서 잡아빼지 못했다. 그때 내 마음에서 무언가가 외쳤다. '물어라! 확 물어라!

대가리부터 물어라! 확 물어라!' 내 마음속에서 무언가가 이렇게 외쳤다. 내 공포, 내 증오, 내 혐오, 내 동정, 내 모든 선과 악이 단 한 번의 외침으로 내 안에서 외쳤던 것이다.

내 주변에 있는 그대 대담한 자들이여! 그대 탐구자들이여, 유혹자들이여, 그대들 중 누군가의 돛을 교활하게 달고 미지의 바다를 항행한 자들이여! 그대 수수께끼를 즐기는 자들이여!

그때 내가 봤던 수수께끼를 내게 풀어달라. 가장 고독

한 자의 환상을 설명해달라.

그것은 환상이자 예견이었기 때문이다. 그 당시 나는 비유에서 무엇을 보았는가? 그리고 언젠가 반드시 다가올 자는 누구인가?

그렇다면 목구멍에 뱀이 기어들어 간 그 양치기는 누구인가? 그렇다면 가장 무겁고 가장 검은 것이 모두 목구멍에 기어서 들어가게 될 인간은 누구인가?

그런데 그 양치기는 내 외침의 충고대로 물었다. 그는 꽉 물었다! 뱀의 대가리를 멀리 내뱉고는 벌떡 일어났다.

그는 더는 양치기도, 더는 인간도 아닌, 변화된 자, 빛에 둘러싸여 반짝이며 웃고 있는 자다, 이 세상에서 일찍이 그가 웃는 것처럼 웃는 인간은 전혀 없었다!

오, 내 형제들이여, 나는 인간의 웃음소리가 아닌 웃음소리를 들었다. 그리고 이제 어떤 갈증이, 절대 충족되지 않을 그리움이 나를 갉아먹고 있다.

이 웃음에 대한 나의 그리움이 나를 갉아먹고 있다. 오, 내가 이를 어떻게 견디며 계속 살아갈 수 있겠는가! 그리고 지금 죽는다는 것을 어떻게 견뎌낼 수 있단 말인가!

차라투스트라는 이렇게 말했다.

의지에 반하는 행복에 대하여

차라투스트라는 그러한 수수께끼와 괴로움을 가슴에 안고 항해했다. 그런데 그가 기쁨이 넘치는 섬들과 벗들을 떠난 지 나흘이 되었을 때 그는 자신의 모든 고통을 극복하게 되었다. 그는 승리한 채 두 발로 당당하게 자신의 운명과 마주했다. 그리고 그때 차라투스트라는 환호하며 기뻐하는 자신의 양심에 이렇게 말했다.

"나는 다시 혼자다. 그리고 청명한 하늘과 드넓은 바다와 혼자 있기를 바란다. 또다시 오후가 찾아왔다.

내가 언젠가 처음으로 벗들을 만났던 때도 오후였고, 또다시 벗들을 만났던 때도 오후였는데, 모든 빛이 점점 고요해지는 시간이었다.

하늘과 대지 사이에 아직 남아 있는 행복은 지금 거처할 밝은 영혼을 찾고 있기 때문이다. 이제 행복감에 모든 빛이 더 고요해졌다.

오 내 삶의 오후여! 언젠가 나의 영혼도 거처할 곳을 찾고자 골짜기로 간 적이 있다. 그곳에서 나의 영혼은 개방적이고 환대하는 이 영혼들을 발견했다.

오 내 삶의 오후여! 내가 이 한 가지, 바로 나의 사상이 살 수 있도록 뿌리내리고 내 최고 희망의 아침놀만 가질 수 있다면, 내어 주지 않을 게 뭐가 있겠는가!

창조하는 자는 한때 동행자들과 자신의 희망의 아이들을 찾았다. 그런데 보라, 그가 먼저 그들을 창조하지 않는다면, 그들을 찾을 수 없다는 것이 밝혀진 게 아닌가.

그래서 나는 내 아이들에게 가고 또 돌아오면서 내 작업에 열중한다. 차라투스트라는 자신의 아이들을 위해 자기 자신을 완성해야 하는 것이다.

본래 인간은 자신의 아이와 일만 사랑하기 때문이다. 그리고 자기 자신에 대한 고귀한 사랑이 있다면 그 사랑은 잉태의 징후다. 나는 이것을 알게 되었다.

내 정원의 가장 좋은 토양에서 자란 나무들인 내 아이들은 태어난 첫 번째 봄에도 여전히 푸르르고 함께 나란히 서서 바람에 흔들린다.

그리고 진실로! 그런 나무들이 함께 나란히 서 있는 곳에 기쁨에 넘치는 섬들이 '있다!'

그런데 나는 언젠가 그 나무들을 파내어 각자의 자리에 배치할 것이다. 그 나무들이 각자 고독과 반항, 선견을 배울 수 있도록 말이다.

그러면 그 나무들은 각자 유연한 강도로 마디가 굵고 구부러진 채 무적의 삶의 살아있는 등대로 바다 옆에 서 있게 될 것이다.

폭풍이 바다로 내리치고 산맥의 주둥이가 물을 마시는 곳에서 그 나무들 각자는 자신의 시험과 인식을 위해 앞으로 밤낮으로 깨어있어야 한다.

그 나무들 각각은 나와 같은 부류인지 혈통인지, 오랜 의지의 주인인지, 말을 할 때도 침묵하고, 줄 때도 받는 것처럼 관대한지에 대해 인정받고 시험받아야 한다.

그 나무들 각각은 언젠가 내 동행자이자 차라투스트라와 함께 창조하고, 함께 기뻐하는 자가 될 것이고, 만사를 온전히 이뤄내고자 내 의지를 내 기록판에 기록하는 자가 되도록 하기 위해서다.

그리고 그 나무들과 그와 같은 자들을 위해서 나는 나 자신을 완성해야 한다. 그리하여 나는 이제 내 행복에서 벗어나 마지막 나의 시험과 인식을 위해서 모든 불행한 것들에 나 자신을 바친다.

그리고 진실로 내가 떠나야 할 시간이 왔다. 그리고 방랑자의 그림자와 지극히 기나긴 시간과 지극히 고요한 시간이 모두 내게 말했다. '최고의 시간이 왔다!'

바람이 내 열쇠 구멍으로 불어오더니 내게 말했다. '이리 오라!' 문이 갑자기 교묘하게 벌컥 열리더니 내게 말했다. '가라!'

하지만 나는 내 아이들에 대한 사랑의 쇠사슬에 묶여 누워있었다. 욕망이 이런 올가미로 나를 묶은 것이다. 내가 내 아이들의 먹잇감이 되고, 그들로 인해 나 자신을 잃어버리게 하려는 사랑에 대한 욕망이 말이다.

욕망하는 것은 이미 내게 이런 의미를 지닌다. 바로 나 자신을 잃어버린다는 것이다. 나는 그대들이 있다. 나의 아이들이여! 이런 소유에서 모든 것은 안전해야 하고 그 어떤 열망함도 없어야 한다.

그러나 내 사랑의 태양은 내 위에서 찌는 듯한 햇살을 내뿜고 있었고 차라투스트라는 피가 들끓고 있었다. 그때 그림자와 의심이 나를 떠나가 버렸다.

나는 이미 한기와 겨울에 굶주린 상태였다. '오 그 한기와 겨울이 나를 다시 갈라지게 하고 삐걱거리게 해줬으면!' 나는 헌 숨을 쉬었다. 그러자 얼음장 같은 안개가 내 몸에서 피어올랐다.

내 과거는 그의 무덤을 파헤쳤고 산 채로 묻혔던 많은 고통이 깨어났다. 고통은 수의壽衣에 숨어 잠들어 있었을 뿐이었다.

이렇게 모든 것이 징후로 내게 외치고 있었다. '때가 왔다!' 하지만 나는 내 심연이 흔들리고 내 사상이 나를 깨물 때까지 듣지 못했다.

아, 심연의 사상이여, 그대는 '내' 사상이다! 나는 그대가 무덤을 파헤치는 소리를 듣고도 더는 벌벌 떨지 않을 힘을 언제쯤 찾을 수 있겠는가?

나는 그대가 무덤 파는 소리를 들으면 심장 박동이 목까지 올라와 쿵쾅거린다! 그대의 침묵도 나를 질식시키려고 한다, 그대 심연의 침묵자여!

나는 아직도 그대를 감히 '위로 오라' 하고 외친 적이 없다. 내가 그대를 나와 함께 짊어지고 있는 것만으로도 이미 충분했다. 나는 아직도 최후의 사자의 오만함과 경솔함을 감당할 만큼 강하지는 않다

내게 그대의 무거움은 늘 무시무시한 것이기에 충분했다. 하지만 언젠가 나는 올라오라고 그대에게 외칠 힘과 사자의 목소리를 찾게 될 것이다!

일단 내가 그것을 극복하고 나면 더 큰 것도 극복하고 싶어질 것이다. 그러면 승리는 내 완성의 인장印章이 될 것이다!

그동안에 나는 막연한 바다에서 표류할 것이다. 사탕발림하는 우연이 내게 아첨을 떤다. 앞뒤를 살펴보지만, 여전히 끝은 보이지 않는다.

내 마지막 투쟁의 시간은 아직 내게 오지 않았다. 혹시 때마침 지금 오고 있는 것인가? 진실로, 바다와 삶이 사방에서 음흉한 아름다움의 시선으로 나를 바라보고 있다!

오 내 삶의 오후여! 오 저녁이 되기 전의 행복이여! 오 공해상의 항구여! 오 미지의 평화여! 내가 그대들 모두를 얼마나 불신하는지 아는가!

진실로, 나는 그대들의 음흉한 아름다움을 불신한다! 나는 모든 이의 미소를 불신하는 연인과도 같다.

질투가 심한 자가 자기의 엄격함 속에서도 부드럽게 사랑하는 자를 밀쳐내는 것처럼, 나는 기쁨으로 가득 찬 이 시간을 밀쳐낸다.

물러가라, 그대 기쁨에 가득 찬 시간이여! 내 의지에 반하는 행복이 그대와 함께 내게 왔다! 나는 자진해서 나의 가장 깊은 고통을 감내하고 여기에 서 있다. 그대는 좋지 않은 때에 왔다!

물러가라, 그대 기쁨에 가득 찬 시간이여! 차라리 저기, 내 아이들이 있는 곳에서 머물러라! 서둘러라! 그리고 저녁이 오기 전에 나의 행복으로 내 아이들을 축복하라!

벌써 저녁이 다가오고 있다. 해는 지고 있다. 물러가라, 나의 행복이여!"

차라투스트라는 이렇게 말했다. 그리고 그는 밤새도록 자신의 불행을 기다렸지만 헛수고였다. 밤은 밝으면서도 고요했고, 행복이 스스로 점점 더 그에게 가까이 다가왔다. 아침이 올 무렵 차라투스트라는 마음속으로 웃으며 조롱하는 투로 말했다. "행복이 나를 쫓아오고 있다. 이유는 내가 여자들을 쫓아다니지 않아서다. 아무튼 행복은 여자다."

332

해 뜨기 전에

오 내 머리 위 하늘이여, 그대 순수한 자여! 그대 더 깊은 자여! 그대 빛의 심연이여! 나는 그대를 바라보며 신성한 욕망 때문에 몸이 오싹거린다.

그대의 높이로 나를 던지는 것, 이것이 바로 나의 깊이다! 그대의 순수함 속으로 나를 감추는 것, 이것 바로 나의 순진함이다!

신의 아름다움은 신을 감추었다. 이런 식으로 그대는 그대만의 별을 숨겼다. 그대는 말하지 않는다. 이런 식으로 그대는 그대의 지혜를 내게 알려준다.

오늘 그대는 포효하는 바다 위로 말없이 내게 떠올랐

고, 그대의 사랑과 부끄러움은 포효하는 내 영혼에 계시를 전해준다.

그대는 그대의 아름다움에 감춰진 채 내게 아름답게 다가왔고, 그대의 지혜를 계시하며 내게 말없이 말해준다.

오 내가 그대의 영혼에 있는 부끄러운 모든 것을 어찌 짐작하지 않았겠는가? 해뜨기 전에 그대는 가장 고독한 자인 내게 다가왔다.

우리는 처음부터 친구였다. 우리는 깊은 슬픔과 공포, 땅을 공유하고 있다. 태양까지도 공유하고 있다.

우리는 아주 많은 것을 알고 있기에 서로 이야기를 나누지 않는다. 우리는 서로 침묵을 지키며, 우리가 알고 있는 지식에 서로 미소를 짓는다.

그대는 내 불을 위한 빛이 아닌가? 그대는 내 통찰을 위한 자매 영혼이 없는가?

우리는 함께 모든 것을 배웠다. 우리는 함께 우리 자신을 넘어서 우리 자신에게로 올라가 쾌청하게 웃는 법을 배웠다.

강제와 목적, 죄책감이 우리 밑에서 마치 비처럼 뿜어져 내릴 때, 아주 멀리 떨어진 곳에서 반짝이는 눈으로 아래를 향해 쾌청하게 미소 짓는 법을 배웠다.

그리고 내가 홀로 방랑했을 때, 내 영혼은 밤마다 미로 같은 오솔길에서 누구를 갈망했단 말인가?

그리고 나는 산에 올라갔을 때 내가 산 위에서 그대가 아니라면 누구를 찾으려 했단 말인가?

그리고 내 모든 방랑과 등반은 서투른 자에게 피할 수 없는 일이자 임시방편에 불과했다. 내 온전한 의지는 그저 날아가길, 그대 안으로 날아가길 원할 뿐이다!

떠다니는 구름과 그대를 더럽히는 모든 것보다 내가 더 증오한 것이 어디 있겠는가? 나는 그대를 더럽혔던 나 자신의 증오심마저도 증오했다!

나는 살금살금 걷는 도둑고양이들처럼 떠다니는 이 구름을 싫어한다. 이것들은 그대와 내게서 우리가 공유하고 있는 것, 즉 그렇다와 아멘이라는 엄청나고 무한한 말을 빼앗아 간다.

우리는 중재자와 혼합자들 같은 이 떠다니는 구름을 싫어한다. 축복하는 법도 철저히 저주하는 법도 배우지 못한 이도 저도 아닌 자들을 싫어한다.

가장 높은 하늘인 그대가 떠다니는 구름으로 인해 더럽혀지는 것을 보느니 차라리 나는 닫힌 하늘 아래에 있는 통에, 하늘이 없는 심연에 앉아 있을 것이다!

나는 마치 천둥처럼 그 구름의 불룩한 복부를 북처럼 두들기고자 가끔 번개로 된 뾰족한 금 철사로 그 구름을 고정하고 싶어 하기도 했다.

화가 난 북 치는 자로서, 그 구름은 내게서 그대의 그렇다!, 아멘!을 빼앗아 가기 때문이다. 내 위에 있는 그대 하늘이여, 그대 순수한 자여! 빛나는 자여! 그대 빛의 심연이여! 그 구름이 그대에게서 나의 그렇다!와 아멘!을 빼앗아 가기 때문이다.

왜냐하면 신중하고 의심 많은 이 고양이들의 고요함보다 차라리 나는 소음과 천둥, 날씨의 저주를 원하기 때문이다. 그리고 나는 인간들 사이에서도 비굴한 자들, 이도 저도 아닌 자들, 의심 많고 우물쭈물하는, 떠다니는 구름 같은 자들을 가장 싫어하기 때문이다.

그리고 "축복할 수 없는 자는 저주하는 법을 배워야 한다!"는 이 명쾌한 가르침은 밝은 하늘에서 내게 떨어졌고, 이 별은 어두운 밤에도 내 하늘에 떠 있다.

그러나 그대가 내 주변에 있는다면 나는 축복하는 자이자 그렇다라고 말하는 자다. 그대 순수한 자여! 빛나는 자여! 그대 빛의 심연이여! 나는 아직도 모든 심연 속에 그렇다라는 나의 축복의 말을 가지고 간다.

나는 축복하는 자, 그렇다라고 말하는 자가 되었다. 그리고 언젠가 두 손으로 자유롭게 축복을 내릴 수 있도록 나는 오랫동안 분투했고, 또 분투하는 자이기도 했다.

Friedrich Wilhelm Nietzsche

그러나 내 축복은 이러하니, 만물 자체의 하늘, 만물의 둥근 지붕. 만물의 하늘빛 종과 영원한 안전으로서 만물 위에 서 있으라. 이렇게 축복하는 자에게는 복이 있다!

왜냐하면 만물은 영원의 샘과 선악의 피안에서 세례를 받기 때문이다. 그러나 선악 그 자체는 중간그림자, 축축한 고난, 떠다니는 구름일 뿐이다.

진실로, 내가 "만물 위에는 우연이라는 하늘, 순진함이라는 하늘, 예상 외라는 하늘, 오만함이라는 하늘이 있다."라고 가르친다면 이것은 모독이 아니라 축복이다.

예상 외, 이것이 세계에서 가장 오래된 귀족이다. 나는 이것을 만물에 되돌려주면서 만물을 목적에 예속돼 있던 상태에서 구해주었다.

내가 만물 위에, 만물을 통한 영원한 의지는 없을 것이다라고 가르쳤을 때 나는 이 자유와 하늘의 맑음을 마치 하늘빛 종처럼 만물 위에 놓은 것이다.

내가 "만물 중에 불가능한 게 한 가지가 있다면, 그것은 합리성이다!"라고 가르쳤을 때 나는 저 의지 대신에 그 자리에 이 오만함과 어리석음을 두었던 것이다.

약간의 이성, 별에서 별로 뿌려진 지혜의 씨앗, 이 효모균은 만물과 섞여 있다. 지혜가 어리석음을 위해 만물과 섞여 있는 것이다!

약간의 지혜는 가능하지만, 나는 만물에서 이 행복한 확신을 발견했다. 바로, 만물은 우연을 발판으로 삼아 춤추는 것을 더 선호한다는 것이다.

오 내 머리 위 하늘이여! 그대 순수한 자여! 드높은 자여! 영원한 이성의 거미와 영원한 이성의 거미줄이 없다는 것, 이것이 내게는 이제 그대의 순수함을 뜻한다.

그대가 내게 신성한 우연을 위한 무도회장이고 그대가 내게 신성한 주사위와 주사위 놀이를 하는 자들을 위한 신들의 탁자라는 것! 이것이 내게는 이제 그대의 순수함을 뜻한다.

그대는 얼굴이 붉어졌는가? 내가 말로 할 수 없는 말들을 했는가? 내가 그대를 축복하려다 모독했단 말인가?

아니면 둘이 함께 있는 게 수줍어서 얼굴을 붉힌 것인가? 낮이 다가오고 있으므로 그대는 떠나버리라고, 침묵을 지키라고 내게 명령하는 것인가?

세계는 깊다. 생각했던 것보다 낮은 더 깊다! 낮이 되기 전에 모든 것을 다 말할 필요는 없다. 그런데 낮이 다가오고 있다. 그러니 이만 헤어지자!

오 내 머리 위 하늘이여, 그대 수줍어하는 자여! 붉게 타오르는 자여! 오 그대 해뜨기 전의 내 행복이여! 낮이 다가오고 있다. 그러니 이만 헤어지자!

Friedrich Wilhelm Nietzsche

차라투스트라는 이렇게 말했다.

작아지게 하는 덕에 대하여

1

차라투스트라는 다시 육지에 도착했다. 그는 곧바로 자신의 산과 동굴로 가지 않고 많은 길을 걷고 질문을 던지며 이에 대해서 탐구했다. 그러고는 자신에 대해 농담조로 이렇게 말했다. "원천으로 굽이굽이 흘러 되돌아가는 수많은 강을 보라!" 왜냐하면 그는 그사이에 인간에게 무슨 일이 일어났는지, 인간이 더 위대해졌는지 더 작아졌는지 알고 싶었기 때문이다. 그리고 그는 새 집들이 한 줄로 늘어서 있는 것을 보았다. 그는 의아해하며 이렇게 말했다.

"이 집들은 다 무엇인가? 진실로, 그 어떤 위대한 영혼도 이 집들을 자신에 대한 비유로 삼으려고 세우지는 않았을 것이다!

어떤 어리석은 아이가 장난감 상자에서 그것을 꺼낸 것인가? 다른 아이가 그것을 자기 장난감 상자에 다시 집어넣어야 할 텐데!

그리고 이 거실들과 방들, 어른들이 여기를 드나들 수 있는가? 이것은 비단을 걸친 인형들을 위해서 만들어진 듯하다. 아니면, 몰래 훔쳐먹게 놔두기도 하는 도둑고양이들을 위해서."

차라투스트라는 가던 길을 멈추고 생각했다. 그리고 그는 상심한 채 말했다. "모든 것이 더 작아졌다!

어디서나 낮아진 문들이 보일 분이다. 나 같은 자들은 아직 그 문을 통과할 수 있지만, 몸을 굽혀야 한다!

아, 나는 더는 몸을 안 굽혀도 되는, 더는 소인들 앞에서 몸을 안 굽혀도 되는 내 고향으로 언제쯤 돌아가겠는가" 차라투스트라는 한숨을 쉬며 먼 곳을 바라보았다.

그리고 그는 그날에 작아지게 만드는 덕에 대해 말을 했다.

2

나는 이 군중들 사이를 걸으며 눈을 뜨고 있다. 그들은 내가 그들의 덕을 부러워하지 않기 때문에 나를 용서하지 않는다.

내가 그들에게 소인에게는 소인의 덕이 필요하다고 말한다는 이유로 소인들이 필요하다는 것을 이해하기 어렵다는 이유로 그들은 나를 꽉 깨문다!

나는 여전히 여기 낯선 농가에서 암탉들에게도 쪼임을 당하는 수탉 같다. 하지만 나는 이 암탉들을 불쾌하게 여기지 않는다.

나는 모든 작고 짜증스러운 것들에게 정중한 것처럼 암탉들에게도 정중하다. 소인이 가시투성이인 것은 마치 고슴도치의 지혜로 여겨진다.

그들은 저녁마다 불 주변에 모여 앉을 때면 모두 나에 대해 이야기를 한다. 그들은 나에 대해 이야기하지만, 그 어느 누구도 나에 대해서 생각하지는 않는다!

바로 이것이 내가 배운 새로운 고요다. 내 주변에서 들려오는 그들의 소음은 내 사상 위에 외투를 쫙 펼친다.

그들은 서로 막 떠들어댄다. "이 암울한 구름은 우리에게 무엇을 원하는가? 이 구름이 우리에게 전염병을 옮기지 못하도록 주의하자!"

Friedrich Wilhelm Nietzsche

그리고 근래에는 어떤 여자가 내게 오고 싶어 하는 자신의 아이를 거칠게 잡아당기며 외쳤다. "저리 가 있어! 저런 눈은 아이들의 영혼을 태운단 말이다."

그들은 내가 말할 때면 헛기침을 한다. 그들은 헛기침이 강풍에 맞선 반대표시라고 생각한다. 그들은 내가 내 행복에 대해 포효하는 것에 대해 아무것도 알아차리지 못하는 것이다!

"우리는 아직 차라투스트라에게 내줄 시간이 없다." 그들은 이렇게 반대표시를 한다. 그런데 차라투스트라에게 '내줄 시간이 없다'는 시간이란 게 그와 무슨 상관이 있겠는가?

그리고 그들이 만약 나를 칭찬한다면, 내가 어떻게 그들의 칭찬에 편히 잠들 수 있겠는가? 가시 박힌 허리띠가 내게는 그들의 칭찬이다. 내가 그것을 풀 때면 아직도 내 몸을 할퀸다.

그리고 나는 그들에게서 이것도 배웠다. 칭찬을 하는 자는 되돌려주는 척을 할 뿐, 실은 더 많이 받기를 원한다는 것이다!

그들의 칭찬 선율과 유혹 선율을 좋아하는지 내 발에 물어보라! 진실로 내 발은 그런 박자나 재깍재깍하는 소리에 맞춰 춤을 추는 것도 가만히 서 있는 것도 좋아하지 않는다.

그들은 작은 덕으로 나를 유혹하고 칭찬하고 싶어 한다. 그들은 작은 행복의 재깍재깍하는 소리를 위해 내 발을 설득하고 싶어 한다.

나는 이 군중들 사이를 걸으며 눈을 뜨고 있다. 그들은 더 작아졌음에도 지금도 점점 더 작아지고 있다. 하지만 그것이 행복과 덕에 대한 그들의 가르침이 된다.

그러니까 그들은 편안함을 원하기 때문에 덕을 행할 때도 겸손한 것이다. 하지만 겸손한 덕만이 편안함과 조화될 수 있다.

그들은 그들만의 방식으로 걷는 법과 전진하는 법도 배운다. 나는 이것을 그들의 비틀거림이라고 부른다. 그 때문에 그들은 서둘러 가는 자에게 걸림돌이 된다.

그들 중 상당수는 앞으로 걸어가며 뻣뻣한 목으로 뒤를 돌아본다. 나는 그 몸에 세게 부딪치는 것을 좋아한다.

발과 눈은 거짓말을 해서는 안 되고, 거짓말 때문에 서로에게 다그쳐서도 안 된다. 하지만 소인들 사이에는 거짓말쟁이들이 수없이 많다.

그들 중 일부는 스스로 원하지만, 대부분은 그저 원해지게 될 뿐이다. 그들 중 일부는 진짜지만, 대부분은 질 나쁜 배우들이다.

그들 중에는 자기도 모르게 된 배우들도 있고, 본의 아니게 된 배우들도 있다. 진짜인 자들은 늘 드문데, 진짜 배우들이 특히 그러하다.

여기에 남자다운 자가 거의 없다. 그래서 그들의 아내가 남성화된다. 충분히 남자다운 자만이 여성성 속에서 여자를 구제할 것이기 때문이다.

그리고 내가 그들 중에서 발견했던 위선 중 최악은 명령을 내리는 자들도 섬기는 자들의 덕이 있는 척한다는 것이었다.

"나는 섬긴다. 그대는 섬긴다. 우리는 섬긴다." 지배자들은 이렇게 기도하며 위선을 떠는 것이다. 그리고 첫 번째 주인이 그저 첫 번째 하인일 뿐이라면 슬플 것이다!

아, 내 눈의 호기심은 그들의 위선 속으로도 사라져버렸다. 그리고 나는 햇볕이 잘 드는 유리창 주변에서 그들 파리 떼의 모든 행복과 윙윙거리며 날아다니는 소리를 잘 알게 되었다.

호의가 있으면 그 정도의 약점도 있다는 것을 나는 안다. 정의와 동정이 있으면 그 정도의 약점도 있다.

모래 알갱이들이 서로 둥글고 정직하고 친절하듯이 그들도 서로 둥글고 정직하고 친절하다.

소소한 행복을 겸손하게 포옹하는 것, 이것이 그들이

말하는 '순종'이다! 그리고 그러자마자 그들은 새로운 소소한 행복을 겸손하게 흘끔거린다.

그들은 무엇보다도 한 가지만을 원하는데, 그것은 누구도 자신들을 헤치지 않아야 한다는 것이다. 그래서 그들은 남보다 먼저 모두에게 친절을 베푼다.

하지만 그것이 '덕'이라고 불린다고 해도, 이것은 어디까지나 비겁함일 뿐이다.

그리고 소인들인 그들이 거칠게 말한다 해도 나는 그 말속에서 그저 그들의 쉰목소리만 들을 뿐이다. 그러니까 한 줄기의 바람만 불어도 그들의 목은 쉬는 것이다.

그들은 영리하고, 그들의 덕은 영리한 손가락이 있다. 그러나 그 덕에는 주먹이 없고, 그 덕의 손가락은 주먹 뒤로 숨는 법을 알지 못한다.

그들에게 덕은 인간을 겸손하고 순종하게 만드는 것이다. 이를 위해 그들은 늑대를 개로 만들었고 인간 자체를 인간에게 가장 훌륭한 가축으로 만들었다.

그들은 교활하게 웃으며 내게 이렇게 말한다. "우리는 우리의 의지를 가운데 놓고, 배부른 돼지에게서도 죽어가는 검객들에게서도 멀리 떨어져 있다."

하지만 그것이 중용이라고 일컬어진다 해도, 이것은 어디까지나 **평균치**일 뿐이다.

Friedrich Wilhelm Nietzsche

3

나는 이 군중들 사이를 다니며 말을 많이 내뱉지만, 이들은 받아들일 줄도, 간직할 줄도 모른다.

그들은 내가 정욕과 악덕을 비방하려고 오지 않았다는 사실에 놀라워한다. 진실로 나는 소매치기를 경고하려고 온 것이 아니다!

그들은 내가 그들의 영리함을 더 깨우쳐주고 예리하게 해줄 준비가 되어있지 않다는 사실에 놀라워한다.

석필石筆처럼 나를 긁어 대는 목소리를 가진, 똑똑한 척하는 자들만으로는 충분치 않다는 것처럼!

그리고 내가 "그대들 마음에 있는, 기꺼이 애걸하고 두 손 모아 숭배하고 싶어 하는 모든 비겁한 악마들을 저주하라!"고 외치면, 그들은 "차라투스트라는 신을 부인한다"라고 외친다.

특히 순종을 가르치는 그들의 교사들이 그렇게 외치지만, 나는 이 교사들의 귀에 대고 큰소리로 이렇게 외치고 싶다. 그렇다! 내가 신을 부인하는 차라투스트라다!

순종을 가르치는 이 교사들! 이들은 작고 병들고 부스럼 딱지로 덮인 곳이면 어디든 마치 머릿니처럼 기어 다닌다. 그리고 그것들을 손으로 눌러 탁 터뜨리지 않는 것은 그저 역겨워서다.

자! 바로 이것이 그들의 귀에 대고 큰소리로 외칠 내 설교다. 내가 신을 부인하는, "그의 가르침을 기뻐할 정도인 나보다 신을 더 부인하는 자는 누구인가?"라고 말하는 차라투스트라다.

내가 신을 부인하는 자 차라투스트라다. 나와 같은 자들을 어디서 찾을 수 있는가? 스스로 자신의 의지에 헌신하고 모든 순종을 거부하는 자들 모두가 나와 같은 자들이다.

내가 신을 부인하는 자 차라투스트라다. 나는 지금도 나의 냄비에서 우연적인 모든 것을 요리하고 있다. 그리고 나는 그것이 완전히 익었을 때만 그것을 나의 요리로 맞이한다.

그리고 수많은 우연이 내게 위압적으로 다가왔지만, 나의 의지는 더 위압적으로 그 우연에게 말했다. 그때 그 우연은 애원하는 듯 이미 무릎을 꿇고 있었다.

그 우연은 나와 함께 머물 곳과 마음을 찾을 수 있게 해달라고 애원하면서 아첨하는 어조로, "보라, 오 차라투스트라여, 벗만이 벗에게 오는 법이지 않은가!"라고 설득하면서 말이다.

그런데 나의 말을 알아들을 귀가 있는 자들이 아무도 없는 곳에서 내가 무슨 말을 하겠는가! 그래서 나는 사방

348

팔방으로 이렇게 외칠 것이다.

그대들은 계속 작아지고 있다, 그대 소인들이여! 그대들은 부서져 벗겨지고 있다, 그대 안락한 자들이여! 그대들은 여전히 멸망하고 있다!

그대들의 수많은 사소한 덕으로 인해, 그대들의 수많은 사소한 단념으로 인해, 그대들의 수많은 사소한 순종으로 인해 말이다!

너무 관대하고, 너무 양보하는 것, 그대들의 토양이 바로 이렇다! 그런데 나무가 성장하려면 단단한 바위 주변에 단단한 뿌리를 내려야 한다!

그대들이 단념하는 것마저도 모든 인간의 미래라는 직물을 엮는다. 또한 그대들의 무無 역시 거미줄이자 미래의 피로 먹고사는 거미다.

그리고 그대들은 받아들일 때도 마치 훔치는 것 같다, 그대 작은 덕을 소유한 자들이여. 그런데 악한들 사이에 서마저도 명예는 이렇게 말한다. "빼앗을 수 없을 때만 훔쳐야 한다."

"그것은 자연히 주어진다." 이것 역시 순종의 가르침이다. 그러나 나는 그대 편안한 자들에게 이렇게 말하겠다. 그것은 자연히 빼앗긴다. 그리고 그것은 그대들에게서 점점 더 많이 빼앗아 갈 것이다!

아, 그대들이 어중간한 모든 의욕을 그대들에게서 없애고, 행동하듯이 게을러지기로 결심한다면!

아, 그대들이 내가 하는 이 말을 이해할 수 있다면, "어쨌든 그대들이 원하는 것을 하라. 그러나 먼저 원하는 것을 할 수 있는 자가 돼라!"

"네 이웃을 네 몸과 같이 사랑하라. 그러나 먼저 자기 자신을 사랑하는 자가 돼라.

큰 사랑으로 사랑하고, 큰 경멸로 사랑하라!" 신을 부인하는 차라투스트라는 이렇게 말한다.

그런데 나의 말을 알아들을 귀가 있는 자들이 아무도 없는 곳에서 내가 무슨 말을 하겠는가! 여기는 내게 아직 한 시간이 이른 곳이다.

나는 이 군중들 사이에서 나 자신만의 선구자이자 어두운 골목길을 관통하는 나 자신만의 수탉 울음소리다.

그런데 그들의 시간이 다가오고 있다! 내 시간도 마찬가지다! 그들은 매시간 점점 더 작아지고 더 궁핍해지며 더 열매를 맺지 못하게 될 것이다, 불쌍한 잡초여, 불쌍한 토양이여!

그리고 곧 그들은 내 앞에 바싹 마른 풀과 초원처럼 서 있을 것이다. 그리고 진실로! 자신에게 지쳐 물보다는 불을 더 갈망하면서!

오, 축복받은 번개의 시간이여! 오, 정오가 되기 전의 비밀이여! 나는 언젠가 이것을 힘껏 달리는 불이 되게 하고, 불꽃의 혀가 있는 예고자가 되게 할 것이다.

그들은 언젠가 불꽃의 혀로 이렇게 예고해야 할 것이다. 다가오고 있다, 가까이에 있다, 위대한 정오가!

차라투스트라는 이렇게 말했다.

감람산에서

언짢은 손님인 겨울이 내 집에 앉아 있다. 그와 우정의 악수를 나눈 탓인지 내 두 손은 파래졌다.

나는 이 언짢은 손님을 존경하지만 그를 홀로 내버려 두고 싶다. 나는 그에게서 도망치는 것을 좋아한다. 그리고 잘만 달릴 수 있다면 누구든 그에게서 달아날 수 있다!

나는 온기 가득한 발을 이끌고 따뜻한 사유를 하며 바람이 잔잔히 부는 곳, 내 감람산의 양지바른 한적한 곳으로 달려간다.

그러면 나는 내 근엄한 손님을 떠올리며 웃으면서도, 내 집에서 파리들을 잡아 작은 소음들을 조용하게 하는

Friedrich Wilhelm Nietzsche

그가 좋다.

그러니까 그는 모기 한 마리가 윙윙거려도 참지 못하는데, 심지어 두 마리라면 어떻겠는가. 그리고 그는 골목길마저 고독하게 만들어 달빛도 밤중에 거기서 두려움에 떨고 만다.

그는 가혹한 손님이지만 나는 그를 존경하고, 또 유약한 자들처럼 배불뚝이 불의 우상에게 기도하지는 않는다.

우상을 숭배하느니 차라리 이를 좀 덜덜 떠는 게 더 낫다! 이것이 내가 원하는 방식이다. 그리고 특히 나는 격정적이고 김이 나며 눅눅한 모든 불의 우상을 싫어한다.

나는 내가 사랑하는 자를 여름보다는 겨울에 더 사랑한다. 겨울이 내 집에 머문 이후부터 나는 이제 내 적을 더 대담하게 더 잘 조롱한다.

진실로 대담하게, 심지어 내가 잠자리에 기어서 갈 때조차, 숨어있는 내 행복도 웃으며 장난을 치고, 내 거짓 꿈도 웃는다.

내가 기어 다니는 놈인가? 나는 살아오면서 강자 앞에서 기어간 적이 단 한 번도 없다. 내가 거짓말을 한 적이 있다면 그것은 사랑 때문에 거짓말을 한 것이었다. 그래서 나는 겨울 잠자리에서도 기분이 좋다.

보잘것없는 잠자리가 풍족한 잠자리보다 나를 더 따뜻

하게 해주는데, 나는 내 가난을 질투하기 때문이다. 그리고 내 가난은 겨울에 내게 가장 충성스럽다.

나는 매일 악의에 찬 말로 시작하고, 냉수 목욕을 하며 겨울을 조롱한다. 그것 때문에 내 집의 엄격한 손님은 불평한다.

나는 작은 밀랍 양초로 겨울을 간지럽히는 것도 좋아한다. 겨울이 끝내 잿빛으로 물든 새벽의 하늘을 내게 내놓아 보여주도록 말이다.

그러니까 나는 특히 아침에 악의적인 이가 된다. 우물가에서 양동이가 덜거덕덜거덕 소리를 내며 움직이고, 말들이 잿빛 골목길에서 온화하게 히힝거리며 우는 이른 시간에.

그때 나는 밝은 하늘이, 눈 수염이 난 겨울 하늘이, 노인과 백발이 내 앞에 나타나기를 초조하게 기다린다.

가끔 자신의 태양까지도 숨기는 묵연한 겨울 하늘이!

내가 그 하늘에서 길고 밝은 침묵을 배운 것일까? 아니면 그 하늘이 내게서 그것을 배운 것일까? 아니면 우리 각자가 그것을 직접 생각해낸 것일까?

모든 좋은 사물들의 근원은 천 겹으로 이루어졌다. 모든 좋고 장난스러운 사물들은 즐거움에 취해 현존 속으로 도약한다. 그 사물들이 이를 어떻게 늘 한 번만 하겠는가?

Friedrich Wilhelm Nietzsche

좋고 장난스러운 하나의 사물은 긴 침묵마저도 마치 겨울 하늘처럼 눈을 동그랗게 뜬 밝은 얼굴로 바라본다.

마치 자신의 태양을 숨기고, 자신의 불굴한 태양의 의지도 숨기는 겨울 하늘처럼. 진실로, 나는 이러한 기술과 이러한 겨울의 장난스러움에 대해 잘 배웠다!

내 침묵이 침묵을 통해 자신의 속마음을 내비치지 않는 법을 배웠다는 것, 이것이 내가 가장 사랑하는 악의이자 기술이다.

나는 쉴 새 없이 떠들고 주사위를 달그락거리면서 이 엄숙한 감시인들을 속인다. 내 의지와 목적은 이 모든 엄격한 감시인들에게서 슬그머니 달아나야 한다.

아무도 내 밑바닥과 최후의 의지를 깔보지 못하도록, 나는 길고 밝은 침묵을 생각해냈다.

나는 영리한 자들을 많이 찾았다. 그들은 아무도 자신들을 꿰뚫어 보거나 내려다보지 못하게 얼굴을 베일로 가리고 물을 혼탁하게 만들었다.

그런데 바로 이 영리한 자들에게 더 영리한 불신자들과 호두 까는 자들이 찾아와서 이들이 꼭꼭 숨겨놓은 물고기를 낚은 것이다!

그렇지만 밝은 자들, 용감한 자들, 투명한 자들, 이들이 내게 가장 영리한 침묵자들이다. 그들의 바닥은 아주 깊숙이 있어서 제일 맑은 물마저도 그 바닥을 드러내지 못한다.

그대 눈 수염이 난 묵연한 겨울 하늘이여, 그대 내 위에 있는 눈을 동그랗게 뜬 백발의 노인이여! 오 내 영혼과 이 영혼의 장난에 대한 하늘의 비유여!

그리고 누군가가 내 영혼을 찢어 젖히지 못하도록 황금을 꿀꺽 삼킨 자처럼 나는 나를 숨겨야 하지 않겠는가?

내 주변에 있는 질투가 심한 자와 비참한 자 모두가 내 긴 다리를 보지 못하도록 나는 죽마竹馬를 타야 하지 않겠는가?

매캐하고 후텁지근하고 낡고 시들고 슬픔에 찌든 이런 영혼들, 그들의 질투가 어떻게 내 행복을 견뎌낼 수 있겠는가?

그래서 나는 그들에게 내 산 정상에 있는 얼음과 겨울만 보여줄 뿐, 내 산이 여전히 태양의 모든 띠를 휘감고 있다는 것은 보여주지 않는다!

그들은 그저 내 겨울 폭풍이 휘파람 부는 소리만 들을 뿐, 그리워하고 무겁고 뜨거운 남풍처럼 내가 따뜻한 바다도 건너간다는 소리는 듣지 못한다.

그들은 아직도 내게 일어나는 재난들과 우연들을 측은히 여기고 있다. 그러나 나의 말은 이렇다. "우연이 내게 오게 내버려 두라. 우연은 갓난아이처럼 순결하다!"

내가 나의 행복을 재난들과 겨울의 시련들과 북극곰 모자와 눈 내리는 하늘의 망토로 두르지 않았다면 그들이 내 행복을 어떻게 견딜 수 있겠는가!

내가 그들의 동정조차 측은히 여기지 않았다면, 이 질투가 심한 자와 비참한 자의 동정을!

내가 그들 앞에서 한숨을 내쉬고 추위에 몸을 벌벌 떨고 관대하게 그들의 동정에 휩싸이지 않았다면!

내 영혼이 겨울과 매서운 폭풍을 숨기지 않는다는 것, 이것이 내 영혼의 현명한 방종이자 자비다. 내 영혼은 자신이 동상에 걸린 것도 숨기지 않는다.

누군가에게는 고독이 병자의 도피고, 다른 누군가에게는 고독이 병자들로부터의 도피다.

그들이, 내 주변에 있는 이 불쌍하고 멍청한 악한들이 겨울 강추위로 내가 벌벌 떨고 한숨을 내쉬는 소리를 들을 수 있기를! 나는 그렇게 한숨을 내쉬고 벌벌 떨면서 따뜻해진 그들의 방에서도 도망친다.

그들이 내 동상에 대해 나를 불쌍히 여기고 함께 탄식해주기를. "그는 인식의 얼음으로 우리도 동상에 걸리게 할 것이다!" 하지만 그들은 이렇게 한탄한다.

그러는 동안 나는 따뜻한 발로 내 감람산 곳곳을 돌아

다닌다. 나는 내 감람산의 양지바른 한적한 곳에서 노래
를 부르며 모든 동정을 조롱한다.

차라투스트라는 이렇게 노래 불렀다.

지나쳐 가는 것에 대하여

이렇게 차라투스트라는 수많은 군중과 여러 도시를 천천히 거쳐 가면서 우회로로 자신의 산과 동굴로 돌아가고 있었다. 그런데 보라, 그가 예기치 않게도 큰 도시의 성문에 이르렀을 때 입에 거품을 문 어느 바보가 두 손을 벌린 채 그에게 달려들어서는 그가 가는 길을 가로막는 게 아니겠는가. 그런데 그는 군중이 '차라투스트라의 원숭이'라고 불렀던 바로 그 바보였다. 왜냐하면 그는 차라투스트라가 연설할 때 문장과 말투에 대해 무언가를 알아차렸고 그의 풍부한 지혜마저 기꺼이 몰래 빌려다 썼기 때문이다. 그 바보는 차라투스트라에게 이렇게 말했다.

"오 차라투스트라여, 여기는 큰 도시입니다. 여기서 그대는 아무것도 찾지 못하고, 모든 것을 잃을 수 있습니다.

그대는 어째서 이 진흙탕을 굳이 걸어서 건너려고 하는 것입니까? 그대의 발을 불쌍히 여기십시오! 차라리 성문에 침을 뱉고, 돌아가십시오!

여기는 은둔자들이 사유하기에는 지옥입니다. 여기서는 위대한 사유가 산 채로 삶아지고 사소한 것으로 데쳐집니다.

여기서는 모든 위대한 감정들이 썩어 문드러집니다. 여기서는 그저 말라빠진 소소한 감정들만이 딸랑거릴 수 있습니다!

정신의 도살장과 빈민 급식소 냄새가 이미 나지 않습니까? 이 도시는 도살당한 정신의 김으로 덮여있지 않습니까?

영혼들이 마치 축 늘어진 더러운 누더기처럼 매달려있는 것이 보이지 않습니까? 그 영혼들은 아직도 이 누더기로 신문을 만들고 있습니다!

여기서는 정신이 어떻게 말장난이 되었는지 듣지 못했습니까? 정신이 불쾌한 말의 구정물을 토해내고 있습니다! 그리고 그 영혼들은 아직도 이 말의 구정물로 신문을 만들고 있습니다.

그 영혼들은 서로 몹시 서두르지만, 어디로 가는지를 모르고 있는 것입니까? 그 영혼들은 사로 화를 돋우지만, 왜 그러는지를 모르고 있는 것입니까? 그 영혼들은 깡통을 짤랑거리고 그 영혼들은 금화를 딸랑거립니다.

그 영혼들은 차갑고, 뜨겁게 끓인 물에서 따뜻함을 찾고 있습니다. 그 영혼들은 가열되었고, 얼어붙은 정신에서 시원함을 찾고 있습니다. 그 영혼들은 모두 쇠약하고, 여론에 중독되었습니다.

여기에는 별의별 정욕과 악덕이 다 있습니다. 그러나 여기에도 덕이 있는 자가 있고, 능숙하게 꾸며진 덕도 많습니다.

글씨 쓰는 손가락과 앉아서 기다리느라 굳은 엉덩이가 있는 능숙한 덕이 많고, 가슴에는 작은 별이 달려있고 속이 가득히 찬 엉덩이가 없는 딸들로 축복을 받는 능숙한 덕도 많습니다.

여기에는 만군의 신 앞에서 내비치는 경건함, 믿음이 깊은 추종, 아첨도 수두룩합니다.

별과 자비로운 침이 위에서 한 방울씩 떨어지고, 별을 달지 못한 가슴은 저마다 위를 그리워합니다.

달에는 궁정이 있고, 그 궁정에는 보기 흉한 것들이 있습니다. 구걸하는 군중과 능숙하게 구걸하는 모든 덕이 그 궁정에서 오는 모든 것에게 기도합니다.

'나는 섬긴다. 그대는 섬긴다. 우리는 섬긴다.' 모든 능숙한 덕은 군주에게 이렇게 기도합니다. 공로로 얻은 별이 마침내 그 좁은 가슴에 부착될 수 있도록 말입니다!

그러나 달은 여전히 지상의 모든 것의 주위를 돌고 있습니다. 이처럼 그 군주도 여전히 가장 지상적인 모든 것의 주위를 돌고 있습니다. 그런데 그것은 소상인들의 황금일 뿐입니다.

만군의 신은 금괴의 신이 아닙니다. 생각은 군주가 하지만, 부리는 일은 소상인이 합니다!

오 차라투스트라여, 그대 안에 있는 밝고 강하고 선한 모든 것과 함께! 이 소상인들의 도시에 침을 뱉고 돌아가십시오!

여기서는 모든 피가 썩고 미지근하고 거품이 인 채 모든 혈관을 타고 흐릅니다. 둥둥 떠 있는 모든 찌꺼기로 거품이 일고 있는 거대한 쓰레기 더미인 이 큰 도시에 침을 뱉으십시오!

쭈그러진 영혼, 좁은 가슴, 매서운 눈, 끈적끈적한 손가락의 도시에 침을 뱉으십시오.

치근대는 자들, 파렴치한 자들, 집필만 하는 자들과 괴성만 지르는 자들, 과열된 야심가들의 도시에.

별의별 게 썩기 시작하는 것, 추잡한 것, 음탕한 것, 암울한 것, 오만한 것, 궤양투성이인 것, 음모적인 것들이 함께 곪아 터지는 곳에.

이 큰 도시에 침을 뱉고 돌아가십시오!"

그런데 여기서 차라투스트라는 입에 거품을 물고 있는 그 바보의 말을 끊으며 그의 입을 손으로 막았다.

차라투스트라가 외쳤다. "이제 그만하라! 그대의 말투와 태도에 이미 한동안 역겨움을 느꼈다!

그대는 어째서 그대 스스로 개구리와 두꺼비가 되어야 했을 만큼 늪지에서 오래 살았는가?

그러니까 그대가 시끄럽게 떠들어대고 비방하는 법을 배웠기에 부패하고 거품이 이는 늪지의 피가 지금 그대의 혈관을 타고 흐르고 있는 것이 아닌가?

그대는 왜 숲으로 가지 않았는가? 아니면 혹시 땅이라도 갈았는가? 바다는 푸른 섬들로 가득하지 않은가?

나는 그대의 경멸함을 경멸한다. 그리고 그대가 내게 경고를 한다면, 왜 그대 자신에게는 경고를 하지 않는 것인가?

내 경멸과 경고를 해주는 내 새는 오직 사랑으로만 날아올라야지, 늪 따위에서 날아올라서는 안 된다!

그대 입에 거품을 문 바보여, 사람들은 그대를 내 원숭이라고 부른다. 하지만 나는 그대를 투덜투덜 불평만 해대는 돼지라고 부른다. 그대는 계속 투덜투덜 불평함으로써 어리석음에 대한 내 격찬을 더럽히고 있다.

그대를 맨 처음 투덜투덜 불평만 일삼게 만든 것은 무엇이었는가? 그대에게 아부하는 자가 아무도 없었다는 것이다. 그래서 그대는 크게 투덜투덜 불평해댈 이유가 있다면서 이 오물 덩어리에 앉았던 것이다.

복수할 이유가 많다면서! 그대 허영심 강한 바보여, 그러니까 그대가 입에서 내뿜는 모든 거품은 복수심에서 기인한 것이다. 나는 그대를 쉽게 간파할 수 있다!

그런데 그대의 바보 같은 말은 그대가 옳을 때조차 나를 아프게 한다! 그리고 차라투스트라의 말이 백번 옳다고 해도, 그대는 내 말로 항상 부당한 짓을 할 것이다."

차라투스트라는 이렇게 말했다. 그리고 그는 큰 도시를 바라보며 한숨을 내쉬고는 한동안 침묵했다. 그러다가 마침내 이렇게 말했다.

이 바보뿐만 아니라 이 큰 도시도 역겹다. 여기든 저기든 더 개선될 것도 없고, 더 나빠질 것도 없다.

이 큰 도시는 화를 입을 것이다! 나는 이 도시를 태워 없앨 불기둥을 볼 수 있기를 바랐다!

그러한 불기둥은 위대한 정오가 되기 전에 다가와야

Friedrich Wilhelm Nietzsche

하기 때문이다. 하지만 여기에는 자신만의 때와 자신만의 고유한 운명이 있다.

하지만 그대 바보여, 그대에게 작별 인사로 이 가르침을 전해주겠다. 더는 사랑을 할 수 없는 곳은 그냥 지나쳐야 한다!

차라투스트라는 이렇게 말하며 그 바보와 큰 도시를 지나쳐갔다.

배반자들에 대하여

아, 최근에도 이 초원에서 푸르고 형형색색으로 서 있
던 모든 것이 벌써 시들고 잿빛이 되었단 말인가? 그리고
나는 얼마나 많은 희망의 벌꿀을 여기서 내 벌통으로 가
져갔단 말인가!

이 젊은 마음들은 이미 모두 늙어버렸다. 아니 늙은 것
도 아니다! 그저 피곤하고 야비하고 게을러졌을 뿐이다.
그런데도 그들은 이에 대해 "우리는 다시 경건해졌다"라
고 말한다.

나는 최근에도 그들이 이른 아침에 씩씩한 발걸음으로

달려 나가는 것을 보았다. 하지만 그들의 인식의 발이 지쳐버리자, 그들은 이제 그들의 아침의 씩씩함도 욕하고 있다!

진실로, 그들 중 상당수는 한때 다리를 무용가처럼 들어 올렸고, 내 지혜에서 나오는 웃음은 그들에게 눈짓했다. 그러자 그들은 정신을 가다듬었다. 바로 그때 나는 그들이 십자가로 기어가려고 몸을 쭈그리는 것을 보았다.

그들은 한때 모기와 젊은 시인들처럼 빛과 자유 주위에서 훨훨 날아다녔다. 그런데 그들은 조금 더 늙고, 조금 더 냉정해지자마자 암울한 자, 음모를 꾸미는 자, 유약한 자가 되었다.

고독이 마치 고래처럼 나를 삼켜버려서 그들의 마음이 낙담했던 것인가? 그들의 귀가 그리움에 사무쳐 한동안 내가 하는 말, 나의 나팔 소리와 전령의 외침을 경청한 게 헛된 일이었던 것인가?

아! 마음이 오랫동안 용기와 기개로 가득한 자는 늘 소수에 불과하다. 그런 자는 정신도 관대하다. 나머지는 비겁한 자들일 뿐이다.

그 나머지를 차지하고 있는 자들은 항상 대다수이자 진부한 자들이고 불필요한 자들이자 넘쳐나는 자들이다. 이들은 모두 비겁한 자들이다!

나와 성향이 같은 자들은 나와 같은 경험도 겪을 것이다. 그러니까, 그의 첫 번째 동반자들은 시체와 어릿광대가 되어야 한다는 것이다.

그의 두 번째 동반자들은 스스로 그의 '신자'라고 자칭할 것인데, 이들은 수없이 사랑하고 어리석은 짓도 수없이 하며 미성숙한 숭배 또한 열성적으로 하는 활발한 집단이다.

인간 중 나와 성향이 같은 자들은 이런 신자들과 마음이 얽매이면 안 된다. 덧없고 비겁한 인간성에 대해 잘 아는 자는 이러한 따뜻한 봄과 다채로운 초원을 믿어서는 안 된다!

그들은 다르게 할 수 있다면, 다른 것도 원할 것이다. 어중간한 자들은 모든 일을 망칠 뿐이다. 나뭇잎들이 시들고 있는데 불평할 게 뭐가 있겠는가!

오 차라투스트라여, 그 잎들이 시들어 떨어지게 놔두고, 불평하지 마라! 차라리 살랑이는 바람이 그 잎들 사이로 불게 하라.

오 차라투스트라여, 이 나뭇잎들 사이로 바람이 불게 하라. 시들고 있는 모든 것이 그대에게서 더 빨리 달아나 버리도록!

Friedrich Wilhelm Nietzsche

2

"우리는 다시 경건해졌다." 이 배반자들은 이렇게 고백하는데, 이들 중 상당수는 너무 비겁해서 이런 고백도 하지 못한다.

나는 그들의 눈을 바라보며, 얼굴에 대고 뺨에 홍조가 띨 정도로 이렇게 말한다. 그대들은 다시 기도하는 그런 자들이다!

그런데 기도한다는 것은 치욕스러운 일이다! 모두에게 해당하는 것이 아니라 그대와 나, 머릿속에 양심이 있는 자에게 해당한다. 그대에게는 기도한다는 것이 치욕스러운 일이다!

두 손을 모으고 빈둥거리며 더 편안히 쉬고 싶어 하는 비겁한 악마가 그대 마음속에 있다는 것을 그대는 잘 알고 있다. 이 비겁한 악마가 "신은 존재한다"라며 그대를 설득한다.

하지만 그대는 그것으로 인해 빛이 절대 쉬게 해주지 않아 빛을 싫어하게 된 부류에 속하게 된다. 그대는 이제 매일 밤과 안개 속으로 머리를 더 깊게 집어넣어야 한다!

그리고 진실로, 그대는 때를 잘 선택했다. 바로 지금 밤새들이 둥지에서 다시 날아오르고 있기 때문이다. 빛을 싫어하게 된 모든 군중을 위한 시간, 축제가 없는 저녁 시간과 축제의 시간이 다가왔다.

사냥과 행진을 할 시간이 다가왔다는 소리가 들리고 냄새도 난다. 물론 야생의 사냥이 아니라, 온순하고 절름 거리고 코를 킁킁거리며 조용히 걷는 자들과 조용히 기도 하는 자들을 사냥할 시간이 다가왔다.

감정이 충만한 위선자들을 사냥할 시간이 다가왔다. 마음의 쥐덫이 모두 지금 다시 설치됐다! 그리고 내가 커튼을 다시 걷어 올리면 작은 나방 한 마리가 거기서 튀어나온다.

이 나방은 다른 작은 나방 한 마리와 함께 거기에 틀어 박혀 있었던 것인가? 사방에서 작고 은밀한 교구의 냄새가 나기 때문이다. 작은 방마다 새로운 기도쟁이들이 있고, 또 기도쟁이들의 악취도 배어 있다.

그들은 저녁마다 오랫동안 함께 앉아서 이렇게 말한다. 저희가 다시 어린아이처럼 돼서 "사랑하는 신이시여!"라고 외칠 수 있게 해주소서! 그 경건한 과자 제조업자들로 인해 입과 위장이 상한 채 말이다.

아니면 그들은 교활하게 숨어서 기다리는 십자 무늬 거미를 저녁마다 오랫동안 바라본다. 그 십자 무늬 거미는 거미들에게 지혜를 설교하면서, "십자가 밑이 거미줄을 치기에 좋다!"라고 가르친다.

아니면 그들은 하루 종일 늪지에 낚싯대를 드리우고 앉아서 자기 자신이 심오하다고 믿는다. 그런데 나는 물고기도 없는 곳에서 낚시하는 자들에게는 천박하다는 표현조차 쓰지 않는다!

아니면 그들은 어느 서정시인에게서 경건하고 즐겁게 하프 타는 법을 배운다. 그 서정시인은 늙은 여성들과 이들의 칭찬에 싫증이 난 나머지, 하프로 젊은 여성들의 마음을 사로잡는 것을 즐긴다.

아니면 그들은 박학다식한 어느 반미치광이에게서 몸서리치는 법을 배운다. 그 미치광이는 어두컴컴한 방에서 유령이 나타나기를, 정신이 완전히 나가기를 기다린다!

아니면 그들은 투덜거리고 불평해대는 어느 늙고 분주한 피리 연주자의 말에 귀를 기울인다. 침울한 바람에서 음조의 시련을 배웠던 그는 이제 바람을 향해 피리를 불면서 침울한 음조로 고난을 설교한다.

심지어 그들 중 일부는 야경꾼이 되었다. 그들은 이제 밤마다 뿔 나팔을 불면서 돌아다니며 오랫동안 잠들어 있던 옛것들을 불러일으킨다.

나는 어젯밤 정원 담장에서 옛일들에 대한 다섯 구절의 대화를 들었다. 그 말은 늙고 슬퍼하고 무미건조한 그 야경꾼들에게서 나온 것이었다.

"그는 한 아버지로서 자식들을 충분히 돌보지 않는다. 인간의 아버지들이 이 일을 더 잘한다!"

"그는 너무 늙었다! 그는 더는 자식들을 돌보지 않는다." 다른 야경꾼은 이렇게 대답했다.

"그는 자식이 있기는 한 것인가? 그가 스스로 입증하지 않으면, 아무도 그것을 입증할 수 없다! 나는 그가 그것을 한 번은 철저하게 입증해주기를 오랫동안 바라왔다"

"입증한다고? 마치 그가 이전에는 무언가를 입증하기라도 한 것 같은 어감이구나! 입증한다는 것은 그에겐 어려운 일이다. 그는 사람들이 자신을 믿는 일만 높이 평가할 뿐이다."

"그래! 맞다! 믿음은 그를 환희에 넘치게 만든다. 그에 대한 믿음 말이다. 이것이 옛사람들의 성향이다. 우리도 마찬가지지!"

빛을 싫어하는 늙은 야경꾼 둘은 서로 이렇게 대화하고는 암담하게 뿔 나팔을 불었다. 이런 일이 어젯밤 정원 담장에서 일어났었다.

하지만 내 심장은 너무 우스워서 찢어질 듯했고, 그리고 어디로 가야 할지 몰라서 횡격막 속으로 가라앉았다.

진실로, 내가 술에 취한 당나귀를 보고, 야경꾼들이 이렇게 신을 의심하는 소리를 듣고는 너무 우스워서 숨이

Friedrich Wilhelm Nietzsche

막힌다면 그것은 내 죽음이 될 것이다.

그런 모든 의심도 오래전에 끝난 것이 아닌가? 그 누가 아직도 잠들어 있는, 빛을 싫어하는 그 옛것들을 불러일으킬 수 있겠는가!

옛 신들은 이미 오래전에 최후를 맞이했다. 그리고 진실로, 그 신들은 좋고 즐거운 신들의 최후를 맞이했다!

그 신들은 죽음으로 차차 사라진 것이 아니라고 한다면, 그것은 확실히 거짓말이다! 오히려, 그 신들은 웃다가 죽었다!

이것은 어느 신이 가장 불경한 말을 했을 때 일어난 일이다. 그 말은 이렇다. "신은 한 분이시다! 너는 나 외에는 다른 신을 네게 두지 말라."

수염이 난 채 분노하는, 질투가 심한 어느 옛 신이 자제력을 잃고 이렇게 말했던 것이다.

그리고 그때 모든 신은 웃었고 앉은 자리에서 몸을 흔들며 외쳤다. "신들은 존재하지만 유일한 신은 존재하지 않는다는 것, 이것이 바로 신성이 아니겠는가?"

귀 있는 자는 들으라.

차라투스트라는 자신이 사랑하고 얼룩소라는 별명이 붙은 도시에서 이렇게 말했다. 그는 이 도시에서 자신의 동굴과 짐승들이 있는 곳으로 돌아가기까지 이틀만 걸어

가면 되었다. 그의 영혼은 귀향이 가까워지자 끊임없이
환호하며 기뻐했다.

Friedrich Wilhelm Nietzsche

귀향

오 고독이여! 그대 내 고향 고독이여! 나는 눈물을 흘리지 않고는 그대에게 돌아오지 못할 만큼 거친 타향에서 너무 오랫동안 거칠게 살았다.

이제 어머니들이 위협하듯이, 나를 손가락으로만 위협해라. 아니 어머니들이 미소를 짓듯이, 나를 향해 미소를 지으라. 이제 이렇게만 말해라. "이전에 마치 폭풍처럼 내게서 달아난 자는 누구였던가?

나는 너무 오랫동안 고독 속에 파묻혀 있다가 침묵하는 법을 잊어버렸다! 라고 헤어지면서 외친 자여, 그대는 이것을 이제 배웠는가?

오 차라투스트라여, 나는 모든 것을 알고 있다, 그대 유일한 자여, 그대는 나와 함께 있었을 때보다 많은 사람 사이에 있었을 때 더 버림받았다는 것을 말이다!

버림받음과 고독은 다른 것이다. 그대는 이것을 이제 배웠다! 그대는 인간들 사이에서 항상 거칠고 낯설 것이라는 점을 말이다.

그들이 그대를 사랑할 때도 거칠고 낯설 것이라는 점을 말이다. 왜냐하면 인간들은 무엇보다도 소중히 여겨지기를 바라기 때문이다!

그런데 그대는 여기 그대의 고향이자 집에 있다. 여기서 그대는 아무 말이나 해도 되고 마음속 깊은 생각도 싹 털어놔도 된다. 여기서는 숨겨져 있는 감정이나 완강한 감정에 대해 부끄러워할 것이 전혀 없다.

여기서는 모든 사물이 귀여워하면서 그대가 하는 말을 향해 다가와 그대에게 애교를 부린다. 왜냐하면 그 사물들은 그대의 등에 올라타고 싶어 하기 때문이다. 그대는 여기서 각각의 진리를 위해 각각의 비유에 올라탄다.

그대는 여기서 모든 사물에 대해 솔직하고 성실하게 말해도 된다. 그리고 진실로, 누군가가 모든 사물과 솔직하게 이야기를 나눈다면, 이것은 그 사물들의 귀에 칭찬처럼 들릴 것이다!

Friedrich Wilhelm Nietzsche

그런데 버림받음은 다른 문제다. 왜냐하면, 오 차라투스트라여, 그대는 기억하고 있는가? 그대가 숲에서 어디로 가야 할지 결정하지 못한 채 어느 시체 주변에 서 있었을 당시 그대의 새가 그대 위에서 울었던 때를 말이다.

'나의 짐승들이 나를 이끌어 주기를! 나는 짐승들 사이보다 인간들 사이에 있는 것이 더 위험하다는 사실을 알게 되었다'라고 그대가 말했을 때를 말이다. 이것이 바로 버림받음이라고 하는 것이다!

오 차라투스트라여, 그대는 기억하고 있는가? 그대가 그대의 섬에 앉아, 빈 양동이 밑에서 분수처럼 솟아오르는 포도주를 내주고 또 나누어 주고, 목마른 자들에게 선사하고, 또 부어 주던 때를 말이다.

그대가 끝내 술 취한 자들 사이에서 목이 마른 채 홀로 앉아 밤새, '주는 것보다 받는 것이 더 행복한 것이 아닌가? 받는 것보다 훔치는 것이 더 행복한 것이 아닌가?'라고 한탄할 때까지 말이다. 이것이 바로 버림받음이라고 하는 것이다!

오 차라투스트라여, 그대는 기억하고 있는가? 그대의 가장 조용한 시간이 다가와서 그대를 그대 자신에게서 쫓아냈던 때를, 그 시간이 '말하라 그리고 부숴라!'라고 사악하게 속삭였던 때를 말이다.

그 시간이 그대에게서 모든 기다림과 침묵의 기쁨을 빼앗고 그대의 겸허한 용기를 꺾었을 때를 말이다. 이것이 바로 버림받음이라고 하는 것이다!"

오 고독이여! 그대 내 고향 고독이여! 그대는 얼마나 행복하고 정겨운 목소리로 내게 말하는지!

우리는 서로에게 질문을 하지도, 서로에게 불평을 늘어 놓지도 않으며 우리는 함께 열린 문을 통해 자유롭게 다닌다.

왜냐하면 그대 곁은 열려있고 밝기 때문이다. 그리고 여기서는 시간도 더 가벼운 발걸음으로 흐른다. 그러니까 시간은 빛 속보다 어둠 속에서 더 무거운 것이다.

여기서는 모든 존재의 말과 말의 상자가 내게 활짝 열린다. 여기서 모든 존재는 말이 되고자 하고, 여기서 모든 생성은 내게서 말하는 법을 배우고자 한다.

그런데 저 아래, 저기는 모든 대화가 무의미하다! 저기 는 망각함과 지나쳐 감이 최고의 지혜다. 나는 이것을 이제 배웠다!

인간에 대해 모든 것을 파악하고자 하는 자는 모든 것을 쥐어야 할 것이다. 하지만 그렇게 하기에는 내 손이 너무 깨끗하다.

나는 인간의 숨을 들이마시고 싶지 않다. 아, 내가 그들이 내는 소음과 더러운 숨 속에서 그토록 오래 살았다니!

오 나를 둘러싼 행복한 정적이여! 오 나를 둘러싼 있는 순수한 향기여! 오 이 정적이 가슴 속 깊이 얼마나 순수한 숨을 들이마시는가! 오 얼마나 귀 기울여 듣는가, 이 행복한 정적이!

그런데 저 아래, 저기는 모든 것이 말하고, 저기는 모든 것을 흘려듣는다. 사람들은 자신의 지혜를 종을 쳐서 알리려고 하지만, 시장의 소상인들이 그 소리를 동전 소리로 묻히게 할 것이다!

그들 사이에서는 모든 것이 말을 하지만, 그것을 이해할 줄 아는 자는 아무도 없다. 모든 것이 물에 빠지지만, 깊은 샘물에 빠지는 것은 아무것도 없다.

그들 사이에서는 모든 것이 말을 하지만, 아무것도 이루어지지 않은 채 끝나고 만다. 모든 것이 빽빽거리며 우는데, 누가 둥지에 조용히 앉아서 알을 품으려 하겠는가?

그들 사이에서는 모든 것이 말을 하고, 모든 것이 넌더리가 날 정도로 너무도 오래 논의된다. 그래서 어제는 시대 자체와 그 시대의 이빨에 비해 너무 딱딱했던 것이, 오늘은 너덜너덜하게 해지고 잘근잘근 씹힌 채 현대인들의 주둥이에 매달려 있다.

그들 사이에서는 모든 것이 말을 하고, 모든 것이 폭로 된다. 그래서 한때는 깊은 영혼의 비밀이자 은밀함이라고 불리던 것이 오늘은 길거리 나팔수와 그 밖의 방정맞은 자들의 것이 되었다.

오 인간 존재여, 그대 희한한 존재여! 그대 어두운 거리의 소음이여! 그대는 이제 또다시 내 뒤에 있다. 내 가장 큰 위험이 내 뒤에 있는 것이다!

나의 가장 큰 위험은 항상 보살핌과 동정 속에 있었다. 모든 인간 존재는 보살핌을 받고 동정받기를 원한다.

나는 항상 인간들 사이에서 진리를 억누르고 바보처럼 물건이나 더럽히고 집착이나 하고 동정에서 나온 시시한 거짓말들이나 숱하게 해대면서 살았다.

나는 그들을 견뎌내고 있다고 나 자신이 오해받을 각오를 하면서, 그리고 "바보여, 너는 인간을 모른다!"라고 나를 잘 설득해가면서, 나는 그들 사이에서 변장한 채 앉아 있었다.

인간 사이에서 살다 보면 인간을 잊게 된다. 모든 인간에게는 눈앞의 풍경이 너무도 많다. 멀리 내다보고, 먼 곳을 욕망하는 눈이 여기서 무슨 쓸모가 있겠는가!

그래서 그들이 나를 오해했을 때, 바보인 나는 바로 그 오해 때문에 나보다 그들을 더 아껴주었다. 나를 냉혹하게 대하는 것이 습관이 돼버려서, 이러한 관대함에 가끔

나 자신에게 복수도 했다.

나는 독파리 떼에 쏘이고, 방울져 떨어지는 악의에 의해 마치 돌처럼 움푹 파이면서, 그들 사이에 앉아 나를 이렇게도 설득해봤다. "하찮은 모든 것은 자신의 하찮음에 대해 아무 책임도 없다!"

나는 특히 스스로 '선한 자'라고 부르는 이들이 독이 가장 센 파리들이라는 사실을 알게 되었다. 그들은 능청스럽게 쏘아대고 능청스럽게 거짓말을 해댄다. 그러니 그들이 어찌 내게 공정할 수 있겠는가!

선한 자들 사이에서 살면 동정으로 인해 거짓말을 배우게 된다. 동정은 모든 자유로운 영혼을 후덥지근한 공기로 채워버린다. 선한 자들의 어리석음은 그 깊이를 헤아리기 어려운 것이다.

나 자신과 내 부유함을 숨기는 것, 나는 이것을 저들 사이에서 배웠다. 왜냐하면 나는 저들 각자의 정신이 가난하다는 것도 알게 되었기 때문이다. 내가 저들을 알고 있었다는 것은 내 동정에서 나온 거짓말이었다.

내가 저들의 정신적인 것이 **충분했는지**, 정신적인 것이 이미 **과다했는지**를 저들에게서 살펴보고 냄새를 맡았다는 것도 마찬가지다!

그들의 완고한 현자들: 나는 그들을 완고하지 않고 현

명하다고 불렀다. 나는 이런 식으로 말을 삼키는 법을 배웠다. 그들의 산역꾼들: 나는 그들을 연구원이나 조사관이라고 불렀다. 나는 이런 식으로 말을 바꾸는 법을 배웠다.

산역꾼들은 질병을 파헤친다. 오래된 진흙더미 속에는 고약한 연기가 잠들어 있다. 그 진흙을 휘저어서는 안 된다. 인간은 산 위에서 살아야 한다.

나는 축복받은 콧구멍으로 산의 자유로움을 다시 들이마신다! 내 코는 드디어 모든 인간 존재의 냄새에서 해방되었다!

마치 포도주 거품에 간지러워진 것처럼, 내 영혼은 날카로운 바람에 간지러워져 재채기를 한다. 재채기를 하고는 환성을 지른다. 건강하라!

차라투스트라는 이렇게 말했다.

세 가지 악에 대하여

1

꿈에서, 지난 아침의 꿈에서 나는 오늘 세계의 피안에 있는 어느 곶串에 서서 저울을 들고 세계의 무게를 재고 있었다.

오 아침놀이 이렇게나 일찍 내게 찾아왔다니, 이 질투심 강한 것이 이글이글 뜨겁게 타오르며 나를 깨우는구나! 아침놀은 내 아침 꿈이 뜨겁게 이글거리는 것을 항상 질투한다.

시간이 있는 자에게는 측정할 수 있는 것, 무게를 잘 재는 자에게는 계량할 수 있는 것, 튼튼한 날개가 있는 자에게는 달성할 수 있는 것, 신성하게 호두를 까는 자에게는 추측할 수 있는 것, 내 꿈은 세계를 이렇게 여겼다.

대담한 항해자이자 반은 배, 반은 돌풍인, 마치 나비처럼 말이 없고, 매처럼 참을성이 없는 나의 꿈. 나의 꿈이 오늘 어떻게 세계의 무게를 잴 인내심과 여유가 있게 되었는가!

모든 무한한 세계를 비웃는 내 지혜가, 웃으면서 깨어있는 내 낮의 지혜가 내 꿈에 은밀히 말했을까? 왜냐하면 그 지혜가 이렇게 말하기 때문이다. "힘이 있는 곳에서는 수數도 주인이 된다. 수는 힘이 더 세다."

내 꿈은 새로운 것을 욕망하지도, 낡은 것을 욕망하지도, 두려워하지도, 애걸복걸하지도 않으면서, 이 유한한 세계를 얼마나 확실하게 바라보았던가.

속이 꽉 찬 사과 하나가, 껍질이 차갑고 빛깔이 연하며 우단처럼 부드러운 잘 익은 황금사과 하나가 내 손에 쥐어지는 것처럼, 세계는 이렇게 내게 주어졌다.

나무 한 그루가, 먼 길을 걷다 지친 자들이 등받이와 발판으로도 삼을 수 있도록 구부러져 있는, 넓은 가지가 무성하고 의지가 강한 나무 한 그루가 내게 손짓하는 것처럼, 세계는 이렇게 내 곁에 서 있었다.

사랑스러운 손이 내게 함函 하나를, 수줍어하면서도 숭

배하는 눈을 황홀케 하고자 열어놓은 함 하나를 건네주는 것처럼 세계는 이렇게 오늘 내게 나타났다.

인간의 사랑을 내쫓아 버릴 만큼의 수수께끼도 아니고, 인간의 지혜를 잠재울 만큼의 해결책도 아니고, 사람들이 그토록 악하다고 욕해대던 바로 이 세계가 오늘 내게는 인간적으로 좋은 것이었다!

오늘 이른 아침 세계의 무게를 잴 수 있어서, 내 아침의 꿈이 얼마나 감사한지! 이 꿈이자 이 마음의 위로자인 내 아침의 꿈은 내게 인간적으로 좋은 것으로서 찾아왔다!

그래서 나는 낮에는 내 꿈을 흉내 내고, 그것의 제일 좋은 점을 모방하며 익히고자, 이제 가장 나쁜 것 세 가지를 저울에 올려 인간적으로 무게를 잘 재볼 것이다.

축복하는 법을 가르쳤던 자는 저주하는 법도 가르쳤다. 세계에서 가장 저주받은 세 가지는 무엇인가? 나는 이것을 저울에 올려볼 것이다.

육욕, 지배욕, 이기심, 이 세 가지는 지금까지 저주를 가장 많이 받아왔고, 최악이라는 비방과 속임을 받아왔다. 나는 이 세 가지를 인간적으로 잘 재볼 것이다.

자아! 여기에는 내 곶이 있고, 저기에는 바다가 있다. 이 바다가, 내가 사랑하는, 머리가 백 개 달린 개와 같은 이 충실하고 늙은 괴물이 털이 텁수룩하게 난 채 아양을 떨며 내게 굽이치며 흘러오고 있다.

자아! 여기서 나는 굽이치는 바다 위에서 저울을 들어볼 것이다. 그리고 나는 이를 지켜볼 증인도 선택할 것이다. 그대를, 그대 은둔자의 나무여. 강인한 향기를 풍기고 넓은 아치형으로 생긴, 내가 사랑하는 바로 그대를 증인으로 선택할 것이다!

현재는 어떤 다리를 건너 미래로 가는가? 높은 것은 어떤 강제로 인해 마지못해 낮은 것이 되고 마는가? 가장 높은 것마저도 더 높이 자라라고 명령하고 있는 것은 무엇인가?

지금 저울은 미동도 없이 평평한 상태다. 내가 어려운 질문 세 가지를 저울접시에 올리자, 반대쪽 저울접시에는 어려운 답변 세 가지가 담겨있다.

2

육욕: 이것은 참회의 옷을 걸친 모든 육체 경멸자에게 가시이자 말뚝이고, 배후세계를 믿는 모두에게서는 세속적인 것이라고 저주를 받는다. 왜냐하면 육욕은 정신 나가고 미친 모든 교사를 비웃고 바보 취급하기 때문이다.

육욕: 이것은 천민들에게 이들을 태워버리는, 천천히

타오르는 불이고, 좀먹은 모든 목재와 악취를 풍기는 모든 누더기에는 준비된 욕정의 난로이자 연기가 피어오르는 난로다.

육욕: 이것은 자유로운 마음을 지닌 자들에게 순결하고 자유로운 것이고, 지상 낙원의 행복이자, 현재에 대한 모든 미래의 넘쳐나는 고마움이다.

육욕: 이것은 쇠약해진 자들에게는 달콤한 독이지만, 사자의 의지가 있는 자들에게는 탁월한 강심제고, 경외하는 마음으로 소중히 보존한 포도주 중의 포도주다.

육욕: 이것은 더 높은 행복과 최고의 희망을 위한 큰 비유적 행복이다. 그러니까 많은 사람이 결혼과 결혼 그 이상의 것을 약속받은 것이다.

남자와 여자보다 서로가 더 낯선 많은 사람이, 그런데 남자와 여자가 서로 '얼마나 낯선지'를 완전히 파악한 자가 있겠는가!

육욕: 하지만 나는 돼지와 몽상가가 내 정원에 침입하지 못하도록 내가 하는 생각, 그리고 내가 하는 말에도 울타리를 두를 것이다!

지배욕: 이것은 가장 억세고 냉혹한 자를 때리는 뜨겁게 타오르는 채찍이고, 가장 잔혹한 자가 자기 자신을 위

해 남겨둔 무서운 고문이며, 화형대의 이글거리는 장작더미에서 피어오르는 섬뜩한 불꽃이다.

지배욕: 이것은 허영심이 가장 강한 군중에게 달라붙는 음흉한 쇠파리고, 불확실한 모든 덕을 조롱하는 자이자, 각각의 말과 각각의 자만심에 올라타고 가는 자다.

지배욕: 이것은 썩은 것과 속이 텅 빈 모든 것을 부수고 갈아엎는 지진이고 석회 바른 무덤을 눈을 희번덕대면서 으르렁거리고 응징하는 파괴자며, 성급한 대답 옆에서 번쩍이는 의문부호다.

지배욕: 이 지배욕의 시선 앞에서 인간은 기어 다니고 움츠리며 노예가 되고, 뱀과 돼지보다 더 비열해진다. 끝내 엄청난 경멸의 비명을 지를 때까지.

지배욕: 이것은 여러 도시와 나라의 면전에 대고 "그대는 꺼져버려라!"라고 설교를 하는, 엄청난 경멸을 가르치는 무시무시한 교사다. 그 도시와 나라가 스스로 "나는 물러간다!"라고 외칠 때까지.

지배욕: 그러나 이것은 대지의 하늘에 자줏빛 행복을 매혹적으로 물들이는 사랑처럼 뜨겁게 타오르면서, 매혹적으로 순수한 자, 고독한 자, 그리고 저 위쪽의 자족하는 높은 자에게 올라가기도 한다.

지배욕: 그런데 높은 자가 아래로 내려가서 권력을 갈

망할 때, 누가 이를 과욕이라고 부르겠는가!

진실로, 그러한 갈망과 하강에는 병적인 것도 광적인 것도 전혀 없다!

고독한 높은 자가 영원한 고독을 피하고 스스로 만족하지 않으려는 것, 산은 골짜기로 내려오려 하고 높은 곳의 바람은 낮은 곳으로 불려고 하는 것.

오 그러한 동경에 적합한 세례명과 덕명을 누가 찾을 수 있겠는가! 차라투스트라는 일찍이 이 명칭 붙이기 어려운 것을 '베푸는 덕'이라고 불렀다.

그리고 그때 이런 일도 일어났었는데, 실로 처음 있는 일이었다! 그러니까 그의 말은 이기심을, 강력한 영혼에서 솟아나는 건전하고 건강한 이기심을 행복한 것이라고 여겼던 것이다.

주변에 있는 각각의 사물의 거울이 될 정도로 아름답고 자신감이 넘치며 상쾌하고 고귀한 육체가 있는 강력한 영혼에서 솟아나는 그 이기심을 말이다.

자신의 비유와 정수精髓를 자기-쾌락적 영혼으로 삼는 춤추는 자의 유연하고 설득하는 육체. 그러한 육체들과 영혼들의 자기-쾌락은 스스로를 '덕'이라고 부른다.

그러한 자기-쾌락은 마치 신성한 원시림으로 자신을 가리듯이 정중한 말과 저급한 말로 자신을 가린다. 그리고 자기-쾌락은 행복이라는 이름으로 경멸적인 모든 것을 자신에게서 몰아낸다.

자기-쾌락은 비겁한 모든 것을 자신에게서 몰아낸다. 자기-쾌락은 이렇게 말한다. 저급하다는 것, 이것은 비겁한 것이다! 자기-쾌락은 걱정하는 자, 한숨 쉬는 자, 비탄하는 자와 아주 소소한 이익도 챙기고 마는 자를 항상 경멸적으로 여긴다.

자기-쾌락은 비애에 찬 모든 지혜도 경멸한다. 왜냐하면 실로 어둠 속에서 피어나는 지혜, 항상 "모든 것은 헛되다!"라고 한숨 쉬는 밤그림자의 지혜도 있기 때문이다.

자기-쾌락은 소심한 불신을, 눈길이나 손 대신 맹세하길 바라는 자를, 그리고 지나치게 불신하는 모든 지혜를 중요치 않게 여긴다. 왜냐하면 이런 것들은 비겁한 영혼들의 본성이기 때문이다.

자기-쾌락은 섣불리 마음에 들어 하는 자, 개처럼 곧바로 등 대고 드러눕는 비굴한 자, 고분고분한 자를 훨씬 더 중요치 않게 여긴다. 그리고 고분고분하고 개처럼 비굴하며 온순하고 섣불리 마음에 들어 하는 지혜도 있다.

자기-쾌락은 절대 맞서려고 하지 않는 자, 너무 인내하고 모든 것을 참고 모든 것에 욕심이 없는, 독이 든 침과 사악한 눈길을 삼켜버리는 자를 대단히 혐오하고 역겨워

Friedrich Wilhelm Nietzsche

한다. 이것은 노예의 본성이기 때문이다.

신들과 신들의 발길질 앞에서 노예처럼 비굴하든, 인간들과 인간들의 어리석은 생각 앞에서 노예처럼 비굴하든, 그 모든 노예의 본성에 침을 뱉는다, 이 행복한 이기심이 말이다!

저급한 것: 행복한 이기심은 기가 꺾이고 추접스럽게 노예처럼 비굴한 모든 것. 부자연스럽게 깜빡이는 눈, 억눌린 마음, 꼴사나운 비겁한 입술로 입맞춤하는 저 관대한 척하는 태도가 저급한 것이라며 물어뜯어 버린다.

가짜 지혜: 행복한 이기심은 노예와 노인, 싫증 난 자들이 빈정거리며 해대는 모든 말을, 특히 아주 고약하고 터무니없으며 우스꽝스러운 성직자들의 어리석음을 이렇게 부른다!

그런데 가짜 현자들, 모든 성직자, 세상에 싫증 난 자들, 영혼이 여성과 노예 본성으로 된 자들, 오 이들의 놀이가 옛날부터 이기심을 얼마나 괴롭혔던가!

그리고 이기심을 괴롭힌다고 하는 이것이 바로 덕이었고, 덕이라고 불렀다! 그리고 '무아無我' – 세상에 싫증 난 비겁한 자들 모두와 십자 무늬 거미들은 그럴 만한 이유로 스스로 이렇게 되길 원했다!

하지만 그들 모두에게 변화이자 심판의 칼인 그날, 바

로 위대한 정오가 다가오고 있다. 그때 많은 것이 명백하게 밝혀지리라!

그리고 자아를 건전하고 거룩하다고 말하며 이기심을 축복하는 자, 그는 실로 예언자로서 자신이 알고 있는 것을 말한다. "보라, 다가오고 있다, 가까워지고 있다, 위대한 정오가!"

차라투스트라는 이렇게 말했다.

Friedrich Wilhelm Nietzsche

중력의 영에 대하여

1

내 입은 군중의 입이다. 나는 앙고라 토끼들에게 너무 거칠고 진심으로 말한다. 그리고 내 말은 잉크 쓰는 물고기들과 펜을 쥔 여우들에게 더 낯설게 들린다.

내 손은 바보의 손이다. 모든 테이블과 벽에 화가 있을 진대, 바보들이 장식하고, 바보들이 마구 휘갈겨 쓸 자리가 아직도 남아있단 말인가!

내 발은 말의 발이다. 나는 이 발로 그루터기와 암석 위에서 총총거리고 들판을 이리저리 가로지르며 뛰어다닌다. 나는 녹초가 될 정도로 빨리 달릴 때면 미치도록 즐겁다.

내 위胃는 혹시 독수리 위인가? 내 위는 양고기를 제일 좋아해서다. 내 위기 어떤 새의 위라는 건 확실하다.

때 묻지 않은 것들에게서 조금씩 영양을 취하고, 날개를 퍼덕이며 멀리 날아가기 위해 날아오를 준비를 하면서 초조해하는 것, 이것이 내 본성인데, 내 본성에 어떻게 새의 본성과 같은 것이 없을 수 있단 말인가!

그리고 특히 내가 중력의 영에 적대적이라는 것, 이것이 새의 본성이다. 그리고 진실로 나는 그것의 불구대천의 원수, 철천지원수, 최고의 원수다! 오 내 적개심이 이미 날지 않은 곳, 날다가 허덕이지 않은 곳이 어디인가!

나는 그것에 대해 노래를 불러볼 수도 있다. 그리고 이제 노래를 부르길 원한다. 비록 텅 빈 집에 나 혼자 있음에도 내 귀에 대고 노래를 불러야 하겠지만 말이다.

물론 집이 사람들로 북적여야 목소리가 즐거워지고 손은 수다스러워지며 눈빛은 또렷해지고 마음은 일깨워지는 가수들도 있다. 그러나 나는 이들과 다르다.

2

언젠가 인간에게 나는 법을 가르치는 자는 모든 경곗돌을 옮길 것이다. 모든 경곗돌은 그에게서 스스로 공중으로 날아오를 것이고, 그는 대지의 이름을 '가벼운 것'이라고 새롭게 명명할 것이다.

타조는 가장 빠른 말보다도 더 빨리 달리지만 아직도 무거운 대지에 머리를 무겁게 박고 있다. 아직 날지 못하는 인간도 바로 이러하다.

그런 인간들은 대지와 삶이 무겁다고 말한다. 바로 이것이 중력의 영이 바라는 것이다! 하지만 가벼워지고 한 마리의 새가 되고자 하는 자는 자기 자신을 사랑해야만 한다. 나는 이렇게 가르친다.

물론 병든 자와 중독된 자가 하는 식의 사랑이면 안 된다. 그들에게서는 자기애에서조차 악취가 나기 때문이다!

인간은 건전하고 건강한 사랑으로 자기 자신을 사랑하는 법을 배워야 한다. 나는 이렇게 가르치는데, 자기 자신을 견뎌야 하는 상황에서 방황하지 않게 하기 위해서다.

그러한 방황은 '이웃 사랑'이라고 명명된다. 지금까지 이 말을 이용해 최고의 거짓말과 위선이 행해졌고, 특히 온 세상을 괴롭혔던 자들이 이를 가장 잘 이용했다.

그리고 진실로, 자기 자신을 사랑하는 법을 배우는 것은 오늘과 내일을 위한 계율이 아니다. 오히려 이것은 모든 기술 중에서도 가장 순수하고 가장 기이하며 가장 훌륭하면서도 가장 강한 인내심이 있어야 하는 기술이다.

그러니까 모든 소유물은 그 소유자에게 잘 숨겨져 있는 것이다. 그리고 보물이 묻혀있는 묘라면 어디든지 자기 것이 제일 늦게 발굴되는 것이다. 중력의 영이 이렇게 만든 것이다.

요람에 이를 무렵 우리는 무거운 말과 가치를 부여받는다. 그 말과 가치는 바로 지참금이라고 불리는 '선'과 '악'이다. 그것 덕분에 우리의 삶은 허용된다.

그리고 이를 위해 어린아이들이 자기 자신을 사랑하는 것을 제때 막고자 사람들은 아이들이 자기들에게 오게 해준다. 중력의 영이 이렇게 만든 것이다.

그리고 우리는 우리가 부여받은 것을 굳은 어깨에 짊어지고 성실하게 험한 산을 넘는다! 우리가 땀이 날 정도로 애를 쓰다 보면, 사람들은 우리에게 "그렇다, 삶은 짊어지기 무거운 것이다!"라고 말한다.

그러나 인간에게 짊어지기 무거운 것은 오직 인간뿐이다! 그로 인해, 인간은 어깨에 낯선 것들을 너무나 많이 짊어지고 힘겹게 나아가게 된다. 인간은 낙타처럼 무릎을 꿇어야 짐을 쉽게 짊어질 수 있게 된다.

특히 경외심을 간직한 강인하고 집요한 인간, 그는 낯설고 무거운 말과 가치를 너무나 많이 짊어진다. 그래서 이제 그에게 삶은 사막처럼 보인다!

Friedrich Wilhelm Nietzsche

그리고 진실로! 자기가 소유한 것들도 짊어지기 무겁다! 인간 내면에 있는 수많은 것도 굴과 같다. 즉, 역겹고 미끌미끌하며 꽉 쥐기가 어려운 것이다.

따라서 고귀한 장신구가 달린 고귀한 껍질이 중재해야 한다. 그런데 또한 인간은 껍질과 아름다운 외모, 현명한 맹목성을 가지는 기술도 배워야 한다!

일부 껍질은 하찮고 보잘것없으며 너무 껍질 같은 것이어서, 인간 내면에 있는 수많은 것이 왜곡된다. 감춰져 있는 수많은 선함과 힘은 결코 알아맞힐 수 있는 것이 아니다. 가장 맛 좋은 음식은 미식가를 못 만나는 법이지 않은가!

여성들, 가장 멋진 여성들은 조금 더 뚱뚱하고, 조금 더 마른 것에 대해 잘 알고 있다. 오 그렇게 사소한 것에 얼마나 많은 운명이 걸려 있는가!

인간을 규명하는 것은 어려운 일이긴 하지만, 그래도 자기 자신을 규명하는 것이 가장 어렵다. 정신이 영혼에 대해 가끔 거짓말을 하기 때문이다. 중력의 영이 이렇게 만든 것이다.

하지만 자기 자신을 규명해낸 인간은 이렇게 말한다. 그것은 나의 선과 악이다. 이렇게 말함으로써 그는 "모두를 위한 선, 모두를 위한 악"이라고 말하는 두더지와 난쟁이를 입 닫고 가만히 있게 했다.

진실로 나는 모든 것이 좋다고 말하는 자들과 심지어 이 세계가 최고라고 말하는 자들도 좋아하지 않는다. 나는 그런 자들을 모든 것에 만족하는 자들이라고 부른다.

모든 것에 만족함, 이것은 모든 것의 맛을 알아볼 줄 아는 것이지만, 최고의 취미는 아니다! 나는 '나', '그렇다', '아니다'를 말할 줄 아는 완강하고 까다로운 혀와 위胃를 존경한다.

그러나 모든 것을 씹어대고 소화하는 것, 그것은 정말이지 돼지의 본성이다! 항상 이-아 하고 울어대는 것, 그것은 당나귀와 당나귀의 정신을 지닌 자만 배운 것이다!

짙은 노랑과 강렬한 빨강, 내 취미가 원하는 것은 바로 이것이다. 내 취미는 피를 모든 색과 섞는다. 그러나 자기 집을 하얗게 회칠하는 자는 내게 하얗게 회칠한 영혼을 드러내 보여준다.

누군가는 미라에게 반하고, 누군가는 유령에게 반한다. 그런데 둘은 똑같이 모든 살과 피에 적대적이니, 오 이 둘은 내 취미와 얼마나 어긋나는가! 나는 피를 사랑하기 때문이다!

나는 누구나 모두 침을 뱉고 구토하는 곳에서 살거나 머무르고 싶지 않다. 그것이 지금 나의 취미다. 차라리 도

독이나 위증자들 사이에서 살겠다. 입에 황금을 물고 있는 자가 아무도 없어서다!

그러나 내게 더 불쾌한 것은 모든 아첨꾼이다. 나는 내가 찾아낸 가장 불쾌한 인간 짐승을 기생충이라고 명명했다. 그 짐승은 사랑은 하지 않으려 하면서도 사랑은 받으며 살고 싶어 했다.

사악한 짐승이 되느냐 아니면 사악한 조련사가 되느냐 하는 것 중에서, 단 하나의 선택지만 있는 모두를 나는 불운하다고 부른다. 나는 이런 자들 주위에 오두막을 짓지 않을 것이다!

나는 항상 기다려야만 하는 자들도 불운하다고 부른다. 이들, 즉 세금 징수원들, 소상인들, 왕들, 그 밖의 다른 나라의 주인들과 가게 주인들. 이들은 모두 내 취미와 어긋난다.

진실로, 나도 기다리는 법을 철저하게 배웠다.

하지만 그저 나를 기다리는 법을 배웠을 뿐이었다. 그래서 나는 그 무엇보다도 서는 법, 걷는 법, 달리는 법, 뛰어오르는 법, 기어오르는 법, 춤추는 법을 배웠다.

나아가 나의 가르침은 이렇다. 나는 법을 배우고 싶은 자는 먼저 서는 법, 걷는 법, 달리는 법, 기어오르는 법, 춤추는 법을 배워야지, 나는 법부터 배우면 안 된다!

나는 줄사다리를 타고 여러 창문에 오르는 법을 배웠고, 민첩한 다리로 높은 돛대에 오르기도 했다.

인식의 높은 돛대에서 앉아 있는 것은 내게 작지 않은 행복으로 여겨졌다.

높은 돛대 위에서 깜빡거리는 작은 불꽃처럼. 작은 빛이긴 하지만, 표류하는 선원이나 조난자에게는 크나큰 위로가 된다!

나는 여러 가지 길과 방법으로 내 진리에 이르렀다. 저 멀리 바라보면 내 눈길이 이리저리 헤맬 수도 있는 높은 곳까지 나는 하나의 사다리만 타고 오르지 않았다.

그리고 나는 항상 마지못해 길을 물었을 뿐이었는데, 이는 언제나 나의 취미와 어긋나는 것이었다! 그래서 나는 길 그 자체를 물어보고 시도하는 것을 선호했다.

시도와 물음은 내 행보의 모든 것이었다. 그리고 진실로, 그러한 물음에 대답하는 법도 배워야 한다! 이것이 바로 내 취미다!

훌륭하지 않지만 그렇다고 나쁘지도 않은, 더는 부끄러움이나 비밀 따위는 없는 나의 취미.

"그것은 이제 나의 길인데, 그대들의 길은 어디에 있는가?" 나는 내게 길을 묻는 자들에게 이렇게 대답했다. 그러니까 그 길은 존재하지 않는 것이다!

Friedrich Wilhelm Nietzsche

차라투스트라는 이렇게 말했다.

낡은 서판과 새로운 서판에 대하여

1

나는 여기 앉아서 기다리고 있다. 내 주위에는 낡고 부서진 서판들과 반쯤 적힌 새로운 서판들이 있다. 내 시간은 언제 온단 말인가?

내 하강의 시간, 몰락의 시간 말이다. 왜냐하면 나는 다시 한번 인간에게 가고 싶기 때문이다.

나는 지금 그 시간을 기다리고 있다. 나의 시간이라는 징후가, 즉 비둘기 떼와 함께 웃는 사자가 먼저 내게 나타나야 하기 때문이다.

그러는 동안에 나는 서두를 필요가 없는 자로서 나 자

신에게 이렇게 말한다. 아무도 내게 새로운 것을 이야기해주지 않는다. 이것이 내가 자신에게 말하는 방식이다.

2

내가 인간에게 갔을 때, 나는 그들이 낡은 자만심에 앉아 있는 것을 알 수 있었다. 그들 모두는 인간에게 무엇이 선한 것이고, 무엇이 악한 것인지에 대해 이미 오래전부터 잘 안다고 여기고 있었다.

그들은 덕에 관한 모든 이야기를 낡고 피곤한 어떤 일들로 여겼다. 그리고 잘 자고 싶은 자는 잠자리에 들기 전에도 '선'과 '악'에 대해 이야기했다.

내가 이렇게 가르치면서 그들의 잠을 방해했다. 선과 악이 무엇인지는 아직 아무도 모른다. 창조자 외에는!

그런데 인간의 목표를 창조하고 대지에 의미와 미래를 부여하는 자가 바로 이 창조하는 자다. 이 자만이 어떤 것이 선과 악인지를 정한다.

나는 그들에게 그들의 낡아빠진 교단과 저 낡은 자만심만이 앉아 있던 곳을 엎어버리라고 명령했다. 나는 그들에게 그들의 위대한 덕의 스승과 성자들, 시인, 구세주를 비웃으라고 명령했다.

나는 그들에게 그들의 암울한 현자들과 생명의 나무에 검은 허수아비처럼 앉아서 경고를 일삼던 자들을 비웃으라고 명령했다.

나는 썩은 짐승의 사체와 독수리도 있는 그들 무덤의 큰 길가에 앉아서 그들의 모든 과거와 흐늘흐늘하게 쇠퇴해가는 그 과거의 영광을 비웃었다.

진실로, 나는 그들의 모든 큰일과 작은 일에 대해 참회를 설교하는 자와 바보들처럼 분노를 내뱉고 비명을 질렀다. 그들의 최고의 선이 그렇게나 하찮다니! 그들의 최고의 악이 그렇게나 하찮다니! 나는 이렇게 웃었다.

산에서 태어난 진실로 거친 지혜인 내 현명한 동경이 이렇게 비명을 지르고 마음껏 웃었다! 날개를 퍼덕이는 내 위대한 동경이 말이다.

그리고 그 동경은 가끔 웃으면서 나를 앞으로 저 위로 저 멀리 끌어당겼다. 그때 나는 몸서리치며 햇볕에 흠뻑 취한 황홀경을 화살처럼 뚫고 날아갔다.

꿈에서도 본 적 없는 먼 미래로, 여태껏 조각가들이 꿈꿨던 것보다 더 뜨거운 남쪽으로, 신들이 춤추면서 모든 옷을 부끄럽게 여기는 그곳으로.

내가 비유적으로 말하고 마치 시인들처럼 절뚝거리고 말을 더듬는다는 것, 그리고 진실로 내가 아직도 시인이어야 한다는 것이 부끄럽다!

모든 생성이 신들의 춤과 신들의 방종으로 보였던 곳에서, 세계는 해방돼서 제멋대로 자기 자신에게 되돌아오는 것으로 보였던 곳에서.

마치 수많은 신이 서로에게서 영원히 도망가고, 영원히 다시 서로를 찾는 것처럼, 마치 수많은 신이 서로를 행복하게 반박하고, 서로 다시 경청하고, 서로 다시 결속되는 것처럼.

모든 시간이 순간에 대한 행복한 조롱으로 보였던 곳에서, 필연성이 자유 그 자체였고, 필연성이 자유의 뾰족한 침으로 행복하게 놀았던 곳에서.

나도 나의 옛 악마이자 철천지원수인 중력의 영, 그리고 이것이 창조한 모든 것, 즉 강제, 규정, 필요와 결과, 목적과 의지, 선과 악을 다시 발견했던 곳에서.

춤추는 자 너머로 춤출 자가 거기에 있을 필요는 없는 것인가? 가벼운 자, 가장 가벼운 자를 위해 두더지와 무거운 난쟁이들이 거기에 있어야 하지 않겠는가?

3

내가 길을 가다 '초인'이라는 말, 인간은 극복되어야 할 그 어떤 존재라는 말을 알게 된 곳도 그곳이었다.

인간은 하나의 다리이지 어떤 목적이 아니라는 말, 자신의 정오와 저녁으로 인해 새로운 아침놀에 이르는 길을 맞게 돼 스스로를 행복하다고 여긴다는 말을 주운 곳도 그곳이었다.

위대한 정오에 관한 차라투스트라의 말, 그 외에도 내가 마치 자줏빛의 두 번째 저녁놀처럼 인간들 위에 매달아 둔 것을 주운 곳도 그곳이었다.

진실로, 나는 그들에게 새로운 밤과 더불어 새로운 별들도 보여주었다. 그리고 나는 구름과 낮, 밤 위에 화려한 천막을 펼치듯 웃음도 쫙 펼쳤다.

나는 인간에게 있는 단편적인 면과 수수께끼, 끔찍한 우연을 하나로 구성하고 한데 모으는 '내' 창작법과 노력 모두를 그들에게 가르쳤다.

나는 시인, 수수께끼를 푸는 자, 우연을 구제하는 자로서 그들에게 미래를 위해 창조하는 법과 존재했던 모든 것을 창조적으로 구제하는 법을 가르쳤다.

의지가 "그런데 나는 그런 식으로 그것을 원했다! 나는 그런 식으로 그것을 원할 것이다"라고 말할 때까지 인간에게 있는 과거의 일을 구제하고, 그러했다라는 모든 것을 둘러보는 것.

Friedrich Wilhelm Nietzsche

나는 이것을 그들에게 구제라고 불렀고, 그들에게 이것만을 구제라고 부르라고 가르쳤다.

나는 이제 마지막으로 그들에게 가기 위해 나의 구제를 기다리고 있다.

나는 인간에게 한 번 더 가고 싶기 때문이다. 나는 그들 사이에서 몰락하고 싶고, 죽어가면서도 그들에게 내가 가진 가장 풍요로운 선물을 주고 싶기 때문이다!

나는 이것을 풍요로운 자인 태양이 저물어 갈 때, 태양에게서 배웠다. 그때 태양은 고갈되지 않는 부에서 나오는 황금을 바다로 쏟아붓고 있었다.

가난에 허덕이는 어부마저도 **황금** 노로 저을 수 있을 만큼 말이다! 이것이 내가 언젠가 보았던 광경이고 그때 나는 바라보면서 흐르는 눈물을 참을 수 없었다.

차라투스트라도 이 태양처럼 몰락하고 싶어 한다. 그는 이제 여기 앉아서 기다리고 있다. 주위에는 낡고 부서진 서판들과 반쯤 적힌 새로운 서판들이 있다.

407

4

보라, 여기에 새로운 서판이 있다. 그런데 이것을 나와 함께 골짜기로, 육체의 마음속으로 짊어지고 갈 내 형제들은 어디에 있는가?

그래서 내 위대한 사랑은 아주 멀리 있는 자들에게 이렇게 요구한다. 그대의 이웃을 아끼지 말라! 인간은 극복되어야 할 그 어떤 존재다.

극복하는 길과 방법은 가지각색이다. 그러니 그대는 이를 유념하라! 어릿광대만이 "인간은 뛰어넘게 될 수도 있다"라고 생각한다.

그대의 이웃들에게서도 그대 자신을 극복하라. 그리고 그대가 스스로 빼앗을 수 있는 권리를 달라고 해서는 안 된다!

그대가 하는 일을 그대로 그대에게 되풀이할 수 있는 자는 아무도 없다. 보라, 되갚음이란 건 존재하지 않는다.

자신에게 명령을 내리지 못하는 자는 결국 복종해야만 한다. 상당수가 자신에게 명령을 내릴 수는 있지만, 자신에게 복종하기에는 아직 부족한 부분이 많다!

5

고귀한 영혼의 본성은 이러할 것이다. 그 영혼은 적어도 삶에서는 어떤 것도 공짜로 가지려 하지 않는다.

천민에 속하는 자는 공짜로 살려고 한다. 그러나 이런

자들과 달리 삶을 부여받은 우리는 무엇을 보답하는 것이 가장 좋은지에 대해 항상 곰곰이 생각한다!

그리고 진실로, 다음과 같은 말은 품격 높은 말이다. "삶이 우리에게 약속한 것, 이를 우리는 삶에서 지킬 것이다!"

즐길 거리가 주어지지 않은 곳에서 즐기려고 해서는 안 된다. 즐기길 원해서도 안 되는 것이다!

즐거움과 천진난만함은 부끄러움을 가장 많이 타는 녀석들이기 때문이다. 이 둘은 사람들에게서 추구되는 것을 원치 않는다. 그래서 우리는 즐거움과 천진난만함을 지니고 있어야 하고, 오히려 계속해서 죄책감과 고통을 추구해야 한다!

6

오 내 형제들이여, 맏이는 항상 제물로 바쳐진다. 그런데 지금 우리는 맏이다.

우리는 모두 비밀 제단에서 피를 흘리고 있고, 우리는 모두 옛 우상들의 명예를 위해 불태워지고 지지고 볶여지고 있다.

우리의 최고 이점은 아직 젊다는 것이다. 이것은 늙은

이들의 구미를 당긴다. 우리의 살은 연하고 우리의 피부
는 어린 양의 가죽에 불과할 뿐이니, 우상을 섬기는 늙은
성직자들이 어찌 흥분하지 않을 수 있겠는가!

우리 안에는 향연을 벌이고자 우리의 최고 이점을 지지
고 볶고 있는, 우상을 섬기는 그 늙은 성직자가 여전히 살
고 있다. 아, 내 형제들이여, 만이가 어찌 제물로 바쳐지지
않을 수 있겠는가!

그런데 그것이 우리의 본성이 원하는 것이다. 그리고
나는 자기 자신을 보전하려 하지 않는 자들을 사랑한다.
나는 몰락하는 자들을 온 마음을 다해 사랑한다. 그들은
저 너머로 건너가기 때문이다.

7

진실해지는 것, 이를 할 수 있는 자는 소수일 뿐이다! 그
리고 그것을 할 수 있는 자는 아직 그것을 원하지 않는다!
그것을 할 수 있는 자 중에서 선한 자들이 가장 적다.

오 이 선한 자들! 선한 인간은 결코 진리를 말하지 않
는다. 정신의 입장에서 저만큼 선해진다는 것은 일종의
질병일 뿐이다.

이 선한 자들은 굴복하고 순응하며, 그들의 마음은 무

언가를 따라서 말하고 그들의 이성은 복종한다. 그런데 복종하는 자는 자기 내면의 말을 경청하지 않는다!

하나의 진리가 탄생할 수 있도록 선한 자들이 악이라고 부르는 것은 모두 함께 모여야 한다. 오 내 형제들이여, 그대들도 이러한 진리에 악할 정도가 되는가?

대담한 감행, 오랜 불신, 매정한 부정, 피로감, 살아있는 것들에 상처 냄. 이것들은 얼마나 드물게 함께 모인단 말인가! 하지만 진리는 이런 씨앗에서 탄생했다!

지금까지 모든 지식은 사악한 양심과 함께 성장했다! 부숴라, 부숴라, 그대 인식하는 자들이여, 낡은 서판들을!

411

8

물에 버팀목이 세워져 있고, 강 위에 작은 교량과 난간이 놓여 있을 때, 진실로, "만물은 유전流轉한다"라고 말하는 자는 그 누구에게서도 신뢰를 얻지 못한다.

멍청한 자들마저도 그의 말에 이의를 제기한다. "뭐라고? 만물은 유전한다고? 강 위에 버팀목과 난간이 있지 않은가!"라고 그 멍청한 자들은 말한다.

"강 위에는 만물이 고정돼있고, 사물들의 모든 가치, 다리들, 개념들, 모든 '선'과 '악', 이 모두도 고정돼있다!"

강을 조련하는 혹독한 겨울이 오면, 가장 재치 있는 자들마저도 불신하는 법을 배우게 된다. 그러면 진실로 멍청한 자들만 "만물은 정지해 있어야 하지 않는가?"라고 말하는 게 아니다.

"기본적으로 만물은 정지해있다." 이 말은 겨울의 진정한 가르침이자 불모의 시기에 적합한 것이고, 동면하는 자들과 바깥출입이 싫어서 집에만 박혀 있는 자들에게는 좋은 위로가 된다.

"기본적으로 만물은 정지해있다." 그러나 따뜻한 봄바람은 이와 반대로 설교한다!

쟁기질하는 황소가 아닌 한 마리의 황소 같은 그 봄바람, 성난 황소이자 노여움에 찬 뿔로 얼음을 깨부수는 파괴자인 그 봄바람! 그런데 부서진 얼음은 작은 교량을 무너뜨린다!

오 내 형제들이여, 모든 것이 지금 유전하고 있지 않은가? 모든 난간과 교량이 물에 빠지지 않았는가? 누가 아직도 '선'과 '악'을 '고수하려 하는가?'

"슬프구나! 행운이로다! 따뜻한 봄바람이 불고 있다!" 오 내 형제들이여, 모든 거리를 두루 다니면서 이렇게 설교하라!

412

Friedrich Wilhelm Nietzsche

9

선과 악이라고 불리는 낡은 망상이 있다. 지금까지 이 망상의 수레바퀴는 예언가와 점성가 주변을 돌고 있었다.

사람들은 한때 예언가와 점성가를 믿었다. 그래서 그들은 "모든 것은 운명이다. 그대는 반드시 해야 하기 때문에 그대는 하지 않으면 안 된다!"라는 말을 믿었다.

그러고 나서 사람들은 다시 모든 예언가와 점성가를 불신했다. 그런 까닭에 사람들은 "모든 것은 자유다. 그대가 원하기 때문에 그대는 할 수 있다!"라는 말을 믿었다.

오 내 형제들이여, 지금까지 우리는 별과 미래에 대해서 알고 있었던 것이 아니라 그저 망상만 해왔을 뿐이었다. 그런 까닭에 지금까지 선과 악에 대해서도 알고 있었던 것이 아니라 그저 망상만 해왔을 뿐이었다!

10

"도둑질하지 말라! 살인하지 말라!" 이런 말들은 한때 신성한 말이라고 불렸다. 이런 말들 앞에서 사람들은 무릎을 꿇고 머리를 숙였으며 신발을 벗었다.

그런데 그대들에 묻겠다. 이 세계에 이런 신성한 말들보다 더 나쁜 도둑들과 살인자들이 어디 존재한 적이 있었던가?

모든 삶 자체에는 도둑질과 살인이 없는가? 그런 말들을 신성하다고 부름으로써 진리 그 자체가 죽임을 당했던 게 아니었는가?

아니면 모든 삶을 부정하거나 이 삶에서 무언가를 하지 말라고 충고하는 것을 신성하다고 말한 것, 이는 죽음의 설교였던가? 오 내 형제들이여, 부숴라, 나를 위해 부숴라, 낡은 서판들을!

11

이것은 과거의 모든 일이 더럽혀지는 것을 바라볼 때 드는 내 동정심이다.

이것은 모든 세대의 은총, 정신, 광기에 의해 더럽혀지고, 앞으로 다가올 일과 과거에 존재했던 모든 일을 자기의 교량으로 재해석한다!

지독한 폭군이 나타날 수도 있다. 그는 자신의 은총과 노여움으로 과거의 모든 일이 자기의 교량이 되고 징후가 되며 전령과 닭 울음소리가 될 때까지, 그 과거의 모든 일을 짓누르고 억압하려 했던 영악한 괴물이다.

그런데 이것은 또 다른 위험이자 또 다른 내 동정심이

다. 즉, 천민에 속하는 자의 기억은 할아버지까지 거슬러 올라가지만, 그 시간은 할아버지와 함께 끝난다는 것이다.

과거의 모든 일은 이렇게 더럽혀진다. 왜냐하면 천민이 주인이 되고, 모든 시간이 얕은 물에 빠져 죽는 일이 일어날 수도 있기 때문이다.

오 내 형제들이여, 그러므로 모든 천민과 폭력적인 모든 것에 대항하는 자이자, 새로운 서판에 고귀한이라는 말을 새롭게 사용할 자인 새로운 귀족이 필요한 것이다. 귀족이 존재하려면, 많은 고귀한 자와 다양한 부류의 고귀한 자들이 필요한 것이다! 아니면, 내가 앞서 비유를 들어 말했듯이, "신들이 존재하지만, 유일한 신은 존재하지 않는다는 것, 바로 이것이 신성이다!"라는 것이다.

12

오 내 형제들이여, 나는 그대들을 새로운 귀족으로 임명하고 그 귀족에 관해 가르쳐줄 것이다. 그대들은 미래를 낳는 자 미래를 양육하는 자, 미래의 씨앗을 뿌리는 자가 되어야 한다.

진실로, 그대들은 마치 소상인처럼 소상인의 금화로 매수할 수 있는 그런 귀족이 되어서는 안 된다. 값이 있는 것은 무엇이든지 가치가 거의 없기 때문이다.

　이제는 그대들이 어디에서 왔는지가 아니라 어디로 가
는지에 그대들의 명예를 걸어라! 그대들 자신을 뛰어넘고
자 하는 그대들의 의지와 발걸음, 이것이 그대들의 새로
운 명예가 되게 하라!

　진실로 그대들이 어느 군주를 섬겼다거나 - 군주 따위
가 뭐가 중요하겠는가!- 아니면 서 있는 것이 더 굳건하
게 서 있을 수 있도록 보루가 됐다는 것은 명예로운 일이
아니다!

　그대들의 일가가 궁정에서 궁정 예법에 맞게 격식을
차리게 되었고, 그대들이 플라밍고처럼 화려하게 얕은 연
못에서 오래 서 있는 법을 배웠다는 것은 명예로운 일이
아니다!

　왜냐하면 서 있을 수 있다는 것은 궁정의 사람들에게는
일종의 공로이기 때문이다. 그리고 그들 모두는 앉아도 된
다는 것을 죽고 나서야 누릴 수 있는 행복의 일부라고 믿
는다!

　그들이 신성하다고 부르는 정신이 그대들의 조상을 약
속의 땅으로, 나는 찬양하지 않는 이 약속의 땅으로 인도
했다는 것도 명예로운 일이 아니다. 왜냐하면 모든 나무
중에서 최악의 나무, 즉 십자가가 자라난 땅이기 때문이

다. 이 땅에서는 찬양할 것이라곤 하나도 없다!

그리고 진실로, 이 신성한 정신이 자기의 기사騎士들을 인도하는 곳마다 그 행렬에는 항상 염소들과 거위들, 십자가를 진 자들과 괴팍스런 자들이 선두에서 달렸다!

오 내 형제들이여, 그대들의 귀족은 뒤돌아보지 말고 저 멀리 내다봐야 한다! 그대들은 모든 아버지의 땅과 인류의 아버지 땅에서 쫓겨난 자들이어야 한다!

그대들은 그대들 후손의 땅을 사랑해야 한다. 이 사랑이 그대들의 새로운 귀족이 되게 하라, 가장 순수한 바다에서 아직 발견되지 않은 땅을 향한 이 사랑이! 나는 그 땅을 찾고 또 찾으라고 그대들의 돛에 명령한다!

그대들이 그대들 조상의 후손이라는 것을 그대들은 그대들의 후손에게 보상해야 한다. 그대들은 과거의 모든 일을 이런 식으로 구제해야 한다! 내가 이 새로운 서판을 그대들 위에 걸어두겠다!

417

13

"무엇을 위해 사는가? 모든 것은 헛되다! 삶, 이것은 짚을 타작하는 것이다. 삶, 이것은 자신을 불태우더라도 따뜻해지지 않는 것이다."

이런 고대의 헛소리가 아직도 지혜로 여겨지고 있다. 그런데 이런 헛소리가 오래되고 퀴퀴한 냄새를 풍긴다는 이유로 더 존경받고 있다. 곰팡이마저도 고상한 것으로 만들고 마는 것이다.

아이들은 그렇게 말할 수도 있었다. 아이들은 불에 덴 적이 있기 때문에 불을 두려워하니까! 고대의 지혜서에는 이런 유치한 내용들이 많이 담겨 있다.

그리고 항상 짚을 타작하는 자가 어떻게 타작을 모독해도 된단 말인가! 그런 바보들의 입은 붕대로 꽁꽁 감아버려야 한다!

그런 자들은 테이블에 앉으면서 아무것도 가져오지 않고, 심지어 맛있게 먹으라는 말도 하지 않는다. 그러면서 그들은 지금 "모든 것은 헛되다!"라고 모독만 해댄다.

오 내 형제들이여, 잘 먹고 잘 마시는 것은 진실로 헛된 기술이 아니다! 부숴라, 더는 즐거워하지 않는 자들의 서 판들을 부숴라!

14

"순결한 자의 눈에는 모든 것이 순결해 보인다"라고 군중은 말한다. 그러나 나는 그대들에게 이렇게 말하겠다.

돼지의 눈에는 모든 것이 돼지로 보인다!

그래서 몽상가들과 마음마저 아래로 축 처져 있는 용기 없는 자들은 이렇게 설교한다. "세계 자체는 더러운 괴물이다."

왜냐하면 이들 모두는 불결한 정신을 지닌 자들이기 때문이다. 그런데 특히 세계를 배후에서 보지 않으면 평온할 수도, 휴식을 취할 수도 없는 저 몽상가들, 그러니까 배후세계를 믿는 자들이 더 그러하다!

비록 좋게 들리지는 않겠지만, 그럼에도 나는 그들 얼굴에 대고 이렇게 말하겠다. 세계는 엉덩이가 있다는 점에서 인간과 비슷하다. 이 정도는 사실이다!

세계에는 오물들이 많다. '이 정도는 사실이다! 그러나 그렇다고 해서 세계 자체가 더러운 괴물인 것은 아니다!

세상의 많은 것에서 악취가 난다는 사실에는 지혜가 담겨있다. 역겨움 그 자체가 날개와 근원을 감지하는 힘을 창조한다!

최고인 자에게도 역겨운 무언가가 있다. 그 최고인 자도 극복되어야 할 그 어떤 존재다!

오 내 형제들이여, 세계에 오물이 많다는 사실에는 많은 지혜가 담겨있다!

15

나는 경건한 배후세계론자들이 자신의 양심에 대고 진실로 어떤 악의나 거짓도 없이 이런 잠언을 말하는 것을 들은 적이 있다. 세계에는 이보다 더 거짓된 말도, 더 악의적인 말도 없을 것임에도 말이다.

"세계가 세계답게 하라! 이에 반대한다고 손가락 하나라도 까딱대지 말라!"

"사람들을 목 조르고, 찌르고, 베고, 살을 벗겨 없애려는 자는 누구든지 내버려 두라. 이에 반대한다고 손가락 하나라도 까딱대지 말라! 이 때문에 사람들은 계속해서 세계를 포기하는 법을 배우게 될 것이다."

"그리고 그대 자신만의 이성, 이것을 그대는 스스로 재 갈을 물려 목 졸라야 한다. 왜냐하면 그것은 이 세계의 이성이기 때문이다. 이 때문에 그대는 스스로 세계를 포기하는 법을 배우게 될 것이다."

420

부숴라, 부숴라, 오 내 형제들이여, 경건한 자들의 이 낡은 서판들을! 세계를 비방하는 자들이 지껄이는 잠언들을 끊어내라!

"많이 배운 자는 모든 광포한 욕망을 잊는다." 오늘날 모든 어두운 거리에서는 이렇게 속삭이는 소리가 들린다.

"지혜는 사람을 지치게 만들고, 아무런 가치도 없다. 그러니 그대는 갈망해서는 안 된다!" 나는 광장 시장 위에 이 문구가 적힌 새로운 서판이 걸려 있는 것을 발견했다.

오 내 형제들이여, 나를 위해 부숴라, 이 새로운 서판도 부숴라! 세계에 지친 자들과 죽음을 설교하는 자들, 간수들이 이 서판을 거기에 걸었다! 보라, 그것은 노예가 돼서 굴종하라는 설교일 뿐이다!

그들은 잘못 배웠고 최고의 것도 배우지 않았으며 모든 것을 너무 일찍 너무 서둘러서 배웠다. 그들은 해로운 것을 먹어 치웠기 때문에 위에 저따위 탈이 난 것이다.

즉 그들의 정신은 탈이 난 위인 것이다. 그 위는 죽음을 권한다! 그러니 진실로, 나의 형제들이여, 정신은 참으로 위다!

삶은 쾌락의 샘이다. 고난의 아버지인 탈이 난 위로 말하는 자의 모든 샘에는 독이 섞이게 된다.

인식한다는 것, 그것은 사자의 의지를 지닌 자에게는 쾌락이다! 하지만 지친 자에게는 다른 사람에 의해 의욕당할 뿐이고, 온갖 물결의 장난감으로 전락해버린다.

그리고 그것은 언제나 약한 인간들의 본성이다. 그들은 자신의 길을 걷는 도중에 자신의 길을 잃어버린다. 그러다 마침내 그들의 피로는 이렇게 묻는다. "무엇을 위해 우리는 길을 걸어왔단 말인가! 만물이 다 똑같지 않은가!"

그들의 귀에는 이런 설교가 달콤하게 들린다. "보람 있는 일은 아무것도 없다! 그러니 그대들은 무언가를 욕구하지 말아야 한다!" 하지만 이 말은 노예가 돼서 굴종하라는 설교일 뿐이다.

오 내 형제들이여, 차라투스트라는 길을 걷다 지친 모두에게 상쾌한 소나기 같은 바람으로 다가온다. 그는 수많은 사람의 코를 재채기하게 할 것이다!

내 자유로운 숨결도 벽을 뚫고 감옥과 갇혀 있는 여러 정신 속으로 불어 든다!

의욕은 자유롭게 해준다: 의욕한다는 것은 창조한다는 것이기 때문이다. 나는 이렇게 가르친다. 그리고 그대들은 오직 창조하기 위해서만 배워야 한다!

그리고 그대들은 먼저 내게서 배우는 법, 즉 잘 배우는 법도 배워야 한다! 귀 있는 자는 들어라!

17

저기에 나룻배가 정박해있다. 저 너머로 가면 어쩌면 거대한 무無로 이르게 될지도 모른다. 그런데 그 누가 이 어쩌면에 올라타고 싶어 하겠는가?

그대들 중 그 누구도 이 죽음의 나룻배에 올라타고 싶어 하지 않는다. 그런데 그대들은 어째서 세계에 지친 자이기를 바라는가!

세계에 지친 자들! 그대들은 아직 한 번도 대지를 등진 자가 된 적이 없다! 나는 그대들이 아직도 대지를 갈망하고 있고, 대지에 대한 자신의 권태를 아직도 사랑하고 있다는 것을 알게 되었다!

그대들의 입술이 축 처진 것은 괜히 그런 게 아니다. 소소한 지상의 소망이 아직도 그 위에 앉아 있다! 그리고 눈에는 잊을 수 없는 지상의 쾌락의 작은 구름이 떠다니고 있지 않은가?

지상에는 훌륭한 창작물이 많은데, 일부는 유용하고 일부는 또 쾌적하다. 그 때문에 대지는 사랑받을 만하다.

그리고 지상에는 여성의 가슴처럼 유용하면서도 쾌적하게 잘 창작된 것들도 많다.

그러나 그대 세계에 지친 자들이여, 그대 지상의 게으름뱅이들이여! 그대들은 회초리로 다스려져야 한다! 그대들은 회초리를 맞아서 다리가 다시 튼튼해져야 한다.

왜냐하면 그대들이 대지에 지친 병자나 쇠약한 자들이 아니라면, 그대들은 교활한 나무늘보이거나 군것질 좋아하면서 살금살금 기어 다니는 쾌락의 고양이일 것이기 때문이다. 그리고 그대들이 다시 유쾌하게 달리고 싶지 않다면, 그대들은 떠나가 버려야 한다!

불치병에 걸린 자들을 위한 의사가 되려고 해서는 안 된다! 차라투스트라는 이렇게 가르친다. 그러니 그대들은 떠나가 버려야 한다!

한 구절의 새로운 시를 쓰는 것보다 그것을 끝맺는 데에 더 큰 용기가 필요하다. 의사와 시인이라면 모두 이를 잘 알고 있다.

18

오 내 형제들이여, 권태로운 마음으로 만들어진 서판들도 있고, 썩기 쉬운 게으름으로 만들어진 서판들도 있다. 그것들은 같은 말을 하고 있으면서도 다르게 들리기를 바라고 있다.

여기 고통에 시달리고 있는 자를 보라! 그는 자신의 목표에서 불과 한 뼘 정도 떨어져 있으면서도, 피로한 나머지 여기 먼지 구덩이 속에 대담하게 누워있다. 이 용감한 자가 말이다!

그는 피로한 나머지 길과 대지, 목표, 자기 자신을 향해 하품하면서, 한 걸음도 더 나아가려고 하지 않는다. 이 용감한 자가 말이다!

지금 태양이 그의 위에서 이글이글 타오르고 있고 개들이 그의 땀을 핥고 있는데도 그는 이를 무시하고 그 자리에 누워서 차라리 고통에 시달리려고 한다.

자신의 목표에서 불과 한 뼘 정도 떨어져 있는데도 고통에 시달리려고 하다니! 진실로, 그대들은 그의 머리채를 붙잡고 그의 천국으로 끌고 가야 할 것이다! 이 영웅을 말이다!

아니면 그에게 위안이 되는 잠이 시원하고 황홀케 하는 비와 함께 쏟아지도록 그대들은 그가 누워있는 자리에 그를 내버려 두는 게 더 좋을 것이다.

그가 스스로 깨어날 때까지, 모든 피로와 피로에서 배웠던 것을 스스로 거두어들일 때까지 그가 누워있게 내버려 두라!

내 형제들이여, 그저 개들, 어딘가 수상한 위선자들, 떼지어 돌아다니는 온갖 구더기들을 그에게서 쫓아내라.

각자의 영웅의 땀을 배불리 먹으면서 떼지어 돌아다니

는 구더기들 같은 저 교양인들을!

19

나는 내 주변에 원과 신성한 경계를 그린다. 점점 더 높은 산을 오를수록 나와 함께 오르는 자들은 점점 줄어든다. 나는 갈수록 신성해지는 산들로 하나의 산맥을 만든다.

오 내 형제들이여, 그대들이 나와 함께 어디로 오르든지 간에 **기생충**이 그대들과 함께 오르지 않게 주의하라!

기생충: 이것은 기어 다니는 미끌미끌한 벌레로, 그대들의 아프고 상처 난 부위에서 살을 찌우려고 한다.

그리고 그의 기술은 바로, 상승하는 영혼들이 지치게 되는 곳을 잘 알아낸다는 것이고, 그대들의 원망과 불만, 연약한 수치심 속으로 파고 들어가 자신을 위한 역겨운 보금자리를 짓는다는 것이다.

기생충은 강자가 지닌 약한 곳, 고결한 자가 지닌 너무 온화한 곳으로 파고 들어가 자신을 위한 역겨운 보금자리를 짓는 것이다. 기생충은 위대한 자에게 있는 작게 상처가 난 부위에서 산다.

모든 존재자 중에서 가장 고귀한 부류, 가장 저급한 부류에 속하는 자는 누구인가? 기생충이 가장 저급한 부류에 속하는 자다. 그러나 가장 고귀한 부류에 속하는 자가 가장 많은 기생충을 길러낸다.

그러니까 가장 긴 사다리가 있어서 가장 깊이 내려갈 수 있는 그 영혼, 가장 많은 기생충이 어찌 그 영혼에 들러붙어 있지 않겠는가?

자신 안에서 가장 멀리 달리면서 헤매기도 하고 이리저리 방황할 수도 있는 가장 광범위한 영혼, 쾌락에서 빠져나와 우연으로 뛰어드는 가장 필요한 영혼.

생성 속으로 가라앉는 존재하는 영혼, 의욕과 욕구 속으로 가라앉길 원하는 소유하는 영혼.

가장 넓은 원 안에서 자신을 따라잡는 자기 자신에게서 도망치는 영혼, 어리석음이 가장 달콤하게 설득해오는 가장 현명한 영혼.

자신 안에 만물의 흐름과 역류, 밀물과 썰물이 있는 가장 자기애적인 영혼, 오 이 '가장 고귀한 영혼'이 최악의 기생충들을 어찌 가지지 않을 수 있단 말인가!

20

오 내 형제들이여, 내가 매몰찬가? 그대들에게 말하겠다. 떨어지는 것은 계속해서 밀쳐내야 한다!

오늘날 떨어지는 모든 것은 썩어 문드러진 것인데, 누가 이를 붙잡고 싶어 하겠는가! 그래서 나는, 나는 그것을 계속해서 밀쳐낼 것이다!

그대들은 바위를 가파른 깊은 곳으로 굴릴 때 느껴지는 쾌감을 아는가? 오늘날의 이 인간들, 보라, 이들이 내 심연으로 굴러들어오고 있지 않은가!

오 내 형제들이여, 나는 더 훌륭한 배우들에게는 하나의 서곡이다. 하나의 선례다! 내 선례를 따라 행동하라!

그리고 그대들이 날아오르는 법을 아직 가르쳐주지 않은 자에게는 더 빨리 떨어지는 법을 가르치도록 하라!

21

나는 용감한 자들을 사랑하지만, 칼을 잘 휘두르는 노련한 검투사만으로는 충분치 않다. 누구를 멋지게 벨지도 잘 알고 있어야 한다!

그리고 자신을 억제하며 그냥 지나쳐가는 데에 더 큰 용기가 있기도 하다. 이렇게 행동하면서 그는 더 대적할 만한 적을 대비해 자신의 힘을 비축해두는 것이다!

내게는 증오할 적만 있을 뿐 경멸할 적은 없을 것이다. 그대들은 그대들의 적을 자랑스러워해야 한다. 나는 전에도 이렇게 가르쳤다.

오 내 벗들이여, 그대들은 더 대적할 만한 적을 대비해 그대들의 힘을 비축해두어야 한다. 그렇기에 그대들은 수많은 것들을 그냥 지나쳐가야 한다.

특히 그대들의 귀에 대고 군중과 민족에 대해 떠들어대는 수많은 천민을 그냥 지나쳐가야 한다.

그들이 지껄이는 갑론을박에서 떨어져 그대들의 눈을 깨끗하게 유지하라! 거기에는 수많은 옳고 그름이 뒤섞여 있어서 거기를 보는 자는 누구든지 격분하게 될 것이다.

안을 들여다보는 것, 안을 칼로 베는 것, 거기서는 이것이 매한가지다! 그러니 숲으로 들어가서 그대들의 칼을 잠재우라!

그대들의 길을 가라! 그리고 군중과 민족이 그들의 길을 가도록 그냥 내버려 두라! 진실로 더 이상 어떤 희망도 번개처럼 번쩍이지 않는 어두운 길을!

반짝이는 모든 것이 아직도 소상인의 금화뿐이라면 그곳을 소상인들이 지배하도록 그냥 내버려 두라! 이제는 더 이상 왕들의 시대가 아니다. 오늘날 스스로 민족이라고 부르는 자는 왕이 될 자격이 없다.

보라, 지금 이 민족들이 스스로 소상인들과 얼마나 똑같이 행동하는가. 그들은 저마다의 쓰레기 더미에서 이익

이 되는 것이라면 아주 쓸데없는 것들도 주워 모은다!

그들은 서로를 엿듣고 서로에게서 무언가를 염탐하는데, 그들은 이를 '선량한 이웃 간의 정'이라고 부른다.

어떤 한 민족이 스스로 "나는 민족들 위에 군림하는 지배자가 되고 싶다!"라고 말했던, 오 아득히 먼 옛날의 축복받았던 시대여.

내 형제들이여, 왜냐하면 가장 선한 자가 지배해야 하고, 또한 가장 선한 자가 지배하기를 바라기 때문이다! 그리고 가르침이 이와 다르게 전해지는 곳에서는 가장 선한 자가 없다.

22

만약 그들이 빵을 공짜로 얻는다고 한다면, 슬픈 일이로다! 그들은 무엇을 달라고 격렬히 아우성칠 것인가! 그들의 생계유지 활동, 이는 그들에게 그저 적절한 오락거리에 불과할 뿐이니 그들의 형편이 어려운 것은 당연한 일이다!

그들은 맹수다. 그들의 노동에는 약탈도 있고, 그들의 벌이에는 계략도 있다! 그래서 그들의 형편이 어려운 것은 당연한 일이다!

Friedrich Wilhelm Nietzsche

그래서 그들은 더 훌륭한 맹수, 더 예민하고 더 영리하며 인간을 더 닮은 맹수가 되어야 하는 것이다. 인간이 바로 최고의 맹수이기 때문이다.

인간은 이미 모든 짐승에게서 덕을 약탈해 갔다. 모든 짐승 중에서 인간의 형편이 가장 어려웠기 때문이다.

오직 새들만이 인간 위에 있다. 그래서 인간이 계속해서 나는 법을 배우려고 한다면, 슬픈 일이로다! 인간의 약탈욕은 어느 곳까지 날아오를 것인가!

23

남자는 전투에 능하고, 여자는 출산에 능하다는 것, 하지만 둘은 모두 머리와 다리로 춤추는 데 능하다는 것, 이것이 내가 남자와 여자에게 바라는 방식이다.

우리가 단 한 번도 춤추지 않았던 날이 바로 우리가 잃어버린 날이리라! 우리는 큰 웃음소리가 단 한 번도 들리지 않았던 저마다의 진리를 거짓이라고 부르리라!

24

그대들의 결혼: 그것이 나쁜 결합이 되지 않도록 주의

하라! 그대들은 너무 빨리 결합한다. 그래서 결혼 파경이라는 결과가 '뒤따르는 것이다'!

그리고 왜곡된 결혼, 거짓된 결혼보다는 결혼 파경이 더 낫다! 어떤 여자가 내게 이렇게 말했다. "나는 결혼을 파괴하기는 했지만, 그보다 먼저 결혼이 나를 파괴했다!"

나는 잘못 결합된 부부가 항상 최악의 복수심에 불타는 자들이라는 것을 알아냈다. 그들은 본인들이 더는 혼자서 삶을 꾸려나갈 수 없게 된 점에 대해 온 세상 사람들에게 복수한다.

그래서 나는 정직한 자들이 서로 이렇게 말하기를 원한다. "우리는 서로 사랑한다. 우리가 지속적으로 서로 사랑하는지 지켜보자! 아니면 우리의 약속은 실수라고 해야 하는가?"

"우리가 큰 결혼에 적합한지 지켜보기 위해서라도 잠시 숨을 고르고 작은 결혼을 해보자! 둘이 항상 함께 있겠다는 것은 큰 사건이지 않은가!"

나는 모든 정직한 자에게 이렇게 권한다. 내가 만일 이와 다르게 권하거나 이야기해준다면, 초인에 대한 내 사랑과 앞으로 다가올 모든 것에 대한 내 사랑은 대체 뭐가 되겠는가!

그대들을 그저 계속해서 심지 말고, 저 위를 향해 심기

432

를! 오 내 형제들이여, 이를 위해 결혼의 정원이 그대들에게 도움이 되기를!

25

보라, 옛 원천들에 대해 현명해진 자는 결국 미래의 샘들과 새로운 원천들을 찾아낼 것이다.

오 내 형제들이여, 머지않아 새로운 민족들이 생겨나고 새로운 샘들이 새로운 심연들로 거세게 흘러 내려갈 것이다.

지진은 수많은 샘을 메워 갈증에 괴로워하는 자들을 수없이 만들어내면서도 내부의 여러 힘과 여러 은밀한 부분을 드러내 주기도 하기 때문이다.

지진은 새로운 샘들을 드러내 준다. 옛 민족들의 지진에서 새로운 샘들이 솟아 나온다.

그리고 그때 누군가가 "여기 목마른 자들을 위한 하나의 샘, 갈망하는 자들을 위한 하나의 마음, 도구들을 위한 하나의 의지를 보라."라고 외치자, 그 주위에 어떤 한 민족이, 즉 시도하는 자들이 수없이 모여든다.

누가 명령내릴 수 있고, 누가 복종해야 하는지가 이때 시험대에 오른다! 아 얼마나 오랫동안 모색하고 추측하고 실패하고 배우고 다시 시도했는가!

인간 사회, 이것은 하나의 시도다. 그래서 나는 그것을 오랜 모색이라고 가르친다. 하지만 인간 사회는 명령내리는 자들을 찾고 있다!

오 내 형제들이여, 하나의 시도다! 어떤 계약이 아니다! 부숴라, 마음이 연약한 자들이, 이도 저도 아닌 자들이 떠벌리는 그런 말들을 부숴라!

26

오 내 형제들이여! 인간의 모든 미래에서 가장 큰 위험은 누구에게 있겠는가? 선한 자들과 의로운 자들에게 있지 않겠는가?

"우리는 선하고 의로운 것이 무엇인지 이미 알고 있고, 선함과 의로움이 몸에 배어 있기도 하다. 아직도 여기서 그것을 찾고 있는 자들이 슬프도다!"라고 말하고 마음속으로 이렇게 느끼는 자들에게 있는 것이다.

그리고 악인들이 어떤 해악을 끼치든 간에 선한 자들이 끼치는 해악이 제일 해롭다!

그리고 세계를 비방하는 자들이 어떤 해악을 끼치든 간에 선한 자들이 끼치는 해악이 제일 해롭다!

오 내 형제들이여, 언젠가 어떤 한 사람이 선한 자들과 의로운 자들의 마음속을 들여다보면서, "그들은 바리새인이다."라고 말한 적이 있다, 그런데 아무도 그가 한 말을 이해하지 못했다.

선한 자들과 의로운 자들 스스로가 그가 한 말을 이해 못 할만했다. 그들의 정신은 그들의 선한 양심에 갇혀 있었기 때문이다. 선한 자들의 어리석음은 그 깊이를 가늠해볼 수 없을 정도로 훌륭하다.

그러나 이것은 진실이다. 선한 자들은 바리새인이어야만 한다. 그들은 선택의 여지가 없는 것이다!

선한 자들은 본인들의 고유한 덕을 고안해낸 자를 십자가에 못 박아야만 한다! 이것이 진실이다!

그러나 그들의 땅, 그러니까 선한 자들과 의로운 자들의 땅과 마음, 토양을 발견했던 두 번째 사람은 바로 "그들은 누구를 가장 증오하는가?"라고 물었던 자였다.

그들은 창조하는 자를, 서판과 낡은 가치를 부수는 파괴자인 이 자를 가장 증오한다. 그들은 그를 범죄자라고 부른다.

그러니까 선한 자들은 창조할 수 없는 자들인 것이다. 그들은 항상 종말의 시작이다.

그들은 새로운 서판에 새로운 가치를 적는 자를 십자

가에 못 박으며 스스로 미래를 바친다. 그들은 인간의 모든 미래를 십자가에 못 박는 것이다!

선한 자들, 이들은 항상 종말의 시작이었다.

27

오 내 형제들이여, 그대들은 이 말도 이해하였는가? 그리고 내가 언젠가 '최후의 인간'에 관해 말한 것도 이해하였는가?

인간의 모든 미래에서 가장 큰 위험은 누구에게 있겠는가? 선한 자들과 의로운 자들에게 있지 않겠는가?

부숴라, 선한 자들과 의로운 자들을 부숴라! 오 내 형제들이여, 그대들은 이 말도 이해하였는가?

28

그대들은 내게서 도망치려 하는가? 깜짝 놀랐는가? 내 말이 두려운가?

오 내 형제들이여, 내가 그대들에게 선한 자들과 선한 자들의 서판을 부수라고 명령했을 때, 그때야 비로소 나는 인간들을 자신의 거친 바다로 항해시킨 것이다.

그리고 이제야 인간에게 크나큰 두려움, 크나큰 전망함, 크나큰 질병, 크나큰 역겨움, 크나큰 뱃멀미가 닥쳐올 것이다.

선한 자들은 그대들에게 거짓 해안과 거짓 안전을 가르쳐왔다. 그대들은 선한 자들의 거짓말 속에서 태어났고 또 보호받았다. 모든 것이 선한 자들에 의해 완전하게 거짓되고, 왜곡되었다.

하지만 '인간'이라는 땅을 발견한 자는 '인간의 미래'라는 땅도 발견했다. 이제 그대들은 항해자가 돼야 한다, 용감하고 인내심 강한 항해자가!

나는 제때제때 똑바로 서서 걸으니, 오 내 형제들이여, 똑바로 서서 당당하게 걷는 법을 배워라! 바다에는 폭풍이 휘몰아치고 있고, 수많은 이가 그대들의 도움으로 기운을 차려 다시 똑바로 서고 싶어 한다.

바다에는 폭풍이 휘몰아치고 있고, 모든 것은 바닷속에 있다. 자! 어서! 그대 노련한 뱃사람의 마음이여!

모국 따위가 뭐가 중요한가! 우리의 조타기는 우리 아이들의 땅이 있는 곳으로 가길 원한다! 저곳을 향해, 우리의 위대한 동경은 바다에 휘몰아치는 폭풍보다 더 세차게 돌진한다.

29

언젠가 주방의 숯이 다이아몬드에게 말했다. "왜 그렇게 단단한가! 우리는 가까운 친척이 아닌가?"

오 내 형제들이여, 나는 그대들에게 이렇게 묻는다. 왜 그렇게 연약한가? 그대들은 내 형제들이 아니던가?

왜 그렇게 연약하고 굴복하며 남의 뜻을 잘 따르는가? 그대들의 마음은 왜 그렇게 부정하는 마음, 부인하려는 마음으로 가득 차 있는가? 그대들의 눈에는 왜 그렇게 하찮은 운명만이 서려 있는가?

그리고 그대들이 운명적인 자, 강경한 자가 되고 싶지 않다면, 어떻게 나와 함께 승리할 수 있겠는가?

그리고 그대들의 단단함이 번개를 치게 하고 쪼개지게 하고 잘게 부서지게 하지 않는다면, 장차 어떻게 나와 함께 창조할 수 있겠는가?

창조하는 자들은 단단한 자다. 그러니 마치 밀랍에 찍는 것처럼, 그대들의 손을 수천 년 동안 찍는 것을 그대들은 행복이라고 여겨야 한다.

마치 청동에 쓰는 것처럼, 수천 년의 의지에 청동보다 더 단단하고, 청동보다 더 고귀하게 쓰는 것을 행복이라고 여겨야 한다. 완전하게 단단하다는 것은 가장 고귀한 자에게만 해당하는 것이니.

438

Friedrich Wilhelm Nietzsche

오 내 형제들이여, 내가 그대들 위에 이렇게 적힌 새로운 서판을 걸어두겠다. 단단해져라!

30

오 그대 나의 의지여! 그대 모든 고난의 전환이여, 그대 나의 필연이여! 모든 소소한 승리로부터 나를 지켜다오!

내가 운명이라고 부르는 그대 내 영혼의 섭리여! 그대 내 안에 있는 자여! 내 위에 있는 자여! 하나의 위대한 운명을 위해 나를 지켜주고 아껴다오!

그리고 나의 의지여, 그대의 최후를 위해 그대의 마지막 위대함을 남겨두라, 그대가 그대의 승리에 취하더라도 강경해지도록 말이다! 아, 자신의 승리에 굴복하지 않은 자 그 누구였던가!

아, 이 도취한 황혼 속에서 눈이 어두워지지 않은 자 그 누구였던가! 아, 승리에 취해 발이 비틀거리면서도 당당히 서는 법을 잊지 않은 자 그 누구였던가!

언젠가 내가 위대한 정오를 위해 준비되고 무르익게 되도록, 마치 빛나는 청동, 번개를 품은 구름, 부풀어 오른 젖가슴처럼 준비되고 무르익게 되도록.

나 자신, 아주 은밀한 내 의지를 위해 준비되도록, 자기 화살을 격정적으로 갈망하는 활, 자기 별을 격정적으로 갈망하는 화살처럼.

자기 정오를 위해 준비되고 무르익게 되는 하나의 별처럼, 파괴적인 태양의 화살 앞에서 빛나고 관통하는 행복한 별처럼.

승리에 취하고자 파괴할 준비가 된 태양 자체와 강경한 태양의 의지처럼!

오 의지여! 모든 고난의 전환이여, 그대 나의 필연이여! 하나의 위대한 승리를 위해 나를 아껴다오!

차라투스트라는 이렇게 말했다.

Friedrich Wilhelm Nietzsche

회복되는 자

1

동굴로 돌아온 지 얼마 안 된 어느 날 아침, 차라투스트라는 미치광이처럼 잠자리에서 벌떡 일어나 끔찍한 목소리로 비명을 지르고는, 마치 일어나려고 하지 않는 누군가가 잠자리에 한 명 더 있는 것처럼 행동했다. 차라투스트라의 끔찍한 목소리가 곳곳에 울리자 그의 짐승들이 깜짝 놀라 이리로 달려왔고, 그의 동굴 근처의 모든 동굴과 은신처에 있던 작은 짐승들은 마치 발과 날개의 본능만 주어졌다는 듯, 날아오르고, 날개를 세차게 푸다닥거리고, 기어가고, 껑충껑충 뛰면서 모두 거기서 재빨리 사라졌다.

그래도 차라투스트라는 이렇게 말했다.

심원한 사유여, 내 심연에서 깨어나라! 잠에 취한 벌레여, 나는 그대의 수탉이자 여명이니 일어나라! 일어나라! 내 목소리가 수탉의 울음소리처럼 잠에 취한 그대를 깨울 것이다!

그대의 귀에 엉켜있는 쇠사슬을 풀고 귀 기울여 들어라! 그대의 목소리가 듣고 싶어서다! 일어나라! 일어나라! 여기는 무덤들도 귀 기울이게 되는 천둥이 치고 있다!

그리고 그대의 눈에서 졸음, 온갖 따분하고 흐릿한 것들을 몰아내라! 그대의 눈으로도 내 말을 들어라. 내 목소리는 선천적으로 눈이 먼 자들을 위한 일종의 치료제다!

그리고 그대가 일단 깨어난다면, 그대는 내 곁에서 영원히 깨어있어야 한다. 잠에서 깨어난 증조모들께 내가 계속 주무시라고 명령하는 것은 나의 방식이 아니다!

그대 뒤척이고 기지개를 켜고 식식거리는가? 일어나라! 일어나라! 식식거리지 말고 그대는 내게 말을 해야 한다! 신을 부정하는 자인 차라투스트라가 그대를 부르고 있다!

삶을 대변하는 자, 고뇌를 대변하는 자, 원형을 대변하는 자인 나 차라투스트라, 내가 나의 가장 심원한 사유인 그대를 부르고 있다!

Friedrich Wilhelm Nietzsche

기쁘구나! 그대가 다가오고 있고, 나는 그대의 목소리를 듣고 있다! 내 심연이 '말을 하고', 나는 내 마지막 심연에 빛을 쬐어주었다!

기쁘구나! 가까이 오라! 손을 내밀어라, 하! 치워라! 하하! 역겹네, 역겨워, 역겨워, 슬프구나!

2

이렇게 말하자마자 차라투스트라는 마치 죽는 것처럼 쓰러졌고 한동안 죽은 사람처럼 있었다. 정신이 다시 들었을 때 창백한 얼굴에 몸을 떨며 누운 채로 오랫동안 먹으려고도 마시려고도 하지 않았다. 그런 상태는 이레 동안 밤낮으로 지속되었다. 독수리가 먹이를 구하러 날아갔던 것 말고는, 그의 짐승들이 이레 동안 밤낮으로 그의 곁을 지켰다. 그리고 독수리가 물어오고 빼앗아 온 먹이를 모두 차라투스트라가 누운 자리 곁에 두었다. 차라투스트라는 누렇고 빨간 산딸기, 포도송이, 들장미의 열매, 향기로운 채소, 솔방울에 둘러싸인 채 누워있게 됐다. 그의 발치에는 독수리가 양치기들에게서 힘겹게 빼앗아 물어 온 새끼 양 두 마리가 축 늘어진 채 있었다.

마침내 이레가 지났고 차라투스트라는 기운을 차리고

앉아서, 들장미 열매를 하나 쥐고는 냄새를 맡고는 냄새가 사랑스럽다고 느꼈다. 그러자 그의 짐승들은 그와 이야기할 때가 왔다고 생각했다.

짐승들이 말했다. "오 차라투스트라여, 지금 그대는 눈을 감고서 이레나 이렇게 누워있었다. 두 발로 다시 일어서길 원하지 않는가?

동굴 밖으로 나오라. 세계가 마치 하나의 화원처럼 그대를 기다리고 있다. 바람은 그대를 열망하는 진한 향기와 즐겁게 놀고 있다. 모든 시냇물이 그대의 뒤를 따라 흐르고 싶어 한다.

그대가 이레나 홀로 있었기에 만물이 그대를 그리워한다. 그러니 동굴 밖으로 나오라! 만물이 그대의 의사가 되고 싶어 한다!

444

새로운 깨달음이, 쓰라리고 괴로운 새로운 깨달음이 그대에게 찾아들었는가? 그대는 마치 발효된 반죽처럼 누워 있었고, 그대의 영혼은 부풀어 올라 모든 가장자리 너머로 팽창해 있었다."

차라투스트라가 대답했다. 오 내 짐승들이여, 그렇게 계속 수다를 떨어라. 내가 들어보겠다! 그대들이 수다를 떨면 나는 기운이 펄펄 난다. 수다가 펼쳐지는 곳이라면 내겐 세계가 마치 하나의 화원 같다.

Friedrich Wilhelm Nietzsche

말과 소리가 존재한다는 게 얼마나 아름다운 일인가. 말과 소리는 영원히 분리된 것 사이에 존재하는 무지개이자 가상의 다리가 아닌가?

각각의 영혼은 서로 다른 세계를 지니고 있다. 각각의 영혼에게 각각 다른 영혼은 하나의 배후 세계다.

가장 유사한 것들 사이에서 가상은 가장 아름답게 거짓말한다. 왜냐하면 가장 좁은 틈에 다리를 놓기가 가장 어렵기 때문이다.

내게 어떻게 나의 바깥이 존재할 수 있겠는가? 바깥이란 존재하지 않는다. 그러나 우리는 모든 소리를 들을 때 이를 망각하고 만다. 우리가 망각한다는 것은 얼마나 아름다운 일인가!

인간이 사물들에서 기운을 얻으려고 사물들에 이름과 소리가 주어진 것이 아닌가? 말한다는 것, 이것은 아름다운 멍청한 짓이다. 말을 함으로써 인간은 만물 위에서 춤을 추는 것이다.

모든 담화와 소리의 모든 거짓말은 얼마나 아름다운가! 우리의 사랑은 소리와 함께 화사한 무지개에서 춤을 춘다.

이에 대해 짐승들이 말했다. "오 차라투스트라여, 우리처럼 생각하는 자들에게는 만물이 스스로 춤을 춘다. 만물이 다가와서 손을 내밀며 웃다가 또 도망쳤다가 다시 돌아온다.

모든 것은 가고, 모든 것은 다시 돌아온다. 존재의 수레 바퀴는 영원히 굴러간다. 모든 것은 죽고, 모든 것은 다시 활짝 피어난다. 존재의 세월은 영원히 이어진다.

모든 것은 부서지고, 모든 것은 다시 결합한다. 존재의 똑같은 집이 영원히 세워진다. 모든 것은 헤어지고, 모든 것은 서로 다시 인사한다. 존재의 고리는 자기에게 영원히 성실하게 남아있다.

매 순간 존재는 시작한다. 각각의 여기를 중심으로 저기라는 둥근 것이 회전한다. 중심은 어디에나 있다. 영원의 오솔길은 굽어있다."

오 그대 어릿광대들이여, 손풍금들이여! 차라투스트라는 이렇게 대답하며 다시 미소 지었다. 이레 동안 무슨 일이 성취됐어야 했는지 그대들이 얼마나 잘 알겠는가.

그리고 저 괴물이 내 목구멍으로 기어들어 와 나를 어떻게 질식시켰는지도! 하지만 나는 저 괴물의 머리를 물어뜯어 멀리 뱉어버렸다.

그리고 그대들, 그대들은 이 내용으로 벌써 칠현금을 연주해 부를 노래를 만들었는가? 하지만 지금 나는 물어뜯고 뱉느라고 아직도 지친 상태고, 나 자신을 구제하는 일에 병이 들어 여기에 아직도 누워있다.

그리고 그대들은 이 모두를 구경만 했는가? 오 내 짐승들이여, 그대들도 잔인하단 말인가? 인간들이 그러는 것처럼 그대들도 내 심한 고통을 구경만 하려고 했었는가? 인간은 가장 잔인한 짐승이다.

지금까지 인간이 지상에서 가장 행복하게 되었던 때는 바로 비극, 투우, 십자가 처형을 구경할 때였다. 그리고 인간이 지옥을 고안해냈을 때, 보라, 그곳이 바로 인간의 지상 천국이었다.

위대한 인간이 소리치면, 왜소한 인간들은 신속히 그쪽으로 달려간다. 그의 혀는 육욕 때문에 입 밖에 매달려 있다. 그러나 그는 이를 자신의 동정이라고 부른다.

왜소한 인간, 특히 시인은 말로써 얼마나 열성적으로 삶을 비난하는가! 그 말에 귀 기울이되, 모든 비난에 서려 있는 쾌감을 무시하지 마라!

이러한 삶의 비난자들: 삶은 눈 깜빡할 사이에 이들을 제압한다. 이 건방진 것이 "그대가 나를 사랑한다고? 조금만 더 기다려라. 아직 그대에게 내줄 시간이 없다."라고 말하면서 말이다.

인간은 자기 자신에게 가장 잔인한 짐승이다. 그러니 스스로 '죄인', '십자가를 짊어진 자', '참회자'라고 부르는 자들을 만나게 될 때, 이러한 한탄과 비난에 서려 있는 정욕을 무시하지 마라!

그리고 나 자신, 나는 이렇게 말하면서 인간을 비난하는 자가 되려고 하는 것인가? 아, 내 짐승들이여. 내가 지금까지 배운 한 가지는, 인간은 최선을 위해서 최악이 필요하다는 것,

최악의 모든 것은 인간에게 최선의 힘이고, 최고의 창조자에게는 가장 단단한 돌이라는 것, 그리고 인간은 더 선해져야 하면서도 더 악해져야 한다는 것이다.

인간은 악하다는 것을 내가 알고 있다는 이유로 내가 이 십자가에 못 박힌 것이 아니다. 오히려 나는 아직 이렇게 소리친 자가 없었을 정도로 크게 소리친 것이다.

448

"아 인간의 최악이 저렇게도 하찮다니! 아 인간의 최선이 저렇게도 하찮다니!"

인간에 대한 극심한 피로감, 그것이 나를 질식시키려고 내 목구멍으로 기어들어왔던 것이다. 예언자가 "모든 것은 똑같다. 가치가 있는 것은 아무것도 없다. 지식은 질식시킨다"라고 예언했던 말도 마찬가지다.

기나긴 황혼이, 지칠 대로 지치고 취할 대로 취한 슬픔이 내 앞에서 절뚝거렸다. 이 슬픔은 입을 쩍 벌려 하품하며 말했다.

"그대가 피로감을 느낀 인간, 그 왜소한 인간은 영원히 회귀한다."내 슬픔은 하품하면서 이렇게 말하고는 발을 질질 끌며 걸어갔고 잠을 잘 수가 없었다.

내가 보기에 인간의 대지는 동굴로 변했고, 대지의 가슴은 그 속으로 가라앉았다. 살아있는 모든 것은 인간의 곰팡이와 뼈, 썩은 과거가 되었다.

내 탄식은 모든 인간의 무덤 위에 앉아서 더는 일어날 수가 없었다. 내 탄식과 질문은 밤낮으로 만사를 비관적으로 보았고 숨이 막혔고 조금씩 갉아먹으며 이렇게 비탄했다.

"아, 인간은 영원히 회귀한다! 왜소한 인간도 영원히 회귀한다!"

언젠가 나는 가장 위대한 인간과 가장 왜소한 인간의 벌거벗은 모습을 본 적이 있다. 둘은 너무나 비슷했고, 가장 위대한 인간조차도 너무나 인간적이었다!

가장 위대한 자가 너무나 왜소하다는 것! 그것은 인간에 대한 내 피로감이었다! 그리고 가장 왜소한 자마저 영원회귀 한다는 것! 그것은 모든 존재에 대한 내 피로감이었다!

아, 역겹다! 역겨워! 역겨워! 차라투스트라는 이렇게 말하고는 한숨을 쉬고 몸서리를 쳤다. 자기의 병이 기억

났기 때문이다. 그래서 그가 계속 말하려는데 그의 짐승들이 이를 가로막았다.

"말을 잇지 마라, 그대 회복되는 자여!"라고 그의 짐승들이 대답했다. "차라리 밖으로 나가서 세계가 마치 하나의 화원처럼 그대를 기다리는 곳으로 가라!

밖으로 나가서 장미와 꿀벌, 비둘기가 떼지어 있는 곳으로 가라! 특히 노래를 부르는 새들이 있는 곳으로 가라. 그대가 이 새들에게서 노래하는 법을 배우도록 말이다!

회복되는 자에게는 노래 부르는 것이 좋기 때문이다. 건강한 자라면 말을 해도 된다. 그리고 건강한 자가 노래를 부르고 싶어 한다고 해도 회복되는 자와는 다른 노래를 부르고 싶어 한다."

"오 어릿광대들이여, 손풍금들이여! 조용히 좀 하라!"라고 차라투스트라는 대답하며 자기 짐승들에게 미소를 지었다. "내가 이레 동안 나 자신을 위해 어떤 위로를 생각해냈는지 그대들이 얼마나 잘 알겠는가!

내가 다시 노래를 불러야 한다는 것, 나는 그 위로를, 이러한 회복을 생각해냈다. 그대들은 이 내용으로도 칠현금을 연주해 부를 노래를 다시 만들려고 하는가?"

"계속 말을 잇지 마라, 그대 회복되는 자여!"라고 그의 짐승들이 대답했다. "차라리 그대가 먼저 칠현금을 준비하라, 새로운 칠현금으로!

왜냐하면 보라, 오 차라투스트라여! 그대가 새로운 노래를 부르려면 새로운 칠현금이 필요하기 때문이다.

노래 불러라, 포효하라, 오 차라투스트라여, 새로운 노래를 불러 그대의 영혼을 치유하라. 지금까지 그 어떤 인간의 운명도 아니었던 그대의 위대한 운명을 그대가 짊어지도록 말이다!

왜냐하면 오 차라투스트라여, 그대의 짐승들은 그대가 누구인지 또 그대가 어떤 사람이 되어야 하는지 잘 알고 있기 때문이다. 보라, 그대는 영원회귀를 가르치는 자다. 이제 이것이 그대의 운명이다!

그대가 가장 먼저 이 내용을 가르쳐야 한다는 것, 이 위대한 운명이 어찌 그대에게 가장 큰 위험과 질병이 되지 않을 수 있겠는가!

보라, 우리는 그대가 가르치는 내용, 즉 만물은 영원히 회귀하고 우리 자신도 만물과 함께 영원히 회귀한다는 것, 그리고 우리는 영원한 시간에 걸쳐 존재해왔고 만물도 우리와 함께 영원한 시간에 걸쳐 존재해왔다는 것을 알고 있다.

그대는 생성의 위대한 세월, 위대한 세월의 괴물이 존재한다고 가르친다. 그 세월은 마치 모래시계처럼 다 흘러내리고 다시 흘러내릴 수 있도록 계속해서 새롭게 뒤집혀야 한다.

그래서 이 모든 세월 자체는 가장 위대한 것에게서도 가장 왜소한 것에게서도 똑같고, 우리는 저마다의 위대한 세월에서 가장 위대한 것에게서도 가장 왜소한 것에게서도 우리 자신과 똑같은 것이다.

그리고 그대가 만약 이제 죽고 싶어 한다면, 오 차라투스트라여, 보라, 그때 그대가 자기에게 어떤 말을 할 것인지도 우리는 안다. 그러나 그대의 짐승들은 그대에게 아직 죽지 말라고 청한다!

그대는 떨지 않고 오히려 행복하게 숨을 내쉬며 말하게 될 것이다. 왜냐하면 엄청난 중압감과 불안감이 그대에게서 사라지게 될 것이기 때문이다. 그대 인내심이 가장 강한 자여!

그대는 이렇게 말할 것이다. '이제 나는 죽어서 사라질 것이다. 그리고 나는 한순간에 무無가 될 것이다. 영혼도 육체처럼 그렇게 죽음을 면치 못하는 것이다.

그러나 내가 뒤엉켜있는 원인의 매듭은 회귀하고, 그 매듭은 나를 다시 창조할 것이다! 나 자신이 영원회귀의 원인에 속해있는 것이다.

나는 어떤 새로운 삶이나 더 나은 삶이나 이와 비슷한

삶이 아니라, 바로 이 태양과 이 대지와 이 독수리와 이 뱀과 함께 되돌아온다.

나는 만물의 영원회귀를 다시 가르치기 위해, 가장 위대한 것에게서도 가장 왜소한 것에게서도 한결같은 이 삶으로, 똑같은 이 삶으로 영원히 되돌아온다.

위대한 대지의 정오와 인간의 정오에 대해 다시 말 한마디 하기 위해, 인간에게 초인에 대해 다시 알리기 위해서 말이다.

나는 내 말을 했고, 나는 내가 했던 말로 부서진다. 그래서 내 영원한 운명은 내가 이렇게 되길 바라고 있다. 나는 예고자로서 파멸한다!

이제 몰락하는 자가 자기 자신을 축복할 때가 왔다. 차라투스트라의 몰락은 이렇게 끝난다."

그 짐승들은 이렇게 말하고 나서 침묵하며 차라투스트라가 자기들에게 무슨 말이라도 해주길 기다렸다. 그러나 차라투스트라는 짐승들의 침묵 소리를 듣지 못했다. 그는 잠이 들지 않았음에도 마치 잠자는 사람처럼 눈을 감고 가만히 누워있었다. 그때 그는 자기의 영혼과 대화를 하고 있었기 때문이다. 뱀과 독수리는 그의 그런 잠잠한 모습을 보았고, 그의 주변에 맴도는 위대한 침묵을 존중하여 조심스레 그 자리를 떠났다.

453

위대한 동경에 대하여

오 내 영혼이여, 나는 그대에게 '오늘'을 '언젠가'와 '이 전에'처럼 말하라고 가르쳤고, 여기와 저기, 거기를 모두 넘어서서 원을 그리며 춤을 추라고 가르쳤다.

오 내 영혼이여, 나는 그대를 모든 후미진 곳에서 구제 해주었고, 그대에게서 먼지와 거미, 불투명한 것들을 떨쳐 내 주었다.

오 내 영혼이여, 나는 그대에게서 소소한 수치심과 후 미진 덕을 씻어냈고, 벌거벗은 채 태양의 눈앞에 서라고 그대를 설득했다.

나는 '정신'이라고 불리는 폭풍으로, 파도치는 그대의

Friedrich Wilhelm Nietzsche

바다 위에 바람을 불었다. 나는 바다 위에 떠 있는 모든 구름을 불어서 날려버렸고, '죄'라고 불리는 그 교살자마저도 목을 졸라 죽였다.

오 내 영혼이여, 나는 그대에게 폭풍처럼 아니오 라고 말할 권리를, 탁 트인 하늘이 예 라고 말하는 것처럼 예라고 말할 권리를 주었다. 그대는 빛처럼 가만히 서 있다가, 이제는 부정적인 폭풍을 뚫고 걸어간다.

오 내 영혼이여, 나는 창조된 것과 창조되지 않은 것을 누릴 자유를 그대에게 돌려주었다. 누가 훗날에 있을 환희를 그대가 아는 것만큼 알고 있겠는가?

오 내 영혼이여, 나는 그대에게 마치 벌레 따위가 갉아먹는 것 같은 경멸이 아니라 있는 그대로 경멸하는 법, 가장 경멸할 때 가장 사랑하는, 커다랗고 사랑스레 경멸하는 법을 그대에게 가르쳤다.

오 내 영혼이여, 나는 마치 태양이 바다에게 바다 본연의 높이에 오르도록 설득하는 것처럼, 여러 원인 자체가 그대 자신에게 다가오도록 그대가 설득하라고, 그대에게 설득하는 법을 가르쳤다.

오 내 영혼이여, 나는 그대에게서 복종, 무릎 꿇음, 주여라고 외치는 말을 모두 빼앗았다. 나는 직접 그대에게 '고난의 전환', '운명'이라는 이름을 붙여주었다.

오 내 영혼이여, 나는 그대에게 새로운 이름들과 화려한 장난감들을 주었고, 나는 그대를 '운명', '외연들의 외연', '시간의 탯줄', '하늘빛 둥근 종'이라고 불렀다.

오 내 영혼이여, 나는 그대의 토양에 모든 지혜, 모든 새로운 포도주, 그리고 아주 먼 옛날부터 숙성된 독한 지혜의 포도주도 마시라고 주었다.

오 내 영혼이여, 나는 그대에게 저마다의 태양, 저마다의 밤, 저마다의 침묵, 저마다의 동경을 부어 주었다. 그러자 그대는 내게서 마치 한 그루 포도나무처럼 자라났다.

오 내 영혼이여, 이제 그대는 젖이 부풀어 오르고 햇볕에 잘 익은 황금빛 포도송이가 촘촘히 달린 포도나무처럼 아주 풍족하고 강한 모습으로 서 있다.

행복해야 한다는 생각에 압박되고 억눌린 채, 넘쳐흐르는 풍족함을 기다리면서도 자신이 기다리고 있다는 사실에 부끄러워하면서 말이다.

오 내 영혼이여, 이제 이보다 더 사랑스럽고 더 포용적이고 더 넓을 영혼은 어디에도 존재하지 않는다! 미래와 과거가 그대에게보다 더 가깝게 모여있는 곳이 어디 있겠는가?

오 내 영혼이여, 나는 그대에게 모든 것을 주었고, 내 두 손에는 그대로 인해 아무것도 남지 않았다, 바로 지금

Friedrich Wilhelm Nietzsche

말이다! 지금 그대는 내게 미소를 지으면서도 우수에 찬 얼굴로 이렇게 말한다. "우리 중에 누구에게 감사해야 하는가?

받는 자가 받는다는 것에 대해 주는 자가 감사해야 하지 않겠는가? 준다는 것은 필요에 의해서 그러는 게 아니겠는가? 받는다는 것은 측은하게 여겨져서 그러는 게 아니겠는가?"

내 영혼이여, 나는 그대의 우수에 찬 미소를 이해한다. 이제 그대의 넘쳐흐르는 풍요로움 자체가 동경에 찬 두 손을 내밀고 있다!

그대의 충만함은 으르렁대는 바다 너머를 바라보며 찾고 또 기다린다. 미소 짓는 그대의 하늘 같은 두 눈동자에서는 넘쳐흐르는 충만함에 대한 동경이 보인다!

그리고 진실로, 오 내 영혼이여! 그대의 미소를 보고 눈물을 흘리며 마음이 누그러지지 않을 자 누가 있겠는가? 천사들마저도 그대의 넘쳐흐르는 선한 미소에 눈물을 흘리며 마음이 누그러진다.

비탄하려 하거나 울려고 하지 않는 것, 이것이야말로 그대의 선함이자 넘쳐흐르는 선함이다. 그런데 오 내 영혼이여, 그대의 미소는 눈물을 동경하고, 그대의 떨리는 입술은 흐느낌을 동경한다.

"운다는 것이란 비탄한다는 게 아닌가? 비탄한다는 것이란 비난한다는 게 아닌가?" 그대는 그대 자신에게 이렇게 말하고 있다. 그러니 오 내 영혼이여, 그대는 고뇌를 쏟아내려 하기보다는 미소 짓는 것을 바랄 것이다.

그대의 풍족함에서 오는 그대의 온갖 고뇌를, 포도 재배자와 포도 따는 칼을 동경하는 포도나무의 모든 압박에서 오는 그대의 온갖 고뇌를 하염없는 눈물로 쏟아내려하기보다는 말이다.

그런데 그대가 눈물 흘리는 것을 원하지 않는다면, 마음껏 울어 얼굴에 서린 자줏빛 우수를 더는 것도 원하지 않는다면. 그대는 노래를 불러야 할 것이다, 오 내 영혼이여! 보라, 나는 그대에게 이런 예언을 하며 미소 짓는다.

짐승이 포효하듯 노래를 불러라. 모든 바다가 잠잠해지면서 그대의 동경에 귀 기울일 때까지.

고요하면서도 애타게 갈망하는 바다 위에 황금빛 기적인 나룻배가 떠다니고, 그 황금 주위에서 선하고 악하고 이상한 사물들이 모두 뛰어다닐 때까지.

또한 크고 작은 수많은 생물과 보랏빛 오솔길을 달릴 수 있을 만큼 가벼우면서도 이상한 발이 달린 모든 것도 뛰어다닐 때까지.

이 모든 것은 황금빛 기적, 자유의지의 나룻배, 자기의

458

주인을 향해 달린다. 하지만 그는 다이아몬드로 된 포도 따는 칼을 들고 기다리고 있는 포도 재배자다.

오 내 영혼이여, 그대의 위대한 구제자는 이름 없는 자다. 앞으로 다가올 노래들이 가장 먼저 그 이름을 찾아낼 것이다! 그리고 진실로, 그대의 숨결은 이미 앞으로 다가올 노래의 향기를 풍기고 있다.

이미 눈부시게 빛나고 있는 그대는 꿈을 꾸고 있고, 목이 마른 그대는 깊숙이 울리는 모든 위로의 샘물을 벌써 마시고 있으며 그대의 우수는 앞으로 다가올 노래의 행복 속에서 벌써 쉬고 있다!

오 내 영혼이여, 나는 그대에게 모든 것, 내게 마지막으로 남은 것까지 다 주었고, 내 두 손에는 그대로 인해 아무것도 남지 않았다. 내가 그대에게 노래 부르라고 명령한 것, 보라, 이것이 내게 마지막으로 남은 것이었다!

내가 그대에게 노래 부르라고 명령했으니, 이제 말해보라, 말해보라. 이제 우리 중에서 누가 감사해야 하는가? 아니면 차라리 이게 더 나을 것이다. 내게 노래를 불러다오, 노래를 불러라, 오 내 영혼이여! 그래서 내가 감사하게 해달라!

차라투스트라는 이렇게 말했다.

또 다른 춤의 노래

1

"나는 최근에 그대의 눈을 들여다보았다, 오 삶이여. 나는 그대의 밤의 눈에서 황금이 번쩍이는 것을 보았다. 내 심장은 이 환희 때문에 멎었다.

나는 거센 물결 위에서 황금빛 작은 배 한 척이 번쩍이는 것을 보았다. 가라앉아 물이 스며들다가도 다시 떠올라 이리저리 마구 흔들거리는 황금빛 작은 배 한 척을!

그대는 춤에 미친 내 발에 시선을 던졌다. 웃으면서도 궁금해하고 부드러우면서도 흔들거리는 시선을.

그대가 작은 두 손으로 그대의 딸랑이를 가볍게 두 번

460

Friedrich Wilhelm Nietzsche

흔들었을 뿐인데, 그때 내 발은 미친 듯 춤추면서 격렬하게 흔들거렸다.

내 발뒤꿈치는 꼿꼿이 들려졌고, 내 발가락은 그대를 이해하고자 귀 기울였다. 춤추는 자는 귀가 발가락에 달려있다!

나는 그대를 향해 껑충 뛰어올랐다, 그때 그대는 내 도약을 피해 도망쳤다. 그리고 달아나면서 나풀거리는 그대의 머리칼에 달린 혀가 나를 향해 날름거렸다!

나는 그대와 그대의 뱀에서 뛰어내렸다. 그때 그대는 이미 반쯤 돌아서 있었고 눈에는 욕망이 가득했다.

그대는 왜곡된 시선으로 내게 구불구불한 길을 가르쳐 준다. 내 발은 구불구불한 그 길 위에서 간계를 배운다!

나는 가까이 있는 그대를 무서워하고, 멀리 있는 그대를 사랑한다. 그대의 도피는 나를 유인하고, 그대의 찾음은 나를 멎게 한다. 나는 괴롭지만, 그대를 위해서라면 어떤 괴로움도 흔쾌히 견뎌내지 않았던가!

그대의 냉정함은 마음을 달아오르게 하고, 그대의 증오는 마음을 유혹하며 그대의 도피는 마음을 속박하고, 그대의 조롱은 마음을 뒤흔들어 버린다.

누가 그대를, 위대한 속박자이자 우롱하는 자, 유혹하는 자이자 찾는 자, 발견하는 자인 그대를 증오하지 않았겠는가! 누가 그대를, 순진하고 참을성이 없고 바람처럼 급하고 아이의 눈이 있는 죄인인 그대를 사랑하지 않았겠는가!

그대 전형이여 악동이여, 그대는 지금 나를 어디로 끌고 가는가? 그대 굽실거리는 개구쟁이여 배은망덕한 자여, 그대는 지금 또다시 나를 피하고 있다!

나는 그대를 따라 춤을 추고, 나는 그대의 희미한 발자국이라도 밟으며 그대를 따라간다. 그대는 어디에 있는가? 내게 손을 내밀어다오! 아니면 손가락 하나만이라도 내밀어다오!

이곳에는 동굴과 덤불이 있다. 우리는 길을 잃어버릴 것이다! 멈춰라! 가만히 있어라! 그대 눈에는 부엉이와 박쥐가 왱왱거리며 날아가는 게 보이지 않는가?

그대 부엉이여! 그대 박쥐여! 그대는 나를 조롱하려 드는가? 우리는 어디에 있는가? 그대는 이렇게 울부짖고 깽깽거리는 것을 개한테서 배웠는가.

그대는 사랑스럽게 나를 향해 하얀 이를 드러내고, 그대의 사악한 눈은 곱슬곱슬한 작은 갈기 털 사이로 나를 쏘아본다!

이는 온갖 역경을 헤치고 추는 춤이다. 나는 사냥꾼이다. 그대는 나의 개가 되어주겠는가 아니면 나의 영양이 되어주겠는가?

바로 지금 내 옆에서 말이다! 그대 고약한 도약자여, 빨리! 바로 지금 위로 뛰어오르라! 그리고 저 너머로 뛰어오르라! 아 슬프다! 나는 뛰어오르다가 고꾸라져 버렸다!

오 그대 오만불손한 자여, 엎드려서 자비를 애원하는 나를 보라! 나는 그대와 함께 더 사랑스러운 오솔길을 걷고 싶구나!

고요하고 화사한 덤불을 통과하는 사랑의 오솔길을! 아니면 금붕어들이 헤엄치며 춤을 추는 호숫가를 따라 이어진 오솔길을!

그대는 지금 지쳤는가? 저 건너편에는 양 떼와 저녁놀이 있다. 양치기들이 피리 부는 소리를 들으며 잠드는 게 좋지 않겠는가?

그대는 그렇게나 지쳤는가? 내가 저기로 그대를 업어서 갈 테니 그냥 팔이나 축 늘어뜨려라! 그리고 그대가 목마르다고 한다면, 내가 마실 거를 가지고 있기는 하지만 그대의 입은 그것을 마시려 하지 않을 것이다!

오 이 지긋지긋하고 재빠르며 유연한 뱀이여 미끌미끌한 마녀여! 그대는 어디로 갔는가? 하지만 내 얼굴에서 그대의 손이 닿아 생긴 반점 두 개와 붉은 잔 비늘이 느껴진다!

항상 그대에게 양처럼 순해 빠진 양치기가 되는 일에
나는 정말 지친다! 그대 마녀여, 내가 지금까지 그대를 위
해 노래를 불렀으니 이제 그대가 나를 위해 소리를 질러야
한다!

그대는 내 채찍에 맞춰 춤을 추면서 날 위해 소리를 질
러야 한다! 그런데 내가 채찍을 깜빡했던가? 아니다!"

2

그때 삶이 섬세한 귀를 막고는 내게 이렇게 대답했다.

"오 차라투스트라여! 채찍을 찰싹 소리가 날 정도로 세
게 휘두르지 말라. 그대도 알다시피, 소음은 생각을 죽인
다. 지금 막 내겐 그만큼 우아한 생각이 떠오르던 참이다.

우리 둘은 모두 정말이지 선한 일도 악한 일도 하지 않
는 자들이다. 우리는 선악의 피안에서 우리의 섬과 우리
의 푸른 초원을 찾아냈다. 우리 단둘이서 말이다! 그렇기
에 우리는 서로 돈독하게 지내야 한다!

우리가 온 마음을 다해 서로를 사랑하지 않을지라도,
온 마음을 다해 서로를 사랑하지 않는다는 이유를 들어
서로를 꼭 원망해야 하는가?

내가 그대에게 잘해주고, 가끔은 너무 잘해준다는 것을

그대도 잘 안다. 내가 이렇게 한 이유는 그대의 지혜가 질투 나서다. 아, 미치고 늙어빠진 이 바보 같은 지혜여!

언젠가 그대의 지혜가 그대에게서 달아나버린다면, 아! 그땐 내 사랑도 서둘러 그대에게서 달아나리라."

그러고 나서 삶은 생각에 잠긴 듯 자기 뒤와 주변을 살펴보고는 나지막하게 말했다. "오 차라투스트라여, 그대는 내게 별로 충실하지 않다!

그대는 그대가 말한 것만큼 나를 사랑하지는 않는다. 그대가 나를 곧 떠나리라고 생각하고 있다는 것을 나는 안다.

으르렁거리는, 무겁고 묵직한 낡은 종이 하나 있다. 이 종은 밤마다 그대의 동굴까지 들릴 만큼 으르렁거린다.

자정을 알리는 종소리가 들릴 때, 그대는 종이 한번에서 열두 번까지 울리는 사이에 그것을 생각하는 것이다.

오 차라투스트라여, 그대가 나를 곧 떠나리라고 생각하고 있다는 것을 나는 안다!"

나는 머뭇거리며 대답했다. "그렇다. 하지만 그대도 그것을 알고 있지 않았던가."

그리고 나는 노랗게 흐트러지고 볼품없이 헝클어진 그의 머리칼 사이로 귀에 대고 무언가 말해주었다.

오 차라투스트라여, 그대는 그것을 알고 있는가? 그것

을 아는 자는 아무도 없다.

그리고 우리는 서로를 쳐다보다가, 때마침 서늘한 저녁이 흐르는 푸른 초원을 바라보며 함께 눈물을 흘렸다. 하지만 그 무렵 내게는 지금까지 쌓아온 내 모든 지혜보다 삶이 더욱 소중했다.

차라투스트라는 이렇게 말했다.

3

하나!

오 인간들이여! 주의하라!

둘!

깊은 밤은 무엇을 말하는가?

셋!

"난 자고 있었네. 난 자고 있었어."

넷!

"난 깊은 꿈에서 깨어났네."

다섯!

"세계는 깊다네."

여섯!

"생각보단 낮이 더 깊다네."

일곱!

"세계의 슬픔은 깊다네."

여덟!

"욕망은 마음의 고뇌보다 더 깊다네."

아홉!

"슬픔이 말하길, 사라져버려라!"

열!

"하지만 모든 욕망은 영원을 바란다!"

열하나!

"깊고 깊은 영원을 바란다!"

열둘!

일곱 개의 봉인

1

내가 예언자여서 두 바다 사이에 우뚝 솟은 산맥 위를 거니는, 저 예언자적 정신으로 충만하다면,

후덥지근한 저지대와 지친 채 죽지도 살지도 못하는 모든 것을 몹시 싫어하면서 과거와 미래 사이를 묵직한 구름처럼 거니는, 저 예언자적 정신으로 충만하다면,

어두운 가슴 속에서 번개와 구원의 빛줄기를 준비하고, 그렇다! 라고 말하고 그렇다! 라고 웃는 번개를 잉태하면서 예언자적 번갯불을 준비한다면,

이처럼 잉태한 자에게는 복이 넘쳐흐를 것이다! 그리

Friedrich Wilhelm Nietzsche

고 진실로, 언젠가 미래의 빛을 밝혀야 할 자는 격렬한 폭풍우로서 산맥에 오래도록 걸려 있어야 할 것이다!

오 내가 어찌 영원을, 내가 어찌 반지 중에서도 결혼반지인 회귀의 반지를 간절히 원하지 않을 수 있겠는가!

나는 내가 사랑하는 이 여자 외에는, 내 아이들을 낳게 하고픈 여자를 아직 한 번도 본 적이 없다! 내가 그대를 사랑하기 때문이다, 오 영원이여!

내가 그대를 사랑하기 때문이다, 오 영원이여!

2

일찍이 내 분노가 무덤들을 파헤치고 경계석들을 옮겨 놓고 낡은 서판들을 부숴서 가파른 심연으로 굴러 떨어뜨린 적이 있다면,

일찍이 내 경멸이 곰팡이 핀 말들을 불어 날려 보내고, 내가 마치 빗자루처럼 십자 무늬 거미들에게 그리고 격렬히 쓸어버리는 바람처럼 낡고 빛바랜 무덤 석실에 다가간 적이 있다면,

일찍이 내가 옛 신들이 묻힌 곳에서 쾌재를 부르며 앉아 있었던 적이 있었다면, 옛 세계 비방자들의 기념비 옆에서 세계를 축복하고 세계를 사랑하면서 앉아 있었던 적

이 있다면,

하늘이 순수한 눈길로 교회와 신들의 무덤의 부서진 천장 사이를 들여다볼 때, 나는 교회와 신들의 무덤까지도 사랑하기 때문이다. 나는 풀과 붉은 양귀비처럼 무너져 내린 교회에 앉는 것을 좋아한다.

오 내가 어찌 영원을, 내가 어찌 반지 중에서도 결혼반지인 회귀의 반지를 간절히 원하지 않을 수 있겠는가!

나는 내가 사랑하는 이 여자 외에는, 내 아이들을 낳게 하고픈 여자를 아직 한 번도 본 적이 없다! 내가 그대를 사랑하기 때문이다, 오 영원이여!

내가 그대를 사랑하기 때문이다, 오 영원이여!

470

3

일찍이 창조적인 숨결에서, 그리고 우연들까지도 강제해 별들이 원무를 추게 하는 저 하늘의 곤궁에서 한 줌의 숨결이 내게 온 적이 있다면,

일찍이 행위의 긴 천둥이 굉음을 내면서도 순종적으로 따르는 창조적인 번개의 웃음으로 내가 웃었던 적이 있다면,

일찍이 내가 대지에 있는 신들의 탁자에서 대지가 진

동하고 갈라져 불의 강들이 치솟아 오를 만큼 신들과 주사위 놀이를 한 적이 있다면,

대지가 곧 신들의 탁자이면서도, 창조적이고 새로운 말들과 신들의 주사위 놀이로 인해 떨기 때문이다.

오 내가 어찌 영원을, 내가 어찌 반지 중에서도 결혼반지인 회귀의 반지를 간절히 원하지 않을 수 있겠는가!

나는 내가 사랑하는 이 여자 외에는, 내 아이들을 낳게 하고픈 여자를 아직 한 번도 본 적이 없다! 내가 그대를 사랑하기 때문이다, 오 영원이여!

내가 그대를 사랑하기 때문이다, 오 영원이여!

4

일찍이 내가 만물이 잘 섞여 있는, 거품이 이는 저 향신료 항아리와 혼합물 항아리 속에 든 것들을 마음껏 마신 적이 있다면,

일찍이 내 손이 가장 멀리 떨어져 있는 것을 가장 가까이 있는 것에, 불을 정신에, 쾌감을 고뇌에, 가장 나쁜 것을 가장 선량한 것에 쏟아부은 적이 있다면,

나 자신이 만물을 혼합물 항아리 속에서 잘 섞이게 하는, 저 구원의 소금 중 한 알갱이라면,

선과 악을 연결하는 소금이 존재하기 때문이고, 심지어 가장 악한 것이라도 향신료가 될 가치가 있고 마지막 거품을 넘치게 할 가치가 있기 때문이다.

오 내가 어찌 영원을, 내가 어찌 반지 중에서도 결혼반지인 회귀의 반지를 간절히 원하지 않을 수 있겠는가!

나는 내가 사랑하는 이 여자 외에는, 내 아이들을 낳게 하고픈 여자를 아직 한 번도 본 적이 없다! 내가 그대를 사랑하기 때문이다, 오 영원이여!

내가 그대를 사랑하기 때문이다, 오 영원이여!

5

내가 바다와 바다의 특성이 있는 모든 것에 애정을 품고 있고, 심지어 그것들이 내게 화를 내며 대항할 때도 지극히 애정을 품고 있다면,

미지의 곳을 향해 돛을 다는 저 탐험의 쾌감이 내 안에 있다면, 항해자의 쾌감이 내 쾌감 안에 있다면,

일찍이 내가 무척 기뻐하며 "해안이 사라졌다. 이제 마지막 쇠사슬이 내게서 떨어져 나갔다.

무한한 것이 내 주변에서 거세게 출렁이고, 저 멀리서 공간과 시간이 내게 반짝인다. 자! 오라! 옛 마음이여!"라

Friedrich Wilhelm Nietzsche

고 외친 적이 있다면,

오 내가 어찌 영원을, 내가 어찌 반지 중에서도 결혼반지인 회귀의 반지를 간절히 원하지 않을 수 있겠는가!

나는 내가 사랑하는 이 여자 외에는, 내 아이들을 낳게 하고픈 여자를 아직 한 번도 본 적이 없다! 내가 그대를 사랑하기 때문이다, 오 영원이여!

내가 그대를 사랑하기 때문이다, 오 영원이여!

6

내 덕이 춤추는 자의 덕이라면, 그래서 수시로 내가 두 발로 황금과 에메랄드의 황홀경으로 뛰어들곤 했다면,

473

내 악의가 일종의 웃는 악의고, 장미가 만발한 언덕 아래와 백합 덤불 사이에서 편해한다면,

웃음 속에는 온갖 악이 함께 모여있지만, 이 악은 그 자체의 큰 복으로 인해 성인 반열에 올라 죄를 면제받기 때문이다.

무거운 모든 것이 가벼워지고 모든 육체가 춤추는 자가 되고 모든 정신이 새가 되는 것, 이것이 나의 알파요 오메가라면, 진실로, 이것이야말로 나의 알파요 오메가다!

오 내가 어찌 영원을, 내가 어찌 반지 중에서도 결혼반지인 회귀의 반지를 간절히 원하지 않을 수 있겠는가!

나는 내가 사랑하는 이 여자 외에는, 내 아이들을 낳게 하고픈 여자를 아직 한 번도 본 적이 없다! 내가 그대를 사랑하기 때문이다, 오 영원이여!

내가 그대를 사랑하기 때문이다, 오 영원이여!

7

일찍이 내가 고요한 하늘을 내 위에 펼쳐 두고 나만의 날개로 나만의 하늘로 날아간 적이 있다면,

내가 놀면서 깊은 빛 속 저 멀리까지 헤엄쳐 갔다면, 그리고 내 자유에 새의 지혜가 찾아왔다면,

하지만 새의 지혜는 이렇게 말한다. "보라, 위도 아래도 없다! 뒹굴어라, 밖으로, 뒤로, 그대 가벼운 자여! 노래를 불러라! 더는 말하지 말라!

모든 말은 무거운 자들을 위해 만들어진 것이 아닌가? 가벼운 자들에게 모든 말은 거짓말이 아닌가! 노래를 불러라! 더는 말하지 말라!"

오 내가 어찌 영원을, 내가 어찌 반지 중에서도 결혼반지인 회귀의 반지를 간절히 원하지 않을 수 있겠는가!

Friedrich Wilhelm Nietzsche

나는 내가 사랑하는 이 여자 외에는, 내 아이들을 낳게 하고픈 여자를 아직 한 번도 본 적이 없다! 내가 그대를 사랑하기 때문이다, 오 영원이여!

　내가 그대를 사랑하기 때문이다, 오 영원이여!

4부

: 최종부

아, 세상에서 동정심 있는 자들보다
더 어리석은 자들이 어디에 있겠는가?
그리고 세상에서 동정심 있는 자들의 어리석음보다
더 큰 고통을 일으키는 것이 어디에 있겠는가?
자신의 동정심도 아직 넘어서지 못하면서
사랑을 하는 자에게는 모두 화가 닥칠 것이다!
언젠가 악마는 내게 이렇게 말했다.

"신에게도 지옥이 있다.
그것은 인간을 향한 그의 사랑이다."

그리고 최근에는
악마가 이렇게 말하는 것을 들었다.

"신은 죽었다.
신은 인간에 대한 동정심 때문에 죽었다."

차라투스트라 「동정심 있는 자들에 대하여」 중에서

제물로 바친 꿀

다시 차라투스트라의 영혼 위로 수많은 세월이 흘렀으나 그는 아랑곳하지 않았다. 차라투스트라의 머리는 그새 백발이 돼 있었다. 어느 날 차라투스트라가 자신의 동굴 앞에 있는 바위에 걸터앉아 조용히 밖을 내다보고 있었을 때, ─ 거기서는 굴곡진 절벽 저 너머로 바다를 내다볼 수 있다 ─ 그의 짐승들이 무언가를 생각하는 듯 그의 주변을 어슬렁거리더니 결국 그의 앞에 섰다.

짐승들이 말했다. "오 차라투스트라여, 그대는 그대에게 행복이 오기를 기다리며 내다보고 있었는가?" 차라투스트라가 대답했다. "행복이 뭐 그리 중요하겠는가? 행복

따위에 신경 안 쓴지 이미 오래고, 나는 내 일을 위해 노력하고 있을 뿐이다." 짐승들이 다시 말했다. "오 차라투스트라여, 그대는 좋은 것을 지나칠 만큼 많이 가지고 있는 자인 것처럼 말한다. 그대는 하늘빛 행복의 호수에 누워있지 않은가?" 차라투스트라는 미소 지으며 대답했다. "그대 교활한 바보들이여, 그대들은 비유를 참 잘 들었다! 그런데 그대들도 잘 알고 있지 않은가, 내 행복은 무겁거니와 흐르는 물결 같지 않다는 것 말이다. 내 행복은 나를 곤경에 몰아넣고 내게서 떠나려 하지 않으며 마치 녹아버린 역청 같다."

그러자 짐승들은 다시 무언가를 생각하는 듯 그의 주변을 어슬렁거리다가 또다시 그의 앞에 섰다. 짐승들이 말했다. "오 차라투스트라여, 그러니까 그 때문에 그대의 머리는 백발이 돼 아마亞麻처럼 보임에도 그대 자신은 갈수록 노래지고 어두워진단 말인가? 그런데 보라, 그대는 그대의 역청 속에 앉아 있지 않은가!" 차라투스트라는 웃으며 말했다. "무슨 말을 하는 건가, 나의 짐승들이여. 진실로, 내가 역청에 대해 말했을 때는 그것을 비방한 것이었다. 잘 익어가는 과일에서 일어나는 일이 내게서도 일어난다. 내 피를 더욱 걸쭉하게 만드는 것도 내 영혼을 더욱 고요하게 만드는 것도 바로 내 혈관에 흐르는 꿀이다."

Friedrich Wilhelm Nietzsche

"그렇게 될 것이다, 오 차라투스트라여"라고 짐승들은 대답하며 그에게 모여들었다. "그런데 오늘은 높은 산에 오르지 않을 것인가? 오늘은 공기가 맑아서 세상이 어느 때보다 더 잘 보일 것이다." 그는 대답했다. "그래, 나의 짐승들이여. 그대들의 충고는 훌륭하고 내 마음에 와닿는다. 오늘 높은 산에 오르겠다! 그런데 그곳에 나를 위한 꿀이, 노랗고 하얗고 훌륭하고 얼음처럼 시원한 벌집 황금꿀이 마련돼있는지 확인해보라. 내가 저 위에서 꿀을 제물로 바치려고 한다는 것을 알게 해야 하기 때문이다."

그러나 차라투스트라가 정상에 올라섰을 때 그는 자신을 인도했던 짐승들을 돌려보냈다. 그리고 이제는 혼자라는 것을 알게 되었다. 그때 그는 진심으로 웃으며 주위를 둘러보고는 이렇게 말했다.

내가 제물과 제물로 바친 꿀에 대해 말한 것은 그저 내 발언 중 하나의 농간에 불과할 뿐이었고 진실로 유용한 하나의 바보짓이었다! 나는 이 정상에서 은둔자의 동굴 앞과 은둔자의 가축 앞에서보다 더 자유롭게 말할 수 있게 되었다.

제물로 바치다니! 낭비자인 나는 천 개의 손으로 내게 주어진 것을 낭비하고 있다. 그러니 내가 어찌 그것을 제물로 바친다고 말할 수 있겠는가!

그리고 내가 꿀을 탐냈을 때는, 짜증 내는 곰들과 기이하고 무뚝뚝하며 사악한 새들도 혀로 핥아대는 그런 미끼와 달콤한 즙, 점액만을 탐냈을 뿐이었다.

사냥꾼과 낚시꾼에게는 꼭 필요한 최고의 미끼를 탐냈을 뿐이었다. 세계가 마치 짐승들의 어두운 숲 같고 온갖 야생 사냥꾼들의 동산 같다면, 내게는 그 세계가 오히려 갈수록 심원하고 풍요로운 바다로 보이기 때문이다.

신들마저도 낚시꾼이나 그물을 던지는 어부가 되고 싶어 할 만큼 다양한 물고기들과 게들이 가득한 바다, 이처럼 세계는 크고 작은 기이한 일들로 가득하다!

특히 인간의 세계, 인간의 바다가 그러하다. 나는 이제 인간의 바다를 향해 나의 황금 낚시대를 던지며 말한다. 열려라, 그대 인간의 심연이여!

열려라 그리고 내게 그대의 물고기와 반짝거리는 게를 던져라! 나는 오늘 나의 최고의 미끼를 던져 인간이라는 아주 기이한 물고기를 낚겠다!

인간이라는 수많은 물고기가 나의 행복을 질질 잡아당기거나 나의 행복에 걸려 파닥거리는 법을 배우지 않는지와 상관없이, 나는 나의 행복 자체를 해가 뜨고 정오가 되고 또 해가 질 때까지 사방으로, 그리고 저 먼 곳을 향해 내던진다.

인간이라는 물고기들이 숨겨진 나의 날카로운 낚싯바늘을 물고 나의 높이까지 올라와야 할 때까지, 심연의 밑바닥에서 무리 지어 서식하는 아주 화려한 물고기들이 인간이라는 물고기를 낚는 낚시꾼 중에서도 가장 사악한 낚시꾼에게 낚여 올라와야 할 때까지.

그러니까 나는 원래 처음부터 당기고 끌어당기고 끌어올리고 올리는 낚시꾼이고, 당기는 자이자 사육하는 자, 그리고 한때 자신에게 "너 자신이 되어라!"라는 말을 괜스레 한 게 아니었던 엄격한 교사다.

그러니 이제부터는 인간들이 내게로 올라오게 해야 한다. 아직도 나는 내가 하강할 때가 되었다는 징조를 기다리고 있고, 내려가긴 해야겠지만, 아직은 나 스스로 인간들 사이로 내려가지 않고 있어서다.

이를 위해 나는 인내심 없는 자나 인내심 강한 자가 아니라 더는 인내하지 않아서 인내하는 법도 잊고 만 자로서, 여기 높은 산 위에 서서 교활하게 조롱하면서 기다리고 있다.

나의 운명이 나에게 시간적 여유를 줘서 그렇다. 그런데 나의 운명은 나를 잊고 만 건가? 아니면 나의 운명은 어느 큰 바위 뒤 그늘에 앉아 파리를 잡고 있는 건가?

그리고 진실로, 나는 나의 영원한 운명이 마음에 드는

데, 이 운명이 나를 비방하거나 곤경에 몰아넣지 않고, 장난을 치거나 짓궂은 짓을 할 시간적 여유를 너에게 주어서다. 그래서 나는 오늘 고기잡이를 위해 이 높은 산에 오른 것이다.

일찍이 인간이 높은 산에서 물고기를 잡은 적이 있었던가? 내가 여기 산 위에서 하려는 일과 몰두하려는 일이 어리석은 짓이라 할지라도, 저 아래에서 기다림에 지쳐 엄숙해지고 낯빛이 붉으락푸르락해지는 것보다 낫다.

기다림에 지쳐 분노하며 씩씩거리는 자, 산에서 쏴쏴 불어오는 신성한 폭풍, 저 아래 골짜기를 향해 "들을지어다, 그렇지 않으면 내가 신의 채찍으로 너희들을 때리겠다!"라고 외치는 인내심 없는 자가 되는 것보다 낫다.

그렇다고 해서 나는 그 분노에 휩싸인 자들을 원망하지 않을 것이다. 그들은 내게 그저 웃음거리일 뿐이다! 오늘이든 앞으로든 생각을 말할 기회가 없을 이 엄청난 소음을 일으키는 북과도 같은 자들은 분명 인내심이 없을 것이다!

하지만 나와 내 운명, 우리 둘은 오늘에 관해서도 앞으로 절대 오지 않을 날에 관해서도 이야기하지 않는다. 우리에겐 이미 인내심과 시간, 시간을 뛰어넘는 것에 관해 할 이야기가 있다. 그것은 언젠가 꼭 와야지 지나쳐서는 안 되기 때문이다.

그렇다면 언젠가 꼭 와야지 지나쳐서는 안 된다는 것이란 무엇인가? 우리의 위대한 하자르인데, 그것은 바로 우리의 위대하고 머나먼 인간 왕국, 차라투스트라의 천년 왕국이다.

그 머나먼이란 얼마나 먼 것인가? 그게 나와 무슨 상관이 있겠는가! 그것은 나도 확실히 밝혀내기가 쉽지 않다. 하지만 내가 이 땅 위에 두 발로 꼿꼿하게 서 있다는 것은 확실하다.

영원한 이 땅 위에, 단단한 이 원시의 암석 위에, 날씨를 갈라버리는 온갖 바람이 어디서? 어디서부터? 어디로? 라고 물으며 불어오는 가장 높고 가장 단단한 이 원시의 산맥 위에 말이다.

자 웃어라 웃어, 밝고 온전한 내 악의여! 높은 산에서 저 아래로 반짝이는 그대의 비웃음을 던져라! 그대의 반짝임을 미끼 삼아 인간이라는 물고기 중에서 가장 아름다운 물고기를 낚아채다오!

그리고 모든 바닷속에 있는 것 중에서 내게 속한 것, 만물 중에서 본래 내 것인 것, 그것을 밖으로 낚아채다오, 그것을 위로 올려다오. 이것이 바로 모든 낚시꾼 중에서도 가장 악의적인 낚시꾼인 내가 기다리고 있는 것이다.

이 밖으로, 이 밖으로 내 낚싯바늘이여! 저 안으로, 저 밑으로 내 행복의 미끼여! 그대의 가장 달콤한 이슬을 한 방울씩 떨어뜨려라, 내 마음의 꿀이여! 내 낚싯바늘이여, 시커먼 모든 고난의 뱃속을 찔러버려라!

이 밖으로, 이 밖으로 내 눈이여! 오 내 주위를 감싸고 있는 수많은 바다 이 얼마나 멋진가, 밝아오는 인간의 미래 이 또한 얼마나 멋진가. 그리고 내 머리 위 장밋빛 고요는 또 얼마나 멋진가! 구름 걷힌 침묵은 얼마나 멋진가!

도움을 청하는 외침

다음 날 차라투스트라는 동굴 앞에 있는 자기의 바위에 다시 걸터앉았고, 짐승들은 새 음식과 새 꿀을 구해 동굴로 가져오려고 바깥세상을 돌아다녔다. 차라투스트라가 묵힌 꿀을 마지막 한 방울까지 다 쓰고 낭비해서였다. 차라투스트라는 막대기 하나를 들고 그렇게 앉아서, 생각에 잠기긴 했지만 진실로, 자신이나 그 그림자에 대해 생각한 게 아니라, 땅에 비친 자기 모습의 그림자 형태를 따라 그리고 있었을 뿐이었다. 그런데 그때 그는 갑자기 깜짝 놀라며 기겁했다. 자기 그림자 옆에 또 다른 그림자가 보였던 것이다. 그는 재빨리 주위를 둘러보고는 일어섰다.

그런데 보라, 그때 그의 옆에는 언젠가 자기 식탁에서 함께 먹고 마셨던 그 예언자가 서 있는 게 아닌가. "모든 것은 동일하고, 가치 있는 것은 아무것도 없으며, 세계는 무의미하고, 지식은 삶을 질식시킨다."라고 가르쳤던 바로 그 위대한 권태의 설교자 말이다. 그런데 그의 얼굴은 그 사이에 변해있었다. 그리고 차라투스트라가 그의 눈을 들여다봤을 때 마음속으로 또 한 번 깜짝 놀라고 말았다. 예사롭지 않은 수많은 예고와 잿빛 섬광이 이 얼굴을 스쳐 지나갔기 때문이다.

차라투스트라의 영혼에서 무슨 일이 일어나고 있는지를 감지한 그 예언자는 얼굴을 닦아내고 싶은 듯 손으로 자기 얼굴을 가볍게 쓰다듬었다. 차라투스트라도 똑같이 했다. 그러고 나서 둘은 조용히 마음을 가라앉히고 기운을 차리고는 서로를 다시 알아본다는 표시로 악수했다.

차라투스트라가 말했다. "환영하오. 그대 위대한 권태의 예언자여. 그대가 예전에 내 식탁 친구이자 손님이 되었던 것은 헛된 일이 아니었다. 오늘도 나와 함께 먹고 마시자. 그리고 그대와 함께 식탁에 앉는 유쾌한 늙은이를 용서하라!" 고개를 저으며 예언자가 대답했다. "유쾌한 늙은이라고? 오 차라투스트라여, 그대가 누구이든지 아니면 누굴 되고 싶어 하든지 그대는 여기 위에서 너무도 오

Friedrich Wilhelm Nietzsche

래 머물렀다. 그대의 나룻배를 더는 이 메마른 육지에 놔두어서는 안 된다!" "내가 메마른 육지에 놔두었다고?" 차라투스트라는 웃으며 물었다. 예언자가 대답했다. "그대 산 주변의 파도가 오르고 올라, 크나큰 고난과 시련의 파도가 곧 그대의 나룻배도 띄어 그대를 실어 가버릴 것이다." 차라투스트라는 이 말에 침묵하며 이상하게 여겼다. 예언자가 말을 이어 나갔다. "그대는 아직 아무 소리도 들리지 않는가? 저 심연에서 이 위로 으르렁거리는 소리 울부짖는 소리가 들리지 않는가?" 차라투스트라는 또다시 침묵하고는 귀를 기울였다. 그때 길고 긴 외침이 들려왔는데, 이는 심연들이 서로에게 던지고 떠넘기는 것이었다. 그 어떤 심연도 그 외침을 간직하고 싶어 하지 않았는데, 그 외침이 그만큼 불쾌하게 들렸던 것이다.

마침내 차라투스트라가 말했다. "그대 고약한 설교자여, 그것은 도움을 청하는 외침이자, 흑해에서 오는 것일지도 모를 어느 인간의 외침이다. 하지만 인간의 고난이 나와 무슨 상관인가! 내게 남겨진 내 마지막 죄, 그대는 이것이 무엇인지 아는가?"

예언자는 마음이 충만해진 채 "동정이다!"라고 대답하며 두 손을 번쩍 올렸다. "오 차라투스트라여 나는 그대를 유혹해 그대의 마지막 죄를 저지르게 하려고 온 것이다!"

그리고 이렇게 말하자마자 외침이 또다시 울려 퍼졌는데, 전보다 더 길고 더 겁나게 더 가깝게 들렸다. 예언자는 소리쳤다. "들리는가? 오 차라투스트라여, 들리는가? 이 외침은 그대를 위한 것이다. 이 외침이 그대를 이렇게 부르고 있다. 오라, 오라, 오라, 때가 되었다. 가장 적절한 때가 왔다!"

차라투스트라는 침묵을 이어갔다. 당황하고 충격을 받았던 것이다. 이윽고 그는 망설이며 물었다. "그런데 저기서 나를 부르는 자는 누구인가?"

"그대도 잘 아는 자다." 예언자가 거칠게 대답했다. "그대는 무엇을 숨기고 있는가? 그자는 보다 높은 인간이다. 바로 이 자가 그대를 향해 소리치고 있다!"

"보다 높은 인간?" 차라투스트라는 몸서리치며 소리쳤다. "그가 원하는 것은 무엇인가? 그가 원하는 게 무엇이란 말인가? 보다 높은 인간이라니! 그가 여기서 원하는 게 무엇인가?" 그의 온몸이 땀투성이가 되었다.

하지만 그 예언자는 차라투스트라의 불안함에 대해 아무 대꾸도 하지 않은 채 심연을 향해 귀 기울이고 경청했다. 그런데 심연은 한동안 잠잠해 있던 터라 예언자는 시선을 돌렸고 그때 차라투스트라가 서서 몸을 벌벌 떠는 모습을 보았다.

예언자는 애처로운 목소리로 말하기 시작했다. "오 차라투스트라여, 그대가 그렇게 서 있는 것은 행복에 겨워서가 아니다. 그러니 내게 쓰러지지 않으려면 춤을 춰야 할 것이다!

그러나 그대가 내 앞에서 춤을 추며 이리저리 날뛰고 싶어 한다 해도 누군가가 내게 '보라, 여기에 기쁨에 찬 최후의 인간이 춤을 추고 있다!'라고 말하는 것을 순순히 받아들이지는 않을 것이다.

누군가가 그렇게 말할 자를 찾아 이 높이까지 올라온다면 헛수고가 되고 말 것이다. 그는 여러 동굴과 배후동굴들, 은둔자들의 여러 은신처는 찾을 수 있을지는 몰라도 행복의 갱도와 보물창고, 새로운 행복의 금맥은 찾지 못할 것이다.

행복 - 그렇게 파묻힌 자들과 은둔자들에게서 어찌 행복을 찾을 수 있겠는가? 나는 행복의 섬과 저 머나먼 잊힌 바다 사이에서 최후의 행복을 찾아야 하는가?

그러나 모든 것은 동일하고, 가치 있는 것은 아무것도 없으며, 찾아 나서도 소용이 없고 기쁨이 넘치는 섬 따위는 더는 존재하지 않는다!"

예언자는 이렇게 탄식하며 말했다. 그러나 그가 마지막 숨을 내쉴 때 차라투스트라는 마치 깊은 수렁에서 환한 곳으로 나온 것처럼 다시 밝아지고 마음이 안정되었다.

"아니다! 아니다! 세 번 말하지만, 아니다!"라며 차라투스트라는 억센 목소리로 외치며 수염을 쓰다듬었다. "그것은 내가 더 잘 안다!. 행복의 섬들은 아직 존재한다! 그러니 이 일에 관해서는 조용히 하라, 그대 한숨이나 쉬는 슬픔의 자루여!

이 일에 관해서는 쓸데없이 떠들어대지 마라, 그대 아침 비구름이여! 내가 그대의 비탄에 젖어 마치 비 맞은 개처럼 이렇게 서 있지 않은가?

나는 이제 몸을 털어 물기를 없애고 그대에게서 달아날 것이다. 놀라지 마라! 내가 무례한 것 같은가? 하지만 여기는 나의 마당이다.

그러나 그대가 말한 보다 높은 인간에 관해서는, 자 그럼, 내가 저 숲속에서 그를 신속히 찾아내겠다. 그의 외침도 거기서 들려왔으니 말이다. 어쩌면 사악한 어떤 짐승한테서 시달리고 있을지도 모른다.

그는 나의 영역에 있다. 이곳에서 그가 해를 입어서는 안 된다. 그리고 진실로, 내 곁에는 악한 짐승들이 많다."

차라투스트라는 이렇게 말하고는 떠나려고 돌아섰다. 그러자 예언자가 말했다. "오 차라투스트라여, 그대는 무례한 자다!

그대가 내게서 떠나고 싶어 한다는 것을 나도 잘 알고 있다! 차라리 숲속으로 달려가 사악한 짐승들을 뒤쫓고 싶어 한다는 것도 말이다!

그런데 그 일이 그대에게 무슨 도움이 되겠는가? 저녁이 되면 나를 다시 만날 것이니, 그대의 동굴에서 통나무처럼 참을성 있고 묵직하게 앉아 그대를 기다리겠다!"

차라투스트라는 걸어가다가 뒤돌아서 "마음대로 하라!"라고 외쳤다. "내 동굴에 있는 물건들은 내 손님인 그대의 것이기도 하다!

내 동굴에서 꿀을 찾게 되면 그럼! 그냥 모조리 핥아서 먹어라, 그대 불평만 해대는 곰이여, 그대의 영혼을 달콤하게 적셔라! 저녁이 되면 우리 둘은 기분이 좋아지길 원하고,

이날이 저물어가는 것에 기분이 좋아지고 행복할 것이기 때문이다! 그리고 그대는 나의 춤추는 곰이 돼 내 노래에 맞춰 춤을 춰야 한다.

내 말이 믿기지 않는가? 고개를 젓고 있는가? 자! 어서! 노쇠한 곰이여! 그런데 나도 예언자다."

차라투스트라는 이렇게 말했다.

왕들과 나눈 대화

차라투스트라가 자기 산과 숲으로 간 지 한 시간도 채 되지 않았을 때, 느닷없이 낯선 행렬이 지나가는 것이 보였다. 그가 내려가려던 바로 이 길로, 왕관을 쓰고 자줏빛 띠를 둘렀으며 플라밍고처럼 화려하게 차려입은 왕 두 명이 걸어오고 있었다. 그들은 짐을 실은 당나귀 한 마리를 앞세워 이쪽으로 오고 있었다. 차라투스트라는 '이 왕들은 내 영토에서 무엇을 하려는 것인가?'라고 마음속으로 어리둥절해하며 수풀 뒤로 재빨리 몸을 숨겼다. 그런데 왕들이 차라투스트라가 숨은 곳까지 다가왔을 때 그는

Friedrich Wilhelm Nietzsche

혼잣말하듯 작은 소리로 말했다. "이상하다! 이상해! 어찌
된 영문인가? 왕은 두 명인데, 당나귀는 고작 한 마리뿐이
지 않은가!"

그때 왕 두 명은 가던 길을 멈추더니 목소리가 들리는
쪽으로 미소를 지으며 보고는 서로 얼굴을 바라봤다. 오
른쪽에 있던 왕이 말했다. "우리 중에도 이렇게 생각하는
자가 있긴 하지만, 이를 말로 표현은 안 하지."

그러나 왼쪽에 있던 왕은 어깨를 으쓱하더니 대답했다.
"저기 있는 자는 염소치기일지도 모른다. 아니면 암석이
나 나무 아래에서 너무 오래 살았던 은둔자거나. 사람들
과 어울려 지내지 않으면 예의도 내팽개쳐버리게 되지 않
던가."

옆에 있던 왕이 언짢은 듯 씁쓸하게 대답했다. "예의
라고? 대체 우리가 무엇을 피해서 이렇게 걷고 있는 것인
가? 예의가 아닌가? 우리의 상류사회가 아니던가?

진실로, 금장을 두르고 거짓되고 화장을 과도하게 한
우리의 천민들과 함께 사느니 은둔자들이나 염소치기들
에 섞여 사는 것이 더 낫다. 그들이 자신을 상류사회라고
부르더라도 말이다,

그들이 자신을 귀족이라고 부르더라도 말이다. 그러나
거기에는 모든 것이 잘못되고 썩었는데, 그중에서도 피가

제일 그렇다. 만성적인 여러 나쁜 질병과 이보다 더 나쁜 돌팔이 의사들 덕분이다.

오늘날에도 내게 가장 훌륭하고 가장 사랑스러운 자는 바로, 굳세고 교활하며 완강하고 끈기 있는 건강한 농부다. 농부가 오늘날 가장 고귀한 부류에 속한다.

농부가 오늘날 가장 훌륭한 자이고, 농부 부류에 속한 자들이 바로 지배자여야 한다! 그런데 이곳은 천민들의 왕국인데, 더는 속지 않을 것이다! 천민이란 잡동사니를 뜻할 뿐이다.

천민-잡동사니, 이 안에는 성자와 악당, 귀공자와 유대인, 노아의 방주에 나온 가축들이 모두 뒤섞여 있다.

예의라니! 우리에게는 모든 것이 잘못되고 썩었다. 존경할 줄 아는 자는 이제 더는 없다. 우리는 바로 이런 자들에게서 달아나는 것이다. 그들은 굽실거리면서도 귀찮게 하는 개들이고, 종려나무 잎에도 금박을 입히는 자들일 뿐이다.

낡고 누렇게 변색 된 선조들의 사치품을 걸쳐 변장하고, 가장 멍청한 자들과 가장 약삭빠른 자들에게나 어울릴 메달을 건 채, 오늘날 모든 것을 힘으로 흥정해 폭리를 취하는 우리 왕들 자체가 잘못되었다는 이 역겨움이 나를 질식시킨다!

Friedrich Wilhelm Nietzsche

우리는 우수한 자가 아니다. 하지만 우리는 그런 자인 척해야 한다. 결국 우리는 이런 사기에 질린 나머지 역겨움을 느끼게 된 것이다.

우리는 천민들, 시끄럽게 울어대기나 하는 이런 자 모두, 글 쓰는 금파리들, 상인들의 구린내, 야심에 불타 안절부절못하는 자들, 불쾌한 숨결을 피해왔다. 쳇, 천민 무리에 섞여 살다니,

쳇, 천민 무리에 섞여 살면서 우수한 자인 척하다니! 아, 역겹다! 역겹다! 역겨워! 이게 우리 왕들에게 무슨 소용이 있겠는가!"

이때 왼쪽에 있던 왕이 말했다. "내 불쌍한 형제여, 그대의 고질병이 또 도졌고, 역겨움이 또 그대를 엄습했나 보다. 그런데 지금 누군가가 우리 말을 듣고 있다는 걸 그대도 잘 알고 있지 않은가."

눈을 크게 뜨고 이 대화를 귀 기울여 듣던 차라투스트라는 곧바로 숨어있던 곳에서 몸을 일으켜 왕들에게 다가가 말하기 시작했다.

"그대 왕들이여, 그대들이 하는 말에 귀 기울였던 자, 그대들이 하는 말을 기꺼이 경청했던 자는 바로 차라투스트라라고 불리는 자다.

내가 바로 언젠가 '왕들이 무슨 소용이 있겠는가?'라고

말했던 차라투스트라다. 나는 그대들이 서로 '우리 왕들이 무슨 소용이 있겠는가!'라고 말했을 때 기뻐했는데 이 점 용서해다오.

그런데 여기는 나의 영토고 내가 지배하는 곳이다. 그대들은 나의 영토에서 무엇을 찾으려고 하는가? 짐작건대 그대들은 내가 찾고 있는 것, 그러니까 보다 높은 인간을 오는 길에 발견했을 것이다."

왕들은 이 말을 듣자 가슴을 치고는 한목소리로 말했다. "우리의 신분을 알아차렸구나!

그대는 예리한 칼 같은 말로 우리 마음 속의 칠흑 같은 어둠을 단숨에 꿰뚫었다. 그대는 우리의 곤경을 알아차렸다. 그러니 보라! 우리는 보다 높은 인간을 찾으러 가는 중이다.

우리가 왕일지라도, 우리보다 더 높은 인간 말이다. 우리는 이 당나귀를 끌고 가 그에게 인도할 것이다. 최고의 인간은 이 지상에서도 최고의 지배자여야 하기 때문이다.

인간의 모든 운명 중에서 지상의 세력가들이 우수한 인간이 아니라는 것보다 더 가혹한 불행도 없다. 그렇게 되면 모든 것이 잘못되고 비뚤어지며 끔찍해진다.

게다가 만일 그 세력가들이 최후의 인간이고 또 인간이라기보다는 그저 가축에 불과하다고 한다면, 천민들의

498

가치는 오르고 또 올라 결국엔 천민들의 덕이 이렇게 말하는 지경까지 이르게 될 것이다. '보라, 나만이 덕이다!'"

"내가 지금 뭘 들은 건가?"라고 차라투스트라는 대답했다. 왕들의 지혜가 이리도 멋지다니! 나는 흠뻑 빠졌다. 그리고 진실로 이 말의 내용으로 시 한 편을 짓고 싶어 견딜 수가 없다.

물론 이 시가 저마다의 귀로 듣기에 탐탁지 않을 수도 있다. 나는 이미 오래전에 귀가 기다란 자들을 배려하는 법을 잊었다. 자 그럼! 해보자!

(그런데 여기서 당나귀도 한마디 할 기회가 생겼다. 당나귀는 또렷하게 악의 섞인 투로 이-아 하고 울었다.)

먼 옛날, 기원 일 년쯤이었나
술도 안 마시고 취한 무녀가 말했지
"아 슬프다, 지금 모든 게 비뚤어져 가고 있으니!
파멸이라니! 패망이라니! 세상이 이토록 깊게 가라앉은 적은 없었지!
로마는 매춘부로 사창가로 전락해버렸고
로마의 황제는 가축으로 전락해버렸으며
신 자신은 유대인이 되고 말았네!"

2

왕들은 차라투스트라의 이 시를 들으며 좋아했고, 오른쪽에 있던 왕이 말했다. "오 차라투스트라여, 우리가 길을 가다가 그대를 만나게 돼 얼마나 좋은지 모르겠다!

그대의 적들이 우리에게 거울에 비친 그대의 모습을 보여준 적이 있었는데, 거울에서 그대는 악마처럼 얼굴을 찡그린 채 비웃는 표정으로 바라보고 있었다. 그래서 우리는 그대를 두려워했었다.

그런데 그게 무슨 소용이 있었겠는가! 그대는 그대의 말로 몇 번이고 우리의 귀와 마음을 후벼팠다. 그래서 결국엔 우리가 이렇게 말했던 것이다. 그의 모습이 어떻든 무슨 상관인가!

우리는 그의 말을, '너희는 새로운 전쟁의 수단으로서 평화를 사랑하고, 긴 평화보다는 짧은 평화를 더 사랑해야 한다!'라는 그의 가르침을 들어야 한다.

지금껏 이렇게 호전적인 말을 한 자는 아무도 없다. '선이란 무엇인가? 용감한 것이 선이다. 선한 전쟁이란 바로 저마다의 일을 신성하게 하는 것이다.'

오 차라투스트라여, 이러한 말에 우리 몸에서는 우리 선조들의 피가 끓어올랐다. 그것은 마치 봄이 오랜 포도주 통에 말을 거는 것 같았다.

500

칼이 마치 붉은 무늬 뱀처럼 뒤엉켜 우왕좌왕할 때 우리 선조들에게 삶은 살만한 것이었다. 그들에게 모든 평화의 태양은 쇠약하고 미적지근한 것으로 여겨졌고, 긴 평화는 자기들을 치욕스럽게 만든다고 보았다.

우리 선조들이 성벽에 걸린 티 한 점 없이 바싹 마른 칼들을 보았을 때 얼마나 한탄했겠는가! 그들은 그 칼들만큼이나 전쟁에 목말라 있었다. 한 자루의 칼이라도 피를 들이키고 싶어 하고, 또 욕망으로 번쩍이는 법 아니겠는가."

왕들이 자기 선조들의 행복에 대해 그렇게나 열성적으로 이야기하며 떠들어댈 때 차라투스트라는 그들의 열성을 조롱하고 싶은 마음이 적지 않았다. 그가 눈앞에서 보고 있는 왕들은 얼굴이 늙고 기품 있으며, 평화를 아주 사랑하는 자들임이 분명해서였다. 하지만 그는 자제하며 말했다. "자! 저 길을 쭉 따라가면 차라투스트라의 동굴이 있다. 그리고 오늘 저녁은 기나긴 저녁이 될 것이다! 그런데 지금 도움을 청하는 외침이 나보고 급히 그대들에게서 떠나라고 외치고 있다.

왕들이 내 동굴에 앉아서 기다린다면 이는 내 동굴에도 영광이 될 것이다. 그런데 당연히도 그대들은 오래 기다려야 할 것이다!

글쎄! 뭐 문제라도 되는가! 오늘날 기다리는 법을 궁정에서보다 더 잘 배울 수 있는 곳이 어디 있겠는가? 그리고 오늘날엔, 왕들에게 남은 덕이란 덕은 모조리 기다릴 수 있음의 덕을 말하는 것이 아닌가?"

차라투스트라는 이렇게 말했다.

Friedrich Wilhelm Nietzsche

거머리

그리고 차라투스트라는 생각에 잠긴 채 숲을 통과하고 늪지대를 지나 더 멀리 더 깊숙이 걸어갔다. 그런데 너무도 어려운 일에 대해 깊이 생각하다 보면 누구나 그렇듯 그는 걸어가다 자기도 모르게 사람을 밟고 말았다. 그런데 보라, 갑자기 외마디의 비명과 두 마디의 저주, 스무 마디의 심한 욕설이 그의 얼굴로 쏟아지는 게 아니겠는가. 그는 깜짝 놀라 지팡이를 들어 밟힌 자를 또 내려쳤다. 그는 내려친 후 곧바로 정신을 차렸고, 그의 마음은 그가 방금 저질렀던 어리석은 행동을 비웃었다.

    "용서해다오" 그는 격노하며 몸을 일으켜 앉아 있던 그

밟힌 자에게 말했다. "용서해다오, 먼저 비유를 하나 들 테니 한번 들어보라.

머나먼 일들을 꿈꾸는 방랑자가 고독한 길거리에서 햇볕을 쬐며 자는 개를 자기도 모르게 툭 건드려 버렸다.

그러자 둘 다 버럭 화를 내며 철천지원수라도 되는 듯 서로에게 달려들다가 둘 다 죽을까 봐 간담이 서늘해지는 이런 일이 우리에게 일어난 것이다.

그런데 잠깐! 그런데 잠깐, 이 개와 이 고독한 자가 서로를 어루만져 주던 일이 얼마나 부족했겠는가! 어쨌든 그 둘 다 고독한 자들이지 않은가!"

밟힌 자가 격노한 채 말했다. "그대가 누구이든지 간에 그대가 나를 발로 밟은 것뿐만 아니라 그대가 든 비유도 나를 화나게 한다!

보라, 내가 개인가?" 그러고는 밟힌 자는 이렇게 말하면서 자리에서 일어서며 늪에서 맨팔을 빼냈다. 그러니까 처음부터 그는 마치 늪의 사냥감을 잠복해서 기다리는 자처럼 아무도 알아보지 못하게 몸을 숨기고는 땅에 쭉 뻗어 누워 있었던 것이다.

"대체 뭘 하고 있는 것인가?" 차라투스트라는 깜짝 놀라 외쳤다. 맨팔에서 피가 철철 흐르는 게 보였기 때문이다. "무슨 일이 있었던 것인가? 그대 불운한 자여, 사악한 생물이 그대를 물기라도 했던 것인가?"

피를 흘리는 자는 아직 화가 아직 풀리지 않은 채 웃었다. "그대가 무슨 상관인가?"라고 말한 그는 가려고 했다. "여기는 나의 집이자 나의 영역이다. 묻고 싶은 자는 나에게 물어도 좋다. 하지만 어리석은 자에게는 대답하기가 곤란하다."

"그대는 잘못 생각하고 있다." 차라투스트라는 동정적으로 말하며 그를 붙들었다. "그대는 잘못 생각하고 있다. 그대가 서 있는 이곳은 그대의 집이 아니라 나의 영토이며, 이 안에서는 그 누구도 해를 입어서는 안 된다.

뭐 어찌 됐든 그대는 부르고 싶은 대로 날 불러도 좋다. 나는 나여야만 하는 자일 뿐이다. 나 자신은 나를 차라투스트라라고 부른다.

자! 저기 위로 가면 차라투스트라의 동굴이 있다. 그렇게 멀지 않다. 내 집에 머물면서 그대의 상처를 돌보지 않겠는가?

그대 불운한 자여, 그대의 삶이 참 딱하기도 하다. 처음에는 흡혈 생물에게 물렸고, 그다음에는 인간에게 밟혔으니 말이다!"

밟힌 자가 차라투스트라라는 이름을 듣자 마음이 바뀌었다. "내게 무슨 일이 일어나고 있는 것인가!" 그는 크게

505

외쳤다. "차라투스트라 이 한 사람과 피를 빨아 먹고 사는 저 거머리 생물 한 마리 말고, 이 삶에서 누가 나를 신경 쓴단 말인가?

나는 거머리 때문에 여기 이 늪가에 마치 어부처럼 누워있으면서 맥없이 늘어진 내 팔은 이미 열 번이나 물렸고, 그러자 이제는 더 멋진 고슴도치인 차라투스트라 자신이 내 피를 빨아먹으려고 달려들어 물고 있다!

오 행운이여! 오 기적이여! 나를 이 늪으로 유인한 이 날을 찬양받아라! 오늘날 살아 있는, 지극히 활기 넘치는 흡혈 생물은 찬양받고, 위대한 양심의 거머리인 차라투스트라는 찬양받아라!"

밟힌 자는 이렇게 말했고, 차라투스트라는 그의 말과 고상하고 경건한 이 말의 분위기에 즐거워했다. "그대는 누구인가?"라고 차라투스트라는 물으며 그에게 손을 내밀었다. "우리 사이에는 아직 밝혀야 하고 풀어야 할 일들이 산적해 있지만, 벌써 날이 더 맑고 밝아지는 것 같다."

"나는 정신의 양심이 있는 자다." 질문을 받은 자는 대답했다. "그리고 정신의 일과 관련해, 내게 이 일에 대해 가르침을 주었던 차라투스트라 자신은 제외하고, 이 일을 나보다 더 엄격하게 더 꼼꼼하게 더 모질게 받아들이는 자는 없을 것이다.

어설프게 많이 아는 것보다 차라리 아무것도 모르는 게 낫다! 남들 판단에 따르는 현자가 되는 것보다 차라리 혼자 힘으로 바보가 되는 게 낫다! 나는 그 바닥을 철저히 파헤쳐보겠다.

그 바닥이 크든 작든 무슨 상관인가? 그 바닥이 늪이라 불리든 하늘이라 불리든 무슨 상관인가? 한 뼘밖에 안 되는 바닥이라도 내겐 충분하다. 그것이 정말 바닥과 땅이 라면 말이다!

한 뼘밖에 안 되는 바닥이라도 이 위에 인간은 설 수 있다. 올바른 지식의 양심에는 큰 것도 작은 것도 존재하 지 않는 법이다."

"그럼 그대는 거머리에 대해 잘 아는 자인가?"라고 차 라투스트라는 물었다. "그대 양심적인 자여, 그대는 거머 리에 전념해 최후의 바닥 끝까지 파헤쳐보려는 것인가?"

밟힌 자가 대답했다. "오 차라투스트라여, 그것은 엄청 난 일인데, 내가 어찌 그 일을 감행할 수 있겠는가!

하지만 내가 전문적으로 잘 아는 분야는 거머리의 두뇌 다. 그것이 바로 나의 세계다!

그리고 그것은 또 하나의 세계이기도 하다! 그런데 여 기서 내가 거만한 투로 말한 것을 용서해다오. 왜냐하면 이 분야에서 나와 어깨를 나란히 할 만한 자는 없기 때문이다. 그래서 내가 '여기는 내 집이다'라고 말했던 것이다.

미끄러운 진리가 더는 나와 이곳에서 미끄러져 나가지 않게 하려고, 내가 거머리의 두뇌라는 이 한 가지 분야에 얼마나 오래 전념해왔던가! 이곳이 바로 나의 영토다!

그 한 분야 때문에 나는 다른 모든 것을 내던졌고, 그 한 분야 때문에 다른 모든 것이 나와 무관해졌다. 그래서 내 지식 바로 곁에는 내 암울한 무지가 도사리고 있다.

내 정신의 양심이 내게 원하는 것은 내가 한 가지만 알고 나머지 모든 것은 알지 못하는 것이다. 모든 어설픈 정신, 흐릿흐릿하고 들떠 있고 공상적인 모든 것은 나를 역겹게 한다.

내 정직함이 끝나는 곳에서는 나는 눈이 멀고 또 눈먼 자가 되고 싶다. 하지만 내가 알고 싶은 곳에서는 나는 정직해지고 싶다. 그러니까 모질고 엄격하고 꼼꼼하고 잔인하고 냉혹해지고 싶다.

오 차라투스트라여, 언젠가 그대가 '정신은 스스로 삶 속으로 파고드는 삶이다'라고 했던 말이 나를 그대의 가르침으로 인도하고 유혹했다. 그리고 진실로, 나는 내 피로써 나 자신의 지식을 쌓아왔다!"

"그렇게 보인다."라고 차라투스트라는 끼어들며 말했다. 그 양심 있는 자의 맨팔에 아직도 피가 흐르고 있어서였다. 거머리 열 마리가 그 같은 부위를 줄곧 물고 있었던 것이다.

"오 그대 유별난 녀석이여, 지금 보이는 이 모습이, 그러니까 그대 자신이 내게 얼마나 많은 것을 가르쳐주고 있는가! 그래서 어쩌면 나는 그대의 엄격한 귀에 모든 것을 부어서는 안 될 것 같다!

자! 그럼 우리는 여기서 헤어지자! 그런데 그대를 다시 만나면 좋겠다. 저 길을 따라 올라가면 내 동굴이 있다. 오늘 밤 거기서 그대가 내 소중한 손님이 돼주겠는가!

또한 나는 차라투스트라가 밟은 그대의 몸을 회복시켜주고 싶다. 이에 대해서도 곰곰이 생각 중이다. 그런데 지금은 도움을 청하는 외침이 나보고 급히 그대에게서 떠나라고 외치고 있다."

차라투스트라는 이렇게 말했다.

마술사

그런데 차라투스트라가 어느 바위를 돌아서 가고 있었을 때 그는 그리 멀지 않은 같은 길 아래쪽에서 광분한 자처럼 온몸을 흔들다가 배를 깔고 땅으로 고꾸라져 버린 어떤 한 사람을 보았다. 차라투스트라는 마음속으로 말했다. '잠깐, 저기 고꾸라져 있는 자는 보다 높은 인간임이 분명하다. 도움을 청하는 저 끔찍한 외침도 그가 내지른 소리였을 것이다. 도와줄 게 있는지 한번 보자.' 그래서 그가 쓰러진 곳으로 달려간 차라투스트라는 멍한 눈으로 벌벌 떨고 있는 노인을 발견했다. 차라투스트라가 그를 똑바로 일으켜 두 발로 설 수 있게 하려고 애를 썼지만, 소용없었다. 이 불행한 자는 자기 옆에 누군가가 있다는 것도 알아채지 못하는 듯했다. 오히려 그는 마치 온 세상으로부터 버림받은 자, 고립된 자처럼 애잔한 표정으로 계속 주위를 둘러봤다. 그러다가 수없이 벌벌 떨고 경련을 일으키고 몸부림치더니 끝내 이렇게 한탄하기 시작했다.

누가 나를 보듬어 주겠는가, 누가 나를 계속 사랑해주겠는가?

뜨거운 손을 다오!

마음속 뜨거운 화로를 다오!

쭉 뻗은 채 벌벌 떨면서

사람들이 발을 따뜻하게 보온해주는 반쯤 죽은 자처럼

아! 미지의 열병으로 몸을 부들부들 떨고,

날카롭고 얼음장 같은 서리의 화살에 맞아 떨면서,

그대에게 쫓기고 있네, 사상이여!

명명할 수 없는 자여! 베일에 싸인 자여! 매서운 자여!

구름 뒤에 있는, 그대 사냥꾼이여!

아래로 내리꽂는 그대의 번개 때문에

어둠 속에서 나를 바라보는, 그대 비웃는 눈이여,

나는 이렇게 쓰러져있네,

몸을 구부리고, 몸을 비틀고,
모든 영원한 고문에 괴로워하면서,
지극히 잔인한, 그대 사냥꾼의
화살에 맞았네
그대 미지의 신이여!

더 깊이 맞혀라,
다시 한번 맞혀라!
이 심장을 찔러라, 찢어라!
무딘 촉의 화살로 하는
이 고문은 무엇이란 말인가?
그대는 또 무엇을 보고 있는가,
인간의 고통에 싫증 내지도 않고,
이 고통을 고소해하는 신들의 번갯불 같은 눈으로?
그대는 죽이고 싶은 마음도 없으면서
그저 고문만, 고문만 한단 말인가?
무엇 때문에 나를 고문한단 말인가,
인간의 고통을 고소해하는 그대 미지의 신이여?

아아! 그대는 슬금슬금 다가오는가?
이런 한밤중에?

Friedrich Wilhelm Nietzsche

그대가 원하는 게 무엇인가? 말해보라!

그대는 나를 몰아넣고는 짓누르는구나.

하! 벌써 이렇게나 가까이 왔다니!

떨어져라! 떨어져라!

그대는 내 숨소리를 듣고 있다,

그대는 내 심장 소리를 엿듣고 있다,

그대 질투 심한 자여

대체 무엇을 질투한단 말인가?

떨어져라! 떨어져라! 사다리는 어디에 쓰려고 하는가?

그대는 안으로

내 심장 속으로

슬며시 들어오려 하는가, 가장 은밀한

내 사상 속으로 슬며시 들어오려 하는가?

뻔뻔한 자여! 미지의 도둑이여!

그대는 무엇을 훔치려 한단 말인가,

그대는 무엇을 엿들으려 한단 말인가,

그대는 왜 고문하려 한단 말인가,

그대 고문하는 자여!

그대 처형자인 신이여!

아니면 내가 개처럼,

그대 앞에서 뒹굴어야 하는가?

몸과 마음을 다 바쳐, 나를 잊을 만큼 열광적으로,
그대에게 꼬리를 흔들어 사랑의 뜻을 보여야 하는가?

소용없다!
더 찔러라,
지극히 잔인한 가시여! 아니,
나는 개가 아니라, 그저 그대의 사냥감일 뿐이다,
지극히 잔인한 사냥꾼이여!
나는 자긍심 가장 강한 그대의 죄수다,
구름 뒤에 있는, 그대 강도여!
그러니 말해보라,
그대 노상강도여, 내게서 원하는 게 무엇인가?
그대 번개로 몸을 감춘 자여! 미지의 자여! 말해보라,
미지의 신이여, 그대가 원하는 게 무엇인가?

뭐?
몸값?
그대가 원하는 게 몸값이라고?
그럼 많이 요구하라, 내 긍지가 권하는 바다!
그리고 짧게 말하라, 또 다른 내 긍지가 권하는 바다!
아아!

Friedrich Wilhelm Nietzsche

나를, 원한다고? 나를?

내, 전체를?

하하!

이제 나를 고문하는가, 바보인 그대가,

내 긍지를 괴롭히는가?

내게 사랑을 다오, 누가 나를 계속 보듬어 주겠는가?

누가 나를 계속 사랑해주겠는가? 뜨거운 손을 다오!

마음속 뜨거운 화로를 다오!

나, 가장 고독한 자에게,

얼음을 다오, 아! 일곱 겹의 얼음은

적 자체를,

적을 동경하라고 가르친다,

다오, 그래 다오,

지극히 잔인한 적이여,

내게, 그대를!

도망쳤다!

그가 제 발로 달아났다,

마지막 남은 내 유일한 동지,

내 크나큰 적,

내 미지의 자,

내 처형자인 신이!

아니다!

돌아와라!

그대의 모든 고문과 함께!

모든 고독한 자 중에서 최후의 사람에게

오 돌아와라!

내 눈에서 떨어지는 눈물은 죄다 시냇물처럼 흘러

그대에게 간다!

그리고 내 심장의 마지막 불꽃은

516

그대를 위해 붉게 타오른다!

오 돌아와라,

내 미지의 신이여! 내 고통이여!

내 마지막 행복이여!

2

그런데 여기서 차라투스트라는 더는 참지 못하고 지팡
이를 들어 온 힘을 다해 이 한탄하는 자를 내리쳤다. "닥쳐라!" 차라투스트라는 분노 서린 웃음을 지으며 소리쳤다. "닥쳐라, 그대 배우여! 그대 날조자여! 그대 철두철미한 거짓말쟁이여! 나는 그대를 잘 안다!

내가 그대의 발을 따뜻하게 해주겠다, 그대 못된 마술사여. 나는 그대 같은 자들을 따뜻하게 만들어 주는 데 능숙하다!"

"그만둬라!"라고 노인이 말하며 바닥에서 벌떡 일어섰다. "그만 때려라, 오 차라투스트라여! 난 그저 장난치려고 연기해봤을 뿐이다!

그런 것들도 내 연기의 일부다. 내가 그대에게 이런 연기를 한 것은 그대를 시험해 보고 싶어서였다! 그리고 진실로, 그대는 나를 훤히 꿰뚫어 보았다!

그런데 그대도 내게 만만치 않은 연기를 했다. 그대는 가혹하다, 그대 현명한 차라투스트라여! 그대는 그대의 진리들로 세게 때리고, 그대의 몽둥이는 내게 이러한 진리를 강요한다!"

"아첨 따위 그만둬라!" 차라투스트라는 여전히 격앙한 채 얼굴을 찌푸리며 대답했다. "그대 철두철미한 배우여, 그대는 교활한 자다. 그대가 진리에 관해서 무슨 말을 할 수 있단 말인가!

그대 공작 중의 공작이여, 그대 허영의 바다여, 그대가 내 앞에서 무엇을 연기했단 말인가, 그대 못된 마술사여. 그대가 그런 모습으로 한탄했을 때 나는 그대가 누구라고 믿어야 했겠는가?"

"정신의 참회자다" 노인이 말했다. "나는 이 정신의 참회자를 연기했던 것이다. 언젠가 그대 자신이 이 말을 만들어내지 않았던가.

결국 자기 정신을 자기 자신에게 대항케 하는 시인이자 마술사며, 자신의 사악한 지식과 양심으로 인해 얼어붙고 마는 변화된 자 말이다.

그러니 오 차라투스트라여, 그대가 내 연기와 거짓말을 알아차리기까지 오래 걸렸다는 것을 그냥 고백해라! 그대가 두 손으로 내 머리를 받쳐주었을 때 그대는 내가 곤경에 처했다는 것을 믿어 의심치 않았다.

나는 그대가 '그는 사랑을 너무 적게 받았다. 사랑을 너무 적게 받았다!'라고 한탄하는 소리를 들은 적이 있다. 내가 그대를 그만큼이나 속인 것을 두고 내 악의는 속으로 쾌재를 불렀다."

"그대는 나보다 더 훌륭한 자들도 속여왔을 것이다."라고 차라투스트라는 거칠게 말했다. "나는 속이는 자들을 경계하지도 않고, 조심하지도 않는 편이다. 내 운명도 이러길 원한다.

그러나 그대는 속여야 한다. 나는 이 정도로 그대에 대해 잘 알고 있다! 그대는 언제나 두 가지, 세 가지, 네 가지, 다섯 가지로 해석될 수 있는 모호한 존재다. 또한 그대가 방금 고백한 것도 내가 보기에는 그렇게 진실한 것도 거짓된 것도 아니었다!

그대 못된 날조자여, 그대가 어찌 달라질 수 있겠는가! 그대는 의사에게 벌거벗은 몸을 보여줄 때도 병을 꾸며낼 작자다.

조금 전 그대가 '난 그저 장난치려고 연기해봤을 뿐이다!'라고 말했을 때도 내 앞에서 거짓말을 꾸며냈던 것이다. 당연히 그 말에는 진심도 담겨 있었다. 그대는 어느 정도 정신의 참회자니 말이다!.

나는 그대 같은 자들을 잘 안다. 그대는 모두를 속이는 마술사가 되었지만, 그대 자신에 대해서는 더는 거짓말을 하지도 술수를 부리지도 않는다. 그대 자신이 그대의 마술에서 풀려났으니 말이다!

그대는 구역질을 그대의 유일한 진리로 수확했다. 그대의 말 중 어떤 말도 더는 진짜가 아니지만, 그대의 입, 그러니까 그대의 입에 딱 붙어있는 구역질만은 진짜다."

여기서 그 늙은 마술사는 반항적인 목소리로 외쳤다. "대체 그대는 누구인가! 오늘날 살아있는 자 중에서 가장 위대한 자인 나에게 누가 감히 이따위로 말을 할 수 있단 말인가?"그때 그의 눈에서는 푸른 섬광이 차라투스트라를 향해 쏟아졌다. 하지만 이내 그는 마음이 바뀌며 구슬프게 말했다.

"오 차라투스트라여, 나는 지쳤다. 내 연기도 이제 역겹다. 나는 위대하지 않은데, 왜 그런 척해야 하는지! 하지만 그대도 잘 알고 있지 않은가, 나는 위대함을 추구하고 있었을 뿐이다!

나는 위대한 인간을 선보이려고 했고 많은 사람도 설득했었지만, 이런 거짓말은 내 능력을 벗어나는 일이었다. 나는 이런 거짓말 때문에 부서지고 있는 것이다.

오 차라투스트라여, 내 입에서 나오는 말은 모두 거짓말이다. 그러나 내가 부서지고 있다는 것, 내가 부서지고 있다는 이 사실만은 진짜다!"

"그것은 그대에게 영광이 될 것이다"라고 차라투스트라는 침울하게 말하며 옆으로 고개를 떨구었다. "그대가 위대함을 추구하는 것은 그대에게 영광이 될 것이지만, 그렇게 함으로써 그대의 본모습이 드러나기도 할 것이다. 그대는 위대하지 않은 것이다.

그대 못되고 늙은 마술사여, 그대가 자신에게 싫증이 나서 나는 위대하지 않다라고 속마음을 털어놓은 것, 이 점이 바로 내가 그대에게서 존경하는 그대의 가장 훌륭한 모습이고 가장 정직한 모습이다.

이 점에서 나는 그대를 한 명의 정신의 참회자로 존경한다. 비록 그것이 한숨의 찰나였을 지라도 이 한순간만큼 그대는 진짜였다.

그런데 말해보라, 그대는 여기 나의 숲과 바위틈에서 무엇을 찾고 있는가? 그리고 그대가 내가 가는 길을 방해하고 누워있었을 때 그대는 내게서 무엇을 시험하려고 했는가?

그대는 무엇 때문에 나를 시험했는가?"

차라투스트라는 이렇게 말했고, 그의 눈빛은 번득였다. 이 늙은 마술사는 잠시 침묵하고는 말을 이어갔다. "내가 그대를 시험했다고? 난 그저 찾고 있을 뿐이다.

오 차라투스트라여, 나는 진짜인 자, 올바른 자, 단순한 자, 명료한 자, 정직함으로 뭉쳐있는 자, 지혜의 그릇, 인식의 성인, 위대한 인간을 찾고 있다!

오 차라투스트라여, 그대는 모른단 말인가? 나는 차라투스트라를 찾고 있다."

이때 둘 사이에는 긴 침묵이 흘렀다. 차라투스트라는 자기 자신에게 깊이 가라앉은 채 눈을 감고 있었다. 그러고 나서 그는 대화 상대자인 마술사에게 돌아와 그의 손을 잡고는 지극히 정중하면서도 교활한 투로 말했다.

"자! 저 길을 따라 올라가면 차라투스트라의 동굴이 있다. 그 동굴에서 그대가 찾고자 하는 자를 찾아도 된다.

그리고 내 짐승들인 내 독수리와 뱀에게 조언을 구해라. 이 짐승들은 그대가 찾는 데 도움이 될 것이다. 하지만 내 동굴은 크다.

물론 나 자신은, 그러니까 나는 아직 위대한 인간을 본 적이 없다. 오늘날 가장 훌륭한 자의 눈마저도 무엇이 위대한지를 야무지게 선별하지 못한다. 지금은 천민의 나라인 것이다.

나는 기지개를 켜면서 거만 떠는 자들을 무수히 봐왔다. 그리고 군중은 '저길 보라, 위대한 인간이 있다!' 소리치더라. 하지만 이 모든 풀무가 무슨 소용이 있겠는가! 결국 바람만 새어 나올 뿐이지 않겠는가.

개구리가 너무 오래 부풀어 오르면 결국 터져 바람만 새어 나올 뿐이다. 부풀어 오른 누군가의 배를 확 찔러버리는 것, 나는 이를 무난한 소일거리라고 부른다. 새겨들어라, 너희 어린 녀석들이여!

오늘날은 천민들의 것이다. 그러니 무엇이 위대하고 무엇이 하찮은지를 누가 알겠는가! 그 누가 운 좋게도 위대함을 찾아낼 수 있겠는가! 바로 바보들 뿐이다. 바보들만

이 이를 찾는 데 성공할 것이다.

그대 유별난 바보여, 그대는 위대한 인간을 찾고 있는가? 누가 이렇게 하라고 가르쳐주었는가? 지금 이런 걸 할 때인가? 오 그대 못된 탐구자여, 그대는 왜 나를 시험하는 것인가?"

마음의 위로를 받은 차라투스트라는 이렇게 말했고, 웃으면서 가던 길을 계속 갔다.

일자리를 잃음

그런데 차라투스트라가 마술사에게서 벗어난 지 얼마 지나지 않아 또다시 그는 걷고 있는 길의 길섶에 누군가가 앉아 있는 것을 보았다. 그는 얼굴이 초췌하고 창백한, 검은 망토를 걸치고 있는 키가 큰 남자였다. 그는 차라투스트라를 몹시 언짢게 했다. '아, 이럴 수가' 그는 마음속으로 말했다. '저기에 슬픔이 변장한 채 앉아 있다. 성직자 부류인 것 같은데, 이들은 내 영토에서 무엇을 하려는 것인가?

어째서! 저 마술사에게서 겨우 빠져나왔는데, 이제는 또 다른 마술사와 마주쳐야 한단 말인가.

안수하는 마술사, 신의 은총으로 어두운 기적을 행하는 자, 기름 부음을 받은 세계 비방자, 이런 자는 악마에게 잡혀가기를!

하지만 악마는 자신이 있어야 할 곳에 있은 적이 없다. 악마는 항상 너무 늦게 나타난다, 이 빌어먹을 난쟁이, 이 안짱다리!'

참지 못한 차라투스트라는 마음속으로 이렇게 저주를 퍼붓고는 어떻게 하면 검은 망토를 걸치고 있는 그의 눈에 띄지 않고 자연스럽게 지나갈 수 있을지 고민했다. 그런데 보라, 상황이 다르게 흘러간 게 아니겠는가. 바로 그 순간, 앉아 있던 자는 차라투스트라를 인지했고 예기치 못한 행운이 닥쳤다는 듯 자리에서 벌떡 일어나 차라투스트라에게 다가갔기 때문이다.

그가 말했다. "그대가 누구이든, 그대 방랑자여, 길 잃은 자, 구도자, 여기서 쉽게 피해를 입게 될 이 노인을 도와달라!

여기 이 세계는 내게 낯설고도 먼 곳이다, 사나운 짐승들이 포효하는 소리도 들었다. 나를 보호해줄 수 있었던 자도 더는 존재하지 않는다.

오늘날 온 세상 누구나 알고 있는 그 어떤 것도 듣지 못한 채, 자신의 숲속에서 홀로 지내는 성자이자 은둔자인 최후의 경건한 인간을 나는 찾고 있었다."

차라투스트라가 물었다. "오늘날 온 세상 누구나 알고 있다라는 건 무엇인가? 온 세상 누구나가 이전에 믿었던 그 늙은 신이 더는 살아있지 않다는 뭐 이런 것인가?"

노인은 낙심한 듯 대답했다. "그래 바로 그거다. 나는 이 늙은 신을 마지막 순간까지 섬겼다.

하지만 나는 지금 일자리를 잃었고 섬길 주인도 없으며 아직도 자유롭지 못하고 또 추억을 곱씹는 것 말고는 한시도 즐겁지 않다.

그래서 결국 나는 늙은 교황이자 교부에 걸맞게 다시나 자신에게 축제를 베풀자는 뜻에서 이 산에 올라왔다. 왜냐면, 내가 최후의 교황이기 때문이다! 경건한 추억과예배의 축제를 위해 이 산에 온 것이다.

그런데 가장 경건한 인간이었던 그자는 이제 죽고 없다. 노래 부르고 흥얼거리면서 한결같이 자기의 신을 찬양했던 숲속의 저 성자 말이다.

내가 그의 오두막을 찾았을 때 그는 보이지 않았다. 그가 그 어떤 짐승에게서도 사랑을 받아서인지, 그 안에서는 늑대 두 마리가 그의 죽음에 슬퍼하며 울부짖고 있었다. 그때 나는 거기서 도망쳐 나왔다.

내가 이렇게 이 숲속과 산에 온 것은 정녕 헛된 일이었단 말인가? 이런 생각이 들어, 나는 마음속으로 다른 사람, 즉 신을 믿지 않는 모든 사람 중에서도 가장 경건한 자인 차라투스트라를 찾기로 결심했던 것이다!"

노인은 이렇게 말하면서 자기 앞에 서 있는 자를 날카로운 눈빛으로 노려보았다. 하지만 차라투스트라는 이 늙은 교황의 손을 잡고는 한동안 감탄하며 이 손을 바라보았다.

차라투스트라가 말했다. "자 보라, 그대 존귀한 자여. 이 얼마나 멋지고 길쭉한 손인가! 이 손은 줄곧 축복을 내려왔던 자의 손이다. 그런데 지금 이 손은 그대가 찾고 있는 자인 나 차라투스트라의 손을 꽉 잡고 있다.

바로 내가 신을 부정하는 차라투스트라다. 신의 가르침을 기뻐하는 나보다 더 신을 부정하는 자 누구인가? 라고 말하는 차라투스트라 말이다."

차라투스트라는 이렇게 말했고, 이 늙은 교황의 생각과 속마음을 간파했다. 이윽고 교황이 말하기 시작했다.

"신을 가장 많이 사랑하고 차지하던 자가 이제는 신을 가장 많이 상실한 자가 돼버렸다.

보라, 이제는 우리 둘 중에 내가 더 신을 부정하는 자가 아니겠는가? 그런데 누가 이를 기뻐할 수 있겠는가!"

차라투스트라는 긴 침묵 끝에 조심스레 말했다. "그대

는 신을 마지막 순간까지 섬겼다. 그대는 신이 어떻게 죽었는지 잘 알고 있지 않은가? 항간에서는 신이 동정심에 숨 막혀 죽었다는 말이 떠돈다는데 사실인가?

신은 인간이 십자가에 매달린 모습을 보고는 견딜 수 없었고, 그래서 인간에 대한 사랑이 자신의 지옥이 돼 결국 죽게 되었다는 말이 떠돈다는데 사실인가?"

늙은 교황은 대답하지 않고 쓰라리고 답답하단 표정을 지으면서도 부끄러운 듯 고개를 돌렸다.

"신을 그냥 보내주어라." 긴 생각 끝에 차라투스트라는 노인의 눈을 똑바로 바라보면서 말했다.

"신을 그냥 보내주어라. 신은 이제 죽고 없다. 그대가 이 죽은 자에 대해 좋은 말만 하는 것이 그대에게 영광이 되겠지만, 그대도 나만큼 그가 누구였는지, 얼마나 기이한 길을 걸어왔는지 잘 알고 있지 않은가."

"세 눈 아래에서 하는 말인데." (그는 한쪽 눈이 멀었기 때문이다.) 늙은 교황은 흥겹게 말했다. "신의 일에 있어서는 내가 차라투스트라 본인보다 더 깨우친 자다. 당연한 일 아니겠는가.

나는 사랑으로 그를 수년간 섬겼고, 내 의지는 그의 모든 뜻을 순순히 따랐다. 그러나 훌륭한 종은 모든 것뿐만 아니라, 자기 주인이 자기 자신에게 숨기고 있는 일들도

Friedrich Wilhelm Nietzsche

많이 알고 있다.

그는 비밀로 가득한 숨겨진 신이었다. 게다가, 진실로 그는 샛길을 통하지 않고는 아들에게 온 적이 없었다. 그래서 그의 신앙으로 다가가는 문 앞에는 간음이 있게 된 것이다.

그를 사랑의 신이라고 찬양하는 자는 사랑 자체를 그다지 높게 생각하지 않는 자다. 이 신은 심판관도 되려 하지 않았던가? 하지만 사랑하는 자는 보상이나 보복을 뛰어넘어 사랑을 한다.

동방에서 온 이 신은 젊었을 때 거칠고 복수심에 불타고 있었고, 자기 마음에 드는 자들에게 즐거움을 주려고 스스로 지옥을 만들었다.

그러나 결국 그는 늙고 유약해지고 지칠 대로 지치고 동정심만 남은 채 아버지라기보다는 할아버지처럼, 아니 비실거리고 늙은 할머니처럼 변해버렸다.

그때 그는 생기를 잃은 채 난롯가 구석에 앉아 연약해진 다리를 보며 슬퍼했고, 세상에 지치고 의지에 지친 상태였다. 그러다가 어느 날 자신의 과도한 동정심에 숨 막혀 죽었던 것이다."

여기서 차라투스트라가 끼어들며 말했다. "그대 늙은 교황이여, 그대가 그것을 눈으로 직접 보았는가? 그렇게도 또 다르게도 일어났을 수 있는 일이지 않은가. 신들은 죽을 때 언제나 다양한 방식으로 죽음을 맞이하게 되니 말이다.

그런데 자! 이랬든 저랬든, 그는 이제 죽고 없다! 그는 내 귀와 눈의 취향에 거슬렸고, 그에 대해 더 나쁘게 말하고 싶지도 않다.

그런데 나는 밝게 보이고 솔직하게 말하는 모든 것을 사랑한다. 그러나 그대 늙은 성직자여, 그대도 잘 알다시피 그에게서는 그대와 같은 무언가가, 그러니까 성직자 같은 어떤 분위기가 풍겼다. 그는 모호한 자였던 것이다.

또한 그는 불명확한 자이기도 했다. 잔뜩 화가 난 이 자는 우리가 그의 말을 잘못 이해한다는 이유로 우리에게 얼마나 화를 냈었던가. 그런데 그는 왜 좀 더 명확하게 말하지 않았던 것인가?

그리고 그 문제가 우리의 귀 때문이라면 그는 왜 우리에게 자기의 말을 잘 알아듣지도 못하는 귀를 주었는가? 우리 귀에 진흙이라도 있었단 말인가, 그렇다면! 누가 그것을 귀에다 집어넣었단 말인가?

끝까지 다 배우지 못했던 이 도공은 실패를 너무 많이 했다! 그런데도 그가 자신의 항아리와 피조물이 안 좋게 빚어졌다는 이유로 이들에게 복수했다는 것은 좋은 취미에 어긋나는 죄였다.

신앙심 속에도 이런 뜻을 갖춘 좋은 취미가 있다. '그런 신은 꺼져버려라! 차라리 신은 없는 게 낫다, 차라리 내 힘으로 운명을 만들어가겠다, 차라리 바보가 되겠다, 차라리 스스로 신이 되겠다!'"

여기서 귀를 쫑긋 세우고 경청하고 있던 늙은 교황이 말했다. "내가 무슨 소리를 듣고 있는 것인가? 오 차라투스트라여, 그대는 그렇게 불신앙적이면서도 그대가 믿는 것보다 더 경건하다! 그대 마음속에 있는 어떤 신이 그대를 무신론자로 바꾸어버린 것 같다.

그대가 더는 하나의 신을 믿지 않도록 해주는 것은 그대의 경건함 자체가 아닌가? 그리고 그대의 어마어마한 정직함은 그대를 선악의 피안으로도 데리고 갈 것이다!

그런데 보라, 그대에게는 무엇이 남아있는가? 그대는 영원이라는 긴 시간 이전부터 축복을 내리도록 정해진 눈과 손, 입이 있다. 손으로만 축복을 내리는 것이 아니다.

그대가 강력한 무신론자가 되고 싶어 한다 해도, 나는 그대 곁에 있으면 오랜 축복에서 나와 그윽하게 퍼지는 그대의 성스러운 내음과 향기로운 내음을 맡게 된다. 그때 나는 기분이 좋아지면서도 슬퍼지기도 한다.

오 차라투스트라여, 하룻밤만이라도 그대의 손님이 되

게 해다오! 지금 그대와 함께 있는 것보다 기분이 더 좋은 곳은 이 세상 어디에도 없을 것이다!"

차라투스트라는 몹시 놀라며 말했다. "아멘! 꼭 그렇게 될 것이다! 저 길을 따라 올라가면 차라투스트라의 동굴이 있다.

그대 존귀한 자여, 나는 정말 흔쾌히 직접 그대를 그곳으로 데리고 가고 싶다. 나는 경건한 인간이라면 누구든 사랑해서다. 그런데 지금은 도움을 청하는 외침이 나보고 급히 그대에게서 떠나라고 외치고 있다.

내 영토에서는 그 누구도 해를 입어서는 안 된다. 내 동굴은 괜찮은 피난처다. 그리고 나는 무엇보다도 저마다 애통해하는 자들을 단단한 땅 위에 튼튼한 두 발로 다시 서 있게 하고 싶다.

그런데 누가 그대의 어깨에 있는 그대의 우울한 기분을 떼어줄까? 이를 해주기엔 나는 너무 약하다. 진실로, 우리는 누군가가 그대를 위해 그대의 신을 다시 깨울 때까지 오랜 세월 기다려야 할지도 모른다.

이 늙은 신은 더는 살아있지 않기 때문이다. 그는 완전히 죽고 없는 것이다."

차라투스트라는 이렇게 말했다.

지극히 추악한 자

그리고 차라투스트라는 다시 산과 숲속을 거닐었고, 그의 눈은 보고 싶었던 자, 즉 큰 곤경에 빠져있는 있는 자와 고통스럽게 비명을 지르는 자를 찾고 또 찾았지만, 어디에서도 보이지 않았다. 하지만 그는 걷는 내내 마음속으로 기뻐하고 감사해했다. 그가 말했다. "오늘 하루의 시작이 안 좋았던 것에 대한 보답으로, 오늘 하루가 내게 얼마나 멋진 일들을 선사해주었던가! 나는 참으로 독특한 대화 상대자를 만났으니 말이다!

나는 이제 좋은 곡식 낟알을 곱씹듯이 그들이 한 말을 오랫동안 곱씹을 것이다. 그들의 말이 마치 젖처럼 내 영혼 속으로 흘러들어올 때까지, 내 이는 그들의 말을 작게 빻고 잘게 부수리라!"

그런데 길을 따라 다시 어떤 바위를 돌자 갑자기 풍경이 바뀌었고 차라투스트라는 죽음의 나라로 들어섰다. 이곳에는 검고 붉은 절벽들만 우뚝 솟아 있을 뿐, 풀이나 나무는 없었고 새소리도 들리지 않았다. 이곳은 모든 짐승, 심지어 맹수들도 피하는 골짜기였다. 그저 추악하고 뚱뚱한 녹색 뱀들만이 늙으면 죽으러 이곳에 올 따름이었다. 그래서 목동들은 이 골짜기를 뱀의 죽음이라고 불렀다.

차라투스트라는 아득한 기억 속으로 빠져들었는데, 마치 전에 이 골짜기에 서 있어 본 적이 있었던 것 같은 기분이 들어서였다. 그리고 수많은 괴로운 생각들이 그의 마음을 짓누른 탓에 그는 천천히 걸었고, 갈수록 발걸음이 느려지더니 결국 멈춰 섰다. 그런데 그가 눈을 뜬 그때, 길가에는 인간의 모습을 하고 있으면서도 인간이라고 보기는 어려운, 말로 표현하기 어려운 무언가가 앉아 있는 게 보였다. 그리고 두 눈으로 그런 것을 보았다는 사실에 갑자기 엄청난 수치심이 차라투스트라를 엄습했다. 얼굴심지어 백발마저도 붉게 달아오른 그는 시선을 딴 데로 돌리고는 불길한 이곳을 떠나려고 발걸음을 옮겼다. 그런데 그때 황량한 이 죽음의 땅이 떠들썩거렸다. 마치 한밤

534

중에 꽉 막힌 수도관에 물이 통과하면서 꾸르륵거리고 그르렁거리는 소리가 나는 것처럼, 땅에서도 꾸르륵거리고 그르렁거리는 소리가 솟구친 것이다. 그러다가 마침내 그 소리는 인간의 목소리와 인간의 말이 되었다. 그 소리는 이러했다.

"차라투스트라여, 차라투스트라여! 내 수수께끼를 풀어보라! 말해보라, 말해보라! 목격자에 대한 복수란 무엇인가?

내가 그대를 다시 꾀어내보겠다. 여기는 미끄러운 빙판 길이다! 여기서 자긍심을 고집하다가 발목을 접질리는 일은 없도록 조심하고 또 조심하라!

그대는 스스로 현명하다고 생각하는 것 같다, 그대 거만한 차라투스트라여! 그럼 수수께끼를 풀어보라, 그대 거친 호두까기 인형이여! 그 수수께끼는 바로 나다! 그러니 말해보라, 나는 누구인가!"

하지만 차라투스트라가 이 말을 들었을 때, 그의 영혼에는 무슨 일이 일어났을까? 바로 동정심에 사로잡히고 말았다. 그리고 수많은 벌목꾼에게도 굴하지 않고 오랫동안 버텨왔던 떡갈나무 한 그루가 이를 베려고 했던 그들도 깜짝 놀랄 만큼 갑자기 묵직하게 쓰러지듯이 그는 단번에 쓰러지고 말았다. 하지만 그는 곧바로 일어났고 표정은 결연했다.

"나는 그대를 잘 안다." 그는 쩌렁쩌렁한 목소리로 말했다. "그대는 신을 살해한 자다! 그러니 나를 그냥 가게 해다오.

그대는 그대를 본 자, 그러니까 그대를 항상 지켜보고 또 그대의 깊은 속까지 들여다본 자를 못 참지 않았던가, 그대 지극히 추악한 자여! 그래서 그대는 이 목격자에게 복수하지 않았던가!"

차라투스트라는 이렇게 말하고는 자리를 뜨려고 했다. 그러나 말로 표현하기 어려운 그자는 차라투스트라의 옷자락을 잡고 무슨 할 말을 찾으려는지 다시 꾸르륵거리기 시작했다. 이윽고 그가 말했다.

"가만히 있어라! 그냥 지나가지 마라! 나는 어떤 도끼가 그대를 쓰러뜨렸는지 알고 있다. 오 차라투스트라여, 그대가 다시 서 있게 된 걸 환영한다!

신을 죽인 자, 그러니까 신의 살해자의 기분이 어떠한지에 대해 내가 잘 안다는 것을 그대도 알고 있다. 그러니 가만히 있어라! 여기 내 곁으로 와서 앉아라. 까닭 없이 이러는 게 아니다.

내가 그대 말고 누구에게 이러겠는가? 그러니 가만히 앉아 있어라! 그런데 날 쳐다보지는 마라! 이렇게라도 하면서 내 추악함을 존중해다오!

사람들이 나를 뒤쫓고 있다. 그러니 이제 그대가 내 마지막 도피처다! 그들은 증오심에 쌓여 나를 뒤쫓는 것도 아니고, 추적자들을 대동해 나를 뒤쫓는 것도 아니다. 오 그런 추적이라면 나는 비웃고 자랑스러워하며 기뻐할 것이다!

지금껏 모든 성공은 잘 쫓기던 자의 몫이 아니었던가? 그리고 잘 뒤쫓는 자는 따라가는 법도 쉽게 배우지 않던가. 뒤쫓는 자는 뒤에 있어 본 적이 있으니 말이다! 하지만 그들이 이러는 건 바로 그들의 동정심 때문이다.

내가 도망쳐서 그대에게 도피하는 것은 그들의 동정심 때문이란 말이다. 오 차라투스트라여, 나를 보호해다오, 그대 내 마지막 도피처여, 그대 내 정체를 알아본 유일한 자여.

그대는 신을 죽인 자의 기분이 어떠한지에 대해 알고 있다. 그러니 가만히 있어라! 그대 참을성 없는 자여, 그래도 정 가고 싶다면 내가 왔던 길로는 가지 마라! 그 길은 황폐한 길이다.

내가 너무 오래 이러니저러니 지껄여서 화가 났는가? 그대에게 조언했다고 그러는가? 그런데 내가 바로 지극히 추악한 자라는 걸 알아둬라.

또한 내 발은 가장 크고 가장 무겁다는 것도 알아둬라. 내가 걸으면 그 길은 황폐해진다. 나는 길이란 길은 모두 죽일 만큼 짓밟아 훼손시켜 놓으니 말이다.

그런데 나는 그대가 내 곁을 말없이 조용히 지나갔고, 그대가 얼굴을 붉혔던 것을 지켜보면서 그대가 차라투스트라라는 것을 알아보았다.

다른 사람이었으면 눈길과 말로 내게 자선과 동정을 베풀려고 했을 것이다. 하지만 나는 이를 받아야 할 정도로 거지는 아니다. 그대도 이를 눈치채지 않았던가.

이를 받기에 나는 아주 풍요롭고, 위대한 것, 끔찍한 것, 지극히 추악한 것, 말로 표현하기 굉장히 어려운 것을 풍부하게 가지고 있다! 오 차라투스트라여, 그대의 수치심이 나를 존중해주었다!

나는 동정심 많은 무리에서 가까스로 빠져나왔는데, 오늘날 동정심은 거추장스러운 것이라고 가르치는 유일한 자를 찾기 위해서였다. 오 차라투스트라여, 바로 그대 말이다!

신의 동정이든 인간의 동정이든, 동정은 수치심에 어긋난다. 그리고 도와주려 하지 않는 것이 도와주겠다고 달려드는 저 덕보다 더 고상할 수 있다.

그러나 이 동정은 오늘날 모든 소인에게서 덕 그 자체

라고 불린다. 이들은 크디큰 불행, 크디큰 추악함, 크디큰 실패에 어떤 경외심도 품지 않는다.

마치 개 한 마리가 떼지어 있는 양들 너머를 바라보듯이 나는 이 모든 자 너머를 바라본다. 그들은 작고 털은 곱슬곱슬하며 마음은 온순한 잿빛 사람들이다.

마치 왜가리 한 마리가 대가리를 뒤로 젖힌 채 얕은 연못 너머를 경멸스럽게 바라보듯이 나는 잿빛 잔물결과 의지들, 영혼들의 무리 너머를 바라본다.

이 소인들에게는 너무 오랫동안 권리가 부여되어왔다. 그러다 마침내 이들은 힘까지 얻어, 이제는 '소인들이 선이라고 부르는 것만이 선이다'라고 가르친다.

그리고 소인 출신이면서 이 소인들의 유별난 성자이자 대변자인 저 설교자의 말이, 자기 자신을 가리켜 '내가 곧 진리다'라고 증언했던 저 설교자의 말이 오늘날 '진리'라고 불린다.

그러더니 이 무례한 자는 오래전부터 소인들이 교만을 떨게끔 부추겨왔다. 그가 '내가 곧 진리다'라고 가르쳤을 때, 그는 결국 오류가 적잖은 내용을 가르쳤던 셈이다.

일찍이 무례한 자가 이보다 더 정중하게 대접받은 적이 있었던가? 그러나 오 차라투스트라여, 그대는 그를 지나가면서 '아니다, 아니다, 세 번 말하지만, 아니다!'라고 말했다.

그대는 그의 오류를 경고했다. 그대는 동정에 대해서 경고했던 최초의 인물이다. 모두에게 그 누구에게 경고했던 것이 아니라 그대와 그대 같은 자들에게만 경고했다.

그대는 큰 고난을 겪는 자들이 부끄러워하는 것을 부끄럽게 여긴다. 그리고 진실로, 그대가 '동정으로부터 큰 구름이 다가오리라. 그러니 너희 인간들이여, 조심하라!' 라고 말할 때도 그렇다.

그대가 '창조하는 자들은 모두 냉혹하고, 위대한 사랑은 모두 창조하는 자들의 동정을 넘어선다'라고 가르칠 때도 그렇다. 오 차라투스트라여, 내가 보기에 그대는 뇌우의 징조를 잘 익힌 것 같다!

그렇지만 그대도 그대의 동정에 빠지지 않도록 스스로 조심하라! 많은 자들이, 특히 고난을 겪는 자들, 의심이 가득한 자들, 절망하는 자들, 물에 빠져 허우적거리는 자들, 얼어 죽어가는 자들이 수없이 그대에게 가고 있으니 말이다.

나는 그대에게 나를 조심해야 한다고도 경고해두겠다. 그대는 내 최고의 수수께끼이면서도 내 최악의 수수께끼인 내 정체와 내가 했던 일들을 간파했다. 나 역시 그대를 쓰러뜨리는 도끼를 알고 있다.

Friedrich Wilhelm Nietzsche

그러나 신은 죽지 않으면 안 되었다. 그는 모든 것을 이미 봤던 눈으로 보았고, 인간의 심연과 근원, 인간의 은밀한 수치심과 추악함을 모두 보았으니 말이다.

그의 동정심에는 수치심이라는 게 아예 없었다. 그는 지극히 더러운 내 마음 한편으로 슬금슬금 기어들었다. 호기심 가득한 이자, 지나치게 뻔뻔한 이자, 지나치게 동정적인 이자는 죽지 않으면 안 되었던 것이다.

그는 늘 나를 지켜보고 있었다. 나는 이런 목격자에게 복수를 가하던지, 아니면 스스로 삶을 포기하려 했다.

이미 모든 것을 지켜보고 있었던 신, 심지어 인간도 지켜보고 있었던 이런 신은 죽지 않으면 안 되었던 것이다! 인간은 이런 목격자가 살아있다는 걸 못 참는다.""

지극히 추악한 자는 이렇게 말했다. 그러나 차라투스트라는 자리에서 일어나 떠날 채비를 했다. 뱃속까지 싸늘해지는 것 같아서였다.

차라투스트라가 말했다. "그대 말로 표현하기 어려운 자여, 그대는 그대가 걸어온 길을 조심하라고 나에게 경고해주었다. 이에 대한 감사의 의미로 그대에게 내가 걸어온 길을 권해주겠다. 보라, 저 길을 따라 올라가면 차라투스트라의 동굴이 있다.

나의 동굴은 크고 깊으며 구석진 곳이 많이 있다. 가장 깊숙한 곳에 숨으려는 자는 거기서 자신의 은신처를 찾을 수 있을 것이다. 그리고 나의 동굴 바로 옆에는 기어 다니거나 날개를 퍼덕이거나 껑충껑충 뛰어다니는 작은 짐승들이 드나드는 개구멍과 샛길이 백 군데나 있다.

그대 자기 자신을 추방해 추방된 자여, 그대는 인간과 인간의 동정에 파묻혀 살고 싶지 않은가? 자, 그렇다면 나처럼 행동하라! 그대도 내게서 배워라. 행동하는 자만이 배울 수 있다.

그리고 먼저 가장 가까이에 있는 나의 짐승들과 대화를 나눠라. 긍지가 지극히 높고 아주 영리한 이 짐승들은 우리 둘에게 걸맞은 조언자가 될 것이다!"

차라투스트라는 이렇게 말하며 전보다 더 생각에 잠긴 채 더 천천히 자신의 길을 걸어갔다. 여러 가지를 자문해 봤지만 대답하기가 쉽지 않아서였다.

'인간은 얼마나 가련한가!' 그는 마음속으로 생각했다. '얼마나 추악하고 얼마나 그르렁거리고 감춰진 수치심은 또 얼마나 가득한가!

인간은 자기 자신을 사랑한다고 들었다. 아, 이 자기애가 커봐야 얼마나 크겠는가! 이 자기애에 자기 경멸이 많이 있긴 하겠는가!

좀 전에 만났던 그자도 자기 자신을 경멸하는 것만큼

자기 자신을 사랑했다. 그자는 내가 보기에 크게 사랑하는 자이자 크게 경멸하는 자다.

　나는 그자보다 자기 자신을 더 깊이 경멸하는 자를 아직 본 적이 없다. 그것도 높이 아니겠는가. 아. 혹시 그자는 내가 외침을 들은 적 있던, 보다 높은 인간일까?

　나는 크게 경멸하는 자들을 사랑한다. 그러나 인간은 극복되어야 할 그 어떤 존재다.'

자발적으로 거지가 된 자

차라투스트라는 지극히 추악한 자를 떠난 뒤 추위에
몸이 으스스했고 고독을 느꼈다. 차갑고 고독한 것이 수
없이 마음을 통과했고 이 때문에 그의 사지도 더 차가워
진 것이다. 그러나 계속해서 오르고 내려가며 길을 가고
푸른 목초지를 지나가기도 하고 전에는 시냇물이 세차게
흘렀을 것 같은 돌투성이인 거친 지대를 지나가자 그는
마음이 갑자기 더 따뜻해지고 더 다정다감해지는 것을 느
꼈다.

"내게 무슨 일이 일어난 것인가?" 그는 스스로 물었다.
"따뜻하고 생동하는 무언가가 내 마음을 상쾌하게 해준

다. 이것은 분명 내 주변에 있을 것이다.

나는 이제 덜 외롭다. 미지의 동행자와 형제가 내 주위를 배회하고 있고, 그들의 따뜻한 숨결이 내 영혼을 쓰다듬어 주고 있다."

그래서 그가 주위를 둘러보며 고독을 달래줄 자를 찾고 있었을 때, 보라, 저기 언덕에 암소들이 나란히 서 있는 것이 아니겠는가. 가까운 곳에 있는 이 암소들의 냄새가 그의 마음을 따뜻하게 해주었던 것이다. 그러나 이 암소들은 누군가의 말을 경청하고 있어서인지 자기들 쪽으로 다가가는 자에게는 신경도 쓰지 않았다. 그런데 차라투스트라가 아주 가까이 다가갔을 때 암소들 한 가운데서 들리는 인간의 목소리를 똑똑히 들을 수 있었고, 암소들이 모두 말하는 인간 쪽으로 머리를 돌리고 있는 것도 볼 수 있었다.

차라투스트라는 흥분하며 뛰어 올라가 이 짐승들을 떼어 놓았다. 누군가가 여기서 암소들의 동정으로는 쉽게 고칠 수 없는 어떤 해를 당한 게 아닌지 걱정이 들어서였다. 그러나 그는 암소들 사이에서 자신이 착각했다는 것을 알았다. 보라, 거기에는 어떤 사람이 앉아서 짐승들에게 자신을 두려워하지 말라고 설득하는 것 같이 보이는 게 아니겠는가. 그는 눈으로도 선 자체를 설교하는, 평화

를 사랑하는 자이자 산상설교자였다. "그대는 여기서 무
엇을 찾고 있는가?" 차라투스트라는 당황하며 외쳤다.

"내가 여기서 무엇을 찾고 있냐고?" 그가 대답했다.
"그대 훼방꾼이여, 그대가 찾고 있는 것과 같은 것을 찾고
있다! 즉 지상의 행복 말이다.

그러기 위해 나는 이 암소들에게서 배우려고 한다. 나
는 이미 오전의 반 동안 암소들을 설득했고, 암소들이 지
금 막 내게 알려주려던 참이었다. 그런데 왜 그대는 암소
들을 성가시게 하는가?

우리가 뉘우쳐 암소처럼 되지 않으면 천국에 들어가지
못할 것이다. 우리가 암소들에게서 배워야 할 게 하나 있
다. 바로 되새김질이다.

진실로 인간이 온 세상을 얻고도 되새김질 이 하나를
배우지 않는다면 무슨 소용이 있겠는가! 이런 자는 자신
의 고뇌에서 벗어나지 못할 것이다.

자신의 크나큰 고뇌에서 말이다. 그리고 오늘날 이 고
뇌는 역겨움이라고 불린다. 오늘날 마음과 입, 눈이 역겨
움으로 가득 차 있지 않은 자가 있겠는가? 그대도 그렇
다! 그대도! 그런데 이 암소들을 보라!"

산상설교자는 이렇게 말하고는 차라투스트라에게 시
선을 돌렸다. 그는 그때까지 암소들을 사랑의 눈길로 보

고 있었던 것이다. 그러나 차라투스트라를 보자 그는 태도가 갑자기 바뀌었다. "나와 대화를 나누고 있는 이 자는 누구인가?" 깜짝 놀란 그는 이렇게 외치며 땅에서 벌떡 일어났다.

"이 자는 역겨워하지 않는 인간이다. 이 자는 커다란 역겨움을 극복한 자인 차라투스트라 본인이다. 이것은 차라투스트라 본인의 눈이고, 입이고, 가슴이다."

그는 이렇게 말하면서 북받쳐 오르는 눈으로 자신과 대화를 나누는 자의 손에 입을 맞추었다. 마치 그는 하늘에서 예기치 않게 떨어진 귀중한 선물과 보석을 받은 사람처럼 행동했다. 그런데 암소들은 이 모든 광경을 바라보며 이상하다고 여겼다.

"나에 대해 말하지 마라! 그대 괴팍한 자여! 사랑스러운 자여!" 차라투스트라는 이렇게 말하고는 그의 상냥한 태도를 제지했다. "먼저 그대에 대해 말하라! 그대는 이전에 막대한 재산을 내팽개치고 자발적으로 거지가 된 자가 아니던가?

자기 재산과 자기가 부자라는 것을 부끄럽게 생각하면서 자신의 재물과 마음을 베풀려고 지극히 가난한 자들에게 도망쳤던 자가 아니던가? 그런데 그들은 이자를 받아들이지 않았다."

"그대도 잘 알다시피 그들은 나를 받아들이지 않았다." 자발적으로 거지가 된 자가 말했다. "그래서 나는 결국 짐 승들과 이 암소들에게 온 것이다."

차라투스트라가 그의 말을 끊으며 말했다. "그럼 그대 는 잘 배웠을 것이다. 올바르게 주는 것이 올바르게 받는 것보다 얼마나 더 어려운 것인지를, 그리고 잘 베푸는 것 은 하나의 기술이자, 호의를 베푸는 지극히 교활한 주인의 최후의 기술이라는 것을 말이다."

자발적으로 거지가 된 자가 말했다. "특히 오늘날이 그 러하다. 저급한 모든 것이 자기 방식으로, 그러니까 천민 들의 방식으로 반란을 일으키고 수줍어하면서도 오만불 손해진 오늘날 말이다.

그대도 잘 알다시피, 거대하고 심각하며 장기간 이어지 고 느릿하게 벌어지는 천민과 노예의 폭동의 시간이 다가 왔기 때문이다. 이 폭동은 갈수록 커질 것이다!

이제 모든 선행과 소소하게 베푸는 일 따위는 저급한 자들을 격분시킬 것이다. 그러니 재물이 넘치는 자들은 조심하길 바란다!

오늘날 가운데는 불룩하고 목은 너무나 좁은 병으로 물방울을 뚝뚝 떨어뜨리는 자들, 오늘날 사람들은 그러한 병의 목을 흔쾌히 부러뜨린다.

Friedrich Wilhelm Nietzsche

육욕에 찬 탐욕, 악의로 가득 찬 질투, 분노 서린 복수심, 천민들의 자부심, 이 모든 것이 내 얼굴에 튀었다. 가난한 자에게 복이 있나니 라는 말은 더는 진실이 아니다. 그러나 천국은 암소들에게 있다."

　　"그런데 왜 부자들에게는 천국이 없는가?" 차라투스트라는 평화를 사랑하는 자에게 코를 킁킁대며 붙임성 있게 다가오는 암소들을 제지하면서 시험하듯 물었다.

　　"그대는 내게 무엇을 시험하려 하는가?" 그가 대답했다. "그대가 나보다 더 잘 알고 있지 않은가. 오 차라투스트라여, 무엇이 나를 지극히 가난한 자들에게로 몰아갔던가? 우리 부유한 자들에 대한 역겨움이 아니었던가?

　　눈빛은 냉정하고 사상은 음탕하며 저마다의 쓰레기 더미 속에서 돈이 되는 것이라면 죄다 주워 모으는 재물의 죄수들에 대한 역겨움이 아니었던가? 하늘을 향해 악취를 풍겨대는 이 천민들에 대한 역겨움이 아니었던가?

　　조상이 소매치기였거나 썩은 고기를 먹는 조류였거나 쓰레기나 뒤지는 넝마주이였고, 고분고분하고 음탕하고 건망증이 심하면서 모두 창녀와 별반 다르지 않은 여자들과 함께 살았던, 금 빛깔 옷으로 위장이나 한 이 천민들에 대한 역겨움이 아니었던가?

　　위에도 천민! 아래에도 천민! 오늘날 '가난함'과 '부유함'은 무엇을 말하는가! 나는 이 차이를 잊어버렸다. 그래서 이 암소들에게로 올 때까지 나는 멀리 더 멀리 도망쳤던 것이다."

평화를 사랑하는 자는 이렇게 말했고, 그는 말을 하는 내내 숨을 가쁘게 쉬며 땀을 흘렸다. 그러자 암소들은 또다시 이상하다고 생각했다. 하지만 차라투스트라는 그가 거칠게 말하는 동안 계속 미소를 지으며 그의 얼굴을 바라봤고 그러면서 말없이 고개를 저었다.

"그대 산상설교자여, 그런 거친 말들을 한다면 그대는 자신에게 폭력을 가하고 있는 것이다. 그대의 입과 눈은 그런 거친 말들 때문에 성장하지 못했다.

그리고 내 생각에는 그대의 위도 그렇다. 그러한 모든 분노와 증오, 격분은 그대의 위에 적합하지 않다. 그대의 위는 더 부드러운 것들을 원한다. 그대는 육식하는 자가 아니다.

내가 보기에 오히려 그대는 채식하는 자이자 식물 뿌리를 채집하는 자인 것 같다. 어쩌면 그대는 곡물도 잘게 씹어 먹을 것이다. 그대가 육식의 기쁨을 싫어하고 꿀을 좋아하는 것은 분명하다."

"나를 잘 알아보았다." 자발적으로 거지가 된 자는 한결 가벼운 마음으로 대답했다. "나는 꿀을 좋아하고 곡물도 잘게 씹어 먹는다. 나는 입맛에 딱 맞고 숨도 깨끗하게 해주는 것을 찾고 있었다.

또한 시간이 오래 걸리고, 온화한 게으름뱅이와 놈팡이에게 어울리는 일거리와 씹을 거리도 찾고 있었다.

물론 암소들이 이런 일에 제일 단련돼있다. 암소들은 되새김질과 일광욕을 생각해냈으니 말이다. 또한 암소들은 마음을 부풀게 하는 모든 무거운 사상을 삼간다."

"자 그럼!" 차라투스트라가 말했다. "그대는 나의 짐승들인 내 독수리와 뱀도 봐야 한다. 오늘날 이 지상에는 이 짐승들과 비견할만한 짐승들이 없다.

보라, 저 길을 따라 올라가면 내 동굴이 있다. 오늘 밤 내 동굴의 손님이 되어라. 그리고 내 짐승들과 짐승들의 행복에 관해 대화를 나눠라.

내가 돌아올 때까지 말이다. 지금은 도움을 청하는 외침이 나보고 급히 그대에게서 떠나라고 외치고 있다. 그대는 내 동굴에서 새 꿀, 그러니까 벌집 속에 있는 얼음처럼 신선한 황금 꿀도 찾을 수 있을 것이다. 그럼 먹어라!

하지만 이제는 그대의 암소들과 속히 작별 인사를 하라, 그대 괴팍한 자여! 사랑스러운 자여! 어리지만 그래도 암소들은 그대의 가장 따뜻한 벗이자 스승이지 않은가!"

"내가 더 사랑하는 한 사람을 제외하고." 자발적으로

거지가 된 자가 대답했다. "바로 그대가 좋고, 암소보다도 훨씬 좋다, 오 차라투스트라여!"

"사라져라, 내게서 떨어져라! 그대 사악한 아첨꾼이여!" 차라투스트라는 악에 받쳐 소리 질렀다. "그대는 어째서 그따위 칭찬과 아첨의 꿀로 나의 기분을 상하게 하는가?"

"사라져라, 내게서 떨어져라!" 그는 다시 한번 소리 지르며 싹싹한 그 거지에게 지팡이를 휘둘렀다, 그러자 그는 서둘러 달아났다.

552

Friedrich Wilhelm Nietzsche

그림자

자발적으로 거지가 된 자가 달아나 차라투스트라가 다시 혼자 있게 되었을 때 뒤에서 새로운 목소리가 들려왔다. "멈추어라! 차라투스트라여! 잠시 기다려라! 나란 말이다, 오 차라투스트라여. 나다, 그대의 그림자 말이다!" 하지만 차라투스트라는 기다려주지 않았다. 그의 산에는 갑자기 들어 닥친 사람들로 인산인해를 이루고 있어 짜증이 확 났기 때문이다. "내 고독은 어디로 갔단 말인가?" 그가 말했다.

'정말 이건 너무 심하다. 이 산이 사람들로 북적댈 줄이야. 내 영토는 더는 이런 세계에 속할 수 없다. 새로운 산이 필요하다.

내 그림자가 나를 부르고 있다고? 내 그림자가 뭐 그리 중요하겠는가! 날 따라오려거든 그렇게 하라! 나는 내 그림자에게서 도망치련다.'

차라투스트라는 마음속으로 이렇게 말하며 그 자리를 떴다. 그러나 차라투스트라 뒤에 있던 자가 뒤를 따랐다. 그래서 곧 세 사람이 앞뒤로 서서 달리게 되었다. 즉 맨 앞에는 자발적으로 거지가 된 자가, 그 뒤에는 차라투스트라가, 세 번째이자 마지막은 차라투스트라의 그림자가 달리게 된 것이다. 셋이 이렇게 달린 지 얼마 되지 않아, 차라투스트라는 자신의 행동이 어리석었다는 것을 깨닫고는 모든 짜증과 불쾌감을 단숨에 떨쳐버렸다.

그가 말했다. "야, 참! 우리 늙은 은둔자들과 성자들에게 아주 우스운 일들이 일어나는 건 늘상 있는 일 아니었던가?

진실로, 내 어리석음이 산에서 참 높게도 자라났구나! 지금 늙은 바보들의 다리 여섯 개가 앞뒤로 서서 뛰어가는 소리나 듣고 있으니 말이다!

그런데 차라투스트라가 그림자를 두려워해도 되는가? 뭐 여하튼 그림자 다리가 내 다리보다 더 긴 것 같다."

차라투스트라는 눈과 내장으로 웃으며 이렇게 말하고

는 멈추어 서서 재빨리 돌아섰다. 그런데, 보라, 그는 하마 터면 자신을 뒤따라오던 그림자를 메어칠 뻔한 게 아니겠는가. 그림자가 차라투스트라의 발뒤꿈치에 닿을 정도로 바싹 붙어 쫓아오고 있었고, 또 너무 허약했던 것이다. 그림자를 꼼꼼히 살펴보았을 때 차라투스트라는 갑자기 유령이라도 나타난 것처럼 소스라치게 놀라고 말았다. 뒤따라오던 이 자가 그 정도로 야위고 거무스름하고 속이 텅 비어있고 고통을 오래 참아온 것처럼 보였기 때문이다.

차라투스트라가 화난 목소리로 물었다. "그대는 누구인가? 여기서 무엇을 하고 있는가? 어째서 그대는 스스로를 내 그림자라 부르는가? 그대가 마음에 들지 않는다."

그림자가 대답했다. "내가 그대의 그림자라고 한 것을 용서해다오. 내가 그대의 마음에 들지 않는다 해도, 자 뭐, 오 차라투스트라여! 바로 그 때문에 내가 그대와 그대의 좋은 취미를 찬양하는 것이다.

나는 수없이 그대의 뒤를 밟아온 방랑자다. 항상 이동하지만 목적지도 돌아갈 집도 없다. 내가 영원하지도 않고, 유대인도 아니라는 것 말고는 진실로 내가 영원한 유대인이 되기에 부족한 점은 거의 없다.

뭐? 나는 영원히 이동해야 한다고? 바람이 불 때마다 휘날리고 불안해하고 쫓아다녀야 한다고? 오 대지여, 그대는 내게 너무도 둥글었다!

나는 이미 표면이란 표면은 모두 앉은 적이 있고 지친 먼지처럼 거울과 유리창 위에서 잠든 적도 있다. 모든 것이 내게서 빼앗아 갈 뿐, 아무것도 주지 않아 이렇게 야위어진 것이다. 그러다 그림자같이 된 것이다.

그런데 오 차라투스트라여, 나는 아주 오랫동안 그대를 뒤따라 날고 걸었고, 그대를 피해 숨어있기도 했지만 그럼에도 나는 그대의 최고의 그림자였다. 그대가 어디에 앉든 나도 앉았다.

나는 마치 겨울 지붕과 눈 위를 자발적으로 걸어 다니는 유령처럼 그대와 함께 지극히 멀고 지극히 추운 세계를 돌아다녔다.

나는 그대와 함께 저마다 금지된 곳, 최악의 곳, 지극히 먼 곳으로 열심히 나아갔다. 내 안에 무언가 덕과 같은 게 있다면, 그것은 내가 어떤 금지도 두려워하지 않았다는 것이다.

나는 그대와 함께 내 마음이 존경해왔던 것을 부수었고, 경계석과 우상을 모두 뒤집어엎었다. 나는 지극히 위험한 소망들을 좇았고, 진실로 나는 어떤 범죄든지 그 위를 한 번은 지나가 봤다.

나는 그대와 함께 언어와 가치, 위대한 이름에 대한 믿음을 잊어버렸다. 악마가 허물을 벗는다면, 그의 이름도 벗겨지지 않겠는가? 이름도 껍데기에 지나지 않으니 말이다. 어쩌면 악마 그 자체도 껍데기에 불과할지 모른다.

'진실한 것은 어디에도 없다. 모든 것이 다 허용된다.' 나는 혼잣말을 했다. 나는 머리와 마음과 함께 지극히 차가운 물로 뛰어들었다. 아, 그 때문에 나는 얼마나 자주 붉은 게처럼 벌거벗은 채로 서 있었던가!

아, 내 모든 선함과 내 모든 수치심, 선한 자들에 대한 내 모든 믿음은 어디로 갔단 말인가! 아, 한때 내게 있었던 저 거짓된 순진무구함, 선한 자들의 순진무구함과 이들의 고상한 거짓말의 순진무구함은 어디에 있단 말인가!

진실로, 나는 너무 자주 진리를 바짝 뒤쫓았다. 그러자 진리는 내 머리를 걷어찼다. 가끔 나는 거짓말하고 있다고 생각했는데, 그런데 보라! 그제야 비로소 나는 진리를 만난 게 아니겠는가.

나는 너무 많은 것을 깨닫게 되었다. 이제는 그 어떤 것도 나와 전혀 상관없는 일이다. 내가 사랑하는 것들은 이제 더는 살아 있지 않다. 내가 어떻게 나 자신을 아직도 사랑할 수 있겠는가?

'내가 살고 싶은 대로 살든지, 아니면 아예 살지 말자.' 이것이 내가 원하는 것이고, 또한 가장 성스러운 자가 원하는 것이기도 하다. 그런데, 아!, 내가 어떻게 아직도 원하는 게 있단 말인가?

나는 아직도 목표가 있을까? 나의 돛이 향해 갈 항구가 그 목표일까?

순풍이 그 목표일까? 아, 자신이 어디로 가고 있는지를 아는 자만이 어떤 바람이 좋은지 또 어떤 바람이 자신의 순풍인지를 안다.

내게 남아있는 것은 무엇인가? 지치고 뻔뻔한 마음, 불안정한 의지, 푸드덕거리는 날개, 부러진 척추뿐이다.

나의 고향을 찾으려는 이러한 활동, 오 차라투스트라여, 그대도 잘 알다시피 이렇게 찾는 활동은 내게는 시련이었고, 이 시련은 나를 먹어 삼킨다.

'나의 고향은 어디에 있는가?' 나는 이렇게 물으며 찾고 또 찾아 헤맸지만 그곳은 보이지 않았다. 오 영원히 어디에나 있고, 오 영원히 어디에도 없는, 오 영원한 무의미함이여!"

그림자는 이렇게 말했고, 그의 말을 들으면서 차라투스트라의 얼굴에는 수심이 가득해졌다. "그대는 내 그림자다!" 마침내 차라투스트라는 슬픔에 잠긴 채 말했다.

"그대의 위험은 전혀 작은 게 아니다, 그대 자유로운 정신이여 방랑자여! 그대는 고약한 낮을 보냈다. 그러니 더 고약한 저녁을 맞이하지 않도록 조심하라!

그대같이 정처 없이 떠돌아다니는 자들은 결국엔 감옥도 기쁨으로 가득 찬 곳이라고 생각하게 된다. 감옥에 갇힌 죄인들이 잠을 자는 모습을 본 적이 있는가? 그들은 평온하게 잠을 잘 자고, 그곳을 새로운 안전한 장소로 여기며 즐긴다.

마지막에 이르러 편협한 믿음, 가혹하고 극심한 망상에 사로잡히지 않도록 조심하라! 이제부터 편협하고 고착된 것이라면 그 어떤 것도 그대를 유혹하고 시험에 들게 할 것이기 때문이다.

그대는 목표를 잃어버리고 말았다. 아, 어떻게 그대는 이 상실을 하찮은 일로 여겨 잊으려 하는가? 그렇게 하니 그대는 길마저 잃어버린 것이다!

그대 가여운 방랑자여, 몰려다니는 자여, 그대 지친 나비여! 그대는 오늘 밤 휴식을 취할 정착지를 원하는가? 그렇다면 저기 내 동굴로 올라가라!

저기로 가면 내 동굴로 가는 길이 나온다. 이제 나는 다시 그대에게서 속히 달아나려 한다. 이미 내 위에 그림자 같은 것이 있어서다.

나는 내 주위가 다시 환해지도록 혼자 걷고 싶다. 그러기 위해서 나는 오랫동안 유쾌하게 돌아다녀야 한다. 하지만 저녁에는 내가 거처하는 곳에서 춤을 추게 되리라!"

차라투스트라는 이렇게 말했다.

정오에

그리고 차라투스트라는 걷고 또 걸으며 누구와도 마주치지 않았고, 혼자 계속 걸어가면서 자기 자신과 계속 마주했다. 고독을 즐기며 음미했고 좋은 일들을 생각했다. 이렇게 몇 시간이 흘렀다. 그런데 정오에 이르러 태양이 차라투스트라의 머리 바로 위에 떴을 때, 포도나무 한 그루의 풍성한 사랑에 감싸인 채 자기 자신을 숨기고 있고, 방랑자들 쪽으로 노란 포도가 가득 매달려 있는, 비틀리고 마디는 울퉁불퉁한 어느 오래된 나무를 지나가게 되었다. 그는 목을 좀 축이고자 포도 한 송이를 따려고 팔을 뻗었다가 갑자기 뭔가 다른 것을 하고 싶다는 욕구가 강하게 솟구쳤다. 완벽한 정오인 이때, 이 나무 옆에 누워서 한숨 푹 자고 싶었던 것이다.

차라투스트라는 원하는 대로 했다. 그는 다채로운 풀들이 풍기는 고요하고 은밀한 분위기 속에서 땅에 눕자마자 갈증도 잊은 채 잠이 들었다. 왜냐하면 차라투스트라의 잠언처럼, 한 가지 일이 다른 일보다 더 필요했기 때문이다. 단 그의 눈만은 계속 뜨여 있었다. 그의 눈은 그 나무와 포도나무의 사랑을 보고 찬양하는 것만으로 만족하지 못했던 것이다. 그러나 잠이 들면서 차라투스트라는 마음속으로 이렇게 말했다.

조용! 조용! 세계가 지금 막 완전해지지 않았는가? 대체 내게 무슨 일이 일어나고 있는 건가?

우아한 바람이 잔잔한 바다 위에서 눈에 띄지 않게 깃털처럼 가볍게 춤을 추듯이 그렇게 잠이 내 위에서 춤을 춘다.

잠은 내 눈을 감겨주지 않고, 내 영혼을 깨어있게 해준다. 진실로! 잠은 가볍다. 깃털처럼 가볍다.

잠은 내게 권하는데, 내가 뭘 할 수 있겠는가? 잠은 아양스러운 손으로 내 안을 살살 쓰다듬는다. 잠은 내게 강요한다. 그렇다. 잠은 내 영혼을 쭉 뻗으라고 강요하고 있다.

내 영혼이 내게서 어찌나 오랫동안 지쳐 있었는지, 내 유별난 영혼말이다! 일곱째 날 저녁이 그것도 정오에 내 영혼을 찾아왔던가? 내 영혼은 너무 오랫동안 선하고 잘 익은 것들 사이를 몹시 기뻐하며 거닐었던 것인가?

내 영혼은 길게 쭉 뻗는다. 길게 더 길게! 내 영혼, 내 유별난 영혼은 가만히 누워있다. 내 영혼은 좋은 것들을 너무나 많이 음미했다. 이 황금빛 슬픔이 내 영혼을 짓누르자 내 영혼은 입을 비죽거린다.

지극히 고요한 자신의 만灣으로 들어온 한 척의 배처럼, 이제 그 배는 기나긴 항해와 막막한 바다에 지쳐 대지에 기대고 있다. 대지가 더 충실하지 않은가?

그런 배가 육지에 정박해 기대고 있을 때, 그럴 때는 거미 한 마리가 육지에서 배까지 거미줄을 치는 것으로 충분하다. 더 강한 밧줄은 필요 없다.

그렇게 지친 배가 지극히 고요한 만에서 쉬는 것처럼 나도 지금 지극히 얇은 실로 대지에 묶인 채 충실하게 믿고 기다리면서 대지 가까이에서 쉬고 있다.

오 행복이여! 오 행복이여! 오 내 영혼이여, 그대는 노래 부르려 하는가? 그대는 풀밭에 누워있다. 그런데 지금은 어떤 목동도 피리를 불지 않는 은밀하고 엄숙한 시간이다.

조심하라! 뜨거운 정오가 들판에서 잠자고 있다. 노래 부르지 마라! 조용! 세계는 완전하다.

노래 부르지 마라, 그대 풀밭의 새여, 오 내 영혼이여! 속삭이지도 마라! 보라, 조용! 늙은 정오가 잠든 채 입을 움직이고 있다. 늙은 정오가 지금 막 행복 한 방울을 마신 거 아닌가?

황금빛 행복, 황금빛 포도주의 오래된 갈색 한 방울을 마신 거 아닌가? 무언가 그 늙은 정오 위를 스쳐 지나가자 그의 행복은 웃는다. 이렇게 웃는 걸 보니 신이다. 조용!

"행복해지려면 작은 것으로도 충분하다는 것, 이 얼마나 다행인가!" 한때 나는 이렇게 말하면서 내가 똑똑하다고 생각했다. 하지만 그것은 일종의 모독이었다. 나는 그 사실을 이제야 배웠다. 똑똑한 바보들이 말은 더 잘한다.

최소한의 것, 가장 조용한 것, 가장 가벼운 것, 도마뱀 한 마리의 바스락거리는 소리, 한 번의 호흡, 한 번의 움직임, 찰나의 시선, 이렇게 작은 것이 최고의 행복을 만든다. 조용!

내게 무슨 일이 일어났는지, 잘 들어보라! 시간이 훌쩍 날아가 버렸는가? 내가 추락하고 있는 건 아닌가? 내가 이미 영원의 샘으로 추락하지 않았는가? 잘 들어보라!

내게 무슨 일이 일어나고 있는가? 조용! 무언가가 나를 찌르고 있다. 아, 내 심장을 찌르는 건가? 내 심장 말이다! 오 부수어라, 부수어라. 심장이여, 그런 행복이 지난 후에는, 그렇게 찔린 후에는!

뭐? 세계는 지금 막 완전해지지 않았냐고? 둥글어지고 잘 익지 않았냐고? 오 황금빛 둥근 고리여, 이 고리는 어디로 날아가는가? 내가 그 고리를 쫓겠다. 서두르자!

조용! (여기서 차라투스트라는 기지개를 쭉 켰고, 자신이 자고 있다는 것을 느꼈다.)

"일어나라! 그대 잠꾸러기여!" 그가 자신에게 말했다. "그대 정오에 잠자는 자여, 자, 어서 일어나라, 늙은 다리들이여! 떼가 되었다. 때가 지났다. 그대들은 아직도 갈 길이 멀다.

지금 그대들은 푹 잤다. 대체 얼마나 잔 것인가? 영원의 반 정도나 잤다! 자, 어서 이제는 일어나라, 내 늙은 심장이여! 그렇게 오래 잠을 잤으니 그대는 이제 깬 상태로 얼마나 오래 있을 수 있겠는가?"

(그러나 그때 그는 다시 잠들었다. 그의 영혼이 그에게 대항하고 버티다가 다시 드러누운 것이다.) "나 좀 내버려 둬라! 조용! 세계는 지금 막 완전해지지 않았는가? 오 황금빛 둥근 공이여!"

차라투스트라가 말했다. "일어나라. 그대 어린 도둑이여, 그대 조그만 게으름뱅이여! 뭐? 아직도 기지개를 켜고 하품하고 한숨 쉬면서 깊은 샘물로 떨어지고 있다고?

그대는 대체 누구인가? 오 내 영혼이여!"(그리고 여기서 그는 깜짝 놀랐다. 한 줄기 햇살이 하늘에서 그의 얼굴로 떨어졌기 때문이다.)

그는 한숨 쉬며 말하면서 자세를 고쳐 앉았다. "오 내 위에 있는 하늘이여. 그대는 나를 지켜보고 있는가? 그대는 유별난 내 영혼에 귀 기울이고 있는가?

그대는 대지의 만물에 내린 이 이슬방울을 언제 마시려는가, 그대는 유별난 이 영혼을 언제 마시려는가.

언제 마시려는가, 영원의 샘이여! 그대 쾌청하고 끔찍한 정오의 심연이여! 그대는 내 영혼을 언제 그대 속으로 다시 마시려는가?"

차라투스트라는 이렇게 말하며 낯선 취기에서 깨어나듯 나무 옆 잠자리에서 일어났다. 그런데 보라, 태양은 여전히 그의 머리 바로 위에 떠 있는 게 아니겠는가. 그래서 누군가가 이를 이유로 차라투스트라가 그때 오래 잔 것은 아닐 거라고 추정하는 것도 당연할 것이다.

환영 인사

     차라투스트라가 덧없이 오래 찾아다니고 배회한 끝에 자기 동굴에 다시 돌아온 것은 늦은 오후가 되어서였다. 그런데 동굴에서 스무 걸음도 떨어지지 않은 곳에 다다랐을 때 전혀 예상치도 못한 일이 일어났다. 도움을 청하는 외침이 또다시 크게 들렸던 것이다. 그런데 놀랍게도! 이번에는 이 외침이 자기 동굴에서 흘러나오고 있었다. 이는 길면서도 무언가가 마구 뒤섞여 있는 특이한 외침이었고, 차라투스트라는 그 외침에 수많은 목소리가 섞여 있다는 것을 명확히 구분했다. 멀리서 들으면 한 입에서 나오는 외침 같이 들릴 수도 있었다.

차라투스트라는 한걸음에 동굴로 달려갔다. 그런데 보라! 이런 소리가 들린 뒤에 어떤 광경이 그를 기다리고 있었겠는가! 거기에는 차라투스트라가 낮에 지나쳤던 자들이 모두 함께 앉아 있었던 것이다. 오른쪽에 있던 왕과 왼쪽에 있던 왕, 늙은 마술사, 교황, 자발적으로 거지가 된 자, 그림자, 양심적인 정신을 지닌 자, 슬퍼하는 예언자, 당나귀가 모두 함께 앉아 있었던 것이다. 그런데 지극히 추악한 자는 왕관 하나를 쓰고 자줏빛 허리띠 두 개를 두르고 있었다. 왜냐하면 그는 추악한 자들이라면 누구나 그렇듯, 변장하고 멋지게 꾸미는 것을 좋아했기 때문이다. 그리고 암울한 이 무리 한 가운데에 차라투스트라의 독수리가 깃털을 곤두세운 채 절절매는 모습으로 서 있었다. 왜냐하면 그의 긍지로는 대답하지 못할 너무 많은 질문에 대답해야 했기 때문이다. 지혜로운 뱀이 독수리의 목을 휘감은 채였다.

차라투스트라는 이 모든 광경을 지켜보며 깜짝 놀랐다. 그러고 나서 그는 호기심이 생겨 상냥한 태도로 자신의 손님 한 명 한 명씩 자세히 살펴보았고, 그들의 영혼을 읽어내고는 또다시 놀랐다. 그러는 동안 거기에 모여있던 자들은 자리에서 일어나 차라투스트라가 뭐라도 말해주기를 경건한 마음으로 기다렸다. 차라투스트라는 이렇게 말했다.

"그대 절망하는 자들이여! 그대 유별난 자들이여! 그러니까 내가 들은 소리가 그대들의 도움을 청하는 외침이었던 것인가? 나도 이제는, 내가 오늘 그토록 찾아다녔지만 헛된 일이 되고 말았던 그자를 어디에서 찾을 수 있을지 알게 되었다. 바로 보다 높은 인간 말이다!

그자는 내 동굴에 앉아 있다, 보다 높은 인간 말이다! 그런데 어째서 나는 그리 놀랐단 말인가! 그가 내게 오도록 내가 제물로 바친 꿀과 내 행복의 교활한 유혹의 소리로 유인하지 않았던가?

그런데 내가 보기에, 그대들은 함께 어울리기에 적합지 않아 보인다. 그대들은 이 자리에 함께 앉아 있으면서도 서로의 마음을 언짢게 하지 않는가. 그대 도움을 청하고자 외치는 자들이여! 무엇보다 한 명이 와야 한다.

그대들을 다시 웃게 해줄 자, 선하고 유쾌한 광대, 춤꾼이자 바람이며 개구쟁이, 어느 늙은 바보가 와야 한다. 어찌 생각하는가?

그대 절망하는 자들이여, 내가 그대들 앞에서 보잘것없는 말을 한 것을 용서해다오! 진실로 이런 손님들에게 어울리지 않는 그런 말을 해서 말이다. 그런데 그대들은 무엇이 내 마음을 거만하게 만드는지 알지 못할 것이다.

그대들 자체와 그대들 모습이 이유인 듯하다. 용서해다오! 절망하는 자를 바라보고 있으면 누구나 용기를 얻게 되는 것 아닌가. 절망하는 자에게 말을 건네줄 만큼은 강하다고 누구나 스스로 생각하는 게 아니겠는가.

그대들은 내게도 이러한 힘을 주었다. 좋은 선물이었다. 내 고귀한 손님들이여! 대단히 멋진 선물이었다! 자 그럼, 나도 그대들에게 내가 가진 것을 내놓을 테니 화부터 내지 말라.

이곳은 내 영토이자 내가 지배하는 곳이다. 그러나 오늘 저녁과 오늘 밤만큼은 내가 가지고 있는 것은 그대들의 것이 될 것이다. 내 짐승들이 그대들을 시중들 것이다. 내 동굴이 그대들에게 안식처가 되기를!

내 집에 나와 있을 때는 그 누구도 절망해서는 안 된다. 나는 내 영역에 있는 자라면 그 누구든 그대의 야생 짐승으로터 보호해줄 것이다. 그대들에게 내놓는 첫 번째 것은, 바로 안전이다!

두 번째 것은, 내 새끼손가락이다. 일단 그대들에게 그 손가락이 있으면 내 손 전체를 잡아라. 자! 거기다 마음까지도 잡아라! 이곳에 온 것을 환영한다, 반갑다 내 손님들이여!"

차라투스트라는 이렇게 말하면서 사랑이랑 악의가 가

득 찬 마음으로 웃었다. 이렇게 환영 인사가 끝난 후에 손님들은 다시 한번 머리 숙여 인사를 하고는 경건하게 침묵을 지켰다. 그러나 오른쪽 왕은 손님들을 대표해 그에게 답했다.

"오 차라투스트라여, 그대가 우리에게 손을 내밀며 인사를 건넸을 때 우리는 그대가 차라투스트라라는 것을 알수 있었다. 그대는 우리 앞에서 스스로 몸을 낮추었다. 하마터면 그대를 향한 우리의 경건한 마음이 그대로 인해 손상입을 뻔했다.

그 누가 그대처럼 그런 긍지를 지니고서 스스로 몸을 낮출 수 있겠는가? 그 행동이 우리 자신을 기운 차리게 해주고 우리의 눈과 마음을 상쾌하게 해준다.

이것만이라도 볼 수 있다고 한다면, 우리는 이 산보다 더 높은 산도 흔쾌히 올라갔을 것이다. 우리는 구경하자는 생각으로 이 산에 올라와 침침한 눈을 밝게 해주는 것이 무엇인지 보고 싶었다.

그런데 보라, 우리의 도움을 청하는 외침은 이미 모두 사라지지 않았는가. 우리의 마음과 가슴은 이미 활짝 열려 황홀해하고 있다. 자칫 우리의 마음이 거만해질지도 모를 만큼 말이다.

오 차라투스트라여, 대지에서 자라는 것 중에 고귀하고

강한 의지보다 더 기쁘게 해주는 것은 없다. 이 의지가 대지에서 지극히 아름다운 식물인 것이다. 의지라는 이 나무 한 그루로 풍경 전체에 생기가 돋는다.

오 차라투스트라여, 나는 그대같이 자라나는 자를 소나무에 빗댄다. 크고 묵연하고 튼튼하고 고독하며 목질은 지극히 훌륭하고 지극히 유연한 기개 높은 소나무에.

끝내 자신의 지배 영역을 향해 억세고 푸른 가지들을 쭉 뻗어 바람과 뇌우, 늘 높은 곳에 사는 것에게 질문은 맹렬하게 던지고,

대답은 더 맹렬하게 하는 명령하는 자, 승리하는 자인 소나무에 빗댄다. 오 이런 식물을 볼 수 있다는데 그 누가 높은 산에 오르려 하지 않겠는가?

오 차라투스트라여, 여기 그대라는 나무에서 침울한 자도, 성공하지 못한 자도 생기를 회복하고 방랑자도 그대의 모습을 보면서 평안을 얻고 마음을 치유한다.

그리고 진실로 오늘날 수많은 눈이 그대의 산과 그대라는 나무를 향하고 있다. 크나큰 동경이 일어났고, 수많은 사람이 이런 질문을 하는 법도 배웠다. 차라투스트라는 누구인가?

그리고 그대가 언젠가 누군가의 귀에, 그러니까 숨어 사는 자, 홀로 사는 은둔자, 둘이서 사는 은둔자의 귀에 그

대의 노래와 그대의 꿈을 한 방울 한 방울 떨어뜨렸을 때 이들 모두는 갑자기 마음속으로 이렇게 말했다.

'차라투스트라가 아직도 살아있는가? 삶은 더는 살 가치가 없고 모든 것은 동일하고 모든 것은 무의미하다. 그렇지 않다고 한다면, 우리는 차라투스트라와 함께 살아야 하지 않겠는가!'

수많은 사람이 이렇게 물었다. '그토록 오랫동안 출현을 예고했던 그는 왜 나타나지 않는 것인가? 고독이 그를 삼키기라도 했는가? 아니면 우리가 그에게 가야 하는가?

이제는 고독 자체가 닳고 뭉그러져서. 마치 시신을 더는 붙들어 놓을 수 없는 허물어진 무덤처럼 돼버리고 말았다. 여기저기서 부활한 자들이 보인다.

오 차라투스트라여, 이제 파도가 그대의 산 주위에서 솟구치고 또 솟구치고 있다. 그리고 그대의 산이 아무리 높다고 해도 수많은 파도가 그대의 산으로 솟구쳐 오를 것이다. 그대의 나룻배는 더는 메마른 땅에 정박해있지 못할 것이다.

그리고 절망에 싸인 우리가 지금 그대의 동굴에 들어와 더는 절망하지 않는다는 것, 이것은 보다 나은 자들이 그대에게 오고 있음을 알려주는 상징이자 징조일 뿐이다.

인간들 가운데 신의 최후의 잔재인 자들, 즉 크나큰 동경, 크나큰 역겨움, 크나큰 권태에 빠진 모든 인간이 그대에게 오고 있기 때문이다.

다시 새로이 희망하는 법을 배우지 않고는, 오 차라투스트라여 그대에게서 크나큰 희망을 배우지 않고는 더는 살고 싶어 하지 않는 자들 모두가 그대에게 오고 있다!'

오른쪽 왕은 이렇게 말하며 차라투스트라의 손을 잡고 입을 맞추려 했다. 하지만 깜짝 놀란 차라투스트라는 경의를 표하는 그를 제지하며 마치 멀리 달아나려는 듯 말 없이 갑자기 뒷걸음질 쳤다. 그러나 잠시 후 그는 손님들에게 다시 돌아와서 꼼꼼히 살펴보려는 듯 맑은 눈빛으로 그들을 바라보며 말했다.

내 손님들이여, 보다 높은 인간들이여! 나는 그대들과 독일식으로 명확하게 이야기하고 싶다. 내가 이곳 산속에서 기다렸던 것은 그대들이 아니었다.

(여기서 왼쪽 왕이 말했다. "독일식으로 명확하게라고? 아이고 어쩜 이리도 불쌍하단 말인가! 그는, 동방에서 온 이 현자는 친애하는 독일인을 모르는 것 같다!

아마도 그는 '독일식으로 무뚝뚝하게'라는 의미로 말했을 것이다. 뭐 좋다! 그것이 오늘날 최악의 취미는 아니니까!")

차라투스트라는 말을 계속 이어갔다. "진실로 그대들은 모두 보다 높은 인간일 수도 있다. 하지만 내가 보기에 그대들은 그다지 높지도 그다지 강하지도 않다.

내가 보기에, 그러니까 속으로는 침묵하고 있지만 계속 침묵만 하고 있지 않을. 매정한 자인 내가 보기에 말이다. 그리고 그대들이 내게 속한다 해도 내 오른팔로서 속하는 것은 아니다.

그대들처럼 병들고 연약한 다리로 서 있는 자는 이를 알고 있든 숨기든 간에 무엇보다도 보살핌받기를 바라기 때문이다.

하지만 나는 내 팔과 내 다리를 아끼지 않는다. 나는 내 전사들을 아끼지 않는다. 그러니 그대들이 어찌 나의 전쟁에 쓸모가 있겠는가?

그대들과 함께한다면 내가 거둔 승리는 저마다 물거품이 될 것이다. 게다가 그대들 중 일부는 쩌렁쩌렁 울리는 내 북소리를 그저 듣기만 해도 쓰러지게 될 것이다.

그리고 내가 보기에 그대들은 그렇게 아름답지도 않고 출신이 좋은 것도 아니다. 나는 내 가르침을 비춰 볼 깨끗하고 매끄러운 거울이 필요하다. 그대들을 표면 삼아 비춰보면 내 모습마저도 일그러져있다.

여러 무거운 짐과 여러 추억이 그대들의 어깨를 짓누르고 있다. 교활한 난쟁이 여럿이 그대들 속에 구석구석 웅크리고 앉아 있다. 그대들 속에도 천민이 눈에 띄지 않게 들어앉아 있는 것이다.

그리고 그대들이 높고 보다 높은 부류에 속한다 해도 그대들 속에는 수많은 것이 비뚤어져 있고 기형적이다. 내가 보기에 그대들을 두들겨서 바르고 곧게 만들어 줄 대장장이는 이 세상에 없다.

그대들은 그저 다리일 뿐이다. 보다 높은 자들이 그대들을 밟고 저 너머로 갈 것이다! 그대들은 계단이다. 그러니 그대들을 밟고 넘어서 자신의 높이로 올라가는 자에게 화내지 말라!

그대들의 씨에서 진정한 내 아들과 완전한 내 상속자가 자라날 수도 있겠지만, 그것은 먼 훗날의 일이다. 그대들 자신은 내 유산과 이름을 계승할 자로 적합지 않다

내가 이곳 산속에서 기다렸던 것은 그대들이 아니다. 내가 마지막으로 내려간다고 해도 그대들과 함께 내려갈 수는 없다. 그저 그대들은 보다 높은 자들이 내게 오고 있다는 징조가 보여 내게 왔을 뿐이다.

그들은 크나큰 동경, 크나큰 역겨움, 크나큰 권태에 빠진 자들이 아니고 그대들이 신의 잔재라고 칭했던 자도 아니다.

아니다! 아니다! 세 번 말하지만, 아니다! 나는 이곳 산속에서 다른 자들을 기다리고 있고, 이들 없이는 나는 여

기서 한 발짝도 움직이지 않을 것이다.

나는 이곳 산속에서 보다 높은 자, 보다 강한 자, 승리를 보다 많이 거두는 자, 보다 유쾌한 자, 육체와 영혼이 반듯하게 다져진 자를 기다리고 있다. 웃는 사자들은 반드시 올 것이다!

오 내 손님들이여, 그대 유별난 자들이여 그대들은 내 아이들에 대해 아직 아무것도 못 들었는가? 이들이 내게 오고 있다는 것도 못 들었는가?

내 정원, 내 행복의 섬, 내 새로운 부류에 대해 말해다오. 그대들은 어째서 이에 대해 말해주지 않는 것인가?

날 위한 선물로서, 내 아이들에 대해 이야기해주기를 그대들의 사랑에 호소한다. 나는 내 아이들 덕분에 풍요롭고, 또 내 아이들 때문에 궁핍해졌다. 내가 내어주지 않은 게 있던가.

내가 이 하나를 가질 수만 있다면, 그러니까 이 아이들, 이 살아있는 묘목들, 내 의지와 내 최고의 희망인 이 생명의 나무들을 가질 수만 있다면 내어주지 못할 게 뭐가 있겠는가!"

차라투스트라는 이렇게 말하다가 갑자기 말을 멈추었다. 자신의 동경이 엄습해 마음이 동요하기 전에 아예 눈을 감고 입을 다문 것이었다. 손님들은 모두 어리둥절해 하면서도 말없이 가만히 서 있었다. 그저 늙은 예언자만 이 손짓과 몸짓으로 신호를 보냈을 뿐이었다.

만찬

이때쯤에 예언자가 차라투스트라와 손님들이 나누는 인사를 가로막은 것이다. 그는 마치 허비할 시간이 없는 자처럼 앞으로 밀치고 나와 차라투스트라의 손을 잡으며 소리쳤다. "그런데 차라투스트라여!

그대는 하나의 일이 다른 일보다 더 필요하다고 말한 적이 있다. 자, 지금 내게는 다른 어떤 일들보다 더 필요한 일이 하나 있다.

때마침 한마디 하자면, 그대는 나를 만찬에 초대하지 않았던가? 그리고 이곳에는 먼 길을 걸어온 자들로 가득하다. 그런데도 그대는 우리에게 대충 말로만 때우면서 우리를 돌려보낼 셈인가?

내가 보기에 그대들은 모두 얼어 죽음, 물에 빠져 죽음, 숨이 막혀 죽음, 아니면 다른 육체적 곤경에 대해서만 언급했을 뿐, 그 누구도 나의 곤경, 즉 굶어 죽음에 대해서는 언급하지 않았다."

(예언자는 이렇게 말했다. 그런데 차라투스트라의 짐승들은 이 말을 듣자 겁에 질려 달아났다. 왜냐하면 그 짐승들은 낮에 동굴로 가져온 것들이 예언자 한 명을 배부르게 하기에는 턱없이 부족하다는 것을 알았기 때문이다.)

"목말라 죽음도 포함해서다." 예언자는 말을 이어갔다. "이미 이곳에서는 마치 지혜의 말처럼 쉼 없이 넘쳐흐르는 물소리가 들리긴 하지만, 내가 원하는 것은 포도주다!

누구나 다 차라투스트라처럼 물 마시는 데 타고난 것은 아니다. 물은 피로하고 시든 자들에게 안 좋기도 하다. 우리에게는 포도주가 딱 맞다. 포도주만이 회복을 빨리 시켜주고 건강도 그 즉시 좋아지게 해준다!"

예언자가 포도주를 간청하는 이때 잠자코 있던 왼쪽 왕에게도 말할 기회가 생겼다. 그가 말했다. "포도주라면, 내 형제인 오른쪽 왕과 함께 우리가 신경 쓰고 있었다. 포도주는 넉넉히 가지고 있다. 당나귀 한 마리에 가득 실어놓았다. 빵만 없을 뿐이다."

"빵이라고?" 차라투스트라는 대답하며 웃었다. "은둔자들에게 없는 것도 빵이다. 인간은 빵으로만 사는 것이 아니라 육질 훌륭한 어린 양의 고기로도 사는 것이다. 내게 어린 양이 두 마리 있다.

이 양들을 얼른 잡아서 샐비어로 양념해 요리하자. 이게 내가 좋아하는 요리 방식이다. 그리고 미식가와 식도락가도 만족할 만큼 뿌리와 과일도 넉넉히 있다. 깨뜨릴 호두와 풀 수수께끼도 넉넉히 있다.

그럼 곧 만찬을 열어보자. 그러나 우리와 함께 먹고 싶은 자는 심지어 왕이라 할지라도 일을 도와야 한다. 차라투스트라의 동굴에서는 당연히 왕도 요리사가 되어야 하는 것이다."

모두가 이 제안을 마음에 들어 했다. 자발적으로 거지가 된 자만이 고기와 포도주, 양념에 반발했다.

"이제 미식가인 이 차라투스트라의 말을 들어보자!" 그가 놀리듯 말했다. "이런 만찬이나 열자고 사람들이 동굴과 높은 산으로 왔단 말인가?

그가 언젠가 우리에게 '작은 가난을 찬양하라!'라고 가르쳤던 이유를 이제야 이해할 수 있겠다. 거지들을 쫓아내려고 한 이유도 마찬가지다!"

"나처럼 기분 좋게 지내라." 차라투스트라가 대답했다.

"그대 탁월한 자여, 그대의 도의에 충실하고 그대의 곡식을 곱씹고 그대의 물을 마시고 그대의 요리를 칭찬하라. 이렇게 해서라도 그대가 행복해질 수만 있다면!

나는 내 사람들만을 위한 율법이지 모두를 위한 율법이 아니다. 그러나 내게 속한 자라면 뼈가 튼튼해야 하고 발도 가벼워야 한다.

전쟁과 축제를 즐거워하고, 음울해 있지도 않고, 몽상에 젖어있지도 않으며, 자신의 축제를 준비하는 것처럼 지극히 어려운 일도 치를 준비가 된 건강하고 활발한 자여야 한다.

가장 좋은 것은 내 사람들과 내 것이다. 그리고 그것을 우리에게 주지 않는다면 우리가 빼앗을 것이다. 가장 좋은 음식, 가장 맑은 하늘, 가장 강력한 사상, 가장 아름다운 여인들을 말이다!"

차라투스트라가 이렇게 말하자 오른쪽 왕이 대답했다. "진기한 일이다! 지금껏 현자의 입에서 이토록 지혜로운 말이 나온 적이 있었던가?

그리고 진실로 현자들에게서 가장 진기한 점은 그들이 당나귀가 아닌데도 지혜롭다는 것이다."

오른쪽 왕은 이렇게 말하며 이상하다고 여겼다. 그때 그의 말을 듣고 있던 당나귀는 악의적으로 '이-아'라고 대답했다. 하지만 이것은 여러 역사책에서 '최후의 만찬'이라고 부르는 저 긴 만찬의 시작에 불과했다. 이 만찬이 열리는 동안 보다 높은 인간에 관한 이야기 말고는 어떤 이야기도 오가지 않았다.

보다 높은 인간에 대하여

1

내가 처음으로 인간에게 왔을 때 나는 은둔자로서 바보짓, 그것도 크나큰 바보짓을 하고 말았다. 바로 시장이라는 장소에 갔던 것이다.

그리고 나는 모두에게 말했지만, 그 누구에게도 말하지 않은 게 돼버렸다. 그날 저녁 줄 타는 광대와 시체가 내 동행자였는데, 나 역시 거의 시체와 다를 바가 없었다.

그러나 새로운 아침과 함께 내게 새로운 진리가 찾아왔다. 그때 나는 "시장과 천민, 천민의 소음, 천민의 기다란 귀가 나와 무슨 상관이 있단 말인가!"라고 말하는 법

Friedrich Wilhelm Nietzsche

을 배우게 되었다.

그대 보다 높은 인간들이여, 내게서 이것을 배워라. 시장에서는 그 누구도 보다 높은 인간들을 믿지 않는다는 것 말이다. 그런데도 그대들이 거기서 말하고 싶다면, 그냥 해라! 그런데 천민들은 눈만 껌뻑이며 "우리는 모두 평등하다."라고 말할 것이다.

"그대 보다 높은 인간들이여." 천민은 이렇게 눈만 껌뻑이며 말하는 것이다. "보다 높은 인간 따위는 존재하지 않는다. 우리는 모두 평등하다. 인간은 그저 인간일 뿐이다. 신 앞에서 우리는 모두 평등하다!"

신 앞에서! 그런데 이 신은 죽었다. 우리는 천민 앞에서 평등해지고 싶지 않다. 그대 보다 높은 인간들이여, 시장을 떠나라!

2

신 앞에서! 그런데 이 신은 죽었다. 그대 보다 높은 인간들이여, 이 신은 그대들에게 지극히 큰 위험이었다.

신이 무덤에 묻힌 후에야 비로소 그대들이 부활하게 되었다. 이제야 비로소 위대한 정오가 다가오고 있고, 이제야 비로소 보다 높은 인간이 주인이 된다!

오 내 형제들이여, 이 말을 이해할 수 있겠는가? 너무 놀라 마음이 진정이 안 되는가? 여기서 심연이 여기서 그대들에게 입을 쩍 벌리고 있는가? 여기서 지옥을 지키는 개가 여기서 그대들에게 막 짖어대는가?

자 그럼! 좋다! 그대 보다 높은 인간들이여! 이제야 비로소 인간의 미래라는 산이 진통한다. 신은 죽었다. 이제 우리는 초인이 살기를 바라면 된다.

3

걱정이 많은 자들은 오늘날 "인간은 어떻게 해야 보존될 수 있는가?"라고 묻는다. 그러나 차라투스트라는 유일한 인간이자 첫 번째 인간으로서 "인간은 어떻게 해야 극복될 수 있는가?"라고 묻는다.

내게 소중한 것은 초인이다. 인간이 아니라 초인이야말로 나의 첫 번째 관심사이자 유일한 관심사다. 가장 가까운 이웃도, 가장 가난한 자도, 가장 고통받는 자도, 심지어 가장 선한 자도 내 관심사는 아니다.

오 내 형제들이여, 내가 인간에게서 사랑할 수 있는 면은 인간은 저편으로 건너가고 또 몰락한다는 것이다. 그리고 그대들에게도 내가 사랑을 베풀도록 해주고 희망을 품도록 해주는 것이 많이 있다.

그대 보다 높은 인간들이여, 그대들이 경멸했다는 것, 이는 내가 희망을 품도록 해준다. 크게 경멸하는 자들은 크게 존경하는 자들이기 때문이다.

그대들이 절망했다는 것, 여기에는 존경할 만한 점이 많이 있다. 왜냐하면 그대들은 순응하는 법도 배우지 않았고, 하찮은 잘난 척이라도 하는 법도 배우지 않았기 때문이다.

오늘날에는 소인들이 주인이 되었다. 그들은 모두 복종, 겸손, 신중, 근면, 배려, 그리고 하찮고 오래된 덕들 따위나 설교한다.

여성적인 것, 노예적인 것에서 나오는 것, 특히 천민처럼 뒤죽박죽인 것에서 나오는 것, 이런 것들이 이제 인간의 모든 운명의 주인이 되려고 한다. 오 역겹다! 역겹다! 역겨워!

이런 것들은 "인간은 어떻게 해야 가장 좋게, 가장 오랫동안, 가장 편안하게 보존될 수 있는가?"라고 지치지도 않고 묻고 또 묻는다. 이렇게 하기에 그들이 오늘날의 주인인 것이다.

오 내 형제들이여, 오늘날의 이 주인들을 극복해다오. 이 소인들을 말이다. 이런 것들이 초인에게는 가장 큰 위험이다!

그대 보다 높은 인간들이여, 하찮은 덕들, 하찮은 잘난
척, 모래알 같은 배려, 개미같이 기어 다니는 자잘한 것들,
처절한 편안함, '최대 다수의 행복'을 극복하라.

그리고 순응하기보다는 차라리 절망하라. 그리고 그대
보다 높은 인간들이여, 진실로 내가 그대들을 사랑하는
것은 그대들은 오늘을 어떻게 살아야 할지를 몰라서다!
그래서 그대들은 가장 잘 살고 있는 것이다!

4

오 내 형제들이여, 그대들은 용기가 있는가? 그대들은
용감한가? 목격자 앞의 용기가 아니라 더는 어떤 신도 지
켜보지 않는 은둔자의 용기와 독수리의 용기가 있는가?

나는 냉정한 영혼들, 노새들, 눈먼 자들, 주정뱅이들을
용감하다고 하지 않는다. 두려움을 알지만 두려움을 다스
리고, 심연을 보지만 긍지를 가지고 보는 자가 용감하다.

심연을 보지만 독수리의 눈으로 보는 자, 독수리의 발
톱으로 심연을 움켜쥐는 자, 이런 자가 용기 있는 자다.

5

"인간은 악하다." 최고의 현자들은 나를 위로하려고 모두 이렇게 말했다. 아, 오늘날에도 그 말이 사실이기를! 왜냐하면 악은 인간의 최고의 힘이기 때문이다.

"인간은 더 선해지고 더 악해져야 한다."라고 나는 가르친다. 초인이 최선을 행하기 위해서는 최악도 필요한 것이다.

소인들의 저 설교자가 스스로 고난을 받고 인간의 죄를 짊어진 것은 자신에게 어울리는 일이었을 지도 모른다. 그러나 나는 큰 죄를 내 큰 위안으로 여기며 즐긴다.

그런데 귀가 긴 자들에게 이런 말들을 해주기에는 적합지 않다. 저마다의 말이 저마다의 입에 어울리는 것은 아니니 말이다. 이런 말들은 섬세하면서도 동떨어져 있는 말들이니, 양의 발톱 따위로 이런 말들을 붙잡으려 해서는 안 된다!

6

그대 보다 높은 인간들이여, 그대들이 망쳐 놓은 일들을 바로 세우려고 내가 여기 있는 줄 아는가?

아니면 앞으로 내가 괴로워하는 그대들을 더 편안하게

잘 수 있게 하려고 여기 있는 줄 아는가? 아니면 방황하고, 길을 잃고, 잘못 기어 올라온 그대들에게 새롭고 더 쉬운 길을 보여주려고 여기 있는 줄 아는가?

아니다! 아니다! 세 번 말하지만, 아니다! 그대들 같은 부류 중 더 많은 자들이, 더 나은 자들이 멸망해야 한다. 그대들의 형편은 더 나빠지고 더 힘들어져야 하기 때문이다. 이렇게 되어야만,

이렇게 되어야만, 인간은 벼락에 맞아 부서질 수 있는 높이까지 성장한다. 벼락을 맞기에 충분한 높이까지!

내 마음과 내 동경은 드문 것, 기나긴 것, 동떨어진 것을 향하고 있다. 그대들의 사소하고, 무수하고, 짧은 불행이 나와 무슨 상관이 있겠는가!

590

그대들은 내가 보기에 아직 그렇게는 괴로워하지 않고 있다! 왜냐하면 그대들은 자기 자신 때문에 괴로워하지, 아직 '인간들 때문에' 괴로워한 적은 없기 때문이다. 그대들이 이를 인정 안 한다면 그 말은 거짓일 것이다!

그대들은 모두 내가 겪었던 괴로움을 겪지 않고 있다!

7

번개로 더는 해를 입지 않는 것으로는 충분하지 않다.

나는 번개가 다른 곳으로 내리치게 하고 싶지는 않다. 번개는 나를 위해 일하는 법을 배워야 한다.

내 지혜는 오래전부터 구름처럼 모여서 갈수록 고요해지고 어두워지고 있다. 언젠가 번개를 낳을 저마다의 지혜도 이렇게 된다.

나는 오늘날의 이 인간들에게 빛이 되고 싶지도 않고 빛이라고 불리고 싶지도 않다. 나는 그들을 눈멀게 하고 싶다. 내 지혜의 번개여! 그들의 눈을 찔러 실명케 하라!

8

그대들의 능력을 뛰어넘는 것은 어떤 것도 바라지 말라. 자기 능력을 뛰어넘는 것을 바라는 자들에게는 고약한 속임수가 서려 있다.

특히 그런 자들이 위대한 일을 바랄 때 그렇다! 그런 자들, 즉 이런 간사한 위조자들, 이런 배우들은 위대한 일에 대해 불신을 일으키기 때문이다.

과격한 말로, 진열된 덕들로, 화려한 가짜 작품들로 미화하면서 사팔눈으로 바라보다가 겉만 번지르르한 벌레들의 먹이가 된 채 결국 자기 자신마저 속이게 될 때까지 말이다.

그대 보다 높은 인간들이여, 이를 잘 주의하라! 오늘날 내게 정직함보다 더 소중하고 귀한 것은 없다.

오늘날은 천민들의 세상이 아닌가? 하지만 천민들은 무엇이 위대하고 무엇이 하찮은지, 무엇이 반듯하고 정직한지를 모른다. 그들은 애꿎게 일그러져있고 늘 거짓말을 일삼는다.

9

오늘날엔 좋은 불신감을 가져라, 그대 보다 높은 인간들이여, 그대 용감한 자들이여! 그대 솔직한 자들이여! 그리고 그대들의 근거를 비밀로 하라! 오늘날은 천민들의 세상이기 때문이다.

한때 천민들이 근거도 없이 믿게 되었던 것을 그 누가 이들에게 근거를 대고 그 믿음을 전복시킬 수 있겠는가?

시장에서는 사람들이 몸짓으로 설득한다. 그러나 근거는 천민들을 불신케 할 뿐이다.

그리고 일단 진리가 승리를 하게 되면, 선한 불신감으로 자문해 보라. '어떤 강력한 오류가 그 진리를 위해 싸웠지?'

학자들도 조심하라! 그들은 그대들을 증오한다. 그들

은 열매를 맺지 못하기 때문이다! 그들은 눈은 냉혹하고 메말랐다. 그들 앞에는 저마다의 새가 깃털이 다 뽑힌 채 누워있다.

그들은 거짓말을 하지 않는다며 뻐긴다. 그러나 거짓말에 무능하다는 것은 진리를 사랑한다는 것과는 거리가 멀다. 그러니 조심하라!

열병으로부터의 자유는 인식과는 거리가 멀다! 나는 완전히 식은 정신을 믿지 않는다. 거짓말을 하지 못하는 자는 진리가 무엇인지 알지 못한다.

10

높이 올라가고 싶으면 자기 다리로 올라가라! 끌려 올라가지도 말고, 다른 사람의 등이나 머리에 올라타지도 마라!

그런데 그대는 말에 올라탔는가? 이제 그대의 목적지를 향해 서둘러 달려갈 것인가? 좋다! 내 벗이여! 그런데 그대의 절름거리는 발도 그대와 함께 말에 타고 있다!

목적지에 도착해 말에서 뛰어내리려는 순간, 그대 보다 높은 인간이여, 그대는 그 높이에 걸려 곧장 넘어지고 말 것이다!

11

그대 창조하는 자들이여, 그대 보다 높은 인간들이여! 인간은 오직 자기 아이만을 임신한다.

어떤 것도 곧이듣지 말고, 어떤 것도 믿게 되는 일이 없도록 하라! 대체 그대들의 이웃은 누구인가? '이웃을 위해서' 행동은 하더라도, 이웃을 위해서 창조하는 일은 하지 말아야 한다!

그대 창조하는 자들이여, 이 '위해서'라는 말은 잊어라. 그대들의 덕은 그대들이 '위해서', '목적으로', '때문에' 무슨 일을 하는 것을 원하지 않는 것이다. 그대들은 이런 거짓되고 하찮은 말들에 대해서는 귀를 봉해버려야 한다.

'이웃을 위해서'라는 이 말은 소인들의 덕일 뿐이다. 그들에게서 이 말은 '유유상종', '오고 가는 정'을 뜻한다. 소인들에게는 그대들의 이기심을 누릴 권리도 힘도 없다!

그대 창조하는 자들이여, 그대들의 이기심 속에는 임신한 자에 대한 하늘의 뜻과 섭리가 있다! 아직 그 누구도 눈으로 보지 못한 것, 바로 열매 말이다. 그대들의 온전한 사랑은 이 열매를 보호하고 소중히 다루고 기르고 있다.

그대들의 온전한 사랑이 있는 곳, 바로 그대들의 아이들 곁에는 그대들의 온전한 덕도 있다! 그대들의 일, 그대들의 의지가 바로 그대들의 '이웃이다!' 그릇된 가치를 믿

594

게 되는 일이 없도록 하라!

12

그대 창조하는 자들이여, 그대 보다 높은 인간들이여! 아이를 낳아야 하는 자는 병들었고, 아이를 낳은 자는 부정不淨하다.

여인들에게 물어보라. 즐거움을 주기 때문에 아이를 낳는 것이 아니다. 그 고통은 암탉들과 시인들을 꼬꼬댁거리게 한다.

그대 창조하는 자들이여, 그대들에게도 부정한 것이 많다. 그것은 그대들이 어머니가 되지 않으면 안 되었기 때문이다

새로 태어난 아이, 오 이들과 함께 새로운 오물이 얼마나 많이 세상에 태어났는가! 비켜서라! 아이를 낳은 자는 자신의 영혼을 깨끗하게 씻어야 한다!

13

그대들 능력 이상으로 덕을 갖추려 하지 마라! 그리고 가능성이 없는 것은 그 무엇도 바라지 마라!

그대들 조상의 덕이 남겼던 발자취를 따라가라! 그대
들 조상의 의지가 그대들과 함께 올라가지 않는다면 그대
들이 어떻게 높이 올라가겠는가?

만물이 되고자 하는 자는 끝물이 되지 않도록 조심하
라! 그리고 그대들 조상의 악덕이 남아있는 곳에서 슬며
시 성자가 되길 바라지 마라!

여인과 독한 포도주, 멧돼지 고기를 좋아했던 조상이
있는 자가 자기 자신은 순결을 지키길 원한다고 한다면
어떻게 되겠는가?

그것은 바보짓일 것이다! 진실로 내가 보기에 그런 자
는 한 여인, 두 여인, 세 여인을 둔 남자일 것이다.

그런 자가 수도원을 세우고 문에 '성자에 이르는 길'이
라고 쓴다면 나는 이렇게 말할 것이다. 대체 의도가 뭔가!
그것은 새로운 바보짓일 뿐이다!

그는 자신을 위해 감옥과 도피처를 세운 것뿐이다. 잘
지내길 빈다! 하지만 나는 그렇게 될 거라고 믿지 않는다.

고독 속에서는 이 속으로 들어온 무언가가, 심지어 내
면의 짐승도 자란다. 이렇기 때문에 수많은 사람이 고독
과 멀어지게 되는 것이다.

지금껏 사막의 성자들보다 더 더러운 것이 지상에 존
재한 적 있었던가? 이 성자들 주변에는 악마뿐만 아니라 돼

지도 배회하고 있었다.

14

그대 보다 높은 인간들이여, 나는 그대들이 힘찬 도약에 실패한 호랑이처럼 주눅 들고 창피해하고 어색해하면서 옆으로 살금살금 비켜서는 것을 자주 보았다. 그대들은 주사위를 던졌지만 실패해버린 것이다.

그런데, 그대 주사위 놀이하는 자들이여, 그것이 뭐 그리 중요하겠는가! 그대들은 흔히들 하는 놀이와 조롱을 배운 적이 없다! 그런데 우리는 조롱과 놀이용 큰 탁자에 늘 앉아 있는 것 아닌가?

그대들의 큰일이 실패했다고 해서 그대들 자신도 실패하게 된 것인가? 그대들 자신이 실패했기 때문에 인간 전체도 실패하게 됐다는 것인가? 그런데 인간 전체가 실패했다고 한다면, 그럼! 좋다!

15

어떤 사람의 종種이 높아질수록 잘될 가능성은 점점 희박해진다. 그대 여기 있는 보다 높은 인간들이여, 그대들은 모두 실패하지 않았는가?

그런데 이게 뭐 그리 중요하겠는가, 그러니 용기를 내라! 아직도 할 수 있는 일들이 얼마나 많이 남아있는가! 흔히들 그러듯이 그대들도 스스로 자기 자신을 비웃는 법을 배워라!

그대들이 실패는 했지만 반은 성공했다는 것도 얼마나 놀라운 일인가, 그대 반쯤 부서진 자들이여!그대들 마음 속에서 인간의 미래가 밀어닥쳐 오고 있지 않은가?

인간의 가장 먼 것, 가장 깊은 것, 별처럼 가장 높은 것, 인간의 엄청난 힘, 이 모든 것이 그대들의 항아리 속에서 서로 부딪치며 거품을 일으키고 있지 않은가?

수많은 항아리가 부서진다는 것은 얼마나 놀라운 일인가! 흔히들 그러듯이 그대들도 자기 자신을 비웃는 법을 배워라! 그대 보다 높은 인간들이여 오 아직도 할 수 있는 일들이 얼마나 많이 남아있는가!

그리고 진실로 얼마나 많은 일이 이미 잘 되었는가! 이 대지는 작고 선하고 완전한 것들이, 잘 된 것들이 얼마나 풍부한가!

그대 보다 높은 인간들이여, 그대들 주위에 작고 선하고 완전한 것들을 두어라! 황금빛으로 익은 것들은 마음을 치유해준다. 완전한 것들은 희망하는 법을 가르쳐준다.

Friedrich Wilhelm Nietzsche

16

지금까지 여기 이 대지에서 가장 큰 죄는 무엇이었는
가? "지금 웃는 자들에게 화가 있으리라!"라고 했던 그의
말이 아니었던가.

그는 이 대지에서 스스로 웃을 이유를 찾아내지 못했
던 것인가? 그렇다면 그는 지금까지 잘못 찾아왔던 것이
된다. 아이도 이 대지에서 그 이유 정도는 찾아낼 수 있다.

그는 충분히 사랑하지 않았다. 그렇지 않다면 그는 우
리 웃는 자들도 사랑했을 것이다! 그러나 그는 우리를 미
워하고 비웃었고, 그는 우리에게 통곡하며 이를 갈겠다고
예고했다.

사랑하지 않는다고 해서 곧장 저주를 퍼부어야 하는
가? 내가 보기에 그것은 나쁜 취미인 것 같다. 그런데 그
는, 그러니까 이 무조건적인 자는 그렇게 했다. 그는 천민
출신이었으니 말이다.

그는 스스로가 충분히 사랑하지 않았을 뿐이다. 그렇지
않다면 그는 자신이 사랑받지 못한 것에 대해 그렇게 화
를 내지는 않았을 것이다. 위대한 사랑은 모두 사랑받기
를 바라지 않는다. 위대한 사랑은 모두 그 이상의 것을 바
란다.

이런 무조건적인 자는 모두 피하라! 이들은 빈곤하고

병든 부류이자 천민 부류다. 이들은 이 삶을 나쁘게 바라보고 이 대지를 바라보는 시선이 사악하다.

이런 무조건적인 자들은 모두 피하라! 이들은 발이 무겁고 마음은 숨 막힐 정도로 끔끔하다. 이들은 춤출 줄 모른다. 이런 자들에게 이 대지가 어찌 가벼울 수 있겠는가!

17

좋은 것들은 모두 자신의 목표에 굽어져 접근한다. 그 것들은 마치 고양이처럼 등을 꾸부정하게 굽히고는 가까이 다가오는 행복을 주시하며 속으로 그르렁거린다. 좋은 것들은 모두 웃고 있다.

누군가의 걸음걸이는 그가 자신의 길을 걷고 있는지 아닌지를 보여준다. 그러니 내 걸음걸이를 보라! 그러나 자신의 목표에 가까이 다가가는 자는 춤을 추게 된다.

그리고 진실로 나는 입상立像이 된 적이 없다. 지금도 나는 이곳에서 단단하고 육중하고 돌로 된 둥근 기둥처럼 서 있지 않다. 나는 빠르게 달리는 것을 좋아한다.

대지에 수렁과 짙은 슬픔이 있더라도 발이 가벼운 자는 진흙탕 위에서도 이리저리 뛰어다니며 마치 윤이 나게 갈린 빙판 위에서 춤추듯 춤을 춘다.

내 형제들이여, 그대들의 마음을 드높여라, 높이! 더 높이! 두 다리도 잊지 말아다오! 그대 훌륭한 춤꾼들이여, 그대들 다리도 들어 올려라. 더욱 훌륭한 것은 물구나무도 서는 것이다!

18

웃는 자의 이 면류관, 이 묵주 면류관. 나는 이 면류관을 나 자신에게 씌우며 나 스스로 내 큰 웃음을 성인 명부에 올렸다. 나는 이렇게 할 만큼 담대한 자를 찾지 못했다.

춤꾼 차라투스트라, 날개를 흔드는 홀가분한 자 차라투스트라, 모든 새에게 손 흔들어 인사하며 날아오를 준비가 된 자. 채비를 다 갖추고 환희로 들끓는 가벼운 자.

예언자 차라투스트라, 진심으로 웃는 자 차라투스트라, 조급해하지 않는 자, 무조건자가 아닌 자, 뛰어오르기와 가로 뛰고 세로 뛰기를 사랑하는 자. 나는 이 면류관을 나 자신에게 씌웠다!

19

내 형제들이여, 그대들의 마음을 드높여라, 높이! 더 높이! 두 다리도 잊지 말아다오! 그대 훌륭한 춤꾼들이여, 그대들 다리도 들어 올려라. 더욱 훌륭한 것은 물구나무도 서는 것이다!

행복할 때도 동작이 둔중한 짐승들이 있고 날 때부터 걸음이 서툰 자들도 있다. 그들은 마치 물구나무를 서려고 안간힘을 쓰는 코끼리처럼 괴상하게 몸부림을 친다.

불행해서 어리석게 되는 것보다 행복해서 어리석게 되는 것이 낫고, 절뚝거리며 걷는 것보다 어설프게라도 춤추는 것이 낫다. 그러니 내 지혜를 꼭 배워가다오. 최악의 것에도 좋은 면 두 가지는 감춰져 있다는 것 말이다.

또한 최악의 것에도 춤추기에 알맞은 다리가 있다는 것 말이다. 그러니 그대 보다 높은 인간들이여, 내게서 꼭 배워가다오. 그대들 두 다리로 꼿꼿하게 서는 법을!

그러니 고난을 크게 읊어대는 것과 천민들의 온갖 슬픔 따위는 잊어다오! 오 천민들의 어릿광대들이 오늘날 얼마나 슬프게 보이는가! 그런데 오늘날은 천민들의 세상이다.

20

바람처럼, 자신의 산의 동굴에서 세차게 불어나오는 바

람처럼 행동해다오. 바람은 자신만의 장단에 맞춰 춤을 추고 싶어 하고, 바다는 이 바람이 남긴 발자국 아래에서 부르르 떨며 어설프게나마 춤을 춘다.

당나귀들에게 날개를 달아주고 암사자들의 젖을 짜는, 모든 오늘과 모든 천민에게 마치 폭풍처럼 다가오는, 이 선하고 자유분방한 정신을 찬양하라.

엉겅퀴 같은 머리와 사소한 일에 신경 쓰는 머리, 모든 시든 잎사귀와 잡초를 대단히 싫어하는, 마치 초원 위에서 춤추듯 늪지대와 고난 위에서도 춤추는, 이 거칠고 선하고 자유로운 폭풍의 정신을 찬양하라!

천민이라는 비쩍 마른 개들과 행실이 나쁘고 음산한 모든 패거리를 증오하는, 모든 비관론자와 농양 병자들의 눈에 먼지를 불어 넣는, 이 웃고 있는 폭풍을, 모든 자유로운 정신 중에서도 바로 이 자유로운 정신을 찬양하라!

그대 보다 높은 인간들이여, 그대들에게서 최악은 그대들 모두는 마땅히 춰야 하는 방식으로 춤추는 법을, 그러니까 자기 자신을 넘어서서 춤추는 법을 배우지 않았다는 것이다! 그런데 그대들이 배우지 못했다고 해서 뭐가 그리 문제가 되겠는가!

아직도 할 수 있는 일들이 얼마나 많이 남아있는가! 그러니 자기 자신을 넘어서서 웃는 법을 배워라! 그대 훌륭한 춤꾼들이여, 그대들의 마음을 드높여라, 높이! 더 높이! 그리고 잘 웃는 것도 잊지 말아다오!

웃는 자의 이 면류관, 이 묵주 면류관. 내 형제들인 그대들에게 이 면류관을 던진다! 나는 이 웃음을 성인의 명부에 올렸다. 그대 보다 높은 인간들이여, 웃는 법을 배워다오!

Friedrich Wilhelm Nietzsche

우수에 찬 노래

1

이렇게 말했을 때 차라투스트라는 자기 동굴 입구 근처에 서 있었다. 그는 마지막 말을 마치고 손님들에게서 슬그머니 빠져나와 잠시 야외로 피신했다.

"오 나를 감싸고 있는 순수한 향기여!" 그가 소리쳤다. "오 나를 감싸고 있는 환희의 고요여! 그런데 내 짐승들은 어디에 있는가? 오라, 어서 오라, 내 독수리들 내 뱀들이여!

말해보라, 내 짐승들이여, 저기 있는 보다 높은 인간들 모두는 혹시 안 좋은 냄새를 풍기고 있는 것 아닌가? 오 나를 감싸고 있는 순수한 향기여! 내 짐승들이여, 이제야 비로소 내가 그대들을 얼마나 사랑하는지를 알게 되었고 또 느끼고 있다."

그리고 차라투스트라는 다시 말했다. "내 짐승들이여, 나는 그대들을 사랑한다!" 그런데 차라투스트라가 이렇게 말하자 독수리와 뱀은 그에게 몰려와 그를 올려다봤다. 이렇게 셋은 한데 모여 다 같이 고요하게 신선한 공기를 들이마시며 천천히 음미했다. 보다 높은 인간들이 있는 곳보다 이곳 바깥의 공기가 훨씬 신선했기 때문이다.

2

그런데 차라투스트라가 자기 동굴에서 슬그머니 빠져 나오자마자 동굴에 있던 늙은 마술사는 자리에서 일어나 교활한 눈빛으로 주위를 둘러보더니 이렇게 말하기 시작했다. "그는 밖으로 나갔다!

그리고 그대 보다 높은 인간들이여, 나도 차라투스트라처럼 이 칭찬과 아첨의 이름으로 그대들을 간지럽힌다면, 이렇게 하자마자 내 나쁜 기만의 정신과 마술의 정신, 내 우수에 찬 악마가 나를 습격할 것이다.

이 차라투스트라에게는 완전한 적대자인 이 악마가 나를 습격한다 해도, 이 악마를 용서하라! 지금 이 악마는 그대들 앞에서 마술을 부리고 싶어 한다. 자신의 때가 온 것이다. 그러니 지금 내가 이 사악한 정신과 싸운다 한들 무슨 의미가 있겠는가.

그대들 모두가 이런 말들을 써가며 자기 자신을 영광스럽게 생각하든 말든, 그러니까 자기 자신을 '자유로운 정신', '진실한 자', '정신의 참회자', '사슬에서 풀려난 자', '크게 동경하는 자'라고 부르든 말든 그대들 모두를,

나처럼 '크나큰 역겨움'에 괴로워하고 있고, 옛 신은 죽었으며 포대기에 싸인 채 요람에 누워있는 새로운 신은 아직 없다고 믿는 그대들 모두를, 내 사악한 정신과 마술을 부리는 악마는 이러한 그대들 모두를 좋아한다.

그대 보다 높은 인간들이여, 나는 그대들을 잘 안다. 또한 나는 내 의지에 반하여 사랑하는 이 괴물, 바로 차라투스트라도 잘 안다. 내 생각에 그는, 성자의 아름다운 가면처럼 보일 때가 잦은 것 같다.

내 생각에 그는, 우수에 찬 악마인 내 사악한 정신이 마음에 들어 하는 새롭고 기이한 가장무도회의 가면처럼 보일 때가 잦은 것 같다. 나는 차라투스트라를 사랑하는데, 내 사악한 정신의 의지 때문에 이러는 것 같다는 생각이 간혹 든다.

그런데 벌써 그가, 그러니까 우수에 찬 이 정신이 이 황

혼의 악마가 나를 습격해 괴롭히고 있다. 그리고 진실로 그대 보다 높은 인간들이여, 그는 갈망하고 있다.

그냥 눈만 뜨고 있어라! 그는 벌거벗은 채 오기를 갈망하고 있다. 그가 남성인지 여성인지 나는 아직 잘 모르겠으나, 그는 오고 있다. 그는 나를 괴롭힌다. 아! 그대들의 감각을 깨워라!

날이 저물고, 이제 만물에, 게다가 최상에 만물에도 저녁이 다가온다. 이제 들어보라, 보아달라, 그대 보다 높은 인간들이여! 남자든 여자든 우수에 찬 이 저녁의 정신은 어떤 악마겠는가!"

늙은 마술가는 이렇게 말했고 교활한 눈빛으로 주위를 둘러보더니 자기 하프를 잡았다.

3

공기가 깨끗해졌을 때,

이슬의 위안이

아무에게도 보이지 않게, 들리지 않게,

대지에 가라앉을 때

위안자인 이슬은 위안을 주는 모든 온화한 자들처럼

부드러운 신을 신고 있네,

Friedrich Wilhelm Nietzsche

그대는 그때를 기억하는가, 그대는 기억하는가, 뜨거운
마음이여,

　　그대는 한때 얼마나 목말라 했던가,

　　하늘의 눈물과 한 방울 한 방울 떨어지는 이슬을

　　햇볕에 타들어 가다 지쳐 얼마나 목말라 했던가,

　　그러는 사이 노랗게 물든 풀밭 오솔길에는

　　고약한 저녁 햇살이

　　눈 부신 태양의 타오르는 햇살이, 남의 불행을 은근히
즐기는 저 타오르는 햇살이,

　　검은 나무들을 지나 그대 주위를 비추고 있었지.

609

　　"진리의 구혼자라고? 그대가?" 저 햇살은 이렇게 비웃
었지,

　　"아니다! 그저 시인일 뿐이다!

　　그저 짐승같이, 교활하고 약탈하고 슬금슬금 걷는

　　거짓말을 해야 하고

　　고의로 의도적으로 거짓말을 해야 하는 시인일 뿐이다.

　　먹이를 탐내고

　　화려한 가면을 쓰고

　　자기 자신이 가면이 되고

　　자기 자신이 먹이가 되는

이런 그가 진리의 구혼자라고? 아니다!

그저 바보일 뿐이다! 그저 시인일 뿐이다!

그저 화려한 말들만 해대면서,

바보 같은 가면을 쓰고 화려한 말만 크게 소리치면서,

여기저기 거짓된 말들의 다리 위로 오르면서,

가짜 하늘과

가짜 대지 사이의

화려한 무지개 위에서,

여기저기 떠돌아다니고 여기저기 떠다니는,

그저 바보일 뿐이다! 그저 시인일 뿐이다……!

'이런 *그가*' 진리의 구혼자라고?

고요하고 완강하며 매끄럽고 차가운,

조각상이 된 적이 없고,

신의 기둥도 된 적이 없으며,

성전 앞에 세워진,

신의 문지기가 된 적이 없다,

아니다! 그러한 진리의 입상들에 적개심을 품었고,

성전 앞보다는 저마다의 광야를 제집처럼 느꼈으며,

고양의의 장난기로 가득 차서,

저마다의 창문에서

껑충! 저마다의 우연으로 뛰어들고,

저마다의 원시림에서 냄새 맡고,

광적으로 그리움에 사무쳐 돌아다닌다.

이러는 건 그대가 원시림 속에서

반점투성이 맹수들 사이에서

죄 많은 건강한 모습으로 화려하고 아름답게 뛰어다니기 위해서다.

축 처진 음탕한 입술로,

환희에 차 비웃고 환희에 차 지옥같이 되고 환희에 차 피에 굶주린 채,

약탈하고 슬금슬금 다니고 거짓말이나 하면서 뛰어나기 위해서다…….

아니면, 독수리처럼 오랫동안,

오랫동안 심연을 뚫어지게 주시한다,

자신의 심연을…….

여기서 그 심연은 얼마나 아래로,

얼마나 저 아래로, 저 안으로,

얼마나 점점 더 깊디깊은 곳으로 빙글빙글 돌며 떨어진단 말인가!

그러다가,

갑자기,

곧게 나아가다,

날개를 퍼덕이며 급격히,

어린 양들을 덮친다.

극심한 굶주림에 급히 내려와,

어린 양들을 탐내며,

모든 어린 양의 영혼을 원망하고,

양 같은 것으로, 어린 양의 눈이 있는 것으로, 털이 곱

슬곱슬한 것으로,

어린 양과 양처럼 친절한 것과 더불어 잿빛으로

보이는 모든 것을 격렬히 원망한다!

이처럼

시인의 동경은,

천 개의 가면 아래 숨겨져 있는 그대의 동경은,

독수리 같고, 표범 같다.

그대 바보여! 그대 시인이여!

이런 그대는 인간을

신으로 바라보았고 양으로도 바라보았다.

인간 안에 있는 양을 갈기갈기 찢어버리듯

Friedrich Wilhelm Nietzsche

인간 안에 있는 신을 갈기갈기 찢어버리고
그리고 갈기갈기 찢어버리면서 웃는다.

이것이, 바로 이것이 그대의 행복이다! 표범의 행복이자
독수리의 행복이다!
시인의 행복이자 바보의 행복이다!"

공기가 깨끗해졌을 때
초승달은
짙은 자줏빛 하늘 사이에서 초록빛을 띤 채
시샘하며 살금살금 걸어간다.
낮을 미워하는 초승달,
한 걸음 한 걸음 슬며시
장미의 해먹에 다가가
이 해먹이 가라앉을 때까지 낫질하니,
밤하늘 아래로 창백하게 가라앉는다.

한때 나 자신도 이렇게 가라앉은 적이 있다.
진리에 대한 내 광기에서 벗어나,
낮에 대한 내 동경에서 벗어나,
낮에 지치고 빛에 병이 들어,

613

아래로, 저녁이 오는 쪽으로, 그림자가 깃드는 쪽으로 가라앉은 적이 있다.

　하나의 진리 때문에

　검게 타고 목말라 하면서 가라앉은 적이 있다.

　그대는 기억하고 있는가, 그대는 기억하는가, 뜨거운 마음이여,

　그때 그대가 얼마나 목말라 했었는지 기억하는가?

　모든 진리 때문에,

　내가 추방된 적이 있다는 것을 기억하는가,

　그대는 그저 바보일 뿐이다! 그저 시인일 뿐이다!

학문에 대하여

마술사는 이렇게 노래했다. 그리고 함께 있던 모두는 어느새 그의 교활하고 우수에 찬 정욕의 그물에 마치 새처럼 사로잡히고 말았다. 오직 정신적으로 양심적인 자만 사로잡히지 않았다. 그는 서둘러 마술사에게서 하프를 빼앗으며 외쳤다. "공기를! 신선한 공기를 들여라! 차라투스트라를 들여라! 그대는 이 동굴을 숨 막히고 유독하게 만들고 있다. 그대 사악하고 늙은 마술사여!

그대 기만하는 자여, 교활한 자여, 그대는 미지의 욕망과 혼란이 판치는 곳으로 끌고 가고 있다. 그대처럼 진리에 대해 지껄이면서 야단법석을 떠는 작자에겐 화가 있을 것이다!

이따위 마술사를 경계하지 않는 모든 자유로운 정신을 지닌 자들에게도 화가 있을 것이다! 그들의 자유는 그럼으로써 다 사라지고 말 것이다. 그런데도 그대는 다시 감옥으로 가라고 가르치고 유혹하고 있다.

그대 늙고 우수에 찬 악마여, 그대의 탄식에서는 유혹하는 피리 소리가 들린다. 그대는 순결을 찬양하면서도 남몰래 육욕이 판치는 곳으로 이끄는 자들과 같다!"

그 양심적인 자는 이렇게 말했다. 그러나 늙은 마술사는 주위를 둘러보며 자신의 승리를 즐겼고, 그러는 중에 양심적인 자가 자기에게 일으켰던 짜증을 억눌렀다. "조용히 해다오!" 그는 겸손한 목소리로 말했다. "좋은 노래는 잘 울려 퍼져나가기를 원한다. 좋은 노래를 듣고 난 뒤에는 그 노래가 퍼져나가는 동안 침묵해야 한다.

이들, 보다 높은 인간들 모두는 그렇게 하고 있다. 그런데 그대는 내 노래를 거의 이해하지 못했는가? 그대 안에는 마술의 정신이 거의 있지 않은 것 같다."

"칭찬으로 들린다." 양심적인 자가 대답했다. "그대와 나를 같은 부류로 보지 않았으니 말이다. 자 좋다! 그런데 그대의 다른 사람들은 꼴이 그게 뭔가? 그대들 모두 여전히 음탕한 눈빛을 한 채 저기에 앉아 있어서 하는 말이다.

그대 자유로운 영혼들이여, 그대들의 자유는 어디로 갔는가! 내 눈에는, 그대들은 마치 벌거벗은 소녀들이 고약하게 춤을 추는 모습을 오랫동안 구경하던 자들처럼 보인다. 그대들 영혼 자체가 춤추고 있기 때문이다!

그대 보다 높은 인간들이여, 그대들 안에는 이 마술사가 자신의 사악한 마술의 정신, 사기의 정신이라고 부르는 것이 더 많이 있을 것이다. 그러니 우리는 서로 다를 수밖에 없는 것이다.

그리고 진실로, 차라투스트라가 자기 동굴로 돌아오기 전에, 우리는 서로 다르다는 생각은 하고 있지 않을 때쯤에, 나는 차라투스트라와 충분히 이야기를 나누었고 생각도 충분히 했다.

그대들과 나, 우리는 이곳 산 위에서도 서로 다른 것을 찾고 있다. 나는 안전한 것을 더 많이 찾고 있었고, 그러다 보니 차라투스트라에게 오게 되었다. 차라투스트라는 여전히 가장 견고한 탑이자 의지이기 때문이다.

모든 것이 흔들리고, 온 대지가 진동하는 오늘날에 말이다. 그런데 그대들을 보니 그대들은 불안전한 것을 더 많이 찾고 있는 것 같다.

전율하는 것을 더 많이, 위험한 것을 더 많이, 대지를 진동시키는 것을 더 많이 찾고 있는 것 같다. 그대 보다 높은 인간들이여, 내 생각에 그대들은 강한 욕구를 품고 있는 것 같다. 내 망상을 용서해다오.

그대들은 내가 가장 두려워하는 가장 사악한 삶, 가장 위험한 삶에 강한 욕구를 품고 있는 것 같다. 맹수의 삶, 숲, 동굴, 가파른 산과 미로 같은 협곡에서의 삶을 말이다.

그리고 그대들은 위험에서 구해주는 지도자가 아니라, 그대들을 온갖 나쁜 길로 인도하는 유혹자를 가장 좋아한다. 그런데 이러한 욕망이 그대들 안에 실제로 있다고 해도 그런 일이 일어나기는 불가능해 보인다.

두려움이라는 것은 인간이 날 때부터 지니게 되는 감정이자 근원적인 감정이기 때문이다. 어느 것, 원죄니 원덕原德이니 하는 것도 두려움으로부터 설명이 된다. 학문이라고 불리는 나의 덕도 두려움으로부터 자라났다.

그러니까, 맹수에 대한 두려움은, 인간이 자신 안에 숨긴 채 두려워하는 짐승도 포함해 인간의 마음속에서 가장 오랫동안 길러진 것이다. 차라투스트라는 이를 '내면의 짐승'이라고 부른다.

이처럼 오랫동안 길러져 온 두려움은 마침내 미묘한 것 정신적인 것 영적인 것으로 변하면서, 오늘날 학문이라고 불리게 된 것 같다."

그 양심적인 자는 이렇게 말했다. 그러나 방금 동굴로

돌아와 그의 이야기 마지막 부분을 듣고 대충 무슨 말을 했는지 짐작한 차라투스트라는 장미 한 움큼을 그에게 던져주고는 그의 진리를 비웃었다. "뭐라고!" 차라투스트라는 소리쳤다. "내가 방금 무슨 소리를 들었는가? 진실로, 그대가 바보이거나 내가 바보인 것 같다는 생각이 든다. 그대의 진리를 즉시 뒤집어보겠다.

두려움은 우리에게 예외적인 것이다. 그러나 담력과 모험, 미지의 것과 아직 해보지 않은 것을 과감히 해보는 데서 오는 기쁨, 그러니까 용기야말로 인간이 겪어온 역사의 전부처럼 보인다.

인간은 가장 사납고 가장 용감한 짐승들을 달갑지 않게 여긴 나머지 이 짐승들의 모든 덕을 강탈했다. 이렇게 해서 인간은 드디어 인간이 되었다.

이런 용기, 독수리의 날개와 뱀의 지혜를 갖춘 인간의 이런 용기가 마침내 미묘한 것 정신적인 것 영적인 것으로 변한 것이다. 내 생각에 이것이 오늘날에 불리기를,"

"차라투스트라!" 모여 앉아 있던 자들이 다 같이 이구동성으로 외치면서 한바탕 웃었다. 그 웃음은 마치 무거운 구름이 서서히 오르듯 그들에게서 올랐다. 마술사도 웃으며 교활하게 말했다. "자! 그는 사라졌다. 내 사악한 정신 말이다!

그리고 내가 이미 그대들에게, 그는 사기꾼이자 거짓과 기만의 정신을 지닌 자라고 말하면서 그를 조심하라고 경고하지 않았던가?

특히 그가 벌거벗은 모습을 보여줄 때 말이다. 그런데 그가 간계를 부릴 때 내가 무엇을 할 수 있겠는가! 내가 그와 세상을 창조라도 했는가?

자 그럼! 우리 다시 경쾌하고 기분 좋게 지내자. 차라투스트라가 사악한 눈길로 보고 있더라도 말이다. 그를 보라! 그는 내게 화가 잔뜩 나 있다.

밤이 오기 전에 그는 나를 사랑하고 칭찬하는 법을 다시 배우게 될 것이다. 그는 그런 바보짓을 하지 않으면 오래 살아갈 수 없을 것이다.

그는 자기의 적들을 사랑한다. 그는 내가 봐왔던 사람 중에서 이 기술을 가장 잘 이해하고 있다. 그런데 그는 자기 적들을 사랑하는 대가로 자기 친구들에게 복수한다!"

늙은 마술사가 이렇게 말하자 보다 높은 인간들은 일제히 박수를 보냈다. 그래서 차라투스트라는 모두에게 무언가 보상하고 사과할 게 있는 사람처럼 이리저리 돌아다니며 악의와 사랑을 담아 자신의 벗들과 악수를 했다. 그러면서 그가 동굴 입구에 이르게 되었을 때, 보라, 그는 다시 바깥의 신선한 공기를 맡고 다시 자기 짐승들을 보고 싶다는 강한 욕구에 휩싸인 게 아니겠는가. 그래서 그는 슬며시 밖으로 빠져나가려고 했다.

사막의 딸들 사이에서

1

"떠나지 마라!" 그때 자신을 차라투스트라의 그림자라고 칭했던 방랑자가 말했다. "우리와 함께 있어라. 그렇지 않으면 답답하고 오래된 저 슬픔이 또다시 우리를 덮칠지도 모른다.

저 늙은 마술사는 자신의 최악의 것으로 이미 우리를 즐겁게 해주었다. 그러니 보라, 저 선하고 경건한 교황이 눈물을 글썽이면서 다시 우울의 바다를 항해하려고 배에 올라타지 않았는가.

그리고 저 왕들은 아직도 우리 앞에서 좋은 표정을 지

어 보이려 할 것이다. 오늘날 우리 중에서 이렇게 하는 법을 가장 잘 배운 자가 바로 그들이기 때문이다! 그러나 보는 사람이 한 명도 없다면 장담컨대, 그들의 얼굴엔 다시 불쾌한 기색이 띠기 시작할 것이다.

떠도는 구름, 축축한 우울, 구름으로 덮여 가려진 하늘, 빼앗긴 태양, 울부짖는 가을바람에 대한 불쾌한 기색이,

우리의 울부짖음과 도움을 청하는 외침에 대한 불쾌한 기색이 띠기 시작할 것이다. 그러니 오 차라투스트라여, 우리와 함께 있어다오! 이곳에는 말을 하고 싶어 하는 숨겨진 불행, 저녁, 구름, 후텁지근한 공기가 수없이 많다!

그대는 강한 남성의 음식과 영양가 풍부한 잠언들로 우리를 키워 주었다. 그러니 후식으로 연약하고 여성스러운 정신이 다시 우리를 덮치지 않게 해다오!

그대만이 그대 주변의 공기를 강하게 깨끗하게 만들 수 있다! 내가 그대의 동굴 안 그대 곁에서 맡았던 공기만큼 신선한 공기를 이 지상에서 맡은 적이 있었던가?

나는 수많은 나라를 보았기 때문에 내 코는 수많은 종류의 공기를 검사하고 평가할 줄 알게 되었다.

그런데 그대와 함께 있으면 내 콧구멍은 최고의 쾌감을 맛본다!

하나는 제외하고, 오, 옛 기억을 떠올리는 것만큼은 용

서해다오! 언젠가 내가 사막의 딸들 사이에서 지은 적 있는 옛 후식의 노래는 용서해다오.

그 딸들이 있는 곳도 이곳처럼 맑고 신선한 동방의 공기가 있었다. 내가 있던 그곳은 흐리고 축축하고 우울감이 감도는 낡아빠진 유럽에서 가장 멀리 떨어진 곳에!

그 당시 나는 그런 동방의 소녀들을 사랑했고, 구름도 사상도 떠 있지 않은 또 다른 푸른 하늘을 사랑했다.

그녀들이 춤추지 않을 때는 마치 작은 비밀처럼, 리본 달린 수수께끼처럼, 후식용 호두처럼 심오하지만 어떠한 사상에도 갇히지 않은 채 얼마나 사랑스럽게 앉아 있었는지 그대들은 믿지 못할 것이다.

구름 같은 암울한 표정도 짓지 않은 게 내겐 참으로 다채로우면서도 익숙지 않은 모습이었다! 풀어보라고 내놓은 수수께끼 같았다. 그때 나는 이런 소녀들에게 즐거움을 주고자 후식용 시 한 편을 생각해냈다."

방랑자이자 그림자인 그는 이렇게 말했다. 그리고 누군가가 그에게 대답하려 하기도 전에 얼른 그는 늙은 마술사의 하프를 잡고는 다리를 꼬고 앉아 숙련된 듯 침착하게 주위를 둘러보았다. 그는 마치 새로운 나라에서 새롭고 낯선 공기를 맛보는 자처럼 콧구멍으로 천천히 그리고 미심쩍어하며 공기를 들이마셨다. 그러고 나서 울부짖듯 노래 부르기 시작했다.

2

사막은 자라나니 사막을 품는 자에게 화가 닥치리라!

하! 엄숙하다!

참으로 엄숙하다!

위엄 있는 시초여!

아프리카처럼 엄숙하다!

사자처럼,

아니면 울부짖고 있는 도덕적인 원숭이처럼 위엄있다

 –그대들에게는 아무것도 아니겠지만,

그대 사랑 넘치는 여자 벗들이여,

그대들의 발아래에

내가 처음으로

한 명의 유럽인으로서 야자수 아래에

앉아도 된다고 허락받았다. 셀라.

참으로 놀랍다!

내가 지금 여기에 앉아 있다니,

사막 근처에 그리고 벌써

사막에서 다시 멀리 떨어져 있게 되었다니,

또한 황폐함 따위는 전혀 없는

지극히 작은 이 오아시스에

깊숙이 삼켜지고 말았다니

　ー오아시스는 방금 하품하면서

사랑스러운 입을 쫙 벌렸다.

작은 입 중에서도 가장 향기로운 그 입

나는 그 속으로 빠졌다,

아래로, 쭉 관통하다ー 그대들 사이로,

그대 사랑 넘치는 여자 벗들이여! 셀라.

만세, 저 고래 만세,

자기 손님을 이렇게나

잘 대접해 주다니! ー그대들은 내 학문적인 암시를

이해하겠는가?

저 고래의 배腹 만세,

그래서 그것이

이렇게나 사랑스러운 오아시스의 배였다면

오아시스 같은 배였다면, 나는 의심을 했을 것이다,

　ー나는 유럽에서 왔기 때문이다,

Friedrich Wilhelm Nietzsche

모든 중년 부인보다

더 의심이 많은 유럽에서 왔기 때문이다.

신이시여 부디 바로잡아 주소서!

아멘!

나는 지금 여기 앉아 있다,

지극히 작은 이 오아시스에

대추야자 열매처럼

갈색으로 달콤해지고 황금빛으로 익어

소녀의 둥근 입술을 열망하면서,

하지만 소녀답고

얼음처럼 차갑고 눈처럼 하얗고 뾰족한 앞니를 더 열망하면서 앉아 있다,

모든 뜨거운 대추야자 열매의 마음은 이러한 앞니를 갈망하기 마련이니까. 셀라.

지금 말한 남방의 열매와

비슷하게 아주 비슷하게

나는 여기 누워있다, 날아다니는

작은 딱정벌레들

주위를 춤추며 돌고 주위에서 장난치듯 움직이고

마찬가지로 더 작고

더 어리석고 더 교활한

소망과 착상과,

그대들에게 둘러싸여,

그대 말 없는, 그대 불길한 예감이 드는

소녀 같은 고양이들이여,

두두와 줄라이카여,

　－수많은 감정을 한 마디에 쑤셔 넣어 보자면

스핑크스에 둘러싸여

(신이시여, 이런 언어의 죄를 범하는 것을 용서해주소서!)

　－최고로 신선한 공기를 들이마시며 여기에 앉아 있다,

진실로 낙원의 공기를,

밝고 가벼운 공기를, 황금빛 무늬를 띤 공기를 들이마

시며 여기에 앉아 있다,

이토록 신선한 공기는 언젠가

달에서 내려왔을 것이다－

옛 시인들이 말하듯이

그것은 우연이었을까,

아니면 오만방자해서 그렇게 된 것일까?

하지만 의심 많은 자인 나는 그들의 말을 의심한다,

나는 유럽에서 왔기 때문이다,

Friedrich Wilhelm Nietzsche

모든 중년 부인보다

더 의심이 많은 유럽에서 왔기 때문이다.

신이시여 부디 바로잡아 주소서!

아멘!

가장 신선한 이 공기를 마시면서,

콧구멍을 마치 술잔처럼 부풀린 채 미래도 없이 추억
도 없이,

그렇게 나는 여기에 앉아 있다. 그대

사랑 넘치는 여자 벗들이여,

야자수를 보고 있다,

그것이 어떻게 무희처럼

몸을 굽히고 비틀고 허리를 이리저리 흔드는지 바라보
고 있다,

오래 바라보고 있으면 결국 따라 하게 된다!

내게도 보이듯, 야자수는 마치 무희처럼

이미 너무 오랫동안 위험할 정도로 오랫동안

항상, 항상 한쪽 다리로만 서 있지 않았던가?

－내게도 보이듯, 그 때문에 야자수는

다른 다리가 있다는 것을 잊어버리게 된 것인가?

헛수고긴 했으나

나는 한 쌍의 보석 중 사라진 보석을

－그러니까 다른 쪽 다리를－ 찾고 있었다,

야자수의 가장 사랑스럽고 가장 우아한

부채꼴로 펄럭이고 번쩍이는 작은 스커트의

거룩한 곳 근처에서 찾고 있었다.

그래, 그대 아름다운 여자 벗들이여, 그대들이

내가 하는 말을 온전히 믿어 준다면, 사실

야자수가 그것을 잃어버렸다!

그것은 사라졌다!

영원히 사라졌다!

다른 쪽 다리 말이다!

사랑스러운 이 다른 쪽 다리가 사라지다니 오 안타깝 ⁶³⁰
구나!

어디서 머물면서 버림받은 것을 슬퍼하고 있을까?

그 다리는 외로워하고 있을까?

혹시 성이 잔뜩 난

황색 금발의 사자 같은 괴물들 앞에서

두려움에 떨고 있을까? 아니면 이미

물어뜯겼거나 말끔히 뜯어 먹혔을까－

가엾어라, 아! 아! 말끔히 뜯어 먹히고 말았네! 셀라.

Friedrich Wilhelm Nietzsche

오 울지 말아다오,

연약한 마음이여!

울지 말아다오, 그대

대추야자 열매 같은 마음이여! 젖가슴이여!

그대 감초 같은 마음의

작은 주머니여!

더는 울지 마라,

창백한 두두여!

남자가 되어라, 줄라이카여! 용기를 내라! 용기를!

  – 아니면 혹시

용기를 북돋워 주는 무언가가, 마음을 강하게 해주는
무언가가

여기서 어울린단 말인가?

성유聖油 발라진 잠언이 어울린단 말인가?

엄숙한 위로의 말이 어울린단 말인가? –

하! 일어서라, 위엄이여!

덕의 위엄이여! 유럽인의 위엄이여!

바람을 일으켜라, 다시 바람을 일으켜라,

덕의 풀무여!

하!

다시 한번 울부짖어라!

도덕적으로 울부짖어라!

도덕적인 사자로서

사막의 딸들 앞에서 울부짖어라!

– 덕이 울부짖는 외침은

그대 사랑 넘치는 여자 벗들이여,

유럽인의 열정을, 유럽인의 탐욕을

모두 넘어서는 것이기 때문이다!

그리고 나는 이미 여기에 서 있다,

유럽인으로서 말이다,

나도 어쩔 수 없다, 그러니 신이시여, 나를 도와주소서!

아멘!

632

사막은 자라나니 사막을 품는 자에게 화가 닥치리라!

Friedrich Wilhelm Nietzsche

일깨움

1

방랑자이자 그림자인 그의 노래가 끝나자 동굴은 갑자기 떠드는 소리와 웃음소리로 가득 찼다. 모여있던 손님들이 일제히 말을 했고 당나귀마저도 그런 분위기에 고무돼 더는 조용히 있지 않아서인지, 차라투스트라는 자기 손님들에게 약간의 불쾌감과 조롱을 느끼면서도 그들이 기뻐하는 것에 만족해했다. 그에게는 그들의 그런 모습이 회복의 징조로 보였기 때문이다. 그래서 그는 밖으로 슬며시 빠져나가 자기 짐승들에게 말했다.

"그들의 고난은 어디로 갔는가?" 그는 이렇게 말했고,

불쾌감에서 어느 정도 벗어나 한숨을 내쉬었다. "그들은 나와 함께 있더니 도움을 청하는 외침을 잊은 것 같다!

안타깝게도 큰 소리를 지르는 것은 아직 안 잊은 것 같지만." 그러고는 차라투스트라는 귀를 막았다. 그때 막 당나귀의 이-아 하는 울음소리가 보다 높은 인간들이 환호하는 소리와 섞여 기이하게 들려와서였다.

"저들은 즐거워하는구나." 그가 다시 말하기 시작했다. "알긴 알까? 자기들 주인에게 실례가 될 수 있다는 것 말이다. 그들은 내게서 웃는 법을 배우긴 했지만 그들이 배운 것은 나의 웃음이 아니다.

그런데 그게 뭐 중요하겠는가! 그들은 늙은이들인데. 그들은 자기 방식대로 회복하고 있고 자기 방식대로 웃는 것일 뿐이다. 내 귀는 이미 더 심한 소리들도 참고 견뎌와서인지 이런 일로 언짢아하지 않게 되었다.

오늘은 승리의 날이다. 내 오랜 최대의 적인 중력의 영은 이미 점차 약해지고 있고 또 달아나고 있다. 그토록 힘들고 어렵게 시작된 오늘 하루가 얼마나 멋지게 마무리되려 하는가!

그리고 오늘 하루는 저물려 한다. 이미 저녁이 다가오고 있다. 훌륭한 기수인 저녁이 바다 위를 달려 이쪽으로 오고 있다! 복된 자, 귀환하는 자인 저녁이 심홍색 안장에

Friedrich Wilhelm Nietzsche

앉아 몸을 얼마나 흔들고 있는가!

하늘은 맑은 눈길로 이 광경을 지켜보고 있고 세계는 깊게 누워있다. 오 나를 찾아온 그대 이상한 자들이여, 이미 그대들 모두는 나와 함께 살 가치가 있다!"

차라투스트라는 이렇게 말했다, 그리고 또다시 동굴에서 보다 높은 인간들이 떠드는 소리와 웃음소리가 들려왔다. 그러자 차라투스트라는 다시 말하기 시작했다.

"그들이 미끼를 문 걸 보니 내 미끼가 효과가 있는 모양이다. 그들의 적인 중력의 영이 그들에게서도 점차 약해지고 있다. 그들은 벌써 자기 자신을 비웃을 줄 안다. 내가 제대로 들은 게 맞겠지?

남성적인 내 음식과 활력 넘치고 힘찬 내 잠언도 효과가 있는 모양이다. 그리고 진실로 나는 그들에게 배에 가스나 차게 하는 채소들을 주지는 않았다! 전사의 음식, 정복자의 음식을 내주었다. 이렇게 나는 그들에게 새로운 욕망을 일깨워주었다.

그들의 팔과 다리에는 새로운 희망들이 간직되어 있고 그들의 마음은 기지개를 켜고 있다. 그들은 새로운 말들을 찾아내고 있고 그들의 정신은 곧 방종을 호흡할 것이다.

물론 그런 음식은 아이들을 위한 것이 아닐 것이고, 동경에 사무친 늙은 여자나 젊은 여자들을 위한 것도 아닐 것이다. 그들의 내장은 다르게 맞춰주어야 한다. 나는 그들의 의사나 교사가 아니다.

역겨움이 보다 높은 인간들에게서 점차 약해지고 있다. 좋다! 이는 내 승리다. 내 영토에서 그들은 안전해질 것이고, 어리석은 모든 수치심은 달아날 것이며 그들은 속마음을 깨끗이 털어놓을 것이다.

그들은 속마음을 털어놓고, 좋은 시간이 그들에게 돌아온다. 그들은 찬미하며 반추한다. 그들은 고마움을 느끼게 된 것이다.

나는 그들이 고마움을 느끼게 된 것을 최상의 징조로 받아들인다. 머지않아 그들은 축제를 고안해낼 것이고 자신들의 옛 환희를 위한 기념비를 세울 것이다.

그들은 회복되고 있는 자들이다!" 차라투스트라는 속으로 기뻐하며 이렇게 말하고 나서 먼 곳을 바라보았다. 그러자 그의 짐승들이 그에게 몰려와 그의 행복과 그의 침묵에 존경을 표했다.

2

그런데 갑자기 차라투스트라의 귀는 깜짝 놀랐다. 지금까지 시끄럽게 떠드는 소리와 웃음소리로 가득 찼던 동굴이 갑자기 죽은 듯 조용해져서였다. 하지만 차라투스트라의 코는 솔방울을 태울 때 나는 것 같은 냄새 좋은 연기와 향을 맡았다.

"무슨 일인가? 그들은 무엇을 하고 있는 건가?" 그는 이렇게 혼잣말하면서 자기 손님들을 보려고 눈에 띄지 않게 동굴 입구로 슬며시 다가갔다. 그런데, 놀랍고도 경악할 일이 일어나고 있었다! 그때 그는 자기 눈으로 무엇을 보았단 말인가!

"그들 모두 다시 경건해졌고, 기도를 하고 있다. 모두 미쳐버린 것이다!" 그는 이렇게 말하면서 그들의 모습에 마음의 상처를 받았다. 그리고 정말! 보다 높은 인간들, 두 명의 왕, 일자리를 잃은 교황, 사악한 마술사, 자발적으로 거지가 된 자, 방랑자이자 그림자인 자, 늙은 예언자, 정신의 양심이 있는 자, 지극히 추악한 자, 이들 모두가 아이들과 믿음이 깊은 노파들처럼 무릎을 꿇은 채 당나귀에게 기도를 올리고 있었다. 그리고 바로 그때 지극히 추악한 자가 마치 자기 몸에서 뭐라 말로 표현할 수 없는 무언가가 빠져나오기라도 하는 듯 꾸르륵대고 헐떡이기 시작했다. 그런데 그가 이것을 말로 표현하게 되었을 때, 보라, 그것은 경배받고 있고 향 연기에 둘러싸여 있는 당나귀를 찬양하는 경건하고도 특이한 연도連禱가 아니겠는가. 그

연도는 이렇게 들렸다.

아멘! 우리 신에게 찬양과 명예와 지혜와 감사와 영광과 권세가 세세토록 있으리라!

그러자 당나귀는 이 말에 이-아 하고 외쳤다.

우리 신은 우리의 짐을 짊어지고, 종의 형체를 하고 있고, 마음으로 오래 참고, 절대 아니다 라고 말하지 않는다. 그리고 자기 신을 사랑하는 자는 자기 신을 징계한다.

그러자 당나귀는 이 말에 이-아 하고 외쳤다.

우리 신은 자신이 창조한 세계에 대해 항상 그렇다 라고 말하는 것 말고는 어떤 말도 하지 않는다. 우리 신은 이렇게 하며 자기의 세계를 찬양한다. 말을 하지 않는 것이 우리 신의 교활함이다. 그래서 우리 신이 인정받지 못하는 때는 거의 없다.

그러자 당나귀는 이 말에 이-아 하고 외쳤다.

우리 신은 눈에 띄지 않게 세계를 돌아다닌다. 우리 신의 덕을 감싸고 있는 그 육체의 색은 회색이다. 우리 신은 정신이 있지만 그것을 숨기고 있다. 그런데 누구든지 우리 신의 기다란 귀는 믿는다.

그러자 당나귀는 이 말에 이-아 하고 외쳤다.

우리 신이 기다란 귀가 있으면서도 그렇다 라고만 말

할 뿐 절대 아니다 라고 말하지 않는 것은 얼마나 잘 숨겨진 지혜인가! 우리 신은 자기 모습에 따라, 그러니까 가능한 한 어리석게 세계를 창조하지 않았는가?

그러자 당나귀는 이 말에 이-아 하고 외쳤다.

그대는 곧은 길도 가고, 굴곡진 길도 간다. 그대는 우리 인간들이 무엇을 곧은 것으로 여기고 무엇을 굴곡진 것으로 여기는지에 대해 관심이 별로 없다. 그대의 나라는 선악의 피안에 있어서다. 순진무구함이 무엇인지도 모르는 것, 그것이 바로 그대의 순진무구함이다.

그러자 당나귀는 이 말에 이-아 하고 외쳤다.

그런데 보라, 그대는 거지든 왕이든 아무도 내쫓지 않는다. 그대는 어린아이들이 그대에게 오는 것을 허락하고, 심술궂은 소년들이 그대를 유인해도 그대는 그저 순진하게 이-아 하고 말할 뿐이다.

그러자 당나귀는 이 말에 이-아 하고 외쳤다.

그대는 암컷 당나귀와 신선한 무화과를 사랑하고, 또 그대는 음식을 가리는 자가 아니다. 그대가 배고플 때는 엉겅퀴가 그대의 마음을 간지럽히기까지 한다. 여기에는 신의 지혜가 서려 있다.

그러자 당나귀는 이 말에 이-아 하고 외쳤다.

당나귀 축제

그런데 연도가 이쯤 되었을 때 차라투스트라는 더는
참지 못하고 당나귀보다 더 크게 이-아 하고 외치며 미쳐
발광하는 자기 손님들 한가운데로 뛰어들었다.

"그대 사람의 자식들이여, 여기서 무엇을 하고 있는 건
가?" 그는 무릎 꿇은 채 기도를 올리고 있는 그들을 바닥
에서 일으켜 세우며 크게 외쳤다. "아, 차라투스트라가 아
닌 다른 누군가가 그대들을 보았다면 어찌 됐겠는가.

저마다, 그대들이 그대의 새로운 신앙으로 인해 최악의
신성 모독자가 되었다거나 모든 노파 중에서도 가장 어리

Friedrich Wilhelm Nietzsche

석은 노파가 되었다고 판단했을 것이다!

그리고 그대 늙은 교황이여, 그대가 여기 이 당나귀를 이처럼 신으로 모시며 경배하는 게 그대 자신과 아울린다고 보는 건가?"

교황이 대답했다. "오 차라투스트라여, 용서해다오. 그런데 신과 관련된 일에서는 내가 그대보다 훨씬 더 깨달은 자다. 그리고 이건 당연한 일이기도 하다.

형체도 없는 신을 경배하는 것보다 이렇게 형체라도 있는 신을 경배하는 것이 더 낫지 않은가! 내 고귀한 벗이여, 이 잠언을 생각해보라. 그대는 그러한 잠언 속에 지혜가 감춰져 있다는 것을 곧바로 알아챌 수 있을 것이다.

'신은 정신이다'라고 말한 그자는 지금까지 지상에서 불신앙을 향해 가장 큰 걸음을 내디뎌 왔고 도약을 해왔다. 그러한 말은 지상에서 쉽게 되돌릴 수 없다!

늙디늙은 내 가슴은 지상에 아직 경배할 무언가가 존재한다는 사실에 쿵쿵거리며 뛰고 있다. 오 차라투스트라여, 늙디늙고 경건한 이 교황의 가슴을 용서해다오!"

"그리고 그대," 차라투스트라는 방랑자이자 그림자인 자에게 말했다. "그대는 자신을 자유로운 정신이라고 말하는데, 자신이 자유로운 정신이라고 생각하는가? 그래서 이곳에서 그런 우상숭배와 성직자숭배를 하는 것인가?

진실로, 그대는 사악하고 피부가 갈색인 그대의 소녀들과 함께 있을 때보다 이곳에서 더 사악한 짓을 하고 있다. 그대 사악하고 갓 신앙심이 깊어진 자여!"

"사악하기는 하다." 방랑자이자 그림자인 자가 대답했다. "그대의 말이 옳다. 그런데 이에 대해 내가 무엇을 할 수 있겠는가! 오 차라투스트라여, 옛 신이 다시 살아났다. 그러니 떠들고 싶은 대로 떠들어봐라.

지극히 추악한 자에게 모든 책임이 있다. 그가 그 신을 다시 죽음에서 깨웠다. 그리고 그가 옛날에 그 신을 죽였다고 말은 하지만, 신들에게 죽음은 언제나 편견일 뿐."

차라투스트라가 말했다. "그리고 그대, 그대 사악하고 늙은 마술사여, 무슨 짓을 한 것인가! 이 자유로운 시대에 그대가 그런 당나귀를 신으로 믿고 있으면 앞으로 누가 그대를 믿겠는가?

그대가 한 일은 어리석은 짓이었다. 현명한 그대가 어찌 그런 어리석은 짓을 저지를 수 있단 말인가!"

그 현명한 마술사가 대답했다. "오 차라투스트라여, 그대의 말이 옳다. 어리석은 짓이었다. 어리석은 짓을 하는 건 내게도 몹시 어려운 일이었다."

"그리고 그대도." 차라투스트라는 정신의 양심이 있는 자에게 말했다. "그대는 철저히 살펴보고 그대의 코에 손

642

Friedrich Wilhelm Nietzsche

가락을 대보라! 이곳에서 양심에 찔리는 게 아무것도 없는가? 이따위 기도와 이따위 가짜 신자들이 풍기는 냄새에 비해 그대의 정신은 너무 깨끗하지 않은가?"

"무언가가 있다." 그 양심이 있는 자는 코에 손가락을 대며 대답했다. "이런 연극에는 내 양심에 쾌락을 안겨주는 무언가가 있다.

어쩌면 나는 신을 믿는 것이 허락되지 않았을 수도 있지만, 확실한 것은 나는 신이 이런 모습일 때 가장 믿을 만해 보인다는 것이다.

가장 경건한 자들의 증언에 따르면 신은 영원해야 한다. 그렇게 시간이 많으니 여유도 있는 것 아니겠는가. 그래서 가능한 한 천천히, 미련하게 행동하는데, 이렇게 하면서도 그런 자는 목적한 것들을 아주 많이 이룰 수 있다.

그리고 정신이 너무 많은 자는 어리석음과 미련함에 혹해버리고 말 것이다. 오 차라투스트라여, 그대 자신을 생각해보라!

진실로, 그대 자신을 말이다! 그대 역시 풍요와 지혜로 인해 당나귀가 될 수 있다.

완전한 현자라면 지극히 굴곡진 길을 가는 것도 좋아하지 않는가? 겉모습이 이를 가르쳐준다. 오 차라투스트라여, 그대의 겉모습이 말이다!"

"그리고 그대가 마지막인데," 차라투스트라는 이렇게 말하면서 아직도 바닥에 엎드린 채 당나귀를 향해 팔을 들어 올리고 있는 (그러니까 당나귀가 마실 포도주를 바치고 있었던 것이다.) 지극히 추악한 자 쪽으로 몸을 돌렸다. "말해보라, 그대 뭐라 표현할 수 없는 자여, 그대는 여기서 뭘 하고 있었는가!

그대는 변한 것 같다. 그대의 눈빛은 이글거리고 있고, 숭고함이라는 망토가 그대의 추악함을 가리고 있으니 말이다. 대체 무엇을 했던 건가?

그대가 신을 다시 죽음에서 깨웠다는 말이 사실인가? 왜 그랬는가? 신은 마땅한 이유로 죽임을 당했고 그래서 끝난 일이 아니었는가?

깨어난 것은 그대 자신인 것 같다. 대체 무엇을 했던 건가? 그대는 왜 마음을 바꿨는가? 그대는 왜 개종하게 되었는가? 말해보라, 그대 뭐라 표현할 수 없는 자여!"

"오 차라투스트라여." 지극히 추악한 자가 대답했다. "그대는 철면피다!

신이 아직 살아있는지, 다시 살아났는지, 아니면 완전히 죽었는지, 우리 둘 중 이에 대해 가장 잘 아는 자가 누구겠는가? 그대에게 묻는다.

오 차라투스트라여, 그런데 나는 하나는 알고 있다. 그대에게서 배운 적이 있는 것인데 바로, 가장 철저하게 죽이려고 하는 자는 웃는다는 것 말이다.

'인간은 분노가 아니라 웃음으로 죽인다.' 언젠가 그대는 이렇게 말한 적이 있다. 오 차라투스트라여, 그대 숨어 있는 자여, 그대 분노하지 않고도 파괴하는 자여, 그대 위험한 성자여, 그대는 철면피다!"

2

그러자 그런 철면피라는 대답에 깜짝 놀란 차라투스트라는 동굴 입구로 다시 뛰어 돌아와 자기 손님들을 향해 크게 외쳤다.

"오 그대 교활한 바보들이여, 그대 어릿광대들이여! 왜 그대들은 내 앞에서 그대들을 위장하고 숨기는가!

그대들이 마침내 다시 아이들같이 되었기 때문에, 그러니까 경건해졌기 때문에 그대들 각자의 마음은 쾌락과 악의에 얼마나 안달 나 있겠는가,

그대들이 마침내 다시 아이들처럼 행동하고, 그러니까 기도하고 두 손을 모으고 '사랑하는 신이시여'라고 말하기 때문에 그대들 각자의 마음은 쾌락과 악의에 얼마나 안달 나 있겠는가 말이다!

그런데 이제 이 아이들 방에서 떠나라. 요즘 온갖 유치한 짓들이 행해지고 있는 내 동굴에서 떠나란 말이다. 여기 밖으로 나와서 아이들처럼 흥분하고 들뜬 그대들의 기분과 마음의 소란함을 식혀라!

물론, 아이처럼 되지 않으면 그대들은 저 하늘로 들어가지 못할 것이다(차라투스트라는 두 손을 들어 위를 가리켰다.)

그런데 우리는 저 하늘로 들어가고 싶은 마음이 전혀 없다. 우리는 무르익어졌다. 우리가 원하는 것은 지상의 나라다."

3

그리고 차라투스트라는 다시 말하기 시작했다. "오 새로운 내 벗들이여!" 그가 말했다. "그대 유별난 자들이여, 그대 보다 높은 인간들이여, 이제 그대들이 마음에 든다.

그대들이 다시 환해진 이후부터 말이다! 그대들 모두는 정말 꽃처럼 활짝 피어났다. 그대들 같은 꽃을 위해서는 새로운 축제를 꼭 열어야 할 것 같다.

어느 정도는 과감한 헛소리, 어떤 예배와 당나귀 축제, 늙고 쾌활한 차라투스트라 같은 어떤 익살꾼, 세차게 불어와 그대들의 영혼을 맑게 해주는 광풍이 있는 축제 말이다.

그대 보다 높은 인간들이여, 이 밤과 이 당나귀 축제를 잊지 말아라! 그대들은 내 곁에 머물면서 이것을 생각해 냈고, 나는 이를 좋은 징조로 받아들이고 있다. 회복되는 자만이 이런 것을 생각해낼 수 있다!

그리고 그대들이 다시 한번 이 당나귀 축제를 벌인다면, 그대들을 위해, 나를 위해 벌여라! 그리고 나를 기억하기 위해서도!"

차라투스트라는 이렇게 말했다.

밤 속으로 산책하는 자의 노래

1

그러는 동안 한 사람씩 밖으로 나와 들판으로, 서늘하고 깊은 생각에 잠기게 하는 밤 속으로 걸어갔다. 차라투스트라는 지극히 추악한 자에게 자기의 밤 세계와 크고 둥근 달, 동굴 근처에 있는 은빛 폭포를 보여주려고 그의 손을 잡고 데려갔다. 그들은 마침내 말없이 나란히 섰다. 그들 모두 노인들이었지만 마음은 위로받아 대담했고, 지상에서 이토록 마음이 편안해진다는 게 놀라웠다. 그런데 밤의 비밀이 그들의 마음에 점점 더 가까이 다가왔다. 그리고 차라투스트라는 다시 마음속으로 생각했다. '오, 이

Friedrich Wilhelm Nietzsche

제 보다 높은 인간들이 마음에 든다!' 하지만 그는 이 생각을 말하지 않았다. 그들의 행복과 그들의 침묵을 존중했기 때문이다.

그런데 그때 저 기나길고 놀라웠던 하루 중에서 가장 놀라운 일이 일어났다. 지극히 추악한 자가 다시 한번 그리고 마지막으로 꾸르륵거리며 헐떡이기 시작한 것이다. 그러다가 그가 말을 할 수 있게 되었을 때, 보라, 그의 입에서 질문 하나가, 듣는 이들의 마음을 모두 움직일만한 훌륭하고 심오하며 명석한 질문 하나가 부드럽고 깔끔하게 튀어나온 게 아니겠는가.

"내 벗들이여." 지극히 추악한 자가 말했다. "그대들은 어떻게 생각하는가? 오늘 덕분에 나는 처음으로 내가 살아온 삶에 대해 만족하고 있다.

그리고 내가 이렇게 증언만 많이 하는 것은 내가 보기에도 적절치 않은 듯하다. 그럼에도 말해보자면 대지에서 사는 것은 보람찬 일이다. 차라투스트라와 함께 지냈던 하루, 함께 벌였던 한 번의 축제는 내게 대지를 사랑하는 법을 가르쳐주었다.

나는 죽음을 향해 이렇게 말할 것이다. 이것이 삶이었다고? 그럼 좋다! 다시 한번!'

내 벗들이여, 그대들은 어떻게 생각하는가? 그대들도

나처럼 죽음을 향해 이렇게 말하고 싶지 않은가? 이것이 삶이라고? 그럼 차라투스트라를 위해, 좋다! 다시 한번!"

한밤중이 얼마 남지 않았을 때 지극히 추악한 자는 이렇게 말했다. 그런데 이때 무슨 일이 일어났을 것 같은가? 보다 높은 인간들이 그의 질문을 듣자마자 그들은 자신들이 변화하고 회복되었음을 알게 되었고, 또 누가 이렇게 해주었는지도 알게 되었다. 그리고 그들은 차라투스트라에게 뛰어가 감사해하고 경의를 표하고 어루만져 주고 두 손에 입을 맞추었는데, 저마다의 방식대로 누구는 웃으면서, 누구는 울면서 그렇게 했다. 그중에서도 늙은 예언자는 기쁨에 넘쳐 춤을 추었다. 일부 이야기꾼들이 말하는 것처럼 그가 당시에 달콤한 포도주에 잔뜩 취해 있었다고는 해도, 그는 틀림없이 달콤한 삶에 더 취해 있었고 권태는 모두 날려버린 상태였다. 그리고 심지어는 당시에 당나귀가 춤을 추었다고 말하는 자들도 있다. 그러니까 지극히 추악한 자가, 당나귀가 마실 포도주를 바쳤던 것이 그 이유가 된다는 것이다. 그럴 수도 있고 아닐 수도 있다. 그리고 실제 그날 저녁에 당나귀가 춤춘 적이 없었다고 해도, 당시에는 어떤 당나귀가 춤췄다는 것보다도 더 크고 더 특이한 불가사의한 일들이 일어났었다. 그런데 차라투스트라가 쓰는 표현처럼 "그게 뭐 그리 중요한가!"

Friedrich Wilhelm Nietzsche

2

그런데 지극히 추악한 자에게 이런 일이 일어났을 때 차라투스트라는 술 취한 사람처럼 서 있었다. 그의 눈은 초점을 잃었고 그의 혀는 꼬부라졌고 그의 다리는 떨리고 있었다. 그리고 이 순간 차라투스트라의 영혼 위로 흐르는 생각이 무엇인지 누가 알아맞힐 수 있겠는가? 그런데 분명히 그의 정신은 움찔해 앞으로 달아나 멀리 떨어져 있었는데, 말하자면 '기록된 것처럼, 두 바다 사이의 높은 산맥에서,

과거와 미래 사이를 무거운 구름처럼 산책하고 있었다.' 그런데 보다 높은 인간들이 그를 품에 안고 있는 동안 그는 차츰 정신을 차렸고 자신을 존경하는 자들과 걱정하던 자들이 몰려오는 것을 손으로 제지했다. 말은 하지 않았다. 그런데 갑자기 무슨 소리가 들리는 것 같아 그는 재빨리 고개를 돌렸다. 그는 손가락을 입에 대고 말했다. "오라!"

그러자 그 즉시 주위는 적막해지고 비밀스러워졌다. 그러다 저 깊은 곳에서 서서히 종소리가 들려왔다. 보다 높은 인간들처럼 차라투스트라도 이 소리에 귀를 기울였다. 그러고 나서 그는 또다시 손가락을 입에 대고 말했다. "오라! 오라! 한밤중이 다가오고 있다!" 그의 목소리는 바뀌

어 있었다. 그는 미동도 없이 그 자리에 서 있었다. 그러자 주위는 더 적막해지고 더 비밀스러워졌다. 모든 것이 귀를 기울였다. 당나귀도, 차라투스트라의 명예로운 짐승인 독수리와 뱀도, 차라투스트라의 동굴도, 큰 달과 서늘한 밤까지도 귀를 기울였다. 차라투스트라는 세 번째로 그 손을 입에 대며 말했다.

오라! 오라! 오라! 이제 산책하자! 때가 되었다. 밤 속으로 산책하자!

3

그대 보다 높은 인간들이여, 한밤중이 다가오고 있다. 저 낡은 종이 내 귀에 대고 무언가를 말하는 것처럼 나도 그대들의 귀에 대고 무언가를 말하려고 한다.

어떤 인간보다도 더 많이 경험한 저 한밤중의 종이 내게 이야기해주는 것처럼 비밀스럽게, 무섭게, 진실하게,

이미 그대 조상들의 고통스러운 심장 박동을 세었던 저 종이 내게 이야기해주는 것처럼. 아! 아! 얼마나 한탄하고 있는가! 꿈에서 얼마나 웃고 있는가! 깊고도 깊은 이 오랜 한밤중 말이다!

조용! 조용! 낮에는 크게 들려서는 안 되는 소리가 많

이 들려온다. 서늘한 공기 속에서 그대들 마음의 온갖 소음도 고요해진 이제,

이제 그것이 말하고 이제 그것이 들리고 이제 그것은 밤마다 깨어있는 영혼 속으로 슬금슬금 기어간다. 아! 아! 얼마나 한탄하고 있는가! 꿈에서 얼마나 웃고 있는가!

깊고도 깊은 이 오랜 한밤중이 그대들에게 비밀스럽게, 무섭게, 진실하게 이야기하고 있는 것이 들리지 않는가? 오 인간이여, 유념하라!

4

슬프다! 시간은 어디로 갔는가? 나는 깊은 샘에 가라앉아 있는 건 아닌가? 세계는 잠들어 있다.

아! 아! 개는 짖고 있고 달은 밝게 빛나고 있다. 내 한밤중의 마음이 지금 생각하고 있는 것을 그대들에게 말하느니 차라리 나는 죽음을 택하리라, 죽음을.

나는 이미 죽은 상태다. 모든 것이 사라졌다. 거미여, 그대는 어째서 내 주위에 거미줄을 치고 있는 건가? 피를 원하는가? 아! 아! 이슬이 내린다. 때가 되었다.

나를 한기에 떨게 하고 얼어붙게 하면서, "이를 참아낼 용기가 있는 자는 누구인가?

대지의 주인이어야 하는 자는 누구인가? 그대 크고 작은 강들이여, 그대들은 그렇게 흘러야 한다고 말할 자는 누구란 말인가!"라고 묻고, 묻고 또 묻는 때가 되었다.

때가 되었다. 오 인간이여, 그대 보다 높은 인간이여 유념하라! 이 말은 예민한 귀, 그대의 귀를 위한 것이다. 깊은 한밤중은 무엇을 말하고 있는가?

5

내 몸은 저기로 날라지고, 내 영혼은 춤을 춘다. 일상의 일이여! 일상의 일이여! 대지의 주인이어야 하는 자는 누구인가?

달은 서늘하고 바람은 잠잠하다. 아! 아! 그대들은 벌써 그렇게 날아올랐는가? 그대들은 춤을 췄지만, 다리는 날개가 아니다.

그대 훌륭한 춤꾼들이여, 이제 모든 즐거움은 끝났다. 포도주는 찌꺼기가 되었고 저마다의 술잔은 삭아졌으며 무덤들은 중얼거린다.

그대들은 그렇게 높이는 날아오르지 못했다. 이제 무덤들이 중얼거린다. "죽은 자들을 구제하라! 밤은 왜 이리도 긴가? 달이 우리를 취하게 만든 것은 아닌가?

그대 보다 높은 인간들이여, 무덤들을 구제하고 시체들을 깨워라! 아, 벌레는 왜 아직도 땅을 파고 있는 건가? 때가 다가온다, 때가 다가온다.

종은 쾅쾅 울리고 마음은 아직도 웽웽거리고 나무를 갉아먹는 벌레, 마음을 갉아먹는 벌레는 아직도 땅을 파고 있다. 아! 아! 세계는 깊다!

6

감미로운 리라여! 감미로운 리라여! 나는 그대의 소리를, 두꺼비 울음소리처럼 낮고 도취한 그대의 소리를 사랑한다! 얼마나 오래전부터, 얼마나 먼 곳으로부터 그대의 소리가 들려오는가, 저 멀리 사랑의 연못으로부터!

그대 낡은 종이여, 그대 감미로운 리라여! 저마다의 고통이 그대의 마음을 찢어버렸다. 아버지의 고통이, 조상의 고통이, 인류의 아버지의 고통이 말이다. 그래서 그대의 말은 무르익어졌다.

황금빛 가을과 오후처럼, 내 은둔자의 마음처럼 무르익어졌다. 이제 그대는, 세계 자체가 무르익어졌고 포도송이는 갈색으로 변해간다고 말한다.

이제 세계는 죽고 싶어 한다. 행복에 겨워 죽고 싶어 한다. 그대 보다 높은 인간들이여, 냄새가 나지 않는가? 어떤 냄새가 은은하게 퍼지고 있다.

영원의 향기와 냄새가, 장밋빛과 갈색을 띤 오랜 행복의 황금 포도주의 냄새가 은은하게 퍼지고 있다.

'세계는 깊다, 낮이 생각했던 것보다 더 깊다!' 라고 노래 부르는, 도취한 한밤중의 죽음에서 다가오는 행복의 냄새가 은은하게 퍼지고 있다.

7

날 내버려 둬라! 날 내버려 둬라! 나는 그대에게는 너무도 깨끗한 존재다. 날 만지지 마라! 내 세계는 방금 완전해지지 않았는가?

내 피부는 그대가 손으로 만지기에는 너무도 깨끗하다. 날 내버려 둬라, 그대 멍청하고 무례하고 후덥지근한 낮이여! 한밤중이 더 밝지 않은가?

지극히 깨끗한 자들, 지극히 알려지지 않은 자들, 지극히 강한 자들, 각각의 낮보다 더 밝고 더 깊은 한밤중의 영혼들이 대지의 주인이어야 한다.

오 낮이여, 그대는 나를 어루더듬고 있는 건가? 그대는 내 행복을 찾으려고 여기저기 더듬거리고 있는 건가? 그대에게 나는 풍요롭고 고독한 존재, 보물 묻힌 구덩이이 자 황금 저장실 같은 존재인가?

오 세계여, 그대는 나를 원하는가? 그대에게 나는 세속적인 존재인가? 그대에게 나는 종교적인 존재인가? 그대에게 나는 신적인 존재인가? 그런데 낮과 세계여, 그대들은 너무 어설프다.

더 현명한 손을 가져라. 더 깊은 행복, 더 깊은 불행에 손을 뻗어라. 어떤 신에게도 손을 뻗되 나에게는 손을 뻗지 마라.

그대 유별난 낮이여, 나의 불행도 나의 행복도 깊다. 그러나 나는 신도 아니고 신의 지옥도 아니다. 신의 지옥의 고통은 깊다.

657

8

그대 유별난 세계여, 신의 고통은 더 깊다! 나에게 손을 뻗을 게 아니라 신의 고통에 손을 뻗어라! 그런데 나는 무엇인가! 고취한 감미로운 리라인가,

아무도 이해하지 못함에도 귀먹은 자들 앞에서 말해야 하는 한밤중의 리라고, 두꺼비 울음소리처럼 낮은 소리로 울리는 종인가, 그대 보다 높은 인간들이여! 그대들이 내

말을 이해하지 못하니 하는 말이다!

사라졌다! 사라졌다! 오 청춘이여! 오 정오여! 오 오후여! 이제 저녁이 되고 밤이 되고 한밤중이 되었다. 개는 짖고 있고, 바람은,

바람은 개가 아닌가? 바람도 낑낑거리고 멍멍거리며 짖는다. 아! 아! 이 한밤중은 얼마나 한탄해대는가! 얼마나 웃어대고 얼마나 식식거리고 얼마나 헐떡이고 있는가!

이 도취한 여자 시인은 지금 얼마나 냉정하게 말하고 있는가! 그녀는 도취라는 것을 넘어서 버린 건가? 의식이 다시 또렷해진 건가? 반추하고 있는 것인가?

그녀, 이 오래되고 깊은 한밤중은 꿈속에서 자신의 고통을, 더욱이 자신의 쾌락도 반추하고 있는 것이다. 쾌락은 고통이 깊을 때도 깊고, 쾌락은 마음의 고뇌보다는 훨씬 더 깊은 것이다.

9

그대 포도나무여! 그대는 어째서 나를 찬양하는가? 나는 그대를 베어내지 않았던가! 나는 잔인한 자고, 그대는 피를 흘리고 있지 않은가. 그런데 어째서 그대는 도취한 내 잔인함을 찬양하는가?

그대는 이렇게 말한다. "완전해진 것, 무르익은 모든 것은 죽고 싶어 한다!" 축복이 있기를, 포도 따는 칼에 축복이 있기를! 그런데 무르익지 않은 모든 것은 살고 싶어 한다. 이 얼마나 슬픈 일인가!

고통은 말한다. "사라져라! 떠나라! 그대 고통이여!" 그런데 고통받는 모든 것은 무르익고 즐겁고 동경하기 위해 살고 싶어 한다.

더 먼 곳, 더 높은 곳, 더 밝은 곳을 동경하기 위해서다. 고통받는 모든 것은 말한다. "나는 상속자들을 원한다. 나는 아이들을 원한다. 나는 '나를' 원하지는 않는다."

그런데 쾌락은 상속자들도 아이들도 원하지 않는다. 쾌락은 자기 자신을 원하고, 영원을 원하고, 회귀를 원하고, 모든 것이 영원히 똑같기를 원한다.

고통은 말한다. "마음이여, 찢어져라, 피를 흘려라! 다리여, 산책하라! 날개여, 날아라! 저 높이! 올라가라! 고통이여!" 자! 좋다! 오 내 늙은 마음이여! 고통은 말한다. "사라져라!"

10

그대 보다 높은 인간들이여, 그대들 생각은 어떤가? 나

는 예언자인가? 꿈꾸는 자인가? 도취한 자인가? 해몽하는
자인가? 한밤중에 울리는 종인가?

이슬 한 방울인가? 영원의 연무煙霧 이자 향기인가? 안
들리는가? 냄새가 나지 않는가? 방금 내 세계는 완전해졌
다. 한밤중은 정오이기도 하다.

고통은 쾌락이기도 하고, 저주는 축복이기도 하고, 밤
은 태양이기도 하다. 떠나라, 그렇지 않으면 그대들은 현
자는 바보이기도 하다는 사실을 배우게 될 것이다.

그대들은 하나의 쾌락에 대해 그렇다 라고 말한 적이
있는가? 오 내 벗들이여, 그런 적이 있다면 그대들은 모든
고통에 대해 그렇다 라고 말했던 것이다. 만물은 탄탄하
게 엮여있고 얽혀 있으며 사랑으로 연결돼있다.

그대들이 한 번 일어났던 일을 또다시 원한 적이 있다
면, 그대들이 "그대 내 마음에 든다, 행복이여! 찰나여! 순
간이여!"라고 말한 적이 있다면 그대들은 모든 것이 되돌
아오기를 원했던 것이다!

그대들은 모든 것이 새롭기를, 모든 것이 영원하기를,
모든 것이 탄탄하게 엮여있고 얽혀 있으며 사랑으로 연결
돼있기를 원했던 것이고. 또 세계를 이런 식으로 사랑했던
것이다.

그대 영원한 자들이여, 세계를 영원히 그리고 항상 사

랑하라. 그리고 고통을 향해서도 이렇게 말하라, "사라져라, 하지만 되돌아오라!" 모든 쾌락은 영원을 원하기 때문이다!

11

모든 쾌락은 만물의 영원을 원하고, 꿀을 원하고, 찌꺼기를 원하고, 도취한 한밤중을 원하고, 무덤을 원하고, 무덤이 주는 눈물의 위로를 원하고, 황금빛 저녁놀을 원한다.

쾌락이 원하지 않는 게 무엇이 있겠는가! 쾌락은 모든 고통보다 더 갈망하고, 더 다정하고, 더 배고프고, 더 지독하고, 더 비밀스럽다. 쾌락은 자기 자신을 원하고, 쾌락은 자기 자신을 물고, 쾌락 안에서는 고리의 의지가 분투하고 있다.

쾌락은 사랑을 원하고, 쾌락은 증오를 원하고, 쾌락은 아주 풍요롭고 베풀어주고 내팽개치고, 누군가에게 자신을 거두어달라고 간청하고 거두어주는 자에게 감사해하고, 쾌락은 흔쾌히 증오받으려고 한다.

쾌락은 아주 풍요로워서 고통을, 지옥을, 증오를, 굴욕을, 폐인을, 세계를 갈망한다. 왜냐하면 이 세계는, 오 그대들도 이 세계를 잘 알고 있지 않은가!

그대 보다 높은 인간들이여, 제멋대로이면서도 축복받은 쾌락은 그대들을 동경한다! 그대 실패한 자들이여, 쾌락은 그대들의 고통을 동경한다! 모든 영원한 쾌락은 실패한 자들을 동경한다.

모든 쾌락은 자기 자신을 원하고, 그런고로 마음의 고뇌도 원하기 때문이다! 오 행복이여, 오 고통이여! 오 찢어져라, 마음이여! 그대 보다 높은 인간들이여, 쾌락은 영원을 원한다는 것을 배우도록 하라.

쾌락은 만물의 영원을 원하고, 깊고도 깊은 영원을 원한다는 것을 배우도록 하라!

12

그대들은 이제 내 노래를 다 배웠는가? 이 노래가 무엇을 뜻하는지 이제 알아챘는가? 자! 좋다! 그대 보다 높은 인간들이여, 그럼 이제 내 돌림노래를 불러 다오!

자 이제, 제목은 '다시 한번' 노래의 뜻은 '영원히!'인 이 노래를 그대들이 불러 다오. 그대 보다 높은 인간들이여, 차라투스트라의 돌림노래를 불러 다오!

오 인간이여! 유념하라!
깊은 한밤중은 무엇을 말하고 있는가?

Friedrich Wilhelm Nietzsche

"나는 자고 있었다, 나는 자고 있었다.

나는 깊은 꿈에서 깨어났다.

세계는 깊다.

낮이 생각했던 것보다 더 깊다.

세계의 고통은 깊다.

쾌락은 마음의 고뇌보다 훨씬 더 깊다.

고통은 말한다, 사라져라!

그런데 모든 쾌락은 영원을 원한다.

깊고도 깊은 영원을 원한다!"

징조

이 밤이 지나고 아침이 밝아오자 차라투스트라는 잠자리에서 벌떡 일어나 허리를 동여매고는, 마치 컴컴한 산에서 떠오르는 아침 태양처럼 빛나고 당당하게 자신의 동굴 밖으로 나왔다.

'그대, 찬란한 별이여!' 그는 이전에 말했었던 식으로 말했다. '그대 깊은 행복의 눈이여, 그대가 빛을 비추어 줄 대상들이 없다면 그대의 행복은 모두 무엇이겠는가!

그대가 먼저 잠에서 깨어나 베풀고 나누어 주고 있는데도 그것들이 아직도 나오지 않고 자기 방에 머물고 있다면, 그대의 긍지 높은 수치심은 얼마나 화가 나겠는가!

Friedrich Wilhelm Nietzsche

좋다! 나는 깨어났는데도 그들, 이 보다 높은 인간들은 아직도 자고 있다. 이들은 참된 내 동행자가 아니다! 내가 이곳 내 산에서 기다리고 있는 것은 그들이 아니다.

나는 나의 일을 향해, 나의 낮을 향해 가려고 한다. 하지만 그들은 내 아침의 징조가 무엇인지 이해하지 못한다. 나의 발소리는 그들에게 잠을 깨우는 신호가 되지 못한다.

그들은 아직도 내 동굴에 자고 있고 그들의 꿈은 아직도 나의 한밤중을 곱씹고 있다. 그들의 몸에는 나의 말을 주의 깊게 듣는 귀, 순종하는 귀가 없다.'

태양이 떠올랐을 때 차라투스트라는 마음속으로 이렇게 말했었다. 갑자기 그는 의아하다는 듯 위를 보았다. 위쪽에서 자기 독수리가 날카롭게 외치는 소리가 들려서였다. "좋다!" 그는 위쪽을 보며 소리쳤다. "마음에 든다. 당연히 그래야지. 내가 깨어나니 내 짐승들도 깨어 났구나.

내 독수리는 깨어나서 나처럼 태양에 경의를 표하고 있다. 내 독수리는 발톱으로 새로운 빛을 움켜잡는다. 그대들은 참된 내 짐승들이다. 나는 그대들을 사랑한다.

그런데 내게는 아직도 참된 내 인간들이 없다!"

차라투스트라는 이렇게 말했다. 그런데 그때 갑자기 셀 수 없을 정도로 많은 새들이 떼지어 몰려와 주변을 날아다니며 날개를 퍼덕이는 것 같은 소리가 들리는 일이 일어났다. 수많은 날개가 퍼덕이는 소리와 새들이 그의 머리 주위로 서로 밀치며 모여드는 소리가 너무 커서 그는 눈을 감았다. 그리고 진실로, 그 소리는 마치 구름처럼, 새로운 적의 머리 위에 쏟아지는 화살의 구름처럼 그의 머리 위에 내리쏟아졌다. 그런데 보라, 이것은 새로운 벗의 머리 위에 내리쏟아지는 사랑의 구름이 아니겠는가.

'내게 무슨 일이 일어나고 있는 건가?' 차라투스트라는 놀란 마음을 가다듬으며 생각했다. 그러고는 동굴 입구 옆에 있는 큰 바위에 천천히 앉았다. 그런데 그가 자기 주변 위로 아래로 모여드는 작고 귀여운 새들을 두 손으로 저지하고 있었을 때 보라, 그에게 더 이상한 일이 일어난 게 아니겠는가. 그는 자기도 모르게 뭔가 텁수룩하고 따뜻한 털 다발 속으로 손을 집어넣은 것이다. 그때 동시에 그의 앞에서는 포효하는 소리가 울려 퍼졌는데, 그것은 사자가 부드럽고 길게 포효하는 소리였다.

"징조가 나타난다." 차라투스트라는 말했다. 그의 마음은 변해있었다. 그리고 실제로, 그의 눈앞이 밝아졌을 때 그의 발치에는 누렇고 힘센 짐승이 엎드린 채 머리는 그의 무릎에 기대고 있었고 마치 자신의 옛 주인을 다시 만난 개처럼 사랑에 벅차 그에게서 떠나지 않으려고 했다.

Friedrich Wilhelm Nietzsche

사랑에 있어서는 비둘기들도 사자 못지않게 열성적이었다. 비둘기가 사자의 코끝을 스치고 날아갈 때마다 사자는 머리를 흔들며 이상하다고 여기면서도 웃었다.

차라투스트라는 이 모든 일에 대해 딱 한 마디만 했다. "내 아이들이 가까이 있다. 내 아이들이." 그런 다음 그는 입을 꾹 다물었다. 그러자 그의 마음은 편안해졌고 눈에서는 눈물이 흘러내리다가 손등으로 뚝뚝 떨어졌다. 그는 더는 아무것도 신경 쓰지 않았고 짐승들을 저지하지도 않았으며 꼼짝도 안 하고 그 자리에 앉아 있었다. 그러자 하늘을 날고 있던 비둘기들이 그에게 와서는 어깨에 앉아 하얗게 센 그의 머리칼을 어루만지며, 지치지도 않고 애정과 기쁨을 보여주었다. 힘센 사자는 차라투스트라의 손등에 떨어진 눈물을 계속 핥으면서도 쑥스러운 듯 포효하고 으르렁거렸다. 이 짐승들은 이렇게 행동했다.

이 모든 일이 오랫동안 계속되었는지, 잠시 계속되었는지 알 수 없다. 왜냐하면 정확히 말하자면, 지상에는 이와 같은 일들을 잴 시간이 전혀 존재하지 않았기 때문이다. 그러는 사이 차라투스트라의 동굴에 있던 보다 높은 인간들은 잠에서 깨어나 차라투스트라에게 가서 아침 인사를 건네려고 한 줄로 서고 있었다. 그들이 일어났을 때 차라투스트라가 자신과 함께 있지 않다는 것을 알았기 때문이다. 그런데 그들이 동굴 입구에 다다르고 그들의 발소리가 그들보다 앞서 달려 나갔을 때, 이 소리를 들은 사자는 깜짝 놀라더니 갑자기 차라투스트라에게서 돌아서고는 사납게 포효하며 동굴 입구를 향해 뛰어들었다. 보다 높은 인간들은 사자가 포효하는 사나운 소리를 듣자마자 모두 하나같이 비명을 질러대며 도망을 쳤고 순식간에 사라졌다.

그러나 익숙지 않게 멍하게 앉아 있던 차라투스트라는 자리에서 일어나 주위를 둘러보았다. 그리고 깜짝 놀란 채 우두커니 서서 마음속으로 질문을 하면서 홀로 곰곰이 생각해보았다. "대체 내가 무슨 소리를 들은 건가?" 마침내 그는 천천히 말했다. "방금 내게 무슨 일이 일어났던 건가?"

그리고 그는 기억이 떠올랐고, 어제와 오늘 사이에 일어났던 모든 일을 대번에 파악했다. "그래 여기 이 바위다." 그는 수염을 쓰다듬으며 말했다. "나는 어제 아침 이 바위에 앉아 있었다. 그리고 예언자가 여기 내게로 왔었다. 여기서 나는 외침을, 내가 방금 들었던 도움을 청하는 큰 외침을 처음으로 들었다."

오 그대 보다 높은 인간들이여, 어제 아침 저 늙은 예언자가 내게 예언해준 것은 바로 그대들의 곤경에 관한 것이었다.

그 예언자는 나를 그대의 곤경으로 꾀어내어 시험하려 했다. 그는 내게 말했다. "오 차라투스트라여, 내가 온 것은 그대를 꾀어내어 그대의 마지막 죄를 짓게 하기 위해서다."

"내 마지막 죄를?" 차라투스트라는 이렇게 소리치고는 자기가 한 말에 화를 내면서 비웃었지. 그런데 내게 남겨져 있다는 내 마지막 죄라는 것은 대체 무엇인가?"

그리고 차라투스트라는 다시 한번 자신 속으로 가라앉았고 다시 큰 바위에 앉아 깊이 생각했다. 그러다 갑자기 벌떡 일어섰다.

"동정이다. 보다 높은 인간들에 대한 동정이다!" 그는 소리를 질렀고 그의 얼굴은 청동빛으로 변해있었다. "자! 이제 동정의 시대도 끝났다!

내 고뇌와 내 동정, 이것이 뭐 그리 중요하단 말인가! 내가 행복을 얻으려 몸과 마음을 다 바치기라도 한단 말인가? 나는 내 일에만 매진할 뿐이다!

자! 사자가 왔다, 나의 아이들이 가까이 있다. 차라투스트라는 무르익었다. 나의 때가 왔다.

이것은 나의 아침이다. 나의 낮이 시작된다. 자 이제 솟아라, 솟아라, 그대 위대한 정오여!"

차라투스트라는 이렇게 말했다. 그리고 마치 컴컴한 산에서 떠오르는 아침 태양처럼 빛나고 당당하게 자신의 동굴을 떠났다.

옮긴이 김신종

부산대학교 대학원에서 철학 석사 학위를 받았고, 독일로 건너가 뮌스터 대학교 대학원에서 철학을 공부했다. 현재 유로저널(EKN)의 독일 지역 사회문화부 기자로 활동하고 있으며, 번역 에이전시 엔터스코리아에서 독일어 전문번역가로 일하고 있다. 옮긴 책으로는 『뇌, 욕망의 비밀을 풀다: 인간의 소비심리를 지배하는 뇌과학의 비밀(공역)』, 『가짜 뉴스, 뭔데 이렇게 위험해?』, 『성 암브로시오 성당의 수녀들: 1858년 하느님의 성전에서 벌어진 최초의 종교 스캔들』 등이 있다.

깨진 틈이 있어야 그 사이로 빛이 들어온다
: 차라투스트라는 이렇게 말했다

초판 1쇄 발행 2024년 3월 11일

지은이 프리드리히 니체
옮긴이 김신종
펴낸이 김선준

편집이사 서선행
책임편집 이희산 **편집4팀** 송병규
디자인 정란
마케팅팀 권두리, 이진규, 신동빈
홍보팀 조아란, 장태수, 이은정, 권희, 유준상, 박미정, 박지훈
경영관리 송현주, 권송이

펴낸곳 페이지2북스
출판등록 2019년 4월 25일 제 2019-000129호
주소 서울시 영등포구 여의대로 108 파크원타워1, 28층
전화 070)4203-7755 **팩스** 070)4170-4865
이메일 page2books@naver.com
종이 월드페이퍼 **인쇄·제본** 한영문화사

ISBN 979-11-6985-068-1 (03100)